Topitas (Hrsg.)

¡Ya basta!

Der Aufstand der Zapatistas

Verlag Libertäre Assoziation

Die AutorInnen dieses Buches haben auf ein persönliches Honorar verzichtet. Dennoch enthält dieses Buch ein kollektives AutorInnenhonorar, das im Verkaufspreis von 28,- DM enthalten ist. Es wird an den Medienfonds der EZLN weitergeleitet.

Das Buch wird herausgegeben von:
Baobab, ila, Impatientia/Genarchiv,
Informationsbüro Nicaragua e.V., transparent

und der

Redaktionsgruppe Topitas:
Angela Habersetzer, Annette Massmann, Beate Zimmermann,
Danuta Sacher, Gaby Schulten, Herby Sachs,
Theo Bruns, Ulrich Mercker

mit Unterstützung von:
Ausschuß für entwicklungsbezogene Bildungsarbeit und Publizistik ABP,
Buntstift, Heinrich-Böll-Stiftung, Nord-Süd-Stiftung

Verlag Libertäre Assoziation
Lindenallee 72
20259 Hamburg
Tel.: 040-439 36 66

ISBN 3-922611-44-3

Titel, Layout und Gestaltung: Uwe Peter
Belichtung: dtp. zentrum, Wuppertal
Druck: WDA, Brodersdorf

Inhalt

Editorial

Am Anfang war nicht Marcos. Am Anfang flimmerten Bilder eines scheinbar schlecht bewaffneten und von Regierungsmilitärs eingekreisten Aufstands in unsere Wohnzimmer. Am Anfang stand eine Aussage, die basses Erstaunen auslöste: bei den interviewenden JournalistInnen und bei uns. Die Frage: „Was wollt ihr Aufständischen?“ fand die knappe Beantwortung eines Capitáns: „Freiheit, Demokratie, Gerechtigkeit, Sozialismus.“ Ob sie denn nicht wüßten, daß der gerade überall zusammengebrochen sei? „Egal“, war die Antwort, „in Mexiko ist alles anders.“

Wir begaben uns auf die tastende Suche nach diesem Anderen und fielen immer wieder auf die Füße unserer traditionellen Erklärungsmuster. Und stolperten.

Über einen Aufstand, der mit seinem einfachen *¡Ya basta!* so gar nicht in unsere komplizierten post-solidaritätsbewegten Diskussionen paßte, sich gegen unsere resignative Stimmung erhob.

Über eine Sprache in den politischen Erklärungen, die uns ahnen - oder hoffen - ließ, daß hier eine Bewegung entstanden ist, die neue Pfade, abseits abgeschmackter Theoriediskurse, beschreitet.

Über Marcos, den Subcomandante, der die meisten Kommuniqués verfaßte und mit seiner Lyrik und seinem Witz, den nicht nur Angela „einfach Klasse“ findet, prägte.

Wir haben einige dieser Stolpersteine aufgesammelt. Es fand sich eine „ensalada mixta“ zusammen. Das entspricht uns, der Redaktion, unterschiedlich und vielfältig in unserer politischen Geschichte und politischen Couleur. Schnell zeigten sich die thematischen Präferenzen: Äußerst Enthusiastische plädierten für ein reines ‚Kommuniqué-Buch“ („Sollen die Leute doch selber rausfinden, was die Zapatistas meinen...“), andere wollten eher ein profundes Werk über die profunde Geschichte Mexikos schreiben.

Doch einig wurden wir uns in einem Punkt: Ein Lesebuch sollte es sein. Material hatten wir für tausend Seiten, gesammelt im reinen Überschwang des Elans. (Falls sich also ein Sponsor findet, der einen Ergänzungsband finanzieren möchte... Das würde auch unser Gewissen denen gegenüber erleichtern, die uns geholfen, Texte zur Verfügung gestellt haben und nun doch nicht im Buch erscheinen). Ein Lesebuch, weil wir unsere produktive Verunsicherung nicht gleich wieder in die vertraute Form fester Theoretisierungen, Einschätzungen (bei denen die meisten „Schätze“ verlorengehen) gießen wollten. Das Buch ist bewußt „offen“ gehalten, sammelt Quellen und Dokumente (mit einer gewissen „Überrepräsentanz“ des Sub...), ebenso wie Essays, Reportagen, Geschichten und Legenden. Außerdem haben wir einen Fotoessay aufgenommen.

Explizit danken möchten wir Tine für ihre Übersetzungskünste, den ÖlbergerInnen für ihren unermüdlichen kochenden Einsatz und allen anderen, die uns ihre Wohnungen, Betten und PCs zur Verfügung gestellt haben; allen KollegInnen (auch den krankenhausreifen), die uns - und die wir - ertragen haben (trotz ihres: „Ihr schafft das sowieso nicht...“); Helmut und dem FDCL sowie den Lateinamerika Nachrichten, dem ak und Juan Chicoy, dem Schwarzen Faden, Dieter Müller und vielen anderen für die Bereitstellung von Materialien; Uwe, dem unermüdlichen (& unerbittlichen) Lay-Outer, und last not least den DruckerInnen, die natürlich alles viel zu spät erreichte...

Postskriptum (1): Marcomania

Der Sub, ja der Sup, die Nächte sind bereits nicht mehr zu zählen, die wir über ihn diskutiert haben. Über die Poesie seiner Sprache und die Gefahr eines neuen Personenkults, über vermutete und unvermutete, vermeintliche und (un)vermeidliche Eifersüchteleien.

„The medium is the message“- nach dem Wahlspruch McLuhans inszenieren die Medien eine Wirklichkeit, hinter der der tatsächliche Alltag der Menschen kaum noch kenntlich ist. Und auch Marcos wurde längst von Vermarktungsstrategien erfaßt. Kleine bewaffnete Strohmännchen mit *pasamontañas* gehören mittlerweile fest zum folkloristischen Angebot, das den Touristen auf den Märkten von Chiapas feilgeboten wird. *Vanity fair*, eine US-amerikanische Zeit(geist)schrift, feiert Marcos neben dem neuesten Model wie einen Popstar, und die kommerzielle Phantasie macht selbst vor *condones alzados* (aufständischen Kondomen) nicht halt.

Resignativ wollen wir auf weitere kritische Anmerkungen verzichten. Sie wären ohnehin an dem vereinten und massiven Widerstand der Frauencombo der Redaktion gescheitert. Und über Ikonen läßt sich nicht streiten. Bei den Männern eignete sich der eine oder andere die ungeheure Nasenlänge des Sub (in Ermangelung sonstiger ähnlicher Merkmale) als positives Identifikationsobjekt an...

Für unsere geneigte LeserInnenschaft die ultimative Wahrheit über IHN, den Sub (oder sup?), den Subcomandante Insurgente Marcos - voilà:

„Mehrheit, die sich als nicht tolerierte Minderheit verkleidet

In bezug auf all das Gerede, ob Marcos schwul ist: Marcos ist ein Schwuler in San Francisco, Schwarzer in Südafrika, Asiat in Europa, Chicano in San Isidro, Anarchist in Spanien, Palästinenser in Israel, Indígena in den Straßen von San Cristóbal, Kinderbande in Nezahualcoyotl, Rocker in Ciudad Universitaria, Jude in Deutschland, Feministin in politischen Parteien, Kommunist in der Zeit nach dem Kalten Krieg, Gefangener in Cintalapa, Pazifist in Bosnien, Mapuche in den Anden, Lehrer in der CNTE, Künstler ohne Galerie noch Aufträge, Hausfrau an einem Samstagabend in irgendeinem Viertel irgendeiner Stadt irgendeines Mexikos, Guerillero im Mexiko des ausgehenden 20. Jahrhunderts, Streikender in der CTM, Journalist von Fülltexten für die Inlandsseite, Macho in der feministischen Bewegung, Frau, die alleine um zehn Uhr nachts in der Metro ist, Rentner als Wachposten auf dem Zócalo, Bauer ohne Land, verarmter Verleger (sic!), arbeitsloser Arbeiter, Mediziner ohne Arbeitsplatz, unzufriedener Student, Dissident im Neoliberalismus, Schriftsteller ohne Bücher und Leser - und ist sicherlich Zapatist im Südosten Mexikos. Letztendlich ist Marcos irgendein Mensch in dieser Welt. Marcos sind all die nicht tolerierten, unterdrückten Minderheiten, die nicht aufgeben, die explodierend *Ya Basta* schreien. All die, die in dem Moment Minderheit sind, wenn es darum geht, zu sprechen, und Mehrheit, wenn es darum geht, zu schweigen und zu ertragen. All die Nicht-Tolerierten, die nach Worten suchen, ihren Worten, die diese ewigen Fragmente zur Mehrheit machen, wir. Alles, was der Macht und den guten Gewissen unbequem ist, ist Marcos" (Postskriptum, 31.Mai 1994; Subcomandante Marcos).

Postskriptum (2): Topitas

Topo, zu deutsch: Maulwurf. Topitas: etwas kleiner, pl., weibliches Geschlecht (positive Diskriminierung). Sie leisten Wühlarbeit im Untergrund und schauen nach innen... Ein nützliches Tier, das den Boden locker hält, damit etwas sprießen kann..

Vorwort

Das unüberhörbare *Ya Basta!* vom 1. Januar 1994 löste nicht nur Alarm in der gesamten mexikanischen Gesellschaft aus, sondern fuhr auch wie ein Blitz durch die verkaterten Neujahrsköpfe mancher InternationalistInnen in Deutschland. Die ersten Fernsehberichte über die bewaffnete Erhebung von „Lacandonen, die sich in ihrem Organisationsnamen auf einen alten Indianerhäuptling, Emiliano Zapata, beziehen", klangen wenig überzeugend. Bald aber kristallisierte sich das Bild eines Aufstandes heraus, wie es ihn in jenem Land seit der mexikanischen Revolution nicht mehr gegeben hatte. Hatten wir geträumt? Waren da Selbstmörder am Werk? Wie konnte es geschehen, daß da mitten im Auflösungsprozeß der zentralamerikanischen Guerilla-Bewegungen eine indianische Befreiungsarmee auf den Plan trat, noch dazu in Mexiko, dem lateinamerikanischen Land, von dem in den letzten Jahren nur Jubelmeldungen über den erfolgreichen Modernisierungs- und Stabilisierungskurs seines Präsidenten Carlos Salinas de Gortari mit seiner seit 65 Jahren regierenden Partei PRI zu hören waren.

Selbst MexikanerInnen, die seit Jahren in Chiapas eng mit der dortigen unabhängigen Indígena- und Bauernbewegung verbunden sind, waren verblüfft von der Stärke und Wucht des Aufstands. Während die Regierung rasch die Erklärung parat hatte, daß es sich um eine von außen provozierte Aggression handele, grübelten Linke in Chiapas und der Hauptstadt darüber nach, ob Regierungskreise dahintersteckten, um angesichts der kurz bevorstehenden Präsidentschaftswahlen einen Vorwand zur Niederschlagung der linken Opposition zu finden. Beide Theorien mußten rasch verworfen werden, wurden eingeholt von der Realität und den Inhalten der Kommuniqués der Zapatistas. Die Zapatistas begründeten ihren Aufstand aus einem Alltag, der von Elend geprägt ist, von ökonomischer, sozialer und politischer Ausgrenzung. Die erschütternden (Über-)Lebensbedingungen der Indígenas von Chiapas waren bekannt, sind weder in Mexiko noch in Lateinamerika einzigartig - und wurden ignoriert. Erst mit ihrem bewaffneten *Ya-Basta!* erreichten diejenigen Aufmerksamkeit und Respekt, die mit alltäglicher struktureller Gewalt, Rassismus, halb-feudalen und modernen Ausbeutungsmethoden konfrontiert sind. Und dies zu einem Zeitpunkt, als sich die linke und nichtlinke Öffentlichkeit allerorten bereits daran gewöhnt hatte, daß die kapitalistische Marktwirtschaft den Globus bis in seine letzten Winkel beherrscht, Menschen privilegiert und ausschließt, Wohlstand mehrt und vorenthält. Daß den Begünstigten versichert wird, sie seien im Recht, den Ausgeschlossenen, daß sie selbst schuld sind, und allen zusammen, daß daran nichts zu ändern ist. Jedoch konnten weder *Uno más Uno* noch *Financial Times, El País* oder die *Frankfurter Allgemeine* den Aufständischen die moralische Legitimität ihrer Forderungen absprechen. Selten erfuhr eine bewaffnete Rebellion so viel mediale Aufmerksamkeit, selten waren Medienmacher in ihren Einschätzungen so vorsichtig.

Die mexikanische Regierung hatte die Absicht, am 1. Januar 1994 ihren Eintritt in den Kreis der Länder der „Ersten Welt" zu feiern. Das haben die Zapatistas mit einem Paukenschlag verhindert. In Mexiko traf ihre Botschaft auf eine linke Opposition, die seit 1988 nur Schläge erhalten hatte und in zunehmende Depression verfallen war. Ähnlich hilf- und wirkungslos wie gegenüber dem Wahlbetrug 1988 waren ihre Proteste gegen die Vereinbarungen des Freihandelsabkommens Mexikos mit den USA und Kanada geblieben. Diese stellten vor allem für die auf Land angewiesenen Campesinos und Indígenas katastrophale Auswirkungen in Aussicht. Die Ursache für die geringe Produktivität und „Rückständigkeit" der mexikanischen Landwirtschaft hatte die Regierung Salinas in dem *ejido* ausgemacht, den die mexikanische Revolution 1920 unter den Schutz der Verfassung gestellt hatte. Der *ejido* bezeichnet Staats-Land, das landlosen Bauern zur kollektiven, unbefristeten Nutzung übergeben wird. Das Land blieb stets Eigentum des Staates und war unverkäuflich. Daher wurde das *ejido*-System zu einem Hindernis für das Vordringen flächenhungriger agroindustrieller Betriebe und der „Modernisierung" der Landwirtschaft in Richtung Exportproduktion. Die Regierung änderte die Verfassung, erklärte die Landverteilung für beendet und eröffnete gleichzeitig die Möglichkeit, Gemeindeland zu verkaufen und es so dem Zugriff des Kapitals auszusetzen. Das bedeutete zum einen die faktische Zerstörung des *ejido*-Systems und damit die Vernichtung der Lebensgrundlagen zahlloser Bauern- und Indígenafamilien. Zum anderen kündigte es das Selbstverständnis der nachrevolutionären mexikanischen Gesellschaft auf, das den Schutz der Bauern als wichtiger Säule der Gesellschaft und des Bodens als Nationaleigentums zum zentralen Bestandteil hatte.

Erst vor diesem Hintergrund wird deutlich, warum die Zapatistas bei keiner öffentlichen Gelegenheit versäumen, die mexikanische Nationalflagge zu präsentieren. Sie haben sie der Regierungspartei PRI, die selbst aus der mexikanischen Revolution hervorgegangen ist, „weggenommen", weil diese spätestens mit der neoliberalen Politik der letzten Jahre die stets für sich reklamierte Tradition, das historische "mexikanische Projekt", aufgegeben hatte, als dessen Inkarnation die Staatspartei PRI bis vor wenigen Jahren anerkannt war.

Drei Monate lang erlebte die Opposition in Mexiko unter den Fahnen der Zapatistas „tiempos rosadas", rosige Zeiten. Die sozialen Bewegungen eroberten mit den Forderungen der EZLN die Straße zurück, stoppten die militärische Offensive gegen die Zapatistas, zwangen die Regierung innerhalb von nur zwölf Tagen zu Gesprächen mit der EZLN. Die politischen Parteien verabschiedeten eilig ein Fairnessabkommen für den Wahlkampf. Gesetzesreformen wurden mit Windeseile auf den Weg gebracht: zur Demokratisierung der Wahlkontrollorgane, zur Stärkung der Autonomie der Indígenagemeinden, zur Einleitung massiver Strukturhilfe für Chiapas. Der Aufstand der Zapatistas schien endlich die Türen weit aufgestoßen zu haben - sowohl für längst überfällige Reformen in Chiapas als auch für die Beendigung der Allmacht der Staatspartei PRI.

Doch dann wurde am 23. März Luis Donaldo Colosio, der Präsidentschaftskandidat der PRI, bei einer Wahlkampfveranstaltung ermordet. Niemand glaubte an die Version eines verrückten Einzeltäters. Viele waren und sind überzeugt, daß Colosio einem Komplott seiner eigenen Partei zum Opfer fiel. Die Schüsse auf Colosio hatten die Wirkung von Warnschüssen, gerichtet sowohl gegen die Zapatistas als auch gegen die gesamte parlamentarische und außerparlamentarische Opposition.

Die EZLN reagierte auf diesen rauhen Wind mit dem "Nein" zu den Vorschlägen, die die Regierung in den Friedensgesprächen unterbreitet hatte. Gleichzeitig unternahm sie den Versuch, die heterogene und zersplitterte Opposition zu einem Dialog zu versammeln und rief zu einem Demokratischen Nationalkonvent (Convención Nacional Democrática) auf. Auch wenn aus der Gründungsversammlung dieses Konvents kein griffiges Aktionsprogramm hervorging, war es ein zukunftsweisendes Ereignis: Es schuf noch vor den Wahlen den Keim für eine neue landesweite Struktur der Opposition, und damit die Voraussetzungen dafür, unabhängig von einem Wahlsieg der Oppositionspartei PRD weiter an einer gemeinsamen Strategie arbeiten zu können.

Am Abend des 21. August erklärte sich die PRI erneut zum Wahlsieger. Es ist klar und vielfältig dokumentiert, daß es massive Wahlbeeinflussung und vielfältige Betrügereien gab. Dennoch kann der Sieg der PRI kaum in Frage gestellt werden, sehr wohl jedoch ihr enormer Vorsprung vor der oppositionellen PRD und der rechtskonservativen Partei PAN. Die Schwäche der Linken zeigte sich dabei weniger in der Wahlniederlage als in dem Ausbleiben eines für den Fall des PRI-Sieges angekündigten Aufstandes. Anders stellt sich die Situation in Chiapas dar. Dort erzielte der Oppositionskandidat Amado Avendaño, der als Unabhängiger der Zivilgesellschaft auf der Liste der PRD kandidiert hatte, das beste Ergebnis der PRD in ganz Mexiko. Dies, obwohl die PRD in Chiapas bis dato kaum über nennenswerte Strukturen verfügte, da sie diesen Bundesstaat als sicheres Terrain der PRI abgeschrieben hatte. Die sozialen Organisationen und ihre Basis, die seit Januar hartnäckig für die Beendigung der Allmacht der dortigen Agrar- und PRI-Oligarchie kämpfen, haben sich den üblichen Wahlmanipulationen auf allen Ebenen entgegenzustellen versucht und das Wahlergebnis nicht akzeptiert. Mit verschiedensten Aktionsformen verlangen sie, daß der Wahlsieg von Avendaño anerkannt wird. Die Bewegung hat eine solche Kraft entwickelt, daß sogar die Bischöfe von Tapachula und Tuxtla Gutiérrez eine Annullierung der Wahlen vom August und eine erneute Stichwahl zwischen PRD und PRI forderten. In Chiapas ist die Verschränkung zwischen außerparlamentarischer sozialer Bewegung und parlamentarischem Wahlritus zu einem dynamischen Moment geworden, wie er so im Rest des Landes nicht anzutreffen ist. (In dem Augenblick, in dem dieses Buch erscheint, ist die Gefahr groß, daß die Regierung hier eine Machtprobe sucht und gegen die EZLN und die mit ihr verbündeten Basisbewegungen auf eine militärische Lösung setzt.)

Die EZLN trat als lokale Bauern- und Indígena-Bewegung an die Öffentlichkeit und bezog ihre enorme Stärke und Legitimitation aus ihrer offensichtlichen Basisverankerung. Die von ihr selbst genannten Gründe für den bewaffneten Aufstand waren leicht nachvollziehbar. Heute wird die EZLN in die Rolle einer Protagonistin der landesweiten Opposition gezwängt, eine Rolle, die sie sich nicht selbst ausgesucht hat, aber teilweise zu übernehmen bereit scheint. Sie macht damit einen weiten Spagat zwischen zwei Ebenen, auch wenn sie versucht, sich nicht von ihren Wurzeln abzuschneiden. Dies ist auch Ausdruck einer Leerstelle. Zehn Jahre erfolgreicher Basisarbeit in der Selva haben offenbar keine Entsprechung in einer ähnlichen Präsenz der linken und sozialen Bewegungen im Rest des Landes. Die Einberufung der CND war ein Versuch, diese Leerstelle auszufüllen. Noch steht sie allerdings auf wackeligen Beinen.

Das Selbstverständnis der EZLN geht aus ihren Forderungen hervor. Ein Teil dieser Forderungen bezieht sich konkret auf die Verbesserung der Lebensbedingungen: mehr Krankenhäuser, mehr Schulen, bessere Löhne, Hilfe für die Landwirtschaft. Sie fordert kommunale Autonomie und die Respektierung der Selbstbestimmung der Indígena-Gemeinden. Von Anfang an trat sie auch für nationale Forderungen ein, wie den Rücktritt der Salinas-Regierung, Durchführung sauberer Wahlen, Einrichtung einer Übergangsregierung, Demokratie, Freiheit, Gerechtigkeit. Für die Zapatistas und ihre UnterstützerInnen hängen alle diese Ebenen unlösbar zusammen. Deshalb gibt es für die EZLN keine wirkliche Demokratisierung, solange die PRI die Fäden in der Hand hält. Die Forderung nach Autonomie ist in diesem Zusammenhang der Versuch, wenigstens die Spitze der Krakenarme zu kappen. Die zapatistischen Gemeinden fordern keine Indígena-Reservate oder einen unabhängigen Maya-Staat. Vielmehr haben sie im Gegensatz zur Ladino-Bevölkerung eine lange Tradition der Gemeindeselbstverwaltung. Besonders bei den Gemeinden im Aufstandsgebiet - in der Selva Lacandona - wurde diese kommunale Tradition während der langen und harten Aufbaujahre wiederbelebt. Die Selva-Bevölkerung lebt erst in zweiter oder erster Generation dort. Sie hat ihre kleinen Gemeinwesen zunächst unabhängig und befreit von der Last der Kazikenherrschaft entwickelt. Sie mußte aber immer wieder erleben, wie die PRI ihre Führer korrumpierte oder versuchte, die Dorfgemeinschaften zu spalten.

Vor dem Hintergrund dieses zwar angegriffenen, aber sehr lebendigen sozialen Netzes der Indígena-Gemeinden wird verständlich, daß es kein Zufall ist, wenn der „erste Aufstand des 21. Jahrhunderts" von einer indianischen Bevölkerung getragen wird. Anders als die „modernisierten" und deshalb auf individuellen Überlebenskampf zurückgeworfenen Bevölkerungsgruppen blieben sie handlungsfähig.

Nicht Machteroberung und Diktatur des Proletariats, sondern Demokratie ist das Ziel des Kampfes der EZLN. Demokratie verstanden als Delegierung von Entscheidungsgewalt, die jederzeit durch die WählerInnen widerrufbar sein soll, wenn der Gewählte nicht den Willen seiner Basis erfüllt. Diese Zielvorstellungen sind nach Aussagen von Subcomandante Marcos das Ergebnis der Synthese zwischen dem Grüppchen mestizisch-urbaner Revolutionäre, das vor mehr als zehn Jahren in die Selva kam, und den dort bei der indianischen Bevölkerung vorgefundenen Politikvorstellungen. Erst als sich die EZLN den zivilen Repräsentanten der Gemeinden unterordnete, begann sie zu wachsen und zu einer wirklichen Armee zu werden. Die sozialen Kämpfe in Chiapas um konkrete Angelegenheiten wie kommunale Demokratie, Land, staatliche Leistungen haben eine enorme Dynamik entwickelt und werden von den zapatistischen Gemeinden mitgetragen und unterstützt. Sicherlich hat dies damit zu tun, daß die indianischen Männer und Frauen in der Tat eher an ihrer ganz konkreten Situation interessiert sind und weder Lust noch Zugang zu den politischen Ränkespielen auf nationaler Ebene haben. Die notwendige Vermittlung ihres politischen Selbstverständnisses und ihrer Forderungen gegenüber der übrigen Bevölkerung Mexikos wird im wesentlichen durch den Sprecher der EZLN geleistet. Sicher ist, daß die EZLN nicht die Wirkung entfaltet hätte, die sie bis heute hat, wenn nicht diese talentierte Person in die Selva gegangen wäre (und er nicht solche Standhaftigkeit und Verbundenheit mit den Menschen dort hätte). Umgekehrt gäbe es keinen charismatischen Marcos ohne die Basis, die er so gut vertritt.

Auch die wiederholte Frage, ob es sich nun um einen Indígena- oder einen Bauernaufstand handelt, eher die Selbstbehauptung gegen rassistische

Unterdrückung oder das Klasseninteresse die Triebkraft sei, ist eher Ausdruck einer westlich sezierenden Beobachterrolle. Die Indígena-Kultur der chiapanekischen Maya kennt keine Trennung zwischen kulturellem, wirtschaftendem und religiösem Subjekt, sondern betrachtet sich und die anderen in der Gesamtheit dieser Lebensäußerungen. Die indigene Tradition wird von der EZLN allerdings nicht einfach verklärt. So sehr sie die Quelle der Widerstandskraft und von Vorstellungen einer anderen Gesellschaft ist, so sehr wird sie auch im Prozeß des Kampfes umgeschmolzen und überprüft. Am deutlichsten wird dies in bezug auf die gesellschaftliche Stellung der Frauen. Die EZLN ist nicht zuletzt die erste Befreiungsbewegung Zentralamerikas, die die Befreiung der Frauen - und das schon *vor* dem eigentlichen Aufstand - ins Zentrum ihrer Anliegen gestellt hat.

Der Aufstand der Zapatistas wurde nicht entfacht, um fertige Rezepte in die Tat umzusetzen, sondern um Raum dafür zu schaffen, die Einheitsküche von toter repräsentativer Demokratie, erbarmungsloser Marktwirtschaft und lamentierender, frustrierter und basisferner Linker zu überwinden. Er ist wie ein Ball, der der Gesellschaft zugeworfen wurde.

Wir möchten mit diesem Buch den Ball den LeserInnen zuwerfen, ihnen die Möglichkeit geben, die Stimme der "wahren Menschen" inmitten der Stimmenvielfalt hier zu hören, die zwar vielfältig, aber inhaltsleer geworden ist - bei den Linken genauso wie bei den Rechten an der Macht.

Nebenwort:

Wir müssen uns fragen, welche Nachrichten wann für uns Bedeutung erlangen. Gibt es Überraschungen außerhalb der Medien? Wir wissen, daß die Medien erst dann berichten, wenn Blut fließt - oder noch Schlimmeres in Aussicht steht, wenn die Sicherheit hierzulande oder auch unsere Ferienziele bedroht sind. Wir leben in der paradoxen Situation, daß wir all das kritisieren und gleichzeitig dennoch nach diesem Muster reagieren. Wir wissen, daß Informationen gemacht werden, und dennoch bauen wir sie als Realität in unser Denken und Schreiben ein. Statt dessen sollten wir versuchen, uns mit Neugier, Solidarität und Herzlichkeit einem Ereignis zu nähern, das wir aus unserer Sicht der Dinge nicht für möglich gehalten hätten.

Wir müssen uns fragen, ob die Erklärungsversuche unserer eigenen Geschichte bislang falsch, unzureichend und wenig hilfreich waren. Auch deshalb, weil in unseren eigenen Köpfen „Führer" Geschichte machen. Weil wir Menschen ob ihrer Lebenssituation aufklären und agitieren müssen. Weil Entscheidungen nur als Teil eines weltweiten ideologischen Kampfes gesehen werden können.

Vielleicht müssen wir uns umgekehrt einmal vorstellen, wie die Welt, die Geschichte und vor allem auch wir selbst den Menschen erscheinen, die nicht an e-mail angekoppelt sind, nicht jeden Tag die Tageszeitung und vierzehn verschiedene Sender haben.

Vielleicht sollten wir nicht darüber nachdenken, wie die inner-außer-nebenparlamentarische Opposition Mexikos in eine uns vertraute Erklärung zu packen ist.

Vielleicht sollten wir überhaupt dieses Buch zum Anlaß nehmen, über uns und unsere Geschichte nachzudenken, über unsere Art, Themen und Ideen solange theoretisch zu wälzen, zu zerreden, zu bezweifeln, bis es keinen Grund mehr gibt, praktisch zu werden, *Ya basta* zu sagen...

Kapitel I

Der Fluß führt Hochwasser

Der Aufstand

Ich möchte eine dieser vielen Anekdoten vom 1. Januar 1994 erzählen, die frei in unseren Köpfen herumschwirren:
Als es Nacht wurde, zogen sich die meisten Leute, die durch das, was sie gesehen hatten, nämlich uns im Bürgermeisteramt von San Cristóbal de las Casas, entweder neugierig oder empört waren, in ihre Häuser oder Hotels zurück. Sie waren von dem hartnäckigen Gerücht eingeschüchtert, daß die Armee in der Dunkelheit unsere Positionen angreifen würde.
Auf jeden Fall kam der eine oder andere Betrunkene vorbei, für den sich Silvester um 24 Stunden verlängert hatte. Mit einiger Schwierigkeit hielten sie sich aufrecht und richteten die Frage an uns, um welche religiöse Prozession es sich denn handele, denn sie sähen ja hier im Zentralpark so viele „Indianer". Nachdem wir sie darüber informiert hatten, worum es sich handelte, luden sie uns auf einen unnützen Schluck ein, denn ihre Flaschen waren bereits leer. Sie gingen, sich wechselseitig stützend, und diskutierten, ob die Prozession zu Ehren der Jungfrau von Guadalupe oder zur Feier der Heiligen Lucia veranstaltet wurde.
(Kommuniqué vom 11. Februar)

Erklärung aus der Selva Lacandona

Heute sagen wir: Basta! Es reicht!
An das Volk von Mexiko:
Mexikanische Brüder und Schwestern:

Wir sind das Produkt von 500 Jahren Kampf:
zuerst gegen die Sklaverei in dem von Aufständischen angeführten Unabhängigkeitskrieg gegen Spanien; danach, um die Einverleibung durch den nordamerikanischen Expansionismus zu verhindern; alsdann, um unsere Verfassung auszurufen und das Französische Imperium von unserem Boden zu verjagen; danach verweigerte uns die porfiristische Diktatur[1] die gerechte Anwendung der Reformgesetze und das Volk rebellierte und stellte seine eigenen Führer auf. Es traten Villa und Zapata hervor, arme Menschen wie wir, denen sie, wie uns, die elementarste Ausbildung verweigerten, um sie so wie uns als Kanonenfutter zu verwenden und die Reichtümer unserer Heimat ausplünderen zu können, ohne daß sie es interessiert, wenn wir an Hunger und heilbaren Krankheiten sterben, ohne daß es sie interessiert, wenn wir nichts haben, absolut nichts, weder ein menschenwürdiges Haus noch Land, noch Arbeit, noch Gesundheit, noch Ernährung, noch Erziehung, nicht einmal das Recht, frei und demokratisch unsere Vertreter zu wählen, keine Unabhängigkeit vom Ausland, keinen Frieden und Gerechtigkeit für uns und unsere Kinder.

Aber heute sagen wir: Basta!

Wir sind die Erben der wahren Gründer unserer Nation, wir Besitzlosen sind Millionen und fordern alle unsere Brüder und Schwestern auf, sich diesem Aufruf anzuschließen, als einzigem Weg, nicht vor Hunger zu sterben, angesichts der unersättlichen Herrschsucht einer mehr als 70jährigen Diktatur, die von einer Verräterclique angeführt wird, die die konservativsten Kreise und *vendepatrias* (Vaterlandsverkäufer) repräsentiert. Es sind dieselben, die sich Hidalgo und Morelos entgegenstellten, die Vincente Guerrero[2] verrieten, es sind dieselben, die mehr als die Hälfte unseres Territoriums an ausländische Eindringlinge verkauften, es sind dieselben, die einen europäischen Fürsten anschleppten[3], um uns zu regieren, es sind dieselben, die die Diktatur der porfiristischen Technokraten bildeten, es sind dieselben, die sich der Enteignung der Erdölgesellschaften widersetzten, es sind dieselben, die die Eisenbahnarbeiter 1958 und die Studenten 1968 massakrierten, es sind dieselben, die uns heute alles wegnehmen, absolut alles.

Um das zu verhindern und als unsere letzte Hoffnung, nachdem wir alles versucht haben, um dem Gesetz unserer Magna Charta zum Recht zu verhelfen, beziehen wir uns auf sie und wenden den Artikel der Verfassung an, in dem es wörtlich heißt: „Die nationale Souveränität liegt wesentlich und ursprünglich beim Volk. Alle Staatsgewalt geht vom Volke aus und wird zum Wohl desselben eingesetzt. Das Volk hat zu jeder Zeit das unveräußerliche Recht, die Form seiner Regierung zu verändern oder zu modifizieren."

Daher, in Verbundenheit mit unserer Verfassung, richten wir die folgende Kriegserklärung an die mexikanische Bundesarmee, den Grundpfeiler der Diktatur, unter der wir leiden. Die machthabende Partei hat sie ihrem Monopol unterstellt, die Zentralregierung führt sie an. Diese Zentralregierung befindet sich heute in der Hand ihres obersten und unrechtmäßigen Chefs, Carlos Salinas de Gortari.

In Übereinstimmung mit dieser Kriegserklärung bitten wir die anderen Gewalten der Nation, sich dafür einzusetzen, daß die Legalität und die Stabilität der Nation durch die Absetzung des Diktators wiederhergestellt wird.

Ebenso bitten wir die Internationalen Organisationen und das Internationale Rote Kreuz darum, die Kampfhandlungen, die unsere Streitkräfte führen, zu beobachten und zu regeln und den Schutz der Zivilbevölkerung zu garantieren, denn wir erklären jetzt und für immer, daß wir uns den Bestimmungen der Genfer Konvention unterordnen, wobei wir die EZLN als kriegführende Partei unseres Befreiungskampfes aufstellen. Das mexikanische Volk steht auf unserer Seite, wir haben ein Vaterland und eine dreifarbige Fahne, die von den aufständischen Kämpfern geliebt und respektiert wird. Wir verwenden die Farben rot und schwarz für unsere Uniformen, die Symbole des arbeitenden Volkes in seinen Streikkämpfen. Unsere Fahne trägt die Buchstaben „EZLN", Zapatistische Armee der Nationalen Befreiung, und mit ihr werden wir immer in die Gefechte ziehen. Von vornherein weisen wir jeden Versuch zurück, die gerechten Beweggründe unseres Kampfes abzustreiten, indem man sie mit Drogenhandel, Narcoguerilla, Banditentum in Verbindung bringt oder sie mit anderen Bezeichnungen belegt, die unsere Feinde benutzen könnten. Unser Kampf hält sich an das Verfassungsrecht und steht unter dem Banner von Gerechtigkeit und Gleichheit.

Volk von Mexiko!

Wir, ehrenhafte und freie Männer und Frauen, sind uns bewußt, daß der Krieg, den wir erklärt haben, ein letztes Mittel ist, aber ein gerechtes. Die Diktatoren führen seit vielen Jahren einen nicht erklärten Ausrottungskrieg gegen unsere Völker, weshalb wir Dich um Deine entschiedene Teilnahme bitten, diesen Plan des mexikanischen Volkes, das für Arbeit, Land, Wohnung, Ernährung, Gesundheit, Erziehung, Unabhängigkeit, Freiheit, Demokratie, Gerechtigkeit und Frieden kämpft, zu unterstützen. Wir erklären, daß wir nicht aufhören werden zu kämpfen, bis wir die Erfüllung dieser Grundforderungen unseres Volkes erreicht haben werden und eine Regierung in unserem freien und demokratischen Land bilden können.

Tritt ein in die Aufständischen Streitkräfte der Zapatistischen Armee der Nationalen Befreiung.

Generalkommandantur der EZLN im Jahr 1993
(Übersetzung: Annette Massmann)

Die Rebellion der Gehenkten

Herby Sachs

Basta - es reicht! Damit beginnt das Manifest der Rebellion in Chiapas/ Mexiko.

Das am alten, im Kolonialstil erbauten Rathaus von San Cristóbal de las Casas angeschlagene Stück Papier spricht eine eigene und deutliche Sprache: Wir stehen auf im Kampf um Arbeit, Land und Nahrung, im Kampf gegen Rassismus und fünfhundertjährige Kolonisation.

Ich traue meinen Augen nicht, als ich nach durchfeierter Silvesternacht am 1. Januar frühmorgens die Plaza Mayor in San Cristóbal betrete. Mehr als vierhundert bewaffnete Frauen und Männer der Zapatistischen Armee der Nationalen Befreiung (EZLN) haben in den frühen Morgenstunden die Stadt und den „Palacio Municipal“ besetzt. Mein mexikanischer Freund staunt ebenfalls nicht schlecht. Doch er findet schnell die Sprache wieder. „Erst die Stille, jetzt der Sturm. Endlich platzt die Bombe. Die Friedhofsruhe war unerträglich.“ Schon im Sommer erzählte er mir von Unruhen in Chiapas, willkürlichen Verhaftungen, Morden an Campesinos - einem Krieg zwischen Großgrundbesitz und Landlosen.

Nur wenige Menschen bevölkern zu dieser Stunde die Innenstadt von San Cristóbal. Der sonst rege Autoverkehr kann die Plaza nicht umfahren, da die Straßen von allen Seiten mit Büromöbeln aus dem Rathaus blockiert und von bewaffneten Guerilleros bewacht werden. Vor dem Rathaus liegen Papierberge verstreut. Akten, die die Zapatistas aus den oberen Stockwerken geworfen haben. Darunter läßt sich bestimmt so manches im Geheimen angefertigte Schreiben finden, daß dem Vorwurf der Korruption nicht standhalten wird. Einige Anwesende stöbern denn auch intensiv im Papiermüll. Vielleicht hoffen sie auch, Polizeiberichte oder Pläne zur Modernisierung der Stadt zu finden.

An die alten Säulen des Kolonialbaus gelehnt, stehen die Zapatistas, in ihrer Mehrheit Nachfahren der Maya-Völker, und bewachen einen unter den Arkaden angehäuften Berg von Medikamenten. Die in einer Apotheke entwendeten Arzneimittel verteilen sie später unter sich. Die Medien reden in den folgenden Tagen von Plünderung.

Der Kampfruf aus der mexikanischen Revolution, „Viva Zapata“, und die Forderung nach „Land und Freiheit“ scheinen wiederbelebt. Die EZLN knüpft mit ihrer Befreiungsbewegung ganz offensichtlich an die bäuerlichen Protestformen der Revolution an. Die Befreiungsbewegung von Emiliano Zapata führte einen ausgesprochen populistischen und antirassistischen Befreiungskampf, dem sich von Anfang an viele Indígenas anschlossen. Sie kämpften damals wie heute um Freiheit, ihre Kultur und menschliche Würde ebenso wie um Land, um das nackte Überleben.

Einer der Guerillakommandanten, Marcos, verkündet die Besetzung weiterer Orte wie Ocosingo, Las Margaritas, Altamirano und Chanal. Er berichtet von der Verteilung erbeuteter Lebensmittel, der Befreiung von Gefangenen aus den örtlichen Gefängnissen und von in Gemeindehäusern versteckten Waffen. Später gibt er die Gefangennahme des ehemaligen und besonders verhaßten Gouverneurs von Chiapas, Absalón Castellanos, bekannt. Teils sprachlos, teils bis über alle Maßen erregt, hören anwesende Bürger aus San Cristóbal die Verlautbarungen der Guerilla. Während Marcos den inzwischen aufgetauchten Pressevertretern Rede und Antwort steht, machen es sich die anderen Guerilleros im Rathaus bequemer. Sie diskutieren mit den Umstehenden, andere liegen auf dem Boden, benutzen ihre Rucksäcke als Kopfstütze und dösen vor sich hin. Auf der Rückseite des Rathauses nehmen Guerilleras eine Mahlzeit zu sich und amüsieren sich mit einem männlichen Compañero über dessen schiefsitzende, das eine Auge fast verdeckende Mützenmaske.

Nur wenige der Guerilleros besitzen Maschinenpistolen. Die meisten sind mit einfachen Gewehren, Macheten und Holzstöcken bewaffnet. Sie alle tragen einfache Uniformen: blaue Hose, neue Hemden, Gummi- oder schwere Stiefel. Mit dem rotgemusterten Halstuch der mexikanischen Campesinos sind entweder ihre Gesichter maskiert oder ihr Hals geschmückt. Ein weit sichtbares Wahrzeichen - und Erkennungsmerkmal.

Zwischen ihnen bewegt sich interessiert und ohne Scheu ein schaulustiges Publikum aus Touristen und Einheimischen. Doch eine richtige Volksfeststimmung kommt nicht auf. Während der Mittagszeit tauchen zum ersten Mal Militärflugzeuge am Himmel San Cristóbals auf. Sie ziehen in großer Höhe einige Schleifen und verschwinden zwischen den umliegenden Bergzügen. Die Guerilleros beobachten aufmerksam das Treiben der in der Sonne blinkenden Flugzeuge. Manche wechseln besorgte Blicke.

Für den Nachmittag kündigt Subcomandante Marcos eine öffentliche Versammlung an. Um ihn ranken sich in den folgenden Tagen viele Mythen. Als einer der wenigen Ladinos unter einer großen Mehrheit von Indígenas steht er für den angeblich vom Ausland gesteuerten Aufstand. Für viele MexikanerInnen scheint ein Indígena-Aufstand, eine politisch-soziale und bewaffnete Rebellion der ewig Marginalisierten undenkbar. Die entsprechende Antwort auf diese Vorwürfe fand vor einigen Tagen Wilfried F. Schoeller in der Frankfurter Rundschau: „Die Indianer und Mestizen in diesem unglaublich schönen Land Chiapas haben allen Grund, die Gewehre in die Hand zu nehmen. Es ist unerheblich, ob dabei auch Auswärtige, Phantome mit grünen Augen und vier Sprachen auf der Zunge mitreden, ... die Bauern von Chiapas haben jedes Recht zu schießen: Soziale Verteidigung ist ein Naturrecht. Und wer von Menschenrechten spricht, kann die Revolte nicht verurteilen" (FR, 12. Jan. 1994).

Der Aufstand der Indígenas kommt nicht überraschend, wie Presse und Regierung von Anfang an behaupten. Spätestens nach den bewaffneten Auseinandersetzungen zwischen landlosen Campesinos und Großgrundbesitzern um Ocosingo im letzten Frühjahr ist bekannt, daß Guerilleros verborgen im unwegsamen Hochland operieren. Landlose, ihres ehemaligen Gemeinschaftslandes beraubt, wehren sich schon seit Jahren gegen die Privatisierung des Bodens und die damit verbundene Zurückdrängung ihrer auf Selbstversorgung orientierten Produktionsweise.

Selbst der CIA hatte Monate zuvor die Regierung vor geheimen Guerillagruppen in Chiapas gewarnt. Seit mehr als fünf Jahren findet in Chiapas eine von der USA mitfinanzierte Militarisierung statt, die sich scheinbar gegen den Drogenhandel, in Wirklichkeit aber gegen Flüchtlinge aus Mittel- und Südamerika richtet. Mexiko soll eine stabile Pufferzone zur USA hin bilden. US-Präsident Clinton schickt schon am zweiten Tag des Aufstands mehrere Beobachter nach Chiapas. Der Schreck der Regierenden scheint entsprechend tief zu sitzen, denn niemals seit der mexikanischen Revolution vor mehr als siebzig Jahren ist eine Guerillabewegung in Mexiko so massiv aufgetreten.

Viele Campesinos schließen sich in den ersten Tagen der zapatistischen Befreiungsarmee an. Vermutlich gibt es inzwischen mehr als zweitausend Aufständische. Während der gut organisierten Besetzung der Stadt werden nicht nur die Einfall- und Ausfallstraßen mit quergestellten Bussen und Bäumen blockiert, sondern auch das vor dem Stadtkern gelegene Polizei- und Justizgebäude gestürmt und die dort residierende Bundespolizei entwaffnet.

In den Räumen kokeln Aktenberge vor sich hin: Die Guerilla verbrennt ganz gezielt das Archiv der Anklagen gegen die Bevölkerung. Einige Feuerwehrleute versuchen das munter vor sich hinglimmende Feuer zu löschen. Am Eingangsportal verstreut, liegen von der Guerilla hinterlassene Farbfotos gefolterter und getöteter Campesinos. Parolen sind an die Wände gemalt: Weg mit den paramilitärischen Todesschwadronen!

Jedes Jahr werden in Chiapas Dutzende von Bäuerinnen und Bauern von den bewaffneten Banden der Großgrundbesitzer von ihrem Land vertrieben und ermordet - von Mördern, die bis heute unbehelligt ihren Besitz und Reichtum vergrößern. In seiner Rede am Nachmittag erklärt

Subcomandante Marcos nicht nur Regierung und Militär den Krieg, sondern auch den Großgrund- und Plantagenbesitzern, die vor keinem gewaltsamen Mittel zurückschrecken, um die politische und ökonomische Macht in ihren Händen zu behalten.

Seit der Kolonialzeit hat sich im Süden Mexikos die Agraroligarchie gehalten. Die Landfrage ist eine der Ursachen für die seit Jahren wiederkehrenden Unruhen im scheinbar armen Bundesstaat Chiapas. Tatsache ist, daß die ca. 3,5 Millionen Einwohner sich bestens selbst ernähren könnten. Chiapas hat den Boden für eine ausreichende Maisproduktion, doch die Familien können sich selbst nicht mehr versorgen. Der Mais geht in andere Landesteile oder ins Ausland. Mehr als 70% der Kinder sind unterernährt. Wenige Viehzüchter besitzen große Rinderherden. Die unersättliche Gier der MacDonalds nach ständig wachsender Fleischproduktion zerstört fruchtbares Land. Die Vergrößerung der Viehherden zieht ökologische Zerstörung und weitere Vertreibung von Bauernfamilien nach sich. Nicht zuletzt gibt es in Chiapas große Kaffeefincas, deren Besitzer oftmals deutscher Herkunft sind. Sie benötigen zur Erntezeit billige Arbeitskräfte und beschäftigen viele Landlose kurzzeitig, um sie später wieder in unfruchtbare Hochland- oder auch Regenwaldregionen zu entlassen. Besonders die Mayagemeinden sind davon betroffen. Die ehemals vielgerühmte mexikanische Agrarreform hatte sie schon früher mit mageren und steinigen Böden des Hochlandes abgespeist.

Und nicht zuletzt beginnt der Aufstand an dem Tag des Inkrafttretens des nordamerikanischen Freihandelsabkommens (NAFTA) zwischen USA, Kanada und Mexiko, das den ungehinderten und freien Warenaustausch zwischen diesen Ländern vorsieht. Die Zapatistas sprechen vom Todesurteil für die indianische Bevölkerung. Sie wissen aus eigener Erfahrung, daß die internationalen Konzerne sich goldene Nasen verdienen und alle ihre friedlichen Bemühungen, sich Gehör für die Verbesserung ihrer Lebensgrundlagen zu verschaffen, dem Modernisierungsprozeß zum Opfer gefallen sind.

Die Zapatistas erhalten viel Beifall auf der Plaza Mayor in San Cristóbal de las Casas an diesem Neujahrsnachmittag, einen Tag bevor das Militär angreift und die Bilder von Toten und Hinrichtungen, von Bombardements und von fadenscheinigen Erklärungen durch die Welt flimmern.

Unter dem Stern von Pancho Villa

Es war wie eine Neuinszenierung von Pancho Villa in den Bergen von Corralchén. Ein cineastisches *set* in Hollywood-Manier. Mit Steinen wurden vier Straßen - mitsamt der dazugehörenden Straßenschilder - markiert, aus Bambus und Lehm Häuserfassaden und ein virtueller Regierungspalast errichtet. Aus Holz wurde ein kleiner Bus gebastelt, der die Beschilderung „Regiment 82“ erhielt, und sie schleppten sogar ein echtes Motorrad heran, einzig mit dem Ziel, dem Szenario einen realistischen Anstrich zu geben. In diesem Arrangement wurde die Januaroffensive 1994 geprobt. Als das Militär ein halbes Jahr früher, im Mai 1993, auf dieses Lager stieß, schlußfolgerten die Generäle des Heeres: „Dies ist der Plan für einen Angriff auf Ocosingo.“ In Wirklichkeit ging es um viel mehr.

„Wenn du darauf achtest“, sagt uns Subcomandante Marcos im Rückblick auf die Ereignisse, „wirst du feststellen, daß die Fassaden der Regierungspaläste von San Cristóbal, Margaritas, Ocosingo und anderen Orten identisch sind.“ So übte die EZLN die Einnahme dieser Ortschaften.

Der Urheber der Strategie erhebt Anspruch auf seine Originalität: „Ich habe nicht die FMLN-Offensive in San Salvador kopiert, sondern den Angriff Pancho Villas auf Ciudad Juárez.“

In den zwölf Tagen des Kampfes verliefen die Dinge nicht immer nach dem Plan des Strategen der EZLN. In Ocosingo kam es zu einem nicht beabsichtigten Kampf. Das Heer umzingelte sie von zwei Seiten, und die Zivilbevölkerung steckte mittendrin. „In diesem Fall“, erzählt Marcos, „tat unsere Truppe das, was sie tun mußte: Sie starb für die Bevölkerung.“

Marcos verschweigt nicht, daß es Verluste gab. „Wie wir zu Anfang sagten, wir leben auf Pump. Ich muß den Menschen gegenüber ehrlich sein und ihnen sagen: Wenn ich euch jetzt schreibe, ist es vielleicht das letzte Mal. Das ist die Wahrheit. Es geht weder um Krebs noch um AIDS, es geht darum, daß sie uns töten wollen. Entweder die Nationalarmee erschießt uns oder die Journalisten aus Unvorsichtigkeit.

Wir sind am 1. Januar nicht in den Krieg gezogen, um zu töten oder getötet zu werden. Wir sind vielmehr ausgezogen, uns Gehör zu verschaffen. In diesem Sinne ist klar, was gemeint ist, wenn die Genossen vom Komitee sagen ‘ya basta’. Es war weder Selbstmord noch Abenteuer.

Wir haben in der Januar-Offensive gezeigt, daß mutige militärische Aktionen möglich sind. Für diese militärische Weisheit braucht man nicht auf die traditionellen oder zentralamerikanischen Guerillas zu schauen, sondern nur in die Geschichte unseres eigenen Landes zu blicken.

Was wir jedoch aus der zentralamerikanischen Revolution gelernt haben, ist, der Abgabe der Waffen wie in El Salvador oder - wie im Falle der Sandinisten - dem alleinigen Vertrauen in den Wahlprozeß zu mißtrauen. Aber unsere militärischen Ideen stammen hauptsächlich von Pancho Villa, auch von Zapata. Was man nicht machen sollte, entstammt den Erfahrungen der Guerrilla der siebziger Jahre. Diese haben eine bewaffnete und lokal beschränkte Gruppe gegründet und auf die zunehmende Unterstützung der Basis gewartet, die durch diesen Guerillafocus 'erleuchtet' würde. Ebenso falsch war es, sich auf Sektoren zu beziehen, die einen niemals unterstützen würden. Wir denken, daß dies Fehlinterpretationen der Guerrilla der siebziger Jahre waren, die wir entsprechend verarbeitet haben. Ich glaube nicht, daß man uns auf militärischem Gebiet bisher viele Fehler nachweisen kann. Klar, wir haben uns nicht der Gesamtmacht des Bundesherres entgegengestellt, aber in taktischen oder strategischen Fragen gibt es keine Beziehung mit ausländischen Gruppen.

Ein Intellektueller, der Herausgeber einer Zeitschrift ist, führt zum Beweis eines zentralamerikanischen Einflusses auf die EZLN an, daß wir zum einen unsere Toten oder Verwundeteten zurückzögen - das hätten wir von der FMLN. Zum anderen, daß wir die Städte angreifen - das stamme von der FSLN. Aber beide Dinge haben wir von Francisco Villa; dieser hatte drei Züge, um seine Verwundeten zu evakuieren. Was wir gemacht haben, war LKWs zu requirieren, um unsere Toten und Verwundeten herauszuholen und zu unseren Lagern bzw. Feldlazaretten zu bringen."

Ihre Vorbilder in strategischer Hinsicht sind also „Pancho Villa in bezug auf das reguläre Heer, Emiliano Zapata in bezug auf die Verwandlung des Bauern in den Guerrillero und umgekehrt". Das andere, sagt er, während eine Einheit trainiert, „haben wir aus einem Handbuch der mexikanischen Armee, das uns in die Hände fiel, aus einer kleinen Anleitung des Pentagons und schließlich aus einigen Schriften eines französischen Generals, dessen Namen ich schon nicht mehr weiß."

Etwas ernsthafter erklärt er seine Vision des Guerrilla-Krieges: „Wir betrachten den bewaffneten Kampf nicht im klassischen Sinne vorausgegangener Guerrillas, d.h. den bewaffneten Kampf als einzigen Weg, als die einzige und allmächtige Wahrheit, um die herum sich alles andere gruppiert. Wir haben vielmehr von Anfang an den bewaffneten Kampf als nur einen Bestandteil einer ganzen Reihe von Kampfformen bzw. -prozessen gesehen, die in ihrer Bedeutung dem Wechsel unterworfen sind. Manchmal ist die eine wichtiger, manchmal die andere."

(Aus einem Interview von Blanche Petrich und Elio Henríquez, erschienen in „La Jornada", 4.-7. Febr. 94, Übersetzung: Paula Villa)

Mindestens einer von uns wird überleben

Am 13. Januar ließ die EZLN den beiden landesweiten mexikanischen Zeitungen „La Jornada" und „El Financiero" sowie der Lokalzeitung „El Tiempo" von San Cristóbal de las Casas eine Auflistung ihrer politischen Forderungen zukommen. Subcomandante Marcos verfaßte dazu folgendes Begleitschreiben.

Meine Damen und Herren!
Jetzt wende ich mich an Sie. Das Geheime Revolutionäre Indígena-Komitee, Generalkommandantur (CCRI-CG) der EZLN hat eine Reihe von Dokumenten und Kommuniqués herausgegeben, die für die nationale und internationale Presse von Interesse sein könnten. Deswegen richten wir uns an Sie, um zu sehen, ob die Dokumente durch Ihre journalistischen Medien öffentlich zugänglich gemacht werden können.

Diese Papiere enthalten unsere Position über die Geschehnisse im Zeitraum zwischen dem 7. und 13. Januar 1994. Ich betone dies ausdrücklich, da das Paket mit den Dokumenten, um zu Ihnen zu gelangen, wahrscheinlich einen tagelangen Weg zurücklegen muß: Es muß Landstraßen, Schneisen im Urwald, Trampelpfade, Berge und Täler durchqueren, Panzer, Militärfahrzeuge und Tausende olivgrüne Uniformen umgehen - kurz gesagt, dieses ganze Kriegsarsenal, mit dem sie uns einschüchtern wollen. Dabei vergessen sie, daß Krieg nicht eine Frage von Waffen und einer großen Anzahl von Bewaffneten ist, sondern ein politisches Problem.

Bei uns läuft alles gut. In diesen Dokumenten wiederholen wir unsere Bereitschaft zum Dialog, um eine gerechte Konfliktlösung zu finden. Andererseits läßt uns dieser ganze militärische Aufwand ziemlich kalt, mit dem die Regierung versucht, die riesige Kloake aus Ungerechtigkeit und Korruption wieder zuzustopfen, die wir aufgedeckt haben. Der Frieden, den einige jetzt fordern, hat für uns immer Krieg bedeutet. Es scheint so, als fühlten die großen Herren über Ländereien, Handel, Industrie und Kapital sich belästigt, weil die Indígenas heutzutage zum Sterben in die Städte gehen und dabei die Straßen beflecken, die vorher nur von weggeworfenen Verpackungen von Importprodukten verdreckt waren. Die Herren zögen es vor, wenn die Indígenas weiterhin in den Bergen sterben würden, fernab vom guten Gewissen und vom Tourismus.

Das wird nicht so bleiben: Man kann nicht das Wohlbefinden einer Minderheit auf den Entbehrungen der Mehrheit aufbauen. Jetzt werden sie unser Schicksal teilen müssen, im Guten wie im Schlechten. Vorher hatten sie die Möglichkeit, ihren Blick von dem gigantischen historischen Unrecht abzuwenden, das die Nation gegenüber ihren Ureinwohnern beging. Sie sahen diese lediglich als anthropologische Objekte, touristische Kuriosität oder Teile eines „Jurassic Park" (schreibt man das so?), der glücklicherweise mit dem Abschluß des NAFTA zu verschwinden hätte, welcher für sie lediglich Wegwerf-Totenscheine vorsah, denn in den Bergen wird der Tod nicht mehr gezählt.

Alle sind schuldig, von den hohen Funktionären der Bundesregierung bis hin zum letzten korrupten Indígena-Führer, ebenso der Gouverneur, den die Chiapaneken nicht rechtmäßig und nach freiem Willen bestimmen konnten, die Bürgermeister, die mehr um repräsentative Werke besorgt waren und die Kontakte zu hohen Herren ausweiten wollten, anstatt im Sinne ihrer Leute zu regieren. Funktionäre der unterschiedlichsten Ränge - sie alle verweigerten denjenigen Respekt und Würde, die noch vor ihnen dieses Land bewohnt hatten. Sie vergaßen, daß die Menschenwürde nicht nur das Eigentum derjenigen ist, deren elementare Versorgung gewährleistet ist, sondern auch derjenigen, die zwar nichts Materielles besitzen, aber etwas anderes, was uns von Gegenständen und von Tieren unterscheidet: die Würde.

Gleichzeitig muß man anerkennen, daß es inmitten dieses Meeres von Gleichgültigkeit auch Stimmen gab und gibt, die angesichts der Folgen dieser Ungerechtigkeiten alarmiert waren. Unter diesen Stimmen war und ist auch die des aufrechten Journalismus, den es immer noch gibt, sowohl auf lokaler als auch auf nationaler Ebene. Schließlich scheint es so - um Sie nicht weiter zu langweilen – als hätten Sie bereits genügend Probleme, die Armee dazu zu bringen, daß Sie Ihre journalistische Arbeit machen können.

Die Panzer, Flugzeuge, Hubschrauber, ihre Tausende Soldaten schüchtern uns nicht ein. Genau die Ungerechtigkeit, die uns ohne ausgebaute Straßen, Wege und elementare Dienstleistungen ließ, wendet sich jetzt gegen sie. Wir brauchen keine Landstraßen, da wir uns immer auf Urwaldpfaden und kleinen Wegen fortbewegt haben. Nicht einmal alle Soldaten der Bundesarmee würden ausreichen, um all diese Wege dicht zu machen, auf denen früher unser Elend wandelte und auf denen jetzt unsere Rebellion ihren Lauf nimmt.

Auch die Lügen von Presse und Fernsehen treffen uns nicht. Haben die vielleicht den realen Prozentsatz von Analphabeten, den es im Staat Chiapas gibt, vergessen? Wie viele Wohnungen in dieser Region haben kein elektrisches Licht und von daher auch keinen Fernseher?

Auch falls die Nation sich von neuem durch diese Lügen einlullen läßt, wird mindestens einer von uns übrigbleiben und bereit sein, sie von neuem aufzuwecken. Die Geheimen Revolutionären Indígena-Komitees sind unzerstörbar. Sie müßten uns alle, absolut alle eliminieren, um uns auf militärischem Weg aufzuhalten. Und immer bliebe ihnen der Zweifel, ob nicht doch einer hier übriggeblieben ist, um das Ganze von vorn zu beginnen.

Ich werde Sie nicht weiter ablenken. Ich hoffe, daß die „ungefähre Personenbeschreibung" des „Comandante Marcos" nicht weiteren „Unschuldigen" Unannehmlichkeiten bringen wird (mit dieser „ungefähren Personenbeschreibung" werden sie schließlich denjenigen festnehmen, der in der Telenovela „Wildes Herz" im Kanal, but of course, der Superstars den „Juan Diablo" spielt).

Eine Frage: Wird dies alles vielleicht wenigstens dazu dienen, daß die „Mexikaner" lernen, richtig „Chiapas" zu sagen, statt „Chapas" und „Tzeltales" statt „Setsales"?

Grüße und eine Umarmung, falls es dafür noch Zeit und Möglichkeiten gibt.

(Übersetzung: Bettina Bremme, Lateinamerika Nachrichten 236, Februar 1994)

Wer muß um Vergebung bitten und wer kann sie gewähren?

Presseerklärung der EZLN zum Amnestieangebot der Regierung

Ich wende mich an Sie, um Sie höflich um die Verbreitung der beigelegten Kommuniqués des Geheimen Revolutionären Indígena-Komitees – Generalkommandantur (CCRI-CG) zu bitten. Diese beziehen sich auf die wiederholten Verletzungen der Feuerpause durch die Regierungstruppen, die Initiative des Amnestiegesetzes des Präsidenten und auf die Rolle von Herrn Camacho Solís als Abgesandter für Frieden und Versöhnung in Chiapas. Ich glaube, daß die von uns am 13. Januar abgesandten Dokumente bereits in Ihre Hände gekommen sein müssen. Ich weiß nicht, welche Reaktionen diese Dokumente hervorrufen werden, noch, welche die Antwort der Regierung auf unsere Vorschläge sein wird. Darum beziehe ich mich nicht auf sie. Bis heute, 18. Januar 1994, haben wir nur Kenntnis von der Formalisierung der „Vergebung" bekommen, die die Regierung unseren Streitkräften anbietet.

Für was müssen wir um Vergebung bitten? Was werden sie uns vergeben? Daß wir nicht vor Hunger sterben? Daß wir in unserem Elend nicht schweigen? Daß wir nicht demütig die gigantische historische Last von Verachtung und Im-Stich-Gelassensein akzeptiert haben? Daß wir uns mit Waffen erhoben haben, als wir alle anderen Wege verschlossen fanden? Daß wir uns nicht an das Strafgesetzbuch von Chiapas gehalten haben, das absurdeste und unterdrückerischste, das man sich denken kann? Daß wir dem Rest des Landes und der ganzen Welt gezeigt haben, daß die menschliche Würde noch lebt und sich bei ihren am meisten verarmten BewohnerInnen findet? Daß wir uns gut und bewußt vorbereitet haben, bevor wir anfingen? Daß wir Gewehre zum Kampf mitgebracht haben, anstatt Pfeile und Bogen? Daß wir gelernt haben zu kämpfen, bevor wir es taten? Daß wir alle MexikanerInnen sind? Daß wir mehrheitlich Indígenas sind? Daß wir das ganze mexikanische Volk aufrufen zu kämpfen, mit allen möglichen Formen, für das, was ihm gehört? Daß wir für Freiheit, Demokratie und Gerechtigkeit kämpfen? Daß wir nicht den Wegen der vorherigen Guerillas folgen? Daß wir uns nicht ergeben? Daß wir uns nicht verkaufen? Daß wir uns nicht verraten?

Wer muß um Vergebung bitten und wer kann sie gewähren?

Die, die sich Jahr für Jahr an einen vollgedeckten Tisch setzten und sich satt aßen, während über uns das Todesurteil gesprochen wurde, so alltäglich, so vertraut, daß wir aufhörten, davor Angst zu haben? Die, die unsere Taschen und Seelen mit Erklärungen und Versprechungen füllten? Die Toten, unsere Toten, die eines „natürlichen" Todes starben, das heißt, an Masern, an Husten, an Grippe, an Cholera, an Typhus, an Drüsenfieber, an Tetanus, an Lungenentzündung, an Malaria und an anderen Nettigkeiten des Magens und der Lunge? Unsere Toten, die daran umgekommen sind, daß niemand etwas machte? All unsere Toten, die einfach so gehen mußten, ohne daß jemand die Rechnung aufgestellt, ohne daß jemand gesagt hätte: „Es reicht", und damit ihrem unnützen Tod einen Sinn gegeben hätte? Die, die uns das Recht und die Fähigkeit unserer Leute verweigerten, zu regieren und uns zu regieren? Die, die uns den Respekt vor unserem Brauch, unserer Farbe, unserer Sprache verweigerten? Die, die uns als AusländerInnen in unserem eigenen Heimatland behandeln, von uns Papiere und Gehorsam gegenüber einem Gesetz fordern, dessen Existenz und Gerechtigkeit wir nicht kennen? Die, die uns folterten, verhafteten, ermordeten und verschwinden ließen - wegen des schweren „Verbrechens", ein Stückchen Land zu erbitten, nicht ein großes Stück, nicht einmal ein kleines Stück, sondern ein Stückchen, dem man etwas abringen könnte, um den Magen zu füllen?

Wer muß um Vergebung bitten und wer kann sie gewähren? Der Präsident der Republik? Die Minister? Die SenatorInnen? Die Abgeordneten? Die Gouverneure? Die GemeindepräsidentInnen? Die Polizei? Die Streitkräfte? Die großen Herren der Banken, der Industrie, des Handels und des Grundbesitzes? Die politischen Parteien? Die Intellektuellen? Galio und Nexos?[4] Die Kommunikationsmedien? Die StudentInnen? Die LehrerInnen? Die Colonos?[5] Die ArbeiterInnen? Die Campesinos? Die Indígenas? Die Toten eines unnützen Todes?

Wer muß um Vergebung bitten und wer kann sie gewähren?

Soweit ist das alles für den Moment. Einen Gruß und eine Umarmung, bei dieser Kälte werden beide sicher dankbar angenommen (glaube ich), obwohl sie von einem „Berufstätigen der Gewalt" kommen.

Subcomandante Marcos
(aus: ila, Nr. 172, Februar 1994)

Episode von *pasamontañas* und anderen Masken

Warum wird so viel Aufhebens wegen der *pasamontañas* gemacht? Ist nicht die mexikanische Kultur überhaupt eine „Kultur der Tarnung"? Nun denn, um die wachsende Furcht derer zu bremsen, die fürchten (oder hoffen), daß hinter der *pasamontaña* und der „ausgeprägten Nase" (wie die „Jornada" sagt) des „sup" (wie die Compañeros sagen) ein „kamarrada" oder „boggie el aceitoso" (öliger Typ) auftaucht, schlage ich folgendes vor: Ich bin bereit, die Mützenmaske abzunehmen, wenn die mexikanische Gesellschaft sich die Maske abnimmt, die die auf ein benachbartes Land gerichteten Sehnsüchte ihr schon vor vielen Jahren übergestülpt haben. Was würde passieren? Das Vorhersehbare: Die mexikanische Zivilgesellschaft (außer den Zapatisten, die sein Aussehen, Denken, sein Wort und seine Taten sehr gut kennen) würde – nicht ohne Desillusionierung – feststellen, daß der „sup" kein Ausländer ist und auch nicht so hübsch, wie es der Generalstaatsanwaltschaft nahestehende Kreise verbreiten. Aber nicht nur das. Hinter ihrer eigenen Maske würde die mexikanische Zivilgesellschaft entdecken, mit ungleich stärkerer Wirkung, daß das Bild, das man ihr von sich selbst VERKAUFT hat, falsch ist und die Wirklichkeit noch viel niederschmetternder, als sie vermutet hat. Wir würden uns einander ins Gesicht sehen, aber mit dem großen Unterschied, daß der „sup-Marcos" schon immer gewußt hat, wie er in Wirklichkeit aussieht, und die mexikanische Gesellschaft würde endlich aus dem langen und trägen Traum aufwachen, in den die „Moderne" sie auf Kosten von allem und jedem versetzt hat. Der „sup-Marcos" ist bereit, die *pasamontaña* abzunehmen. Ist die mexikanische Gesellschaft bereit, IHRE Maske abzulegen? Versäumt nicht die nächste Episode dieser Geschichte von Masken und Antlitzen, die sich bewahrheiten oder der Lüge überführt werden (falls die Flugzeuge und Hubschrauber über uns und die olivgrünen Masken eine Fortsetzung erlauben).

Subcomandante Marcos, 20. Januar 1994
(Übersetzung: Danuta Sacher)

Laßt uns nicht allein!

An den Consejo Guerrerense 500 Años de Resistencia Indígena, A.C., Chilpancingo, Guerrero, Mexiko.

Brüder und Schwestern
Wir wollen Euch sagen, daß wir den Brief erhalten haben, den Ihr uns am 24. Januar 1994 geschickt habt. Wir sind froh zu wissen, daß unsere Indígena-Brüder und -Schwestern der Amuzgos, Mixtecos, Náhuatls und Tlapanecos unseren gerechten Kampf für die Würde und Freiheit der Indígenas und aller Mexikaner kennen.

Unser Herz wird stark durch Eure Worte, die von so weit herrühren und die aus der ganzen Geschichte der Unterdrückung, des Todes und des Elends herrühren, welche die schlechten Regierenden unseren Völkern und unseren Leuten diktiert haben. Unser Herz wird groß mit Eurer Botschaft, die uns erreicht hat, indem sie Berge und Flüße, Städte und Landstraßen, Mißtrauen und Herabwürdigungen übersprungen hat.

In unserem Namen, in Eurem Namen, im Namen aller mexikanischen Indígenas und Nicht-Indígenas, im Namen aller Menschen, die gut sind und den richtigen Weg gehen, haben wir die Worte von Euch Brüdern und Schwestern empfangen, Brüder und Schwestern gestern in der Ausbeutung und im Elend, heute und morgen im würdigen und wahren Kampf.

Heute ist es einen vollen Monat her, daß das zapatistische Licht zum ersten Mal aufschien, die Nacht unsrer Leute zu erhellen.

In unserem Herzen, Brüder und Schwestern, gab es so viel Schmerz, so sehr waren Tod und Leid unser, daß es nicht mehr in diese Welt paßte, die uns unsere Großväter gaben, um weiter zu leben und zu kämpfen. So groß war der Schmerz und das Leid, daß sie nicht mehr ins Herz einiger weniger paßten und es überfloß und sich andere Herzen mit Schmerz und Leid füllten. Und es füllten sich die Herzen der Ältesten und Weisesten unserer Völker, und es füllten sich die Herzen junger Männer und Frauen, allesamt mutig, und es füllten sich die Herzen der Kinder, selbst der allerkleinsten. Und es füllten sich von Leid und Schmerz die Herzen der Tiere und der Pflanzen, es füllte sich das Herz der Steine, und unsere ganze Welt füllte sich mit Leid und Schmerz, und es fühlten Leid und Schmerz der Wind und die Sonne, die Erde fühlte Leid und Schmerz. Alles war Leid und Schmerz, alles war Stille.

Endlich brachte uns dieser Schmerz, der uns einte, zum Sprechen, und wir erkannten, daß in unseren Worten Wahrheit war, wir verstanden, daß nicht nur Leid und Schmerz in unserer Sprache wohnen, wir bemerkten, daß es in unserer Brust noch Hoffnung gibt. Wir sprachen miteinander, wir schauten in uns hinein, und wir schauten unsere Geschichte an: Wir sahen unsere größten Väter leiden und kämpfen, wir sahen unsere Großväter kämpfen, wir sahen unsere Väter mit der Wut in den Händen. Wir sahen, daß uns nicht alles weggenommen worden war, daß wir das Wertvollste besitzen, das, was uns leben läßt, was bewirkt, daß sich unser Schritt über Pflanzen und Tiere erhebt, was bewirkt, daß der Stein unter unseren Füßen ist, und wir sahen, daß die Würde alles war, was wir hatten. Und wir sahen, daß die Schande groß ist, sie verloren zu haben, und wir sahen, daß die Würde gut ist dafür, daß die Menschen wieder Menschen sind. Und es kehrte die Würde wieder zurück, um in unseren Herzen zu wohnen, und wir wurden durch sie erneuert, und die Toten, unsere Toten, sahen, daß wir nun andere waren, und sie riefen uns noch einmal zur Würde auf, zum Kampf.

Und da war unser Herz nicht mehr nur Leid und Schmerz. Es kam der Zorn, der Mut kam zu uns durch den Mund unserer Alten, die schon tot sind, aber noch einmal lebendig in unserer Würde, die sie uns gegeben haben. Und so sahen wir, daß es schlecht ist, an Leid und Schmerz zu sterben. Wir sahen, daß es schlecht ist, zu sterben, ohne gekämpft zu haben. Wir sahen, daß wir einen würdigen Tod erlangen müssen, damit eines Tages alle leben, in Wohlergehen und Weisheit. Da suchten unsere Hände die Freiheit und die Gerechtigkeit. Da füllten sich unsere von Hoffnung entleerten Hände mit Feuer, um zu fordern und unsere Qualen, unseren Kampf hinauszuschreien. Da erhoben wir uns aufs neue zum Gehen, unser Schritt wurde noch einmal fest, unsere Hände und unser Herz waren gerüstet. „Für alle“, sagt unser Herz, nicht nur für einige, nicht für ein paar wenige. „Für alle“, sagt unser Schritt. „Für alle“, schreit unser vergossenes Blut, das in den Straßen der Städte aufblüht, wo die Lüge und der Raub regieren.

Wir ließen unsere Felder zurück, unsere Häuser sind weit weg, wir ließen alle alles zurück. Wir streiften uns die Haut ab, um uns mit Krieg und Tod zu kleiden, um zu leben, sterben wir. „Nichts für uns, für alle alles“, was an und für sich uns und unseren Kindern gehört. Wir haben alle alles zurückgelassen.

Jetzt sollen wir alleine gelassen werden, Brüder und Schwestern, soll unser Tod vergeblich sein, soll unser Blut zwischen Steinen und Dung vergessen werden, soll unsere Stimme verstummen, sollen wir wieder einmal unser Auftreten beenden.

Laßt uns nicht im Stich, Brüder und Schwestern, nehmt unser Blut als Nahrung, füllt Euer Herz und das aller guten Menschen dieser Lande, Indígenas und Nicht-Indígenas, Männer und Frauen, Alte und Kinder. Laßt uns nicht allein. Damit nicht alles vergebens ist.

Daß die Stimme des Blutes, das uns einte, als die Erde und die Himmel nicht Eigentum der großen Herren waren, uns noch einmal rufe, daß unsere Herzen ihre Schritte zusammenschließen, daß die Mächtigen erzittern, daß sich das Herz des Kleinen und Elendigen erfreue, daß die Toten von immer Leben haben.

Laßt uns nicht im Stich, laßt uns nicht alleine sterben, überlaßt unseren Kampf nicht den Lügen der Mächtigen.

Brüder und Schwestern, daß unser Weg der gleiche für alle sei: Freiheit, Demokratie, Gerechtigkeit.

Hochachtungsvoll.
Aus den Bergen des Südostens Mexikos: CCRI-CG-EZLN, 24. Januar 1994.
(Übersetzung: Etienne Largend)

Marcos zur „Moderne"

Die Forderung nach einem Ende der neoliberalen Politik wird im ganzen Land erhoben. Sie kommt auch in unserem Forderungskatalog zum Ausdruck, aber keiner hat diesen Teil beachtet, auch Camacho nicht. Wir fordern würdige Arbeit und gerechte Löhne für die Arbeiter auf dem Land und in der Stadt, mit einem Wort: eine Änderung der Wirtschaftspolitik insgesamt. Dazu wurde uns gesagt, das sei schlimmer als ein Überfall auf den Himmel, das sei eine Marihuana-Idee bekiffter Indígenas. Sie boten uns mehr Ausbildung an, aber was wir fordern ist eine Neuordnung der Wirtschaftspolitik. Hier wird auf zwei Wellenlängen aneinander vorbeigeredet, ebenso wie bei der Autonomie-Frage: Die Regierung denkt bei Autonomie an die Balkanisierung des Landes und daß wir uns mit indianischen Regierenden absondern wollen. Darum geht es uns aber nicht. Die Compañeros würden jeden in der Regierung akzeptieren, Mestize oder Indígena, nur wahrhaftig muß er sein und absetzbar, wenn er nichts taugt. Aber was erwidern sie uns: daß sie einige pure Indígena-Gemeinden einrichten wollen und einen besonderen Bundesstaat. So etwas wollen wir nicht.

Was die Landproblematik betrifft, geht es uns nicht um die Größe des zuzuteilenden Landes oder Besitzverhältnisse im engen Sinne, denn hierbei spielt eine Rolle, ob es sich um guten oder schlechten Boden handelt. Nicht einmal die Enteignung von Großgrundbesitz ist uns das wichtigste, wenigstens solange die Forderung nach Land auf andere Weise befriedigt werden kann. Außerdem wurde deutlich gemacht, daß die ökologischen Reserven nicht angetastet, daß bewaldete Gebiete nicht überschrieben werden sollen, weil nicht noch mehr gerodet werden darf. Unser eigentliches Problem ist die Produktivität. Was notwendig ist, ist eben nicht nur eine Umverteilung des Bodens, sondern die notwendige Infrastruktur, damit das Land mehr hergibt als den jetzigen Durchschnitt, der gegenwärtig in der Selva bei einer halben Tonne Mais pro Hektar liegt. Der nationale Durchschnitt lag demgegenüber vor einigen Jahren bereits bei acht Tonnen. Die Indígenas säen mit dem Pflanzstock, Löchlein für Löchlein, nicht einmal mit dem Pflug wird gearbeitet. In Chiapas den Ochsenpflug einzuführen hieße hundert Jahre in einem Satz zu überspringen, und ich spreche vom Pflug, nicht von Traktoren, Dünger, Insektiziden oder so etwas.

(aus: Guiomar Rovira: Zapata vive, Barcelona 1994, S. 301.
Übersetzung: Danuta Sacher)

Die wahren Gesichter

Hermann Bellinghausen

Trügerische Ruhe

Gerüchte kursierten im Gebiet der Zapatistas, daß die in Ocosingo stationierten Militärs am 29. März einen Angriff gegen die EZLN planen würden. Das war für zahlreiche Familien Grund genug, ihre Farmen zu verlassen, vor allem solche, die der ARIC angehörten. Ihre Tiere ließen sie angebunden zurück. Seit dem Vorabend waren die Flüge des kleinen Flugzeuges suspendiert worden, während sich das Gerücht bestätigte, daß einige Tage zuvor „etwas" über einer Farm in Altamirano aus einem Flugzeug abgeworfen worden war, die mutmaßliche Zapatistas besetzt hatten. Etwas, das explodierte.

Auch wenn die Polizei- und Militärposten in der Provinzhauptstadt Ocosingo verstärkt wurden, blieb das in der Umgebung stationierte Militär in seinen Stellungen, und die geringere Zahl der Flüge über der Selva konnte dem schlechten Wetter zuzuschreiben sein. Tatsache ist, daß zur Abwechslung nichts geschah. In den ersten Ansiedlungen auf EZLN-Gebiet scheint das Leben friedlicher als zu Friedenszeiten. Aber man soll nicht glauben, daß es viel Spielraum gibt. Er ist eingeschränkter als zuvor.

In der ersten Ansiedlung nach der Grenze zur „Schwarzen Zone" gibt es seit Dezember, als der Lehrer floh, keinen Unterricht. Die Karwoche und all die übrigen Wochen werden zu Sonderfeiertagen, so daß die Kinder sich untätig und neugierig herumtummeln. Vier Hunde verfolgen und ärgern ein Schwein, das schreit, als würde ihm die Haut abgezogen, während ein Bauer Steine nach ihm wirft. Erst als es zum Haus seiner Besitzer kommt und den Schuppen durchquert hat, findet das Schwein zu seinem üblichen „Oink Oink" zurück. Es hatte auf fremden Feldern stibitzt.

Die Männer arbeiten auf den Maisfeldern, sie roden. Ein paar Jugendliche spielen unendliche Basketballpartien, mit mehr Kraft als Technik. Eine vielköpfige Familie (zusammen zehn Kinder und Erwachsene) bewegt sich in Richtung der inneren Zone, das heißt nach unten. Sie tragen Lebensmittel und Treibstoff.

Sie werden zusammen mit einem abgemagerten grauen Pferd den ganzen Tag bis zu ihrer Farm laufen. Sie gehen schweißgebadet, eilig und schweigsam, und haben Stunden vor sich, die lang sein werden. Der Mann an der Spitze trägt ein eingeschaltetes Radiogerät, das Nachrichten auf

Tzeltal und Spanisch sendet, worin sich wiederholt die Worte „Partei der Institutionellen Revolution" ausmachen lassen, im Anschluß an Werbespots von Schuh- und Kurzwarengeschäften.

Für die Zapatistas hing die unmittelbare Zukunft ihres Friedens oder ihres Krieges zum Teil von der Ernennung des neuen PRI-Kandidaten ab. Der Name Ernesto Zedillo sagt ihnen, daß die Dinge sich vorerst weder zum Besseren noch zum Schlechteren wenden werden.

Immer wieder kommen Familien mit ihren bescheidenen Einkäufen vorbei, auf dem Weg zu ihren Dörfern oder Gehöften. Die Frauen tragen Taschen und ihre Tücher voller Pakete auf dem Kopf oder mit einem Kind darin auf dem Rücken. Die Männer verzerren die Gesichter unter der Last enormer weißer Säcke.

Panchito und Luis (zwei und drei Jahre alt) spielen vor dem Haus, während ihre junge Mutter auf dem Feuer Kaffee kocht. Ein flauschiger Bimbobär, der einmal weiß war, dient ihnen als Fußball, Puppe, Wurfgeschoß und Taschentuch für die Rotznasen. Sie wissen es nicht, aber sie sind vergnügt.

Ein paar Schwalben fliegen vor dem grünen Hintergrund. Einige hohe Turalzweige blühen weiß und rosa, als breche der Frühling aus. Tage erfrischender Ruhe. Oder trügerischer Ruhe?

Tiefer im Inneren dieser Region, die heute zapatistisch ist, tauchen die Zeichen des Aufstandes auf - Waffen, die Disziplin der Miliz, es herrscht „Alarmstufe rot". Hier trifft man auf eine Überzeugung, die unverhältnismäßig erscheinen mag: Menschen, die sich entschieden haben zu kämpfen, auch wenn der Krieg kurzfristig erst einmal eher Todesgefahr als ein anderes Leben bedeutet. Wenn man mit den Mitgliedern der aufständischen Kräfte gesprochen hat, wie sie sich selber nennen, bleibt ein Nachhall extremer Gefühle: Jugendliche, die bereit sind, zu kämpfen, vielleicht zu sterben, mit Zustimmung, sogar Zuspruch ihrer eigenen Eltern.

Laura, Adolfo, Freddy, Heriberto und viele andere, an die dreißig sind es, trainieren unter Anleitung von Subcomandante Marcos und Mayor Rolando in einer abgelegenen Ansiedlung im Dschungel mit ihren verschiedenen Feuerwaffen in den Händen. Am Vorabend hatten sie noch eine halbe Stunde trainiert und sich vorbereitet und dann zum Abschluß die zapatistische Hymne gesungen, auf die Melodie von Carabina 30-30[6], mit dem Ausdruck derselben ernsten Freude, mit der sie Tamales kochen oder ihren Wachturnus übernehmen, und mit einer Überzeugung, die jenseits von Zweifeln oder Schmerz ist.

Es ist man selbst, der mit den Zweifeln der Stadt kommt und Fragen stellt, die sie, die Aufständischen, schon vor langer Zeit für sich beantwortet haben. Die „Aufständischen“, bewaffnet und hinter ihren typischen Mützenmasken verborgen, bewachten vorgestern abend das dürftige Hospital und die großzügige Küche, wohin wir in der Dunkelheit gebracht wurden. Sie zu sehen erfüllt einen mit Zärtlichkeit, die man normalerweise nicht „Gewalttätigen“ gegenüber empfindet, wie manche da draußen sie nennen.

Marcos, „professioneller Gewalttäter, zu Diensten“, ein Chef, der etwas von einem gutmütigen Patriarchen hat, stellt ein Paradoxon dar: Er ist der bescheidene Diener dieser Campesinos und gleichzeitig ihr Führer. Sie sind alle so jung. Wer könnte so einen Ort bombardieren, der voll fröhlicher Lebenslust ist?

Da sind die Wachhabenden - Amalia, Laura, Heriberto und dann die armen Leute des Dorfes. Sehr arm, wie María, die man, wenn es nach ihr ginge, auch Candelaria („Lichtmeß“) nennen könnte. Kämpfen sie für ihre Befreiung oder bereiten sie ein Grab für neue Opfer der Repression? Die Gefahr scheint hier so unwirklich. Wird man ihnen die Unerhörtheit ihrer Herausforderung und Rebellion vergeben? Diese angestaute Ruhe kann nicht ewig dauern. Wo gab es das jemals in der Welt, daß sich ein Rebellenheer erhebt, nicht siegt, aber auch nicht vernichtet wird? Worin besteht das Neue dieses Aufstands? Sicherlich, da ist diese Entschlossenheit, nicht weiter mit sich so umspringen zu lassen wie zuvor. Aber ihre Alternative: Siegen oder Sterben, ist das ein Fortschritt? Um uns sind 30.000 Berufssoldaten, die bereit sind, das herrschende System zu verteidigen, und das Land ist aufgebracht Wird wieder die Grausamkeit, dieselbe wie immer, gegen sie losschlagen jetzt geschürt durch die Empörung und die Staatsräson? Oder wird dieser ländliche Aufstand die Kräfteverhältnisse gegenüber den Armen verändern?

All das sind vorläufige Fragen. Das Leben selbst ist immer vorläufig, aber eins ist für diese Leute klar: Wenn die Situation so bleibt wie vorher, wenn ihre Forderungen nicht erfüllt werden, müssen die „Sicherheitskräfte“ kommen und sie töten. Auch die Verwundeten drücken sich klar aus: Sie ziehen es vor, nicht zu leben, als so zu leben wie vorher. Wie Luis Miguel mit seinem zertrümmerten Arm sagt: Nicht der Schmerz ist es, der am meisten schmerzt.

Kriegsverletzte

Einer dieser Tage ist heraufgezogen, an denen die Sonne sich bitten läßt. Ein Tag, den Benito „traurig“ nennt wegen der Wolken, aber der ihn nicht daran hindert, ganz selbstverständlich zu lachen und Witze zu machen.

Mayor Benito hat bei den Kämpfen von Ocosingo das rechte Auge verloren, aber weder die Lebenslust noch seine Entschlossenheit. Und tatsächlich ist er weiter in seiner Funktion tätig, manchmal mit dunkler Brille, manchmal mit offenliegender Augenhöhle.

Andere Kämpfer, wie Capitán Luis Miguel, 21 Jahre alt, müssen erst einmal kürzer treten. Er hatte an der Spitze einer Einheit an der Besetzung von Altamirano teilgenommen, dann waren sie über Oxchuc und Huistán vorgedrungen, mit dem Auftrag nach Rancho Nuevo zu gelangen und das Vorrücken der Mexikanischen Armee aufzuhalten. Ein Schuß zertrümmerte ihm völlig den rechten Arm. Er ist bis heute noch nicht wieder in Ordnung.

„Meine Aufgabe war es, die Bundestruppen aufzuhalten. Andere griffen das Cereso (Centro de Readaptación Social), das Gefängnis an. Wir sicherten diesen Angriff mit der Milizeinheit, die ich leitete."

Vor dem Hintergrund von Bananenstauden und steilen Berge anstatt eines Horizontes erzählt er in aller Ruhe seine Erfahrungen. Er wird begleitet von Subteniente Sergio, 22 Jahre alt, Mitglied derselben Einheit, im gleichen Gefecht am linken Knöchel verwundet. Beide wiederholen unter ihren marineblauen *pasamontañas* die Geschichte, die andere schon vor uns gehört haben. Luis Miguel fährt fort:

„Wir waren Teil der Vorhut. Seine Stellung lag ein bißchen weiter zurück. Ein Lastwagen der Armee kam vorbei und gab Schießbefehl. Sie ignorierten unseren Kontrollposten. Da sind zwei Soldaten gefallen. Später kam ein Lastwagen, einer ihrer Sechs-Tonner. Sie schossen Salven aus ihren Maschinengewehren, und dabei haben sie mich erwischt. Ich war der erste Verwundete und verlor das Bewußtsein, als die Compañeros mich über Oxchuc nach hinten brachten. Als ich aufwachte, wurde ich bereits von den Sanitäterinnen versorgt. Wenig später haben sie mich hierhergebracht. Ich habe viel Blut verloren und hing am Tropf."

Luis Miguel verbringt seine Zeit erzwungener Tatenlosigkeit damit, „Zeitung zu studieren", und beklagt sich nicht über sein Schicksal. Er ist seit fünf Jahren bei der EZLN. Sergio seit drei Jahren. Beide kommen aus dem Hochland, aus Tzotzil-Familien:

„Wir haben ein Bewußtsein, das wir revolutionär nennen, und sind davon überzeugt, daß es besser ist zu kämpfen oder zu sterben als weiterzuleben wie bisher. Wir haben keine Angst vor dem Tod."

Sein Vater hatte ihn und seine Brüder zu den Zapatistas gebracht. Sergios Geschichte ist nahezu identisch. Eltern und Geschwister sind bei der Miliz. Sie sind in den Dörfern geblieben, leben keinen militärischen Alltag. Sie sind bereit zu kämpfen, aber nur wenn es die Situation verlangt. Auf ihre Initiative hin sind Luis Miguel und Sergio vor zwei Jahren in den

Dschungel gekommen, um sich militärisch auszubilden. Ihre Familien wogen die Situation ab, und da sie ledig waren, entschieden sie, sie zu Kämpfern zu machen. Ihre Geschwister, die Kinder hatten, blieben im Dorf und wurden Teil der Miliz. Sie glauben daß sie in der Lage sind, das Bundesheer zu besiegen, denn, so sagt Luis Miguel, „wir haben die Bevölkerung hinter uns", und „es ist richtig, was wir fordern".

„Ich bin darauf eingestellt, weiterzumachen, sobald es mir besser geht", sagt er.

„Wir waren bei der PRI, weil es notwendig war. Nicht bei der CNC oder einer anderen Organisation. Sie haben uns das Parteibuch gegeben, aber wir haben nie gewählt. Es gibt viele, die in die Partei eintraten. Einer meiner Onkel war der erste, der Zapatist wurde. Meine Familie ist nicht dagegen. Mein Vater weiß, daß ich kein Geld verdiene, aber er akzeptiert es, denn er weiß, daß ich es für uns alle tue."

Luis Miguel wurde am 2. Januar verwundet, aber er hat nicht den Eindruck, daß er seine Zeit vergeudet. Er langweilt sich nicht.

„Meine Familie hat kein eigenes Land. Wir pachten es von einem Grundbesitzer. Manchmal arbeiten wir auf dem Land des Patrons, aber er behält die Hälfte des Mais und der Bohnen."

Was aus denen geworden ist, die sie aus dem Cereso, dem Gefängnis von San Cristóbal, befreit haben, weiß er nicht:

„Sie haben gemacht, was sie wollten. Wir haben sie befreit, weil sie keine Schuld haben. Es waren politische Gefangene. Viele von ihnen hatten sich für andere Campesinos eingesetzt."

Nach dem Krieg im Januar sind viele Leute Zapatistas geworden. Jetzt sind, soweit er weiß, die Versammlungen in seinem Dorf nicht mehr geheim. Das ist nicht mehr nötig.

„Während der Kämpfe im Mai vorigen Jahres dachten wir, der Krieg würde gleich beginnen. Aber da wir die Bevölkerung nicht befragt hatten, konnten wir diese Entscheidung nicht treffen."

Vor einem Monat haben sie ihm den Gips abgenommen, jetzt hat er nur noch eine Verbandsschiene, aber es geht ihm noch nicht wieder gut. Sergio ist schon wieder in der Lage zu kämpfen, aber er bleibt ruhig, „bis der Befehl kommt". Er arbeitet in der Küche. Weder Sergio noch Luis Miguel kennen jemanden, der während der Kämpfe umgekommen ist. Die Einheit von letzterem wird jetzt von einem anderen geleitet, und er weiß derzeit nur, daß sie irgendwo unterwegs sind und daß es ihnen gut geht.

Er hat ständig Schmerzen und nimmt Schmerzmittel. Die Sanitäter sehen jeden dritten Tag nach ihm. „Ich bin in Behandlung", sagt er. Der Schmerz bedrückt ihn nicht. Ihm gefällt dieses Leben.

„Wir machen unseren Wachdienst, wo es sein muß."

Er denkt, daß die Probleme längst nicht gelöst sind: „Ich sage, es wird wieder Kämpfe geben. Wir haben uns an den Waffenstillstand gehalten, aber sie haben uns erneut bombardiert. Wir waren bereit zu kämpfen, nicht Verhandlungen zu führen, aber wir geben auch anderen Leuten im Land eine Chance. Wenn das Problem weitergeht, können wir sie wieder tanzen lassen mit den Waffen, die wir haben. Die Soldaten kämpfen nicht wegen ihres Bewußtseins, sie kämpfen für Geld, ihnen fehlt unsere Überzeugung. Sie sollten aber nur gegen die von uns kämpfen, die Uniform tragen und zum Kampf bereit sind. Sie dürfen die Zivilbevölkerung nicht angreifen. Deshalb haben wir die Regierung aufgefordert, uns als kriegführende Partei anzuerkennen, damit sie die anderen in Ruhe lassen und nicht bedrohen oder verhaften."

Sergio ist wortkarger. Er sagt, daß seine Geschichte der von Luis Miguel ähnelt. Sie haben parallele Leben. Die Stimme des einen könnte die des anderen sein. Luis Miguel ist der Mitteilsamere.

„Mein Dorf ist immer noch gespalten, aber wir werden die, die nicht zu den Waffen greifen wie wir, nicht dazu zwingen. Wenn sie neutral bleiben, ist es in Ordnung. Niemand kämpft aufgrund von Zwang, wohl aber aus Überzeugung. Wir kämpfen aus freien Stücken, niemand zwingt uns. Sergio und ich kannten uns nicht, aber wir wissen, daß wir gemeinsam sterben werden. Ich werde nicht mit meinem Vater sterben, vielleicht werde ich nirgendwo begraben. Wir wissen, daß es so ist. Wir sind bereit, unser Blut zu vergießen."

Über das Sterben und Töten erzählt Luis Miguel folgende Gedanken: „Es ist nicht gerecht, daß Colosio ermordet wurde. Er hat nichts getan, und er hat gesagt, er werde die Vereinbarungen einhalten. Wir wissen nicht viel, aber das ist unrecht, was sie mit ihm gemacht haben."

Er sagt, daß er nur auf die schießt, die auf ihn schießen. Und im Vergleich seiner Heimat im Hochland mit diesen Ansiedlungen in der Selva stellt er fest:

„Hier sind die Leute ärmer. Sie haben keinen Strom und keine Straßen. Auf den Ländereien dort schlägt dich der Vorarbeiter. Du arbeitest Tag und Nacht, er teilt dir Fußtritte aus. Das hat uns zu verstehen gegeben, daß sich das Land eines Tages ändern muß. Wir kennen die Patrones und die Großgrundbesitzer gut. Es sind Schweine, aber wir haben Achtung vor ihrem Leben. Wir hätten sie gleich am ersten Januar töten können, aber sie sind nicht unser Hauptfeind."

Luis Miguel und Sergio haben als Maurer-Hilfsarbeiter in San Cristóbal gearbeitet (Sergio auch in Comitán):

„Sie bezahlen dich nur, wenn du dich bei der Arbeit umbringst. Sechstausend Pesos in der Woche, von Montag bis Samstag, von sechs Uhr morgens bis elf Uhr in der Nacht. Sonst würde der Lohn nicht reichen."

Luis Miguel weiß, daß man in der Stadt mehr verdient, aber das ist kein Leben.

„Wir wollen nicht mehr so arbeiten. Wir wollen lieber studieren und Lehrer oder Ärzte werden - oder im Kampf sterben."

Skeptisch, was den Fortgang der Verhandlungen angeht, stehen die beiden unerschütterlich zu ihrer Überzeugung. Die Angst haben sie längst vergessen.

Später bricht die Nacht herein, dunkel und von Glühwürmchen bevölkert. Stille kann nicht einkehren wegen des durchdringenden Zirpens der Grillen. Es ist das Szenario der Hoffnung.

Amalias Kampf

Die Generationen wechseln. Die Subteniente Amalia spricht von ihrem Vater mit einer Bewunderung, die sie nicht zu verbergen versucht:

„Mein Vater ist spitze, er ist Campesino, mehr nicht, aber er hat gelernt, Spanisch zu sprechen. Er hatte die Dinge schon als Jugendlicher klar, als er noch nicht verheiratet war. Er hat gesehen, daß Streiks kein Ergebnis bringen. In seinem Kampf ist er geschlagen worden. Seine Genossen aus der Organisation wurden gefoltert und ermordet." Die Erfahrung ihres Vaters, eines Chol-Bauern und Aktivisten im Norden von Chiapas, endete nach Einschätzung seiner Tochter, die in diesen Zeiten den Namen Amalia trägt, in einer Sackgasse.

Im Schatten einer halbzerfallenen, unbewohnten Hütte stützt sich Amalia, weder stehend noch sitzend, auf eine alte Holzbank. Durch die Öffnungen im Lehm, der halbwegs die Mauern bildet, kann man die Berge des Nordens sehen, die eines chinesischen Landschaftsmalers würdig wären, steil, waldig und in Nebel gehüllt. Eine durchsichtig schimmernde Wirklichkeit, die den Träumenden träumt, Einzelheiten für ihn erfindet; sie entblößt ihn und hüllt ihn schützend ein, streckt ihr Dach über ihm aus. Draußen gehen hin und wieder andere junge Zapatisten vorbei, mit Gewehren, Uniformen und einer Unschuld, die, wie Amalia bekräftigt, ganz das Gegenteil bedeutet.

„Die ganze Familie war im Untergrund, aber sie haben es mir nicht gesagt. Ich habe sie gefragt, was sie machen, und sie fragten, warum ich das wissen will. Später haben sie mir davon erzählt, daß es eine bewaffnete Organisation gebe. Ich war 15 Jahre alt, ich habe gesehen, wie die

Dinge lagen, und gesagt, daß ich gehen möchte. Es gibt eine Form der Miliz in deinem eigenen Dorf, aber es gibt auch die, die in die Berge gehen und sich dort ausbilden. Ich ziehe es vor, von meiner Familie entfernt zu kämpfen, aber ich besuche sie. Als ich 17 war, vor sieben Jahren, konnte ich schreiben und lesen, aber ich konnte nicht Spanisch sprechen. Als ich mich dem Heer anschloß, habe ich es gelernt. Als wir das ein bißchen konnten, haben wir die Geschichte Mexikos studiert, und die anderer Länder, wo es Krieg gegeben hat. Und später haben sie uns Kampftaktiken beigebracht."

Auch wenn einige der Frauen der EZLN einen harten, geradezu wilden Gesichtsausdruck haben (und erschreckende Biographien), lachen die meisten gern und viel. Aber wenige lachen so viel wie Amalia, deren großer Mund dafür gemacht scheint, die Zähne blitzen zu lassen und Lachfalten um die Augen zu werfen. Auch wenn sie über Dinge spricht, von denen zu sprechen anderen keine Freude machen würde.

„Das Training ist hart, aber ein Campesino-Kind ist es gewohnt, mit zehn Jahren Holzlasten zu tragen und zu arbeiten. Da wird die Sache einfacher. All die handwerklichen Arbeiten fallen mir nicht schwer. Was ein bißchen härter ist, ist die Disziplin, die mußt du erst lernen. Früher habe ich Mitglieder der Miliz unterrichtet, später habe ich die Arbeit gewechselt, denn sie lassen dich auswählen, welche Arbeit du tun willst, und ich habe die Gesundheit gewählt, darum bin ich Sanitäterin."

Es kostet ein ganzes Stück Vorstellungskraft, sich auszumalen, wie diese jungen Frauen das tun, was wir Intellektuelle „gewalttätige Aktionen" nennen.

„Schießen macht Spaß, denn ich hatte nie in meinem Leben einen Schuß abgefeuert. Das Schöne ist der Mut, es zu tun. Wenn du schießt und siehst, daß der Feind fällt, wirst du mutiger. Mein erster Kampf war in Ocosingo. Ich hatte gar nicht so viel Angst. Wir wußten, daß der Feind zurückschießen würde. Wir haben Waffen, aber keine schweren. Die Bundesarmee kam mit ihren Mörsergranaten und Artillerie und Scharfschützen, die verteufelt gut zielen. Wir haben keine Angst. Das feindliche Feuer ist sehr mächtig, und wir haben keine guten Waffen, keine Panzer und keine Flugzeuge, aber Bewußtsein haben wir. Wir müssen die Waffe einsetzen, die wir haben."

Amalia ist aus den Gefechten von Ocosingo durch die Kanalisation entkommen, so wie etliche ihrer Compañeros. Natürlich ist es eine Mystifizierung, aber ich halte Amalia für unzerstörbar. Genau wie Efraín.

Efraíns Dorf

Zufälligerweise gehörte Efraín zu der Einheit der Aufständischen, die in sein eigenes Dorf abkommandiert wurde. Sonst ist hier kein anderer zapatistischer Kämpfer in seiner Herkunftsgemeinde. Er ist siebzehn Jahre alt, seit sieben Jahren bei der EZLN. Und seit sieben Monaten bewaffneter Kämpfer. Er hat an der Besetzung von Ocosingo teilgenommen, aber da er bei der Miliz war, unbewaffnet. Heute hat er einen automatischen Karabiner. Er erinnert sich:

„Fast hätte ich Angst bekommen, als der erste Schuß fiel. Ungefähr drei Minuten lang hatte ich Angst. Dann habe ich sie vergessen."

Genau genommen ist auch er nicht in seinem eigentlichen Heimatdorf. Er ist vor vier Jahren mit seiner Familie als einer der Vertriebenen hierhergekommen.[7]

„Die Leute hier sind gebildet. Sie behandeln einen gut. Und sie haben uns Land gegeben. Wir sind geblieben."

Die „Bildung", auf die er sich bezieht, ist keine Schulbildung. Die Einschulungsquote, schon im allgemeinen niedrig, ist hier in der Ansiedlung gleich null.

„Es gibt keine Schule mehr", sagt Efraín, „weil sie die Lehrer nicht mehr bezahlt haben und die nicht mehr kommen."

Die Schule, auf die er sich bezieht, ist ein Holzschuppen, der inzwischen anderen Zwecken dient. Efraín, der sagt, er kenne den Subcomandante Marcos „seit seiner Kindheit", hat trotzdem einiges gelernt.

„Bei mir zu Hause habe ich nicht in der Küche gearbeitet, das war keine Männersache. Ich habe darauf gewartet, daß man mir etwas zu essen gab. Als Zapatist habe ich gelernt zu kochen und abzuwaschen. Das macht mir jetzt nichts mehr aus."

Während wir die wilden Pinienhecken durchqueren und durch die Niederungen der Siedlung laufen, antwortet er, daß er sehr wohl katholisch sei, und auch wieder nicht. Früher ging er zur Messe, heute betet er nicht einmal. Und das, was man im Dorf ißt, hat er rasch aufgezählt:

„Manchmal nichts, nicht einmal Bohnen, bloß Tortilla. Sonst Orangen, Kaffee, Zuckerrohr und Bananen, aber nur wenig. Sonst nur Mais und Bohnen."

Wir gehen zwischen den Häusern entlang. Die Hunde sind träge und abgemagert. Sie bellen nicht. Federlose Hennen und manchmal ein buschiger Hahn. Schweine, die sich an keinerlei Abgrenzungen halten. Als wenn eine Erklärung nötig sei, sagt Efraín:

„Die Häuser sind aus Lehm."

Aus Lehm die Wände, die Öfen, sogar ein Taubenschlag (der einzige im Dorf). Die Rohstoffe hier sind Lehm und Mais, wie in einer Dritte-Welt-Illustration des Popol Vuh, den Efraín nicht einmal kennt. Ich frage ihn, ob die Regierung irgend etwas im Dorf gemacht hat. Er sagt nein, dann doch, und wir gehen zu einer Elektrizitätsstation, auf deren eine Wand 'Solidaridad'[8] gemalt ist. Sie wurde im vorigen Jahr errichtet, hat aber nie funktioniert, bis vor einer Woche:

„Ein Compañero hat es gerichtet."

Ebenso gibt es eine Maismühle, neu und nicht in Gebrauch.

„Sie kann noch nicht angeschlossen werden."

Im Fluß baden in aller Ruhe Kinder und Frauen.

Am Nachmittag des Karfreitag haben sie den Judas heruntergetragen, der vorher am Turm der Kirche hing, mit einer Richard-Nixon-Maske, und ihn verbrannt. Er ist zwischen den Sträuchern in Flammen aufgegangen. Die Kinder haben ihn gesteinigt.

„Sie haben sich kaputtgelacht", erinnert sich Efraín.

„Warum haben sie ihn gesteinigt?"

„Weiß ich nicht."

Wenn sie nicht wollen, wissen diese Leute nichts, soviel man sie auch fragt.

„Dies ist das Haus meines Bruders", zeigt er auf ein Stück Land mit neuen Holzhäusern und grüßt einen Mann, der herausschaut.

Er beeilt sich. Er hat Hausarbeiten in der Kaserne zu verrichten, oder wie auch immer sie heißt, wo die Zapatistas ihre Gemeinschaftsküche haben.

Efraín glaubt, daß nur sie selbst die Welt verändern können. Gut, den kleinen Teil der Welt, der sie betrifft. An seinem kriegerischen Auftrag hat er wenig Zweifel, wenn überhaupt:

„Ich werde weitermachen, mal sehn, bis wohin wir kommen."

Ihm fehlt das kleinbürgerliche Privileg des Zweifels.

Vor lauter Dschungel sterben

Der Tod hat viele Gesichter und kommt auf vielfältige Weise. Ist er etwa nicht immer gewalttätig? Manuel geht am Rand des Dorfes entlang. Schon nach wenigen Schritten ringt er nach Atem, und obwohl er noch nicht einmal 30 Jahre alt ist, trägt er den Tod schon in seiner pergamentenen Haut, in seinem geschwollenen Hals und seiner enormen Atemnot. Man muß sich nicht sehr gut auskennen, um zu merken, daß er ein todkranker Mann ist, für den, sollte es überhaupt jemals Heilungsaussicht gegeben haben, jetzt jede Hilfe zu spät kommt. Der Hodenkrebs, ein besonders aggressiver, hatte niemals die Chance, rechtzeitig in den Operationssaal zu kommen, und heute verbreitet er sich in den Lungen, und vielleicht hat Manuel keinen einzigen gesunden Lymphknoten mehr.

„Ich kann nicht atmen", sagt er mit angstvollen Augen und einem Seufzer und hält an. Er kann keine hundert Schritte gehen, ohne anzuhalten. Was könnte ihm gut tun? Behandlungen, Schmerzmittel, Kräutertee. Nichts davon gibt es hier. In der Unzugänglichkeit dieses Dschungels gab es für ihn und für immer keine Rettung. Es gab kein Transportmittel. Und selbst wenn es es gegeben hätte: Das Krankenhaus war etliche Tagesreisen entfernt und hätte ihn mehrere Monatslöhne gekostet. Auch wenn sie ihn noch so billig behandelt hätten.

Krebs und Metastasen erwecken eine Empörung, die sich eher gegen das Schicksal als gegen die soziale Ungerechtigkeit wendet, aber sie zwingen auch zum Nachdenken

Die hundert Kriegstoten vom Januar, die mehr waren, sind nicht mehr als der Schwanz eines riesigen Monsters, das, Pathos hin oder her, mit Schritten, die eher lang als langsam sind, über die Lichtungen des Dschungels schreitet und das den Alten und den flachbrüstigen Stillenden dasselbe pergamentene Gesicht malt, das Manuel trägt, auf der Suche nach etwas, das ihn atmen läßt.

Chiapas hat dem guten Gewissen der Nation schon lange eine Rechnung über Vernachlässigung, Korruptionsallerlei und verstockte Geisteshaltungen präsentiert, seit Januar erst recht. Die sozialen Investitionen wachsen zwar mit Vorwahlzeit-Geschwindigkeit, aber die Angst ist ein schlechter Ratgeber und garantiert keine Effizienz.

Ein Beispiel: Von den etwas mehr als 500 Plätzen des Sozialdienstes für junge Ärzte (die einzige, weil billige Möglichkeit für indianische Gemeinden in Mexiko, zu einem Arzt zu kommen) sind jetzt, 1994 und inmitten der zapatistischen Revolte, weniger als 50 besetzt. Nicht einer findet sich im Innern des Dschungels. Gäbe es nicht das sporadische Erscheinen des Roten Kreuzes und der Seuchenbekämpfung, gäbe es in einem großen Teil dieser Gegenden keinerlei Betreuung.

Man geht von Dorf zu Dorf und trifft auf keine angemessene Einrichtungen oder Medikamente oder auf jemanden, der sie verwalten würde. Man soll nicht glauben, dies sei durch den Krieg schlimmer geworden. Die verrückten, zurückgebliebenen und verwurmten Kinder gab es genauso vor Januar, und es sind viel mehr, als die Statistiken ertragen könnten.

Die *slums* im Dschungel sind unser wirklicher Abgrund: Ohne jeglichen Heroismus hat der Dschungel seine Bewohner verschlungen – so wie er selbst von den Geschäftemachern des Fortschritts verschlungen wird.

In den Büros der internationalen Banken gehen alle Rechnungen auf. In diesen indianischen Orten mit biblischen Namen haben mehrere tausend Jugendliche selbst nachgerechnet und sich entschieden zu sterben, wenn es sein muß, vergiftet von Blei und Feuer, aber nicht durch vorhersehbare und vermeidbare Gifte.

Wer erdreistet sich, nach soviel „unsichtbarer" Agonie von Verhandlungen und Sechsjahresplänen zu reden. Wie viele Jahrhunderte „revolutionären Erbes" bedarf es noch, um diesen Frauen zu erklären, daß es keine Eile hat, daß sie die frohe Botschaft des Wohlstands noch vor der Beerdigung ihres fünften oder sechsten Kindes erreichen wird. Wenn es aus der Sicht des Zentrums etwas im Überfluß gibt - dann Zeit.

Wieviel Solidarität (was für ein gutes Wort) ist nötig, und nicht nur die der Regierung (die viel 'Solidaridad' ins Rollen gebracht hat, wer weiß wo, hier jedenfalls nicht), damit das tausendjährige Elend des ländlichen Mexiko (das auch tausendjährig ist, nicht nur die exportfähige Kultur der mittelamerikanischen Maya-Route) sein Schicksal wendet und erleben kann, was an dem berühmten Fortschritt gut sein soll.

Ordnung und Fortschritt, sagten die Porfiristas aprés Comte und Gabino Barreda. Zuerst haben sie Ordnung gemacht. Ein Jahrhundert später ist diese Ordnung noch immer unser Problem.

Im Dschungel und in den Bergen zeigt der Tod sein Gesicht, auch wenn er im Krieg hinter *pasamontañas* steckt (zur Förderung der öffentlichen Wirkung) und im Karneval verkleidet und mit Maske dargestellt wird (zur Förderung des Tourismus).

Krieg oder Frieden, Provokation oder Delirium, Verrücktheit oder Hoffnung, kein Tod ist entschuldbar. Er ist der einzige wirkliche Feind, und sein Gesicht ist immer das gleiche. In der indianischen Region von Chiapas ist der Tod normalerweise extreme Gewalt. Tatsächlich, so haben alle seit Januar anerkannt, sind hierher im Unterschied zu großen Teilen des Landes nie ausreichende soziale Betreuung und praktische Hilfen gekommen.

Während des 20. Jahrhunderts wurde das mexikanische Sozialsystem eingeführt, erblühte und verschwindet heute unter neoliberalem Pauken- und Trompetenklang, ohne daß diese Dorfgemeinschaften es überhaupt bemerkt hätten. Auch wenn man davon ausgehen kann, daß sie die Ausnahme sind (und in gewisser Weise sind sie es), sind diese Gemeinschaften jenseits davon gewachsen ... und trotz allem lebendig geblieben.

Sie sind gewachsen, sie sind so 'modern', wie sie können, und im Unterschied zu anderen ihrem Schicksal überlassenen indianischen Regionen haben sie keine unwiederbringliche Aushöhlung ihrer Kultur erlebt. Es genügt, die Stärke ihrer Gemeindeorganisation zu sehen, dieses Meisterwerks der mittelamerikanischen Zivilisation.

Wird das „Vaterland" (was auch immer das sein mag) ein einziges Mal in seinem Leben goßzügig sein mit diesen Völkern, die, wie Fernando Benítez vor 25 Jahren anerkannte, die besten Lehrer Mexikos sind? Von ihnen ist sehr viel zu lernen, auch wenn sie die „Unwissenden" sind.

Druckwellen von Chinameca

Alle im Dorf wissen es schon. Seit Tagen erwarten sie diesen Tag. Alles ist bereit. Nachmittags treffen sie sich vor der Bühne, die die schwarz-rote Fahne der EZLN ziert. Die Frauen haben sich schön gemacht und stehen mit den Kindern links von der Wegkreuzung. Auf der anderen Seite stehen die Männer, mit hellen Hemden und meist dunklen Hosen, wie Millionen von Campesinos an diesem Tag im ganzen Land. Die zehnjährigen Kinder tragen geflickte Kleidung. Die meisten der Männer sind älter, aber es gibt auch ein paar Jugendliche. Ein besonderes Fest in einer ganz besonderen Stimmung.

Die staatlichen Feiertage sind lebendig, werden mal lauter oder leiser begangen, verändern den Charakter, werden aufgeteilt oder verbrauchen sich. Manche werden alt, andere bleiben ewig jung. Letztere sind selten. Manche erblühen wieder, besonders in Zeiten historischer Turbulenzen wie dieser.

Früher bedeutete ein 2. Oktober Überstunden für die Polizei, die Armee und das Innenministerium.[9] Heute bringt er ihre Routine kaum aus dem Gleichgewicht. Der 10. April hat auch seine Geschichte, eine des Todes (wie das bei den nationalen Feiertagen und religiösen Festen in Mexiko üblich ist): den Mord an Emiliano Zapata, der schon Teil der Kneipen-Witze, der epischen Dichtkunst der Corridos, der nationalen und internationalen Filmwelt und der Schulbücher geworden ist. Er erzählt auch eine Geschichte des Lebens, die von Zeit zu Zeit neu aufersteht: Die Druckwellen von Chinameca dehnen sich seit 75 Jahren ins Yaqui-Tal aus, in die Gebiete südlich von Veracruz, nach Guerrero und Michoacán. Davon abgesehen ist er ein von den PRI-Regierungen jahrzehntelang kultivierter und gutgeheißener Feiertag.

Wie lange ist es her, daß Mexiko auf einen so bewegten 10. April zugegangen ist, verbunden mit so viel Erwartungen und Aufsehen? Während in verschiedenen Teilen von Chiapas und im ganzen Land, einschließlich auf dem Zócalo, dem Hauptplatz von Mexiko-Stadt, zapatistisch geprägte Demonstrationen erwartet werden, angespornt durch die Ereignisse von 1994, dem Jahr, das heute 100 Tage alt wird, wird hier in diesem kleinen Dörfchen im hintersten Winkel der Welt ein fröhliches Volksfest gefeiert, das zugleich Militärparade ist, auch die Bestätigung einer Kriegserklärung und ein Zeichen von Entschlossenheit, die dem Land seit dem ersten Januar den Atem nimmt. Ein vom Vaterland vergessener Winkel.

Am späten Nachmittag beginnt die Parade. Den Weg entlang marschieren die Männer und Frauen des Dritten Regiments. „Wächter und Herz des Volkes" heißt es auf dem Transparent, das sie vor sich hertragen, mit einer Axt, einer Machete und einem Hammer als Insignien. Es folgt das Regiment der „aufständischen Kämpfer". Ein langer Zug von Männern, deren Gesichter hinter *pasamontañas* verborgen sind und die Waffen verschiedenen Kalibers tragen. Jetzt kommen die aufständischen Frauen, deren Gesichter jedem, der sie ansieht, kriegerischen Ernst zeigen. Die „Mexikanische Miliz" (Fuerza Miliciana Mexicana), wie die Zapatisten ihre nichtregulären Streitkräfte nennen, ist durch die „Brigada Hacha", die Axt-Brigade, vertreten, etwa 200 bis auf Ausnahmen bewaffnete Jugendliche. Die Mehrheit trägt Uniformen, einige ihre Alltagskleidung. Am Ende des Zuges grüßen einige Jugendliche, die keine Waffe haben, mit der leeren linken Hand. Sie zeigen, daß sie sie bereit halten. Alle haben das Gesicht hinter Tüchern verborgen, bis auf einige, die sich selbstsicher zu erkennen geben.

So viele einheitliche und kriegerische Schritte auf nicht asphaltierter Straße hören sich seltsam an. Sie konkurrieren mit dem wachsenden Murmeln des Dschungels, dem Zirpen der Grillen und anderer kleiner Tiere. Was wir, eine halbe Hundertschaft von Journalisten, hier sehen, ist die zahlenmäßig größte öffentliche Demonstration der selbsternannten Bauern-„Armee" seit der Besetzung von San Cristóbal am ersten Januar. Eine große Nationalflagge weht an einer Seite der Bühne, wo Mitglieder des CCRI, der militärischen Führung der EZLN und die Musiker, die die Veranstaltung begleiten, alle mit *pasamontañas*, dem Festakt vorsitzen.

Menschenansammlungen auf dem Land sind einerseits sehr klein vor der natürlichen Umgebung (die Berge, der Wald, die Täler), andererseits beeindruckend durch ihr schlichtes Dasein und ihre Zahl. Aber bis jetzt waren diese Ansammlungen niemals bewaffnete Militärparaden gewesen. Die dreihundert oder vierhundert Zapatisten drehen mit der Kavallerie am Schluß eine Runde durchs Dorf und kehren wieder zurück. Sie nehmen die Ecke des Landes ein, in der das Volk und der Staub aufgewirbelt sind. Eine Gruppe von Zehn- bis Zwölfjährigen – die Gesichter so verhüllt wie alle anderen – geht zur Bühne. Subcomandante Marcos, der die Parade abgenommen hat, nimmt von den Kindern eine zusammengefaltete Fahne entgegen und übergibt sie dem CCRI.

Unter den Zuschauern gibt es Mütter mit Säuglingen auf dem Rükken, in Kinder-*pasamontañas* gehüllt, und Gruppen von Mädchen und Jungen, die sich ausschütten vor Lachen.

Die Versammlung singt die Nationalhymne, „Mexicanos al grito de Guerra" (Mexikaner, es ruft der Krieg), die sich wie ein weiteres Murmeln des Dschungels anhört, und dann stimmen sie die Hymne der Zapatisten an, die vom Akkordeon begleitet wird und vom Ram-tam-tam-tam geschlagener Baß- und Gitarren-Saiten. Mehr als eine Hymne ist es ein ländliches Volkslied, die sanfte Version des Carabina 30-30. „Schon sieht man den Horizont/ zapatistischer Kämpfer/ der Weg wird die leiten, die nach uns kommen/ auf geht's, auf geht's, vorwärts/ damit der Kampf vorankommt/ denn unser Vaterland ruft und braucht/ die ganze Kraft der Zapatisten."

Wie andere indianische Kulturen auch, die Huicholes zum Beispiel, gehen diese Dschungelbewohner davon aus, daß sie die Verantwortung für die Welt auf ihren Schultern tragen. Nur haben sie diesem Glauben im Unterschied zu anderen keine rituellen Formen gegeben, sondern die eines bewaffneten Aufstandes, der sich als Opfer darbietet. Fest oder Vorhof des Schlachthauses?

Werden nationale Regierung und Armee es fertigbringen, gegen diese Jugendlichen loszuschlagen wie bei einer Art Riesen-Tlatelolco, wie auf einem ländlich-mexikanischen Tienanmen-Platz? Reicht die Tatsache, daß sie die Waffen erhoben haben, aus, sie in Feinde zu verwandeln und des Mordes anzuklagen, wie in den alten Zeiten des paranoiden Leviathan? Könnten sie nicht Gesprächspartner werden? Das ist es, was sie wollen. Aber sie gehen davon aus, daß das, was sie zu sagen haben, nur auf Grundlage ihres Opfers gehört und ernst genommen werden wird. Sie selbst nennen sich auch „Samen": „Männer, Kinder und Frauen/ wir werden nie nachlassen.../ Wir müssen Beispiel geben/ und ein Zeichen setzen/ was es heißt, für das Vaterland zu leben/ oder für seine Freiheit zu sterben/ auf geht's, auf geht's, vorwärts..."

In anderen Dörfern des Dschungels werden gleichzeitig ähnliche Feste gefeiert: Vielleicht ist dies das feierlichste, jedenfalls das einzige öffentliche. Eine Demonstration der Stärke.

Saúl ist mit achtzig weiteren Milizionären einen ganzen Tag gelaufen, um hierherzukommen, und nimmt als erstes gerne eine Zigarette an. Seit Wochen hat er keine gesehen.

In der Ferne ist ein Flugzeug zu hören. Keiner, der nicht hinhört. Drei Redner, Mitglieder des CCRI, sprechen zur Zivilbevölkerung und den Kämpfern in Maya-Sprachen. Einige Worte in Spanisch sind auszumachen:

„Emiliano Zapata, einzigartig tapfer, der Frieden kämpft, *mero lec* ist das Volk", grobe Worte gegen die Regierung. Auf Tzotzil spricht ein anderer Redner von den Zusammenstößen des Januar und der Bereitschaft der EZLN, erneut zu den Waffen zu greifen. (Keine Frage, die Waffen sind bereits ergriffen. Das bestätigt der hiesige Festakt.)

Ein dritter Redner erwähnt die Forderungen, die die EZLN aufstellt.

Anschließend verliest Subcomandante Marcos drei Kommuniqués, eins davon ist an die Demonstrationsteilnehmerinnen und -teilnehmer gerichtet, die in diesem selben Augenblick auf dem Zócalo der Hauptstadt zusammenkommen. Sich eine so kriegerische Rede mitten auf dem Zócalo vorzustellen, macht ein klein wenig Gänsehaut. Eine andere Botschaft, die an die Völker Mexikos und der Welt und an die Presse gerichtet ist, erklärt lyrisch die Motive des zapatistischen Aufstands.

Ein drittes Kommuniqué, das der Sprache und Vorstellungswelt der Maya folgt, richtet sich an dieselben Empfänger und zeigt ihnen, wer hinter ihnen steht: „Brüder, wir möchten, daß ihr wißt, wer hinter uns steht, wer uns führt, wer mit unseren Füßen geht, wer unser Herz beherrscht, wer mit unseren Worten spricht, wer in unseren Toten lebt. Wir möchten, daß ihr jetzt die Wahrheit erkennt und das ist sie: Votán Zapata, Wächter und Herz des Volkes."

Aha. Jetzt wissen wir also, wie derjenige heißt, der all dies hier inspiriert hat. So ein Votán Zapata von zweifelhafter Identität und Herkunft, der aber für die zapatistische Armee *mero lec* (gut) ist, die Fahne, die der Stimme Namen gibt: „Das ist die Wahrheit, Brüder und Schwestern. Von dorther kommen wir. Und dorthin gehen wir. Seiend kommt er. Den Tod sterbend lebt er. Votán Zapata, Vater und Mutter, Bruder und Schwester, Sohn und Tochter, groß und klein, wir, kommend sind auch wir..."

Der Streit um Zapata hat plötzlich nicht mehr nur symbolischen Wert. An diesem Ort des Dschungels ratifiziert das CCRI die Aussetzung des Friedensverhandlungsprozesses. Vor ein paar Tagen ermordete ein Großgrundbesitzer einen Repräsentanten der Zapatisten und verwundete einen weiteren im Gebiet von Altamirano. Solange die Situation sich nicht ändert, bleiben die Zapatistas in höchster Alarmbereitschaft. „Niemals der einzige Stern; nur einer mehr, der kleinste."

Die Berge werfen die Hochrufe zurück. Mayor Benito, der bei der Besetzung von Ocosingo ein Auge verloren hat, verliest eine Botschaft an die Kämpfer. Wie 1919, bestätigt er, gehört das Land nicht denen, die es bearbeiten.

Eine Stück Stoff, ein kleines Museum voller Fotokopien, stellt Bilder von Zapata aus, in guten wie in schlechten Zeiten, im Nationalpalast an der Seite von Pancho Villa und als blutigen Leichnam in Chinameca. Bilder von der Besetzung von San Cristóbal, von den Kommandanten und der Truppe, vom Sub Marcos.

Die Wirklichkeit ist weniger eindeutig. Als der „kulturelle" Teil des Programms beginnt, lösen die Kämpferinnen und Kämpfer diskret die Reihen auf, um Liedern und Gedichten zuzuhören. Es wird Abend. Eine Mauer aus altem Holz und eine Tür rahmen vier Milizionäre ein, die bequem, mit nach oben gerichteten Karabinern, auf den Stufen sitzen. Es sieht aus wie ein Foto aus dem Casasola-Archiv. Die kleinen Kinder spielen auf dem Boden, ein paar größere spielen sehr ernst auf einer Bank Karten.

Heriberto und Emiliano singen von der Gruppe begleitet. Auch sie tragen *pasamontañas*. Emiliano hält mit der linken Hand den Lauf seines Gewehrs und mit der rechten eine Taschenlampe, während Heriberto den Text und das Mikrofon hält.

Es wird Nacht, und vermummte Kinder verteilen Wasser an die Milizionäre, die am Weg sitzen: „Wasser, Compa?" fragen sie leise. Es gab nicht einen Milizionär, der keinen Durst gehabt hätte.

Als die Reihen ganz aufgelöst werden, teilen die Gastgeber mit der Bevölkerung und den auswärtigen Gästen Rindfleischbrühe und Tortillas.Für einen Moment stockt die Benzinpumpe des Generators, und die elektrische Beleuchtung wird schwächer. Nach den Gedichten, in denen oft Zapata und irgendwann Marcos erwähnt wird, ersetzt der Plattenspieler die Livemusik. Eine Schallplatte mit 33 Umdrehungen ertönt unter einer Nadel, die eher ein Nagel zu sein scheint. Zapatistische Corridos, die irgendwann in Cumbia-Rhythmen übergehen. Am Fuße eines beleuchteten Stofftransparents, auf dem Zapata zu Pferde und ein Campesino mit seiner Machete nach vorne schauen, beginnen die Mädchen miteinander zu tanzen. Wenig später kommen die Milizionäre, die Karabiner auf dem Rücken, und fordern die Auserwählte zum Tanz auf, die nickt oder den Kopf schüttelt, mit ihren Schleifen im Haar, mit neuer oder frisch gewaschener Schürze.

Die kleinsten Kinder fallen vor Müdigkeit um und schlafen auf Tüchern am Fuß eines Lichtmastes, während die Familie sich beim Tanz vergnügt, auf die eigentümliche und langsame Art der Indígenas. Auch die Kinder tanzen paarweise, mit der verborgenen Freude dieser Feste, und es scheint, daß alle sich amüsieren, als plötzlich das Fest beendet wird. Auf ein Signal hin verstreuen sich die Leute, und die Milizionäre sammeln sich. Mehrere Einheiten, auch eine von Frauen, verlassen eilig das Dorf. Irgendein Alarm hat sie in Bewegung gesetzt. Die Organisatoren bauen blitzschnell die Bühne ab. Man erinnert sich auf einmal, daß Kriegszustand ist. Auch wenn die Galanterien des Tanzes in einer Atmosphäre des „Sterbens für das Vaterland" ausgetauscht wurden, waren die Paare nicht melancholisch gestimmt. Ein abruptes Ende.

Beim Verlassen der von der EZLN kontrollierten Zone, am ersten Kontrollposten des Mexikanischen Heeres, tragen die Soldaten kugelsichere Westen und sind nervös und wachsam, wie sie selbst zugeben. Es gibt Gerüchte in Ocosingo, daß die Zapatistas angreifen werden, während die gerade zu verstehen geben, daß sie einen Angriff des Mexikanischen Heeres fürchten. Der Konflikt in Chiapas liegt an einer Zündschnur, das ist bekannt. Und drumherum fliegen Funken. Wie die Stauer in den Häfen wissen, gibt es Ladungen, auf denen steht „Vorsicht - Explosionsgefahr". Chiapas ist ein solcher Fall.

(Übersetzung: Annette von Schönfeld)

Wer zum Teufel ist dieser Zapata?

Manuela Rimmek

Während der dreißigjährigen diktatorischen Präsidentschaft von Porfirio Díaz hatte sich die wirtschaftliche und soziale Situation weiter Teile vor allem der ländlichen Bevölkerung zunehmend verschlechtert. Der jahrhundertealte Landkonflikt zwischen den am kapitalistischen Markt orientierten Plantagenbesitzern und den traditionellen Dorfgemeinschaften hatte sich durch die forcierte Industrialisierungspolitik, verbunden mit dem wirtschaftlichen Aufschwung Mexikos, während der Diktatur des Porfirio Díaz enorm zugespitzt.

Der südliche Bundesstaat Morelos, die Heimat Emiliano Zapatas, war 1908, nach Hawai und Puerto Rico, der drittgrößte Zuckerlieferant der Welt. Ein im Jahre 1909 in der Hauptstadt Morelos erlassenes Gesetz zur Regelung des Grundbesitzes hatte zur Folge, daß verstärkt weiteres *ejido*-Land wie private Parzellen ihren angestammten Besitzern entrissen wurden. Weiterhin wurden die Steuer- und Rechtstitel neu geordnet. Dieses machte die rechtliche Verteidigung der Dorfgemeinden oder deren Verhandlungen mit Verwaltern und Aufsehern der Haciendas nur noch schwieriger. Die Expansion der Plantagen wurde so zu einer existentiellen Bedrohung der traditionellen Dorfgemeinschaften: Ganze Dörfer verschwanden von der Bildfläche. Viele Familien besaßen schließlich nur noch das Land, auf dem ihre Häuser standen. Unter den ca. hundert verbliebenen Dörfern Morelos gab es 1910 wahrscheinlich keines, das nicht in einen neuen Rechtsstreit mit einer Nachbarhacienda verwickelt gewesen wäre. Im Gegensatz dazu befanden sich im gleichen Jahr alle guten Ländereien des ganzen Staates Morelos im Besitz von siebzehn Großgrundbesitzern, die die beraubten Bauern zusätzlich als billige Lohnarbeiter ausbeuteten.

Aufstand in Morelos

In dieser Situation bricht die Dorfgemeinde Anenecuilco in Morelos mit einer jahrhundertealten Tradition: Der Ältestenrat, das bis dato oberste Gremium des Dorfes tritt zurück und wählt den dreißigjährigen Emiliano Zapata zum neuen Vertreter ihres Dorfes. Als Grund für ihren Rücktritt nannten die Dorfältesten die für sie nicht mehr zu bewältigenden Aufgaben, die die Verteidigung ihrer Boden- und Wasserrechte gegenüber den Großgrundbesitzern mit sich brachte. Zapata, der neue Repräsentant des vierhundert Seelen zählenden Dorfes, war im Süden Mexikos als bester

Zureiter und Verfechter bäuerlicher Interessen bekannt. Das Erbe von etwas Land und einiger Stück Vieh ermöglichte ihm zwar eine vergleichbar bessere Position, schmälerte seine Popularität und Zugehörigkeit zur Dorfgemeinde jedoch in keinster Weise.

Im gleichen Jahr kam es in Puebla und Chihuahua zu Aufständen gegen das politisch korrupte Díaz-Regime. Diese waren von Francisco I. Madero, Sohn einer reichen Gutsbesitzer- und Industriellenfamilie, vorbereitetet worden und bildeten den Auftakt der mexikanischen Revolution. Madero erklärte die Wiederwahl von Díaz für ungültig. Er forderte: „Freie Wahlen und keine Wiederwahl (des Präsidenten)“. Mit diesen Forderungen gewann er nicht nur die Unterstützung der im Klima der Unterdrükkung lebenden Bauern, sondern auch von Teilen der mexikanischen Bourgeoisie und der Intellektuellen, deren bürgerliche Freiheiten unter der Diktatur beschnitten waren. Unter dem innen- wie außenpolitischen Druck - der US-amerikanische Präsident Taft läßt 20.000 Soldaten an der mexikanischen Grenze aufziehen und stationiert Marineeinheiten im Pazifik und im Golf von Mexiko – tritt Díaz im Mai 1911 zurück. Francisco Madero kommt im Zuge der sich ausweitenden revolutionären Bewegungen an die Macht. Versprechungen zur Durchführung einer Agrarreform verflüchtigten sich jedoch schnell in einer Nebelwolke verfassungsrechtlicher Diskussionen.

Daraufhin veröffentlichte Zapata den „Plan von Ayala“, in dem Madero die Präsidentschaft aberkannt und die Verteilung eines Drittels des Großgrundbesitzes gefordert wird. Zapata beklagt, daß „die erdrückende Mehrheit der Dorfgemeinden und der Bürger Mexikos nur über den Boden verfügen, auf dem ihre Fußsohle ruht“. Er fordert weiter, den Dörfern ihre angestammten Ländereien wieder zurückzugeben. Die auf den Plan von Ayala hin entstandene Agrarista-Bewegung, die damaligen Zapatistas, bezeichnen sich in ihrem Kampf gegen die „revolutionäre“ Regierung als Konterrevolution. Sie standen anarchistischem Gedankengut nahe. Ihre Losung war: „Reform, Freiheit, Gerechtigkeit und Gesetz“, die sie später in „Land und Freiheit“ verkürzten.

1913 putscht der Chefkommandant der Regierungstruppen, General Huerta, gegen Madero. Durch brutale Repression versucht Huerta als erstes, die revolutionären Bauernarmeen Zapatas zu zerschlagen. Morelos verliert während dieser Zeit ein Fünftel seiner Bevölkerung.

Auch im Norden Mexikos wächst der Widerstand gegen das selbstherrliche Regime Huertas. Zwei verschiedene Strömungen entwickeln sich: zum einen die „Constitucionalistas“ unter der Führung des Gouverneurs des Bundesstaates Coahuila, Venustiano Carranza, deren Hauptziel die Einsetzung eines rechtmäßigen Nachfolger für Madero ist. Zum anderen die

„División del Norte“ unter Pancho Villa, den Carranza als unberechenbaren Banditen bezeichnet. Anders als Carranza verfolgt er die Ziele der Agrarista-Bewegung im Süden. Während also im Norden in den Jahren 1913-14 diese beiden Strömungen den Armeen Huertas immer stärker zusetzen und sich untereinander um die Macht streiten, kämpfen die revolutionären Bauern unter Zapata im Süden weiter gegen die Truppen Huertas sowie um ihre soziale Existenz. Bei der Befreiungsarmee Zapatas handelt es sich nicht wie im Norden um Berufsarmeen, sondern um bewaffnete Bauern und Bäuerinnen, die neben dem bewaffneten Kampf ihre Felder weiter bestellen müssen. Dieser guerillaähnliche Widerstand versetzt die Zapatistas in die Lage, sich gegenüber den zahlenmäßig überlegenen Regierungstruppen zu behaupten. Unter diesem Druck der drei Lager und dem Eingreifen der USA ist die Niederlage Huertas nicht mehr aufzuhalten.

Auf einem Konvent der jetzt vier Parteien (Carranza, Villa, Zapata und dazugekommen Obregón) wird der Plan von Ayala als politisch-soziales Programm übernommen. Zum ersten Mal seit Beginn der Revolution wird das Agrarproblem für ganz Mexiko zur vorrangig zu lösenden Aufgabe erklärt. Carranza ernennt sich zum Präsidenten. Der Konvent erkennt ihn nicht an, und Zapata und Villa marschieren mit ihren Bauernarmeen in Mexiko-Stadt ein. Der Präsident flieht. Doch Zapata und Villa hatten kein politisches Projekt für die Machtübernahme und keine Vorstellungen über die Organisation einer nationalen Wirtschaft, die auch die Bedürfnisse der städtischen Bevölkerung berücksichtigt hätte. Außerdem gab es zwischen beiden Meinungsverschiedenheiten. Sie ziehen sich auf das Land zurück und überlassen die Stadt Obregón und Carranza. Im Juli 1917 wird die neue, bis heute gültige Verfassung Mexikos verabschiedet. Einige Forderungen Zapatas sind im Artikel 27 der neuen Verfassung enthalten.

Im April 1919 wird Emiliano Zapata auf Anweisung Carranzas in einen Hinterhalt gelockt und ermordet. 1920 wird Carranza auf Veranlassung seines Nachfolgers Alvaro Obregón auf der Flucht „erschossen“, 1923 Pancho Villa von Unbekannten ermordet.

Zapatas Agrarreform

Während einer Atempause des Friedens 1914/15, als die Kampfhandlungen sich in den Norden verlagerten (wo Carranza versucht, die Truppen Villas zu schlagen), führte Zapata in Morelos eine radikale Agrarreform durch. Haciendas und Zuckerplantagen wurden enteignet und das Land an landlose Bauernfamilien verteilt. Es entwickelten sich, alten Traditionen folgend, Dorfgemeinschaften und basisdemokratische Regierungsfomen, die sich bis hinauf zur Distrikts- und bundesstaatlichen Ebene fortsetzten. Diese nach dem Plan von Ayala entstandenen „Comunas de Morelos“, sich selbst regierende und verwaltende Dorfgemeinschaften, konnten weder durch den Tod Zapatas noch durch legale politische Mittel zerstört werden.

Erst mit der von staatlicher Seite in den späten zwanziger Jahren durchgeführten Agrarreform wurden diese „Comunas de Morelos“ geschwächt. Entgegen den Vorstellungen der Agraristas bekamen die Bauern das ihnen zugeteilte Land nicht als Eigentum, sondern lediglich zur Nutzung überschrieben. Es blieb Eigentum des Staates und unterstand der Zuständigkeit des nationalen Agrarministeriums. Die daraufhin einsetzende Korruption und Erpressung zerstörte die wiedergewonnene Autonomie und den sozialen Zusammenhalt der Dorfgemeinschaften.

(aus: ila, Nr. 175, Mai 1994)

Viva Zapata!

Luis Sepúlveda

Im De-Ef, Distrito Federal, dem Bundesdistrikt, wie die Hauptstadt von Mexiko heißt, im „De-Ef" also lebt und arbeitet ein einäugiger Privatdetektiv. Er ist Pepsi-Cola-süchtig und erzählt, was er so treibt, meinem Freund Paco Ignacio Taibo II, der Schriftsteller ist und Paco Ignacio Taibo II heißt, um sich von seinem Vater zu unterscheiden, Paco Ignacio Taibo I, ebenfalls mein Freund, auch ein Schriftsteller, der seinerseits so heißt, um sich von seinem Vater Paco Ignacio Taibo Null zu unterscheiden. Wenn man das liest, möchte man meinen, wir Mexikaner seien kompliziert oder phantasielos. Nichts dergleichen. Die Wiederholung der Namen ist ein guter Trick, um den Tod zu täuschen. Und ich habe geschrieben „wir", obwohl ich in Chile geboren wurde. Aber heute fühle ich mich mexikanischer denn je, und wir freien Menschen haben die Pflicht, uns dort hingehörig zu fühlen, wo wir uns am wohlsten fühlen

Der Detektiv heißt Hector Belascoarán Shayne, und eines Tages traf er einen alten Mann, der ihm bekannt vorkam. „Donnerwetter", sagte er sich, „der sieht aus wie Emiliano Zapata, mit sechzig Jahren mehr auf dem Buckel und einem Bündel weniger Hoffnungen."

1920 schrieb John Reed, ein nordamerikanischer Journalist, der nicht weit von der Mumie Lenins in Moskau begraben liegt: „Ist Zapata gestorben? Ich habe mit einigen Bewohnern von Chinameca gesprochen, im Bundesland Morelos, die behaupten das Gegenteil. Einer sagt: Die Kugeln haben ihn nicht getroffen, und als die Schüsse aufhörten, da rief er sein Pferd mit einem Pfiff herbei und galoppierte davon. Eines Tages wird er zurückkehren, auf einem Schimmel."

Wer war Emiliano Zapata? Für die Bewohner der ersten Welt, die in der neuen internationalen Ordnung nach dem Golfkrieg umgelernt haben, war er ein Bandit mit Schnurrbart, den man in unzähligen Spaghetti-Western sehen konnte. Für die gebildeten Intellektuellen der Postmoderne war er eine Figur, die von Marlon Brando in einem Film von Elia Kazan gespielt wurde. Für Ignacio Ellacuría, Priester, Rektor der Zentralamerikanischen Universität, auf Befehl der USA in El Salvador ermordet, war er ein Zweifel: „In Ocosingo, in San Cristóbal de las Casas, in Altamirano und in so vielen Orten von Chiapas kannst du all die Indígenas und Bauern, die ihre Kinder taufen lassen, fragen: ‚Wie soll das Kind heißen?' und sie antworten mit erhobenem Kopf: ‚Emiliano'."

Es heißt, er sei 1883 geboren, als Sohn von Indígenas, und daß er

1909 in Ayala eine Guerillabewegung organisierte, deren Parole lautete 'Land und Freiheit'! Sein Regierungsprogramm war sehr einfach: soziale Gleichheit für die Indígenas, Verbesserungen für das städtische Proletariat, kommunale Aufteilung der Ländereien, Schaffung eines kostenlosen Netzes von Schulen und medizinischer Versorgung. Er konnte nur lesen. Er war gern allein und still, und einmal fragte John Reed ihn nach dem Grund, und er antwortete: „Ich denke gern daran, wie wir waren, bevor Cortés ankam."

Land und Freiheit! Der Indígena existiert nicht ohne Land. Das Land ist seine Freiheit. Der Kriegsschrei von Emiliano Zapata fand sein Echo bei den Indígenas und Bauern von Chiapas. Und was ist ein Indígena? Die denkbar billigste Arbeitskraft. Schlapp und versoffen. Analphabet und ungebildet. Das ist die allgemeine Ansicht vom Indígena in Mexiko und auch sonst in dem von den Weißen beherrschten Lateinamerika. Erstaunlicherweise sind die Indígenas zweisprachig, sie sprechen ihre Sprachen - es gibt mehr als neunzig Eingeborenensprachen auf dem Kontinent - und auch Spanisch. Erstaunlicherweise geben gerade die Indígenas von Chiapas mit ihrer prächtigen Kleidung, an der man die Stämme nach ihrer Herkunft unterscheiden kann, das meistverbreitete Bild von der Mexikanität ab. Postkartenmotive. Exotic for export. Im Bus muß ein Indígena aus Chiapas seinen Platz hergeben.

Der größte Geschichtenerzähler Mexikos heißt Eraclio Zepeda und stammt aus Chiapas. Einmal habe ich ihn sagen hören: „In der Nähe von Las Margaritas lebte ein Paar Chiapas-Indígena, sehr alt und arm. Von dem wenigen, was sie zu essen hatten, behielten sie immer eine kleine Portion zurück und stellten sie nachts an den Wegrand. Am nächsten Tag fanden sie das Essen unangetastet, aber diesen Weg kamen auch Indígenas entlang, die noch ärmer waren als sie. Ich habe sie gefragt, warum niemand das Essen nahm, und sie antworteten: ‚Dieses Essen wird nicht angerührt. Alle wissen, daß Emiliano Zapata, wenn er wiederkommt, Hunger hat.'"

In einer Hütte von Chiapas schleift einer seine Machete und sagt: „1926 hat Emiliano Zapata seinen Namen geändert. Er nannte sich Zenon Enríquez, und in Tampico haben sie ihn mit einem jungen Mann aus Nicaragua fotografiert, und der hieß Augusto César Sandino."

„Stimmt", sagte ein anderer, der gerade seine alte Jagdflinte reinigte. „Der General der Freien Menschen. Für Sandino hat er Waffen geschmuggelt in einer Barkasse, die Tropical hieß."

„Genau", bestätigte der erste, „und er hatte den Rang von einem Hauptmann. Hauptmann Enríquez. Sie haben ihn ‚Der Schweigsame' genannt."

Der einäugige Detektiv erzählte Paco Ignacio Taibo II: „Ich habe mit dem Alten gesprochen, der Emiliano Zapata ähnlich sieht. Ich habe ihm gesagt, es sei möglich, daß Zapata 1934 von Costa Rica nach Mexiko zurückgekehrt ist, mit einem Paß auf den Namen Isaías Valdés. Und er antwortete, ja, schon möglich. Ich habe gesagt, 1944 hätte man von einem Mann geredet, der wie Emiliano Zapata war, aber er hieß Eulalio Zaldívar und arbeitete auf dem Markt Zweiter April, in De-Ef. Und er antwortete, ja, schon möglich."

Der Indígena aus Chiapas, der seine Machete schleift, murmelt: „Auf dem Markt hat Zapata bei Rubén Jaramillo gearbeitet. Sein großer Freund und Kamerad." „Genau", fügte der mit der Flinte hinzu, „und 1947 bis 1962 war er in Morelos, aber er hieß Sebastián Armenta und kam nach De-Ef zurück. Er hat an den Kinos auf der Avenida Revolución Süßigkeiten verkauft. Aus Kokos."

Belascoarán Shayne der einäugige Detektiv, leert seine Flasche Pepsi und ruft aus: „Dann hat der Alte zu mir gesagt: ‚Sie suchen Emiliano Zapata.' Und ich: ‚So ist es.' ‚Emiliano Zapata ist doch tot', antwortete er. Und ich noch einmal: ‚Sind Sie sicher, mein General?' ‚Ja, tot ist er. Ich weiß, was ich sage. 1919 ist er in Chinameca gestorben, von Verrätern ermordet. Jetzt wären es dieselben Gewehre. Jetzt würden dieselben Leute Befehle geben. Das Volk hat damals geweint, und warum sollte es zum zweiten Mal weinen...'"

Am 1. Januar 1994 zeigte das Fernsehen nicht den leeren Teller, den zwei Indígenas in Chiapas, mit Essen gefüllt, an einen Wegrand bei Las Margaritas gestellt hatten. Sie haben auch nicht den Reiter auf einem Schimmel gezeigt, der durch Chiapas ritt und die alte Parole rief 'Land und Freiheit'! Wir haben nur die Indígenas und Bauern von der Armee des Südens gesehen, sie hatten fünfhundert Jahre Plünderung, Ausbeutung und Demütigung satt, sie traten hinter ihrem legendären Anführer an, um eine weitere Schlacht zu verlieren. Denen, die das Freihandelsabkommen zwischen Kanada, den USA und Mexiko feierten, versalzten sie das Silvesterfest und warfen sich in den Tod, weil man schon begonnen hatte, sie zu vernichten. Zwölftausend Soldaten, Panzer, Flugzeuge, die ganze moderne Tötungsmaschinerie gegen zweitausend Indígenas und Bauern. Die sollen sich geirrt haben? Nein! Die, die sich geirrt haben, sind verantwortlich für all die Verzweiflung, die die Menschen in den Tod treibt. Sie werden gleich nach ihrem Tod von den Intellektuellen der Postmoderne verurteilt werden, von denen, die den Tod der Geschichte ausrufen, von denen, die nicht den Mut hatten oder haben noch haben werden zu sagen: „Wir sitzen in der Scheiße und haben Hunger, aber wir kämpfen."

Der Aufstand in Chiapas soll eine Provokation sein? Und wer sind die wirklichen Provokateure des Elends und Leidens der Indígenas von Lateinamerika? Wir werden sie live sterben sehen. Wie die Tiere werden sie die Überlebenden in den Wäldern von Chiapas jagen. Wir wissen längst, wie die Armeen Lateinamerikas die Indígenas behandeln.

Vielleicht ist Gewalt der Fluch des lateinamerikanischen Menschen. Vielleicht hatte Bolívar recht, als er sagte „nie, nie werden wir glücklich sein". Vielleicht ist der Traum, im Kampf für eine gerechte Sache zu sterben, nicht mehr als der Wunsch eines Menschen, den unsere Zeit anwidert. Ich habe viele Zweifel, und obwohl ich weiß, daß es völlig sinnlos und vergeblich ist, rufe ich mit meinen Brüdern, die sich in Chiapas erhoben haben, aus tiefstem Herzen: „VIVA ZAPATA!"

(Zuerst erschienen in der FR vom 14. Januar 1994. Abdruck mit freundlicher Genehmigung des Autors. Übersetzung: Dr. Ray-Güde Mertin)

Basta!

Gustavo Esteva

Sie pflückten unsere Früchte
Sie rissen unsere Zweige ab
Sie verbrannten unseren Stamm
Aber unsere Wurzeln konnten sie nicht abtöten...
Rat von Guerrero, 500 Jahre Indígena-Widerstand
Februar 1994

Um Mitternacht des 31. Dezember 1993 trat das Nordamerikanische Freihandelsabkommen (NAFTA) in Kraft und Mexiko schickte sich nach Ansicht seines Präsidenten an, in die Erste Welt einzutreten. Kaum zwei Stunden später besetzten eine Handvoll mit Macheten, Prügeln und einzelnen Gewehren ausgerüstete Indígenas vier der wichtigsten Ortschaften des an Guatemala angrenzenden Bundesstaates Chiapas und erklärten der mexikanischen Regierung den Krieg. Zwei Dutzend Polizisten und eine unbekannte Zahl von Rebellen starben bei den ersten Scharmützeln.

Am darauffolgenden Tag wertete der Präsident Carlos Salinas den Aufstand ab, indem er ihn „einer lokalen Gruppe professioneller Gewalttäter, wahrscheinlich Ausländer" zuschrieb, und ordnete einen massiven Angriff der Armee mit mehr als 15.000 Soldaten, Panzern, Schweizer Flugzeugen und US-amerikanischen Hubschraubern an. Niemand kennt Stärke und Ausmaß des anschließenden Schreckens: Massaker an der Zivilbevölkerung, Folterungen, Massenexekutionen, illegale Verhaftungen.

Die Rebellen gaben sich bald als Indígenas verschiedener ethnischer Gruppen zu erkennen und nannten sich Ejército Zapatista de Liberación Nacional. Ihre Rebellion richtete sich nicht nur gegen den Präsidenten und die Nationale Armee, sondern sie wollten 500 Jahre Unterdrükkung und 40 Jahre „Entwicklung" beenden. Sie gaben der Hoffnung Ausdruck, eine Koalition der politischen Parteien könnte freie Wahlen organisieren und den Indígenas erlauben, ihren kommunalen Lebensbereich, ihre Selbstverwaltung, ihre eigene Regierungsformen und ihre eigene Art zu leben und zu sterben zurückzuerlangen. Der Zeitpunkt, „Basta!" zu sagen, war gekommen.

Landesweite Unterstützung

Die ideologische Ausrichtung der Erklärungen der EZLN rief allgemeines Erstaunen hervor: Eine Guerrilla, die für Demokratie kämpft und keinen Hang zur Macht oder linken Definitionen erkennen läßt? Eine Bewegung von Indígenas, die keinen ethnischen Fundamentalismus vertritt und sich dem NAFTA widersetzt? Eine Bewegung analphabetischer Bauern, die von transnationalem Kapital sprechen und ein elektronisches Netz zur Unterstützung ihres Kampfes aufbauen?

Einige Tage nach dem Aufstand drückten Gruppen aus dem ganzen Land, einschließlich der politischen Parteien der Opposition, ihre Unterstützung aus. Sie kritisierten zwar das gewaltsame Vorgehen der Aufständischen, aber unterstützten ihre Forderungen und setzten mit der Zeit auch ihre eigenen mit auf die politische Agenda. Die landesweite Mobilisierung war aufgrund ihrer Größe und Qualität außerordentlich. Die Leute besetzten die Straßen, durchbrachen die jahrzehntelange Kontrolle der Presse und eroberten sich den Zugang zu vielen Kommunikationsnetzen innerhalb und außerhalb Mexikos. Im Moment ihres Entstehens wurden aller Welt die Erklärungen der EZLN, die Freiheit, Gerechtigkeit und Demokratie forderten, über FAX und Datennetze übermittelt.

Unter dem steigenden internen und externen sozialen Druck und dem Versuch, ihr angeschlagenes internationales Image wieder aufzupolieren, hatte die Regierung keine andere Wahl, als ihre Strategie zu ändern. Sie deklarierte eine einseitige Waffenruhe, verbreitete eine Amnestie-Initiative und machte zahlreiche politische Konzessionen: Umbesetzungen im Kabinett, Absetzung des unfähigen Interims-Gouverneurs von Chiapas; Bildung von Kommissionen und Komitees für verschiedene Zwecke; ein politisches Abkommen, um „saubere" Präsidentschaftswahlen im August zu erreichen, und natürlich Unmengen von Geld für alle Chiapaneken, speziell für die Aufständischen.

Von Illusionen leben

Es ist sehr wahrscheinlich, daß der Präsident Salinas zu Anfang tatsächlich geglaubt hatte, der Aufstand sei durch eine kleine Gruppe ausländischer Agitatoren ohne größere lokale Unterstützung initiiert worden. Schließlich ritt er auf einer Welle des ökonomischen und politischen Erfolgs seit seiner Wahl im Jahre 1988. Hatte er das Land nicht aus den Tiefen des Bankrotts von 1982 geholt und in ein vorbildliches Entwicklungsland verwandelt, das sogar durch das Nordamerikanische Freihandelsabkommen am Beginn des Aufbruchs in die reiche Erste Welt stand? Hatte er nicht eine breite Anerkennung seiner brillanten Wirtschaftspolitik erhalten, die den effizientesten und gewinnträchtigsten Privatisierungsprozeß der Welt beinhaltete? Hatte er nicht die Inflationsrate in wenigen Jahren von einer dreistelligen auf eine einstellige Ziffer reduziert? War seine Verwaltung nicht etwa ein beeindruckendes Beispiel für das, was eine kompetente, verantwortungsbewußte und besorgte Regierung - mit bestimmter Hilfe der Weltbank und des Internationalen Währungsfonds - gegen die Unterentwicklung tun kann?

Vielleicht war es für Salinas unvorstellbar, daß diese international so bejubelten Leistungen von seiten der Bauern und der Marginalisierten in den Städten nicht gleichermaßen geschätzt wurden. In den vergangenen fünf Jahren floß mehr internationales Kapital nach Mexiko als in seiner gesamten Geschichte. Es ist wahr, daß über die Hälfte davon nicht wirklich investiert wurde: Es floß in die Mexikanische Börse, die 1993 zu der ertragreichsten der Welt wurde. Das meiste des dort erwirtschafteten Kapitals floß an die ausländischen Besitzer zurück, aber ein Teil blieb in den Händen der 282.000 mexikanischen Investoren, die sich zur Vorhut der wirtschaftlichen Revolution machten. Diese Summe überstieg den gesamten Regierungsetat für Gesundheit, Bildung und soziale Leistungen für mehr als 90 Millionen Mexikaner. Dennoch hatte der Präsident die verarmte Mehrheit nicht vergessen. Für sie hielt er PRONASOL bereit, ein Programm des „Kriegs gegen die Armut", das von der Weltbank für das weltweit beste befunden wurde und das entworfen worden war, um sicherzustellen, daß die Wohltaten der Entwicklung sich in Sturzbächen über der geduldig abwartenden Masse ergössen.

Chiapas

Hätte der Präsident auf einige Alarmglocken, die in Chiapas in den letzten Jahren läuteten, gehört, wäre er vielleicht nicht so optimistisch gewesen.

Chiapas ist einer der reichsten Bundesstaaten Mexikos. Es produziert etwa 100.000 Barrel Erdöl und 500 Billionen Kubikmeter Gas pro Tag; über die Hälfte der mit Wasserkraft erzielten Energie des Landes entstammen den Wasserkraftwerken in Chiapas; ein Drittel der nationalen Kaffeeproduktion und ein beachtlicher Anteil an der Produktion von Vieh, Holz, Honig und Mais und viele andere Produkte stammen ebenfalls aus Chiapas. Eine große Autobahn nach Mexiko-Stadt wird bald all diese Reichtümer mit der Hauptstadt verbinden und den Menschen von Chiapas die Moderne bringen.

Aber Chiapas ist gleichzeitig einer der ärmsten Bundesstaaten Mexikos. Ein Drittel seiner 3,5 Millionen Einwohnerinnen und Einwohner sind Indígenas, die jahrhundertelang alle Arten von Unterdrückung durch Fremde oder durch eine lokale, primitive und konservative Kaste erlitten haben. In den letzten 40 Jahren führte die Entwicklung seiner Ressourcen zu einer Unterdrückung, welche den Grad eines Genozids annahm.

Der Widerstand gegen die Besetzung von Gemeindeland führte zu ständigen Verletzungen der Menschenrechte. Die Wasserkraftwerke, die Erdölanlagen oder die Viehfarmen vertrieben Tausende Menschen, vor allem Indígenas und drängten sie in die Selva Lacandona (den größten Tropenwald Nordamerikas) ab. Dort wurde ihnen die Rolle von Sündenböcken seiner Zerstörung angelastet, die von Holzhändlern und Viehzüchtern angerichtet worden war.

Isoliert, gedemütigt und ihres Landes beraubt, ließen die Indígenas kein Mittel unversucht, sich dieser Entwicklung zu widersetzen und der Regierung ihre Beschwerden vorzutragen: ständige Demonstrationen, wirtschaftliche und politische Organisierung, Manifeste, Kundgebungen, Blokkaden, sogar ein Marsch von mehr als tausend Kilometern zur Bundeshauptstadt. Die Regierung ignorierte jedoch die wachsenden Proteste, da sie überzeugt war, daß Pronasol mehr als ausreichend sei, um die Dinge weiterlaufen zu lassen, und gab ihre Verantwortung an die lokale Regierung weiter.

Der Gouverneur von Chiapas, González Garrido, entwarf eine Strategie, die drei Elemente beinhaltete: Schutz der Landbesitzer durch ländliche Wachtrupps bei ihrer Ausbeutung von Boden und indianischen Völkern; Unterstützung für die Bildung oder Verstärkung eines indianischen Kazikentums, um diese unter politischer Kontrolle zu halten, sowie freie Hand für die Polizei unter dem Vorwand, den Drogenhandel zu bekämpfen. All dies lief unter dem Deckmantel von Entwicklung und Modernisierung. Die Regierung kanalisierte mehr Geld pro Kopf des Pronasol-Programms nach Chiapas als in jeden anderen Bundesstaat. Ein Teil dieses Geldes wurde für den Bau neuer Gefägnisse verwendet. Der Großteil floß über die bestehenden Strukturen in die Dörfer zurück, so daß das meiste in den Händen der korrupten Eliten blieb, denen die politische Kontrolle oblag. 1988, als Präsident Salinas, überhäuft mit Vorwürfen des Wahlbetrugs und bei geringer Wahlbeteiligung, kaum mehr als die Hälfte der Stimmen erhielt, stimmten in Chiapas zwischen 90 und 100% (oder sogar mehr) der registrierten Wähler für ihn. Es wurde weiter entwickelt. González Garrido überzeugte alle davon, daß seine Strategie ein Erfolg war. Im vergangenen Jahr wurde er zum Regierungssekretär ernannt.

Zu Tode entwickelt

Der Aufstand von Chiapas - und die Unterstützung, die er überall im Land erhielt - war ein überraschender Schlag für die Regierung. Er war keine Reaktion auf den *Mangel* an Entwicklung, die Armut, das Elend, demnach kein Ruf nach mehr Arbeitsplätzen, Gesundheitsversorgung und Bildung, billigen Lebensmitteln. Er war eine würdevolle Reaktion auf den *Überschuß* an Entwicklung. Er begann, als sich die Menschen für eine würdigere Art zu sterben entschieden hatten.

In den Kommuniqués der EZLN ist häufig vom Tod die Rede. Ein Hauptmann des EZLN sagte bezüglich der mexikanischen Armee: „Wir werden sehen, wer eher bereit ist zu sterben - sie oder wir." Dies ist nicht einfach eine Kampfansage. Von ihrem Boden vertrieben, von einer gewalttätigen Struktur beherrscht und mit Kindern, die tagtäglich vom Tod heimgesucht werden, wählten sie die Würde. Sie wußten, daß sie gegen unendlich überlegene Kräfte ankämpften und daß sie keine Chance auf einen militärischen Sieg hatten. Sie rechneten mit massiven und brutalen Repressalien, die sie zum größten Teil, wenn nicht gar alle, vernichten würden.

Diese scheinbar nichtige Geste fesselte die Phantasie von Millionen Menschen in ganz Mexiko. Die EZLN war nicht auf eine derartige Reaktion vorbereitet, und ebensowenig war es die Regierung. So entstand die Möglichkeit eines Dialogs und diverser Verhandlungen, die die EZLN ausnutzte, um einen wortreichen und beispiellosen Angriff gegen den eigentlichen Prozeß der Entwicklung und seine politische Umsetzung zu formulieren.

Mehr, als die Ausweitung der Wirtschaft in Verantwortung des Staates oder des Marktes zu fordern, versucht die EZLN, diese aus ihren Einflußbereichen zu vertreiben. Sie fordern den Schutz ihrer Lebensbereiche, die sie geschaffen haben, um der Entwicklungkrise widerstehen zu können, und in denen sie Lebensformen organisiert haben, die die ökonomischen Schäden abfangen und für sie neue Formen des sozialen Lebens eröffnen. Im Rahmen ihrer traditionellen Regierungsformen halten sie ihre eigenen Muster lebendig, die auf Selbstgenügsamkeit und wechselseitiger Hilfe gründen, auf informellen Netzwerken, um direkt Güter, Dienstleistungen oder Informationen auszutauschen; sowie auf einer Gerichtsbarkeit, die eher Entschädigungen auferlegt, als zu bestrafen. Sie fordern die soziale Phantasie heraus, um neue Formen der politischen Kontrolle zu erfinden, die die Entstehung von postökonomischen Initiativen begünstigt.

Dennoch ist es nicht einfach, der Rhetorik von Entwicklung zu widerstehen. Das Wirtschaftswachstum in Mexiko, die Wohlstandsversprechen seitens des Internationalen Währungsfonds und der Weltbank, die massiven Investitionen in die Modernisierung als integraler Bestandteil des Kampfes gegen die Armut - all diese Vorstellungen geistern als unhinterfragbare Wahrheiten herum. Aber die EZLN hat es gewagt, diese zu hinterfragen, und hat der Welt verkündet, daß die Entwicklung als soziales Experiment in Chiapas aufs kläglichste gescheitert ist.

Eine neue Form der Bewegung

Die unerwartete Unterstützung, die die EZLN erhielt, basiert auf ihrer Fähigkeit, neue Ansprüche zu formulieren. Es ist nicht einfach, die EZLN zu klassifizieren. Sie hat keinen anerkannten Anführer, und ihre kollektive Leitung, die sich aus gewählten Vertretern von eintausend Gemeinschaften zusammensetzt, widersteht bewußt jeglichem Personenkult in ihrem Innern, obwohl sich die Medien und die Regierung sehr angestrengt haben, aus ihrem Sprecher, einem Mestizen, einen *máximo lider* zu machen.[1] Die EZLN paßt nicht in das klassische Schema einer marxistischen Guerilla-Gruppe, da sie sich weigert, eine politische oder ideologische Plattform zu formulieren und den Kampf um die nationale Macht anzugehen, um von dort aus ein Regime ihrer Wahl zu errichten. Es handelt sich hier nicht um eine fundamentalistische, heilsversprechende Bewegung. Ihre Mitglieder kommen aus verschiedenen indianischen Kulturen, sind Angehörige verschiedener Religionen und sind ausdrücklich der Ökumene verpflichtet. Sie haben überhaupt kein Interesse daran, Chiapas oder das von ihnen kontrollierte Gebiet in einen kleinen Staat, eine indianische Republik oder einen „autonome" Verwaltungsdistrikt zu verwandeln, wie es andere Minderheiten in anderen Ländern beabsichtigen. Die EZLN weigert sich, die Natur ihrer Bewegung zu ändern, um sich z.B. in eine Partei zu verwandeln. „Für alle alles – für uns nichts", erwidern sie auf Vorschläge dieser Art.

Die Bewegung wurzelt in der langen Tradition indianischer und bäuerlicher Aufstände, die großen Einfluß auf die Geschichte Mexikos hatten. Pancho Villa inspirierte ihre militärische Strategie, und von Emiliano Zapata übernahmen sie den Namen und seine Forderung nach Land und Freiheit. Als die bäuerlichen Armeen in der Revolution von 1910 die Hauptstadt der Republik besetzten, besetzten Villa und Zapata, ihre Anführer, zwar den Regierungspalast, verließen ihn aber sofort wieder. Denn sie hatten nicht rebelliert, um die Macht zu ergreifen und das Land zu regieren, sondern um ihre kommunalen Lebensbereiche zurückzuerobern.

Aber zugleich ist die EZLN eine zeitgenössische Bewegung, die moderne Mittel und einen politischen Stil und Führungsmethoden einsetzt, die man als postmodern bezeichnen kann. Dies entsteht aus der Enttäuschung über die konventionelle Politik der Urnen und Parteien und aus dem Volkswiderstand gegen die konventionellen Formen der Partizipation.

Der Aufstand von Chiapas drückt die Entstehung einer sehr breiten Bewegung aus und veranschaulicht sie. Eine Bewegung, die bislang unter der Oberfläche des sozialen Bewußtseins Kräfte gesammelt hatte – in Mexiko genauso wie an anderen Orten. Diese Bewegung umfaßt vernetzte Gruppen – Bündnisse Unzufriedener –, die einige gemeinsame Merkmale aufweisen. Sie sind explizit offen und fördern die Einbeziehung verschiedener Ideologien und sozialer Klassen. Sie mißtrauen den Führern und einer zentralistischen politischen Führung. Sie vermeiden es sorgfältig, der Verführung zu erliegen, die politischen Kräfte zu lenken oder zu kontrollieren, die sie mobilisieren. Sie setzen vielmehr auf flexible Organisationsstrukturen, die eher dazu dienen, Aktionen miteinander abzusprechen als Forderungen zu verwalten. Sie sagen sich ausdrücklich von abstrakten Ideologien los und bevorzugen es, sich auf konkrete Kampagnen zu konzentrieren (gegen eine Talsperre, einen Weg, ein Atomkraftwerk, Menschenrechtsverletzungen). Sie schöpfen alle demokratischen und legalen Mittel aus, die ihnen zur Verfügung stehen, bevor sie auf die direkte Aktion oder Revolte zurückgreifen.

Die EZLN ebenso wie die Gruppen, die sie unterstützen, weisen all diese Merkmale auf.

Als beispielsweise die Regierung versuchte, die EZLN dadurch zu isolieren, daß sie eine Koalition aus 280 Indígena- und Bauernorganisationen förderte, machten diese Gruppen die Forderungen der EZLN zu ihren eigenen.

Ein anderes Beispiel für den Konfliktbewältigungsstil der EZLN findet sich im Umgang mit dem Fall des Generals und Ex-Gouverneurs Absalón Castellanos, einem der meistgehaßten Männer in Chiapas. Als er in den ersten Tagen des Aufstands gefangengenommen wurde, wurde er für schuldig befunden und verurteilt. Viele hofften auf seine Erschießung als beispielhafte Strafe. Das Tribunal, das über ihn urteilte, widersetzte sich dem jedoch hartnäckig und verurteilte ihn dazu, lebenslang in einer Gemeinschaft zu arbeiten, obwohl sie empfahlen, ihm zu vergeben und ihn freizulassen, was sie letztendlich auch taten. Taktiken dieser Art suchen eher nach Versöhnung als nach Auseinandersetzung, und sie verdeutlichen die außergewöhnliche Fähigkeit der EZLN, als mobilisierende Zelle verschiedener Bündnisse Unzufriedener im ganzen Land zu agieren, die sie nicht kontrollieren will, wodurch sie ideologische und politische Rivalitäten sowie sterile Polemiken vermeidet.

Eine neue Hoffnung

Es scheint verrückt, glauben machen zu wollen, daß der Aufstand von Chiapas Anlaß zu Hoffnung für die Zukunft böte. Mexiko steht heute möglicherweise an der Schwelle zu allergrößter Gewalt. Es tauchen jetzt schon neue und alte Formen von Fundamentalismus auf. Die Gefahr eines Bürgerkrieges, lokal oder nicht, darf nicht geleugnet werden. Es wird nicht einfach sein, ein so rigides und erstarrtes System zu stürzen oder den Entwicklungskräften, die die Regierung noch unterstützen, Einhalt zu gebieten.

Die Ermordung von Donaldo Colosio am 23. März 1994, dem Präsidentschaftskandidaten der herrschenden Partei, belegt die Gefahren, mit denen wir augenblicklich konfrontiert sind. Dennoch sind die gewaltfreien Reaktionen jener Bündnisse Unzufriedener so weit verbreitet, so voller Phantasie, Kraft und Kreativität, so verwurzelt in Organisationen der Menschen, daß ich noch die Hoffnung habe, daß weitere bewaffnete Gewalt nicht notwendig und daß es möglich sein wird, die institutionelle Gewalt unter einem neuen Regime abzuschaffen. In diesem könnte es vielleicht möglich sein, eine Regierung der repräsentativen Demokratie *für* die Menschen, mit einer Regierung *der* Menschen in ihren Lebensbereichen zu kombinieren. Ich hoffe, daß die neuen Koalitionen den Mut haben werden, weiterhin im Kampf um ihre Lebensbereiche an der Gewaltfreiheit festzuhalten und würdevolle Formen des Lebens und des Sterbens wiederzubeleben.

Postskriptum

Ich habe diesen Text Anfang April dieses Jahres geschrieben, und er erschien wenig später in *The Ecologist.* Sechs Monate später, bei seiner Überarbeitung für die Aufnahme in dieses Buch, ist mir klargeworden, daß die in diesem Zeitraum vorgefallenen Ereignisse zur Differenzierung einiger Begriffe führen, allerdings ohne Grundlegendes zu verändern. Anstatt den Text selbst zu verändern, entschied ich mich also dazu, dieses Postskriptum anzufügen, gemäß dem literarischen Modell, das uns der Subcomandante Marcos im Laufe des Jahres geschenkt hat.

Zusammenkünfte und Zerwürfnisse

Um Dialoge zu führen, so der spanische Dichter Machado, muß man zunächst zuhören und dann: nochmals zuhören.

Von der Gesellschaft gefordert und zugleich geschützt, hat der begonnene Dialog zwischen der EZLN und der Regierung bislang einen erneuten Gewaltausbruch verhindert, es aber nicht erreicht, den Weg zu einer Übereinkunft zu öffnen.

Mit Beginn der Gespräche legte die EZLN einen Forderungskatalog vor, der bei der Regierung die Illusion nährte, daß sie es geschafft habe, diese auf ein vertrautes und kontrolliertes Terrain zu ziehen.

Durch die Aufnahme aller nichteingelösten und vieler mehr oder weniger konventionellen Forderungen der indianischen Völker schien die EZLN ihre Ansprüche auf die bloße Einlösung der Versprechen der Entwickler reduziert zu haben. Die Regierung nahm an, daß es genüge, diese Forderungen zu wiederholen und einige von ihnen zu erfüllen, um die ganze Angelegenheit zu erledigen. Deshalb überraschte sie die Reaktion der EZLN, die entschieden die Angebote zurückwies und sich weigerte, ihr Erstgeborenenrecht für ein Linsengericht zu verschachern.

Es ist klar, daß die indianischen Völker das wollen, was ihnen bisher verweigert wurde – beispielsweise grundlegende öffentliche Dienstleistungen –, und daß ihre Forderungen oder Ansprüche manchmal konsumorientierte Formen annehmen. Aber dies beschreibt keineswegs die Natur ihrer Bewegung. Die Ablehnung des verführerischen Regierungsangebots, das den brutal entrechteten Völkern, die ohne Lebensmittelreserven, von den Militärs eingeschlossen und tagtäglich durch Tiefflüge und feindliche Kräfte bedroht ausharren, „Frieden" und „Wohlstand" bringen sollte, verdeutlicht noch viel mehr als nur die Würde und Integrität der neozapatistischen Bewegung. Es wurde offensichtlich, daß sie von einem Geist und einer Intention inspiriert werden, die schon nicht mehr in den Rahmen der Entwickler passen. Sie wollen ihr kollektives Schicksal nicht den Händen des Marktes oder dem Staat überlassen, oder, wie im üblichen politischen Spiel, die Hoffnungen der Leute zu Markte tragen.

Der taktische Erfindungsreichtum der EZLN und ihre politische Sensibilität ermöglichen eine zunehmende Vertiefung der Begrifflichkeiten für einen Dialog, der notwenig für den Aufbau einer authentischen Option ist.

Indem dieser Dialog für die gesamte Gesellschaft geöffnet und seine Agenda erweitert wurde, ist die Verlogenheit derjenigen zutage getreten, die aus dem „Dialog" nur einen bürokratischen Akt machen wollten, um so ihren Status quo zu erhalten.

Die Illusion der Wahl

Viele der Gruppen, die die EZLN unterstützt und auf den Waffenstillstand gedrängt hatten, glaubten aufgrund der Zugeständnisse, die das Regime ab Januar gemacht hatte, daß die Wahlen im August einen friedlichen Übergang zu einer neuen Regierungsform ermöglichen könnten. Dadurch fesselte das Wahlspektakel die allgemeine Aufmerksamkeit, und die EZLN wurde allmählich als inakzeptables Hindernis auf dem Weg in die Demokratie präsentiert.

Unter diesen Umständen der versuchten sozialen, politischen und militärischen Isolierung der EZLN rief diese zu einem Demokratischen Nationalkonvent (CND) der „Zivilgesellschaft" auf. Es erschien als eine verrückte Geste: Sie konnten ihr Gebiet nicht verlassen, um die CND zu organisieren, es mangelte an einer entsprechenden Infrastruktur auf bundesstaatlicher Ebene, und die Wahlen standen in einigen Wochen bevor. Aber wir nahmen teil. Die EZLN errichtete sogar inmitten der Selva ein „Auditorium", überdacht mit Zeltplanen. 6.000 Delegierte sozialer und politischer Organisationen kamen aus der gesamten Republik.

Während des Konvents übergab die EZLN ihre Fahne diesen organisierten Verbänden und stellte ihre Waffen in die Reserve zurück. Sie übergab ihre Entscheidungsmacht denjenigen, die beschlossen hatten, den gewaltfreien Weg zur Erlangung der gleichen politischen Ziele zu verfolgen. Sie entwarfen damit eine neue Option.

Dadurch, daß die CND beschlossen hatte, die Wahlen zu respektieren, stellte die EZLN ihre Zweifel hinsichtlich des Fortlebens einer antidemokratischen Struktur zurück und schloß eine erstaunliche Vereinbarung ab, die wohl historisch einzigartig ist: Auf dem Gebiet dieser Aufstandsbewegung, eingeschlossen von der Bundesarmee, wurden Wahlen organisiert. Während sich die Neozapatistas in die Berge zurückzogen, damit die Völker, ohne Druck zu spüren, agieren konnten, wurde das mit den Verwaltungsinstanzen abgestimmte Vorgehen angewendet und freie Wahlen durchgeführt. Eine einmalige Erfahrung für einen großen Teil derjenigen, die an ihr teilnahmen.

Mit Ausnahme des von der EZLN kontrollierten Gebiets, in dem der Vorgang tadellos ablief, vollzog sich der Wahlprozeß unter extrem unausgewogenen Bedingungen und wies schwere Verzerrungen und Fälschungen auf. Jene Wahl in der Geschichte des Landes, die am stärksten von Tausenden nationalen und internationalen Beobachtern überwacht worden war, war zugleich die dunkelste, konfuseste und zutiefst unbefriedigendste.

Weit davon entfernt, einen klaren Volkswillen auszudrücken, verursachte sie Zersetzung und Auseinandersetzungen auf fast allen gesellschaftlichen Ebenen. Auf der Führungsebene begann man, alte Rechnungen zu begleichen. Der Generalsekretär der Regierungspartei wurde ermordet, der vermutliche intellektuelle Autor war ein Abgeordneter dieser Partei, der anscheinend auf Anweisung seiner politischen Vorgesetzten handelte.

Die Zersetzung der herrschenden Strukturen erfaßte auch wirtschaftliche und finanzielle Sphären: Der von der aktuellen Verwaltung eingesetzte Bankdirektor flüchtet heute vor der Justiz. Andere, ähnliche Skandale beginnen aufzubrechen. Nur die Regierungen anderer Länder haben rückhaltlos dieses Wahlergebnis gefeiert, daß man nur schlecht als frei und demokratisch bezeichnen kann.

Während im gesamten Land Verwirrung herrschte und die Parteien Zahlenakrobatik betrieben, um einen Ausweg aus der Sackgasse zu finden, entstanden in Chiapas, wo die Gouverneurswahlen zur gleichen Zeit wie die Präsidentschaftswahlen durchgeführt wurden, neue Initiativen. Diejenigen, die den unabhängigen Kandidaten aufgestellt hatten, der sich einem Übergangsprogramm verpflichtet fühlte, um neue soziale und rechtliche Grundlagen in Chiapas zu schaffen, demonstrierten sofort ihre Unzufriedenheit mit dem überhasteten Urteil der Wahlkommission, die ungeachtet der massiven Anzeigen von Unregelmäßigkeiten den Sieg des Kandidaten der Regierungspartei erklärte.

Da alle legalen und institutionellen Möglichkeiten, dieser Unzufriedenheit Ausdruck zu verleihen, verschlossen waren, schuf die chiapanekische Volksversammlung eine Koalition unabhängiger Organisationen, die wahrscheinlich die Mehrheit im Staate repräsentieren, baute zivile Einrichtungen auf, die eine neue Option eröffnen könnten: ein Wahlamt des chiapanekischen Volkes, um die Beschwerden und die Unzufriedenheit bezüglich des Wahlprozesses und Hinweise auf Unregelmäßigkeiten und Wahlvergehen entgegenzunehmen; eine Geschworenenkammer aus Vertretern aller Gemeinden des Bundesstaates, um Rechenschaft über den Wahlprozeß abzulegen, und ein Tribunal. Unter Lebensgefahr fanden sich Tausende Bürger beim Wahlamt ein. Dieses dokumentierte akribisch die Geschehnisse und formulierte eine fundierte Anklage des Regimes. Die Geschworenen fällten ihr Urteil. Das Tribunal formulierte die Strafe: Das Schicksal von Chiapas sollte in die Hände des Volkes gelegt werden.

Der Prozeß klagte vorbehaltlos das staatliche Regime in Chiapas an. Er verdeutlichte, auf welche Weise der Rechtsstaat zerstört worden war. Ebenso kam unerbittlich die Unrechtmäßigkeit des Wahlvorgangs und die Unmöglichkeit, sich an Appellationsinstanzen zu wenden, um diese Fehler zu beheben, zur Sprache.

Dieser Richtspruch, der die Schuldigen des Desasters verurteilte, der Regierung damit jede Form und Grundlage von Legitimität absprach, eröffnete gleichzeitig eine neue Möglichkeit für einen friedlichen Wandel. Er appellierte an die Verfassung der Republik, um einen effektiven Dialog zwischen allen sozialen und politischen Akteuren von Chiapas zu ermöglichen und ein Programm für den demokratischen Übergang zu erstellen, das den Rechtsstaat wiederherstellt und die soziale Ordnung wiederaufbaut. Dabei wird es nicht um die Reproduktion des bereits Bestehenden gehen, sondern die neue soziale Ordnung wird aus der sich frei entfaltenden Autonomie in den kommunalen Lebensbereichen entstehen.

Der Weg der Autonomie

Seitdem in diesem Jahr unter den Forderungen der indianischen Völker der Begriff Autonomie auftauchte, rief er viel Aufregung hervor. Die intellektuellen und politischen Eliten sahen in ihm separatistische Bestrebungen, die das Land zerstückeln würden. Immer noch ist es unmöglich, diesbezüglich einen echten Dialog zu führen.

Vor einigen Jahren war ich bei einem langen Gespräch zwischen dem Verantwortlichen für Indianerangelegenheiten von Kanada und einem Führer der Mohawk zugegen. „Sie müssen verstehen“, sagte jener in seinem Fazit, „daß die kanadische Regierung niemals die Autonomie des Volkes der Mohawk anerkennen wird.“ „Das interessiert uns überhaupt nicht“, antwortete der Mohawk. „Für euch beinhaltet die Souveränität die Errichtung willkürlicher Grenzen und das Anschlagen von Schildern, die den Durchgang verbieten; in unserer Sprache bedeutet es ‚frei zu sein wie der Wind‘. Das ist das, was wir wollen.“

Mit diesem Willen haben sie auch breite Schichten der Bevölkerung durchdringen können, die sich selbst nicht mehr als Indígenas definieren, selbst wenn sie sich mehr im Rahmen mesoamerikanischer als westlicher Zivilisationsmuster bewegen. Sie bilden die soziale Mehrheit des Landes und damit das, was Guillermo Bonfil Batalla das „profunde Mexiko“ genannt hat.

Die selbstbestimmte Inkraftsetzung der Würde durch die EZLN war eine umfassende Inspirationsquelle für die chiapanekischen Völker. Über ihre Wiederaneignung hinaus, begannen sie der Würde in ihrem Inneren auf tausend verschiedene Arten einen neuen Wert beizumessen. So insbesondere in bezug auf die Wiederaneignung des kommunalen Landes und der lokalen Regierungsinstanzen. Einige haben sogar schon den Mut, in offener Herausforderung des herrschenden Regimes autonome Regionen auszurufen, wobei sie aber klar von allen separatistischen Absichten Abstand nehmen.

Die Völker wollen sich in ihren eigenen kommunalen Lebensbereichen selbst regieren und ihren freien Austausch mit anderen Völkern in bezug auf eine gemeinsame Ordnung abstimmen. Eine Ordnung, die das gesamte mexikanische Territorium umfassen soll und die Befugnisse der Regierungen auf staatlicher und bundesstaatlicher Ebene regelt. Das zeigten sie vor einigen Jahren in Oaxaca, einem Nachbarstaat von Chiapas, in dem die indianischen Völker von 16 Kulturen 60% der Bevölkerung repräsentieren, als die politische Kampagne eines indianischen Gouverneurs-Kandidaten begann.

Die Vertreter dieser Völker sprachen ohne Dolmetscher über viele Stunden hinweg in ihren jeweiligen Sprachen. Am Ende durchschritt ein von ihnen gewählter Greis den riesigen Saal und sagte mit Nachdruck zum Kandidaten: „Wir wollen, daß du für uns wie der Schatten eines Baumes bist.“ Wie konnte er danach streben, sie zu regieren, wenn es ihm nicht einmal möglich war, sie zu verstehen, wenn er diese höchste Ausdrucksform seiner Kultur nicht kannte und er die Sprache der Kolonisatoren benutzen mußte, um sich an sie zu wenden?

Aber es war kein Ruf nach Unabhängigkeit. Sie wollten einen Gouverneur, und es sollte einer von ihnen sein. Was sie nicht wollten, war eine Regierung, die gegen ihren Willen in ihr Leben eingreift. Der Gouverneur sollte einen von ihnen anerkannten Platz einnehmen, tief verwurzelt im Volk. Im Falle, daß es zu Konflikten oder Schwierigkeiten kommen sollte, konnten sie sich an ihn wenden, damit er ihnen, wie der Schatten eines Baumes, Schutz gewähre.

Wir stehen auf des Messers Schneide. Die Gewalt kann jeden Moment ausbrechen, und zwar von seiten der Regierung oder hervorgerufen durch die primitiven Eliten von Chiapas, die sich nicht mit den saftigen Entschädigungen, die von der Regierung vergeben wurden, abfinden wollen. Sie haben sich jedoch nicht getraut, die vielen, die Land, Güter, öffentliche Gebäude der Unterdrücker besetzt haben, zu vertreiben. Niemand kann voraussagen, wie lang die Rechnungsbegleichung in der herrschenden Struktur weitergehen wird, deren Zersetzung katastrophale Formen annehmen kann. Und niemand wird die verzweifelten Reaktionen bewaffneter Gruppen aufhalten können, die überall aus dem Boden schießen, wenn es zu Repressionswellen inmitten einer allgemeinen politischen Mobilisierung oder zu Provokationen kommt.

Aber trotzdem lassen die soziologische und politische Phantasie und die Reife, die die neu hervorgetretenen Gruppen vorgeführt haben, sowie ihr offenes Eintreten für einen friedlichen Übergang noch immer die Hoffnung zu, daß sie sich Respekt verschaffen können, ohne in ihrem Streben nach Befreiung einhalten zu müssen.

San Pablo Etl., Oaxaca, Oktober 1994
(Übersetzung: Paula Villa)

Kapitel II

Der Aufstand vor dem Aufstand

Frauen

Sie begann zu lesen, und je weiter sie kam, desto unruhiger wurde die Versammlung. Gemurmel und Kommentare waren zu hören. Auf Chol, Tzeltal, Tzotzil, Tojolabal, Mam, Zoque und Spanisch waren Bemerkungen von allen Seiten zu hören. Susana ließ sich nicht beirren und fuhr fort, gegen alles und alle anzulesen: „Wir wollen uns nicht zwingen lassen, einen zu heiraten, den wir nicht mögen. Wir wollen die Kinder haben, die wir uns wünschen und für die wir sorgen können. Wir wollen das Recht, Posten in der Gemeinde zu besetzen. Wir wollen das Recht, unsere Meinung zu sagen, und daß sie respektiert wird. Wir wollen das Recht haben, zu lernen und sogar Kraftfahrerin zu werden.“ So fuhr sie bis zum Schluß fort. Am Ende lag eine völlige Stille über dem Raum. Die „Gesetze der Frauen“, die Susana gerade vorgelesen hatte, bedeuteten für die Indígenagemeinden eine wirkliche Revolution.

In Erwartung der neuen Zeiten

Cecilia Loría Saviñón

Der Boden vibriert vom lauten Reden der Toten drunten. Im Grab geht es zu wie auf dem Wochenmarkt. Sie haben Neuigkeiten zu besprechen, die Mayas, die in Chiapas bei längst vergangenen Aufständen gefallen sind. Gekämpft wurde hier mit Speer und Axt, seit der erste, von einer Frau und einem Hund gezeugte Beutejäger sich auf das Land der Indianerdörfer stürzte. Die Toten schwatzen über die freudigen Nachrichten, und durch die Träume beglückwünschen sie die Lebenden und sagen ihnen Wahrheiten, die das Ohr nicht wahrnimmt... (Eduardo Galeano).

Die Indígenafrauen gebären traditionell auf bloßer Erde, viele von ihnen vergraben anschließend die Plazenta und machen damit, ohne es zu beabsichtigen, das Land fruchtbar. Es erblüht, aber seine Früchte werden ihnen mit Gewalt entrissen. Weder die Kinder, die sie zeugen, noch die Erträge ihres Ackerbaus, noch der „Lohn" aus dem Verkauf ihrer Tiere wird ihnen gehören, all das wird ihnen Tag für Tag entwendet von denen, die sich Leben und Schicksale aneignen wie Götter, die die rechtmäßigen Besitzer straflos ihrer Habe berauben.

Der Körper gehört nicht den Frauen, er wird ihnen im täglichen Leben enteignet, bei der Hausarbeit und bei der täglichen Zubereitung unseres *pozol*. Ihr solltet sie sehen, wie sie über Berge und Pfade gehen, wie sie beladen sind mit schweren Bündeln Feuerholz, die sie auf den Schultern tragen, wie sie sich zu einem Ort begeben, der so weit entfernt ist, daß er mit bloßem Auge nicht zu erkennen ist, oder wie sie, wenn es dämmert, mit dem Kind auf dem Arm aus dem Haus gehen und hinter dem Mann herrennen, der auf dem Pferd reitet.

Ihre Körper sind ihnen fern, fremd für sie, benutzt von anderen. Ich frage mich, wie sie sich sehen, wenn sie verkauft werden, wie sie sich wahrnehmen, wenn ihre Zukunft in den Händen des Meistbietenden liegt. Der Kurs richtet sich nach dem Alter, die „Teuerste" wird für durchschnittlich 2000 Neue Pesos gehandelt. Ihr Körper wird nicht nur durch den Marktwert bestimmt, er hat auch noch andere Herren: den Vater, den Ehemann und die Söhne, denen sie dienen und gehorchen muß, aber auch auf schmachvolle Weise den Patron, der zynisch seine Position mißbraucht, indem er weiterhin das Recht der ersten Nacht ausübt.

Sie spüren den eigenen Körper nur, wenn sie krank werden, und das passiert oft. Die Frauen bekommen Magenbeschwerden, weil die Ernährung der Indígenas so mangelhaft ist, daß die Bevölkerung einen hohen Grad an Unterernährung und Magen-Darm-Krankheiten aufweist. Außerdem kommen die Frauen beim Essen als letzte an die Reihe. Sie bekommen Fieber, weil sie unterernährt sind und unter ungesunden Bedingungen leben, die den Nährboden für alle möglichen Infektionen bilden. Viele sterben an Krankheiten, die mit der Mutterschaft zu tun haben. Jedes Kind birgt die Möglichkeit des Lebens oder auch der Annäherung an den Tod. Bei 100.000 Geburten in Chiapas sterben 117 Frauen; das ist die dritthöchste Sterberate im ganzen Land.

Wenn es stimmt, daß der Körper die Metapher des Ich ist, wie nehmen sie sich dann wohl selbst wahr? Wie identifizieren sie ihr Sein und ihre Existenz, wenn Körper und Leben täglich in Beschlag genommen werden? Geboren mit dem vorherbestimmten Schicksal, müssen sie das sein, was von ihnen erwartet wird. Bei der Geburt, dem Leben und dem Sterben folgen sie demselben Weg wie ihre Mütter und Großmütter.

Wie die Compañeras der Nicht-Regierungs-Organisationen, die das Dokument „Frauen in der Konfliktzone in Chiapas“ erarbeitet haben, bestätigen, wird dies der Grund sein, warum in den Gemeindebezirken Altamirano, Margarita, Ocosingo und San Cristóbal die Analphabetenrate der Frauen über fünfzehn Jahren bei jeweils 64,11%, 59,5%, 60,5% und 32,3% liegt. In demselben Dokument beschreiben die Compañeras die schwierigen Bedingungen, unter denen die Indígenafrauen ihre Rolle als Verantwortliche für die Reproduktionsarbeit in Haushalt und Familie erfüllen. „In Altamirano wird in 93% der Haushalte mit Feuerholz gekocht, 64,3% verfügen nicht über fließendes Wasser und 74,2% haben keinen Strom. In Margarita liegt der Prozentsatz jeweils bei 92,1%, 76,9% und 67,1%. In Ocosingo dient in 89,4% der Haushalte Holz als Brennstoff, 57,4% haben kein Wasser und 67,9% keinen Strom. In San Cristóbal liegen die Zahlen etwas niedriger, bei 40,3%, 31,1% und 17,3%, aber deshalb sind sie nicht weniger alarmierend.“

Wir gehen davon aus, daß es im wesentlichen die Art der Arbeit und der Reproduktion des täglichen Lebens ist, die den Menschen entweder die Möglichkeit der Entwicklung und des Wachsens bietet oder sie ihrer Fähigkeit zu sein und zu entscheiden beraubt. Durch die Hausarbeit und die Versorgung der Kinder wird das Leben der Frauen bis zum Rand mit Aktivitäten angefüllt, in denen sie wenig, sehr wenig wählen oder entscheiden können. Für sie und ihre Familien gilt die Hauptsorge dem Überleben: den Hunger stillen und am Leben bleiben.

Von Jahrhundert zu Jahrhundert, von Generation zu Generation, sehen die Frauen sich in der Rolle der Mutter und erfüllen ihre Bestimmung. Die Vergangenheit, die Gegenwart und die Zukunft sind gleich, eine Gegenwart ohne Zukunft. Dies war immer die Realität, wir alle haben sie gesehen, ohne sie wahrzunehmen. Es mußte erst eine große soziale Erschütterung geben, die das Verborgene entschleierte, die diese Stimmen aus dem Schweigen riß und ihnen eine lärmende Gestalt verlieh, damit wir alle sehen, damit wir alle hören.

Wenn ich an diese Situation denke, erinnere ich mich an die Ereignisse des Erdbebens 1985, als wir aus den Trümmern die wahre Arbeitssituation der Näherinnen auftauchen sahen. Sie hatten dort Jahre um Jahre verbracht, 14 Stunden täglich im Akkord gearbeitet, ohne Sozialversicherung, auf schwarzem Stoff genäht, bis sie fast das Augenlicht verloren hatten, oder sie mußten zur Strafe stehen, weil sie dem Patron den Gehorsam verweigert hatten. Sie waren dort, um die Ecke, und niemand von uns hat sie gesehen.

Das Phänomen der Unsichtbarkeit dieser Frauen war und ist ein ständiger Punkt in unseren Diskussionen über das Geschlechterverhältnis. Jetzt ist es wichtig, die Bedeutung dieses Phänomens unter den Bedingungen des Konflikts in Chiapas zu analysieren. In diesem Zusammenhang muß also die Frage gestellt werden, welche Veränderungen für die Frauen in Aussicht stehen nach dem Aufstand der EZLN am ersten Januar diesen Jahres.

Viele Frauen haben erklärt, daß sich ein neuer Weg der Hoffnung aufgetan hätte, daß die Kette, die immer nur dasselbe voraussagte, zerrissen sei. Es ist der Beginn von etwas Neuem, frischer Wind weht über das Hochland von Chiapas.

Endlich sprach jemand über die Rechte der Frauen und rief sie zusammen, damit sie über sich selbst bestimmen konnten, um selber zu wählen, wen sie lieben und wann sie Kinder bekommen wollen, um ihre Worte und Wünsche wiederzugewinnen, um ihre Körper zu befreien und vielleicht ihr Leben zu verändern. Es ging darum, neue Beziehungen im täglichen Leben aufzubauen und anzuerkennen, daß Indígenafrauen die Fähigkeit besitzen, eine neue Gesellschaft aufzubauen. Dies bedeutet nicht nur einen tiefgreifenden Wandel in der sozialen Umgebung, sondern auch im Innern jeder Frau selbst. Es ist notwendig, schmerzvolle Brüche zu vollziehen, schmerzvolle Brüche sind nötig, damit die Veränderungen möglich werden: Es ist nötig zu sterben, um neu geboren zu werden, und um dem Leben eine neue Bedeutung zu verleihen, muß jeder Winkel des eigenen Lebens durchleuchtet werden.

Die Deklaration des Revolutionären Gesetzes der Frauen in der EZLN zog die Aufmerksamkeit vieler Frauen auf sich, die mit den Veränderungen, die die Erklärung ankündigte, sympathisierten. Der Prozeß in Chiapas bewirkte, daß die Frauen etwas von den Zapatistinnen wissen wollten, und während sie ihnen Fragen stellten, fragten sie sich selbst, was für Perspektiven sich mit diesem Prozeß nicht nur für die Indígenas in Chiapas, sondern für alle Frauen im Land eröffnen.

Wenige Tage nach dem Aufstand fand in Mexiko-Stadt der Dritte Feministische Kongreß von Yucatán statt. Unsere ganze Aufmerksamkeit galt der Situation in Chiapas. Daraus ergab sich für uns die Notwendigkeit, eine Erklärung zu verabschieden, um einen Genozid zu verhindern. Aber das vielleicht wichtigste Ergebnis dieses Kongresses war, daß es für viele von uns unumgänglich geworden war, feministische Konzeptionen zu hinterfragen und neu zu definieren. In diesem Augenblick wurde uns klar, daß wir als Feministinnen angesichts dessen, was gerade in unserem Land passiert, nicht länger am Rande der Gesellschaft verharren dürfen, wir müssen uns einmischen, unsere Kritik am traditionellen Rollenverständnis öffentlich machen und sie gleichzeitig in die Forderungen der Zapatistinnen hineintragen. Obwohl wir nicht mit ihrer Vorgehensweise übereinstimmten, stellten wir in keiner Weise die Rechtmäßigkeit ihrer Forderungen in Frage. Wir erinnerten uns an Alaíde Foppa[1], die, ohne ihre feministische Überzeugung zu verraten, sensibel und solidarisch mit den Kämpfen um Gerechtigkeit in ihrem Land umging.

Gewiß ist der feministische Diskurs gegen den Krieg gerichtet und hinterfragt alle Formen der Macht und patriarchalen Dominanz, dennoch sind wir in diesem Moment gezwungen, unsere Überlegungen unter den besonderen Bedingungen in diesem Zusammenhang und historischen Moment zu konkretisieren. Ohne dies wäre der Diskurs inhaltsleer, ideologisch und anachronistisch. Bliebe der pazifistische Diskurs im Abstrakten und würde man versuchen, seinen Inhalt unverändert auf jedweden Moment oder Ort zu übertragen, blieben die Vorschläge steril und wenig handhabbar und würden nichts zu einer realen Lösung der Konflikte beitragen.

Natürlich war und ist die Forderung nach Frieden grundsätzlich wichtig, aber nicht ohne Gerechtigkeit und Würde. Die einzige Art der Gewaltfreiheit ist jene, die wirklich für die Abschaffung jeglicher Gewaltformen kämpft. Ein kompromißloser Pazifismus, der nicht die vielfältigen Ursachen für die Gewalt berücksichtigt, wäre ein Ruf nach Frieden, der nur allzu leicht eine Allianz mit den Repressionskräften des Regimes bedeuten könnte. Ein Frieden um des Friedens willen muß als Rückkehr der Ungerechtigkeit und Verletzung der elementarsten Menschenrechte verstanden werden.

Damit Frieden möglich wird, muß er sich auf die wirklichen Lösungen der Probleme gründen, die die Indígenas in Chiapas und alle anderen im Land quälen. Den Frieden in Chiapas zu sichern bedeutet nicht nur, die Waffen niederzulegen, sondern vor allem das Hungern, die Ausbeutung und die tausendfache Unterdrückung zu beenden. Dazu muß ein tiefer Wandel auf der wirtschaftlichen, politischen und kulturellen Ebene stattfinden. Denn allein die Forderung nach Einrichtung gynäkologischer Kliniken für die Betreuung von Frauen genügt nicht. Ebenso muß die gleichberechtigte Teilnahme der Frauen an Entscheidungen innerhalb des neuen Entwicklungsprojektes in dieser Region gefordert werden. Damit sie Posten in Führungspositionen und Volksvertretungen übernehmen, wo sie den Fortgang der gesellschaftlichen Politik mitbestimmen können und außerdem von dort aus neue Impulse zur Veränderung des Ungleichgewichts zwischen den Geschlechtern geben können.

Wir geben uns nicht mit halben Lösungen zufrieden und fordern wirkliche Veränderungen, so wirklich, wie die Worte und Kämpfe der Frauen aus Chiapas sind. Damit sie nie wieder als Ware behandelt werden und man ihnen zurückgibt, was ihnen gehört. Ihre Berge und Ländereien, die Wälder und ihre Früchte, ihre Kinder und ihre Körper, ihr Schicksal und ihre Sprache.

(Übersetzung: Claudia Döring und Bernhild Mennenga)

Der Kampf innerhalb des Kampfes

Interview mit Ramona und Ana Maria, Comandantes und Delegierte der EZLN beim Dialog in San Cristóbal, Chiapas

Ramona ist eine Tzotzil und vertritt das Komitee der Frauen der indigenen Gemeinden. Ana Maria, vom selben Stamm, ist Infanteriemajorin der Aufständischen. Sie kommt im Namen der kämpfenden Frauen und hat tausend bewaffnete KämpferInnen unter ihrem Befehl. Ramona hat eine politische Aufgabe und lebt in ihrem Dorf, Ana Maria widmet ihr Leben seit zehn Jahren dem Kampf, sie lebt in den Bergen. Sie erzählten ihre Geschichte und von ihren Gründen für den Kampf am Rande des Dialogs mit den Regierungsvertretern. Javier, ein anderer Delegierter des Geheimen Revolutionären Indígena-Komite (CCRI) ist der Übersetzer für Ramona, die kein Spanisch spricht.

Die Frauen erzählen, wie sie mit den Traditionen in ihren Dörfern brachen und anfingen, sich an der politischen und militärischen Arbeit der EZLN zu beteiligen. Wie sich die Frauen zusammenschlossen, um für ihre Rechte zu kämpfen. Wie diese Revolution innerhalb der Revolution entstand, als sie gemeinsam diskutierten und kollektiv das Recht der Frauen beschlossen, das am 1. Januar verkündet wurde und ihnen dieselben Rechte gibt wie den Männern und ihre Forderungen verteidigt. Am 8. März 1993 haben sie es nach einer Befragung in allen Dörfern geschafft, daß das CCRI ihr Gesetz annahm.

Wie begann die Frauenbeteiligung an der Bewegung der Zapatistas?

Ramona erzählt, daß die Frauen nicht ernst genommen wurden, als in den Gemeinden über den Kampf geredet wurde. Es war eine jahrhundertealte Unterdrückung aus Gewohnheit. Aber als die Dörfer sich nach und nach organisierten, begannen die Frauen sich bewußt zu werden, daß auch sie sich organisieren müssen. Anschließend erwarben sie sich das Recht, mitzumachen wie die Männer. Vorher durften die Frauen noch nicht mal an den Versammlungen teilnehmen, aber sie kamen zusammen, lernten und nahmen an der Bewegung teil. Sie kämpften weiter und weiter, bis sie ein revolutionäres Gesetz der Frau verlangten.

Ana Maria: „Männer und Frauen kämpfen für Land, es ist die Hauptforderung von uns allen. Innerhalb des Forderungskatalogs gibt es einen speziellen Punkt von den Frauen – es gibt eben Sachen, die den Männern nicht einfallen. Es fallen ihnen einige Sachen einfach nicht ein, die wir Frauen brauchen, weil sie nur ihre Angelegenheiten sehen und nicht nach der Meinung der Frau fragen. So entstanden unsere Forderungen, darunter die, daß die Frauen spezielle Schulen brauchen, in denen sie lernen können – auch wenn sie schon älter sind, wollen viele Lesen und Schreiben lernen. Wir fordern ein Geburtshaus, weil eine Geburt dort leichter ist. Zu Hause liegt das Neugeborene auf dem Boden im Staub. Die Nabelschnur wird mit der Machete, die der Mann zur Arbeit benutzt, durchtrennt. Es sind sehr schlechte Bedingungen – die Leute besitzen nicht das Nötigste, um Mütter und Kinder nach der Geburt ausreichend zu versorgen. FrauenärztInnen sind dringend erforderlich. Außerdem fordern die Frauen Werkstätten und Maschinen, um die Handarbeit, die Stickereien, die sie nur mit der Hand machen, zu erleichtern, und einen Markt, auf dem sie ihre Handarbeiten verkaufen können, weil die Besitzer der Kunsthandwerksläden in den Städten nur sehr schlecht zahlen.

Die indianischen Frauen werden mißhandelt, es gibt viel Ungerechtigkeit und Diskriminierung, viel Rassismus.

Noch eine Forderung sind Kindergärten und Vorschulen und Nahrungsmittel für die an Hunger sterbenden Kinder.

In den Gesetzen der Regierung gibt es nicht das Recht der Frauen, Land zu besitzen, aber innerhalb unserer Rechte schon, und wir wollen, daß sie anerkannt werden. Wir wollen Land besitzen, und zwar gutes Akkerland, nicht die Steinhaufen, die wir jetzt haben.

Wir protestierten, weil es kein Gesetz für die Frauen gab. Einige Compañeras machten einen Entwurf, er wurde in einer Sitzung des Komitees verlesen, und niemand protestierte. In den einzelnen Gemeinden wurde er mit den anderen Frauen diskutiert. Es wurden Vorschläge und Meinungen gesammelt – und es entstand das Gesetz der Frau."

Wie leben die indigenen Frauen?

Ana Maria: „Die Frau hat keine Ruhe, sie arbeitet den ganzen Tag. Die Frau auf dem Land steht morgens um drei Uhr auf, um das Essen zu machen, das Frühstück für die Männer. Sie braucht Holz, sie geht und holt das Holz, sie geht und holt den Mais, immer mit dem Kind auf dem Rücken oder an der Brust. Sie kommt zurück, bereitet das Essen zu und kümmert sich um die Arbeiten im Haus. So verbringt sie den ganzen Tag, von Montag bis Sonntag. Die Männer können sich wenigstens am Sonntag ausruhen, Karten oder Basketball spielen, aber die Frauen nicht, sie arbeiten den ganzen Tag, die ganze Woche, ohne Pause. Sie haben keine Vergnügungen."

Ramona: „Die Frau hat weniger Zugang zu Schule und Vergnügungen. Von klein auf schleppen wir die Brüder herum, wir helfen den Mais zu mahlen, Tortillas zu machen, das Haus zu fegen oder zu waschen. Wenn die Mutter ihr Baby zu Hause lassen muß, muß die größere Schwester darauf aufpassen, und so kann sie nicht zur Schule gehen. So ist es auch mir passiert. Die Frauen heiraten mit dreizehn oder vierzehn Jahren, durch die Familie und Bräuche gezwungen, obwohl sie nicht wollen. Wenn in den Indígena-Gemeinden einem Jungen ein Mädchen gefällt, geht er nicht zu ihr hin, sondern bringt ihrem Vater eine Flasche Schnaps oder etwas zu essen, und wenn der Vater annimmt, ist die Tochter verkauft, ist sie gezwungen zu heiraten, gegen ihren Willen. Viele Frauen gehen heulend zum Haus des Bräutigams oder in die Kirche. Im Dorf kannst du mit niemandem zusammensein. Wenn du nicht verheiratet bist, ist es eine Sünde, gegen den Brauch. Wenn es entdeckt wird, werden beide bestraft, sie werden ins Gefängnis gesteckt oder an die Pfosten des Basketball-Feldes gebunden, bis die Gemeinschaft meint, sie wären genug bestraft. Deshalb steht im Gesetz der Frauen das Recht auf freie Partnerwahl."

Wie seid ihr zur EZLN gekommen?

Ramona: „Ich kam dazu, beim bewaffneten Kampf mitzumachen, als ich mein Dorf verließ, um aus der Not Arbeit zu suchen, es gab nichts zum Leben. Als ich in die Stadt kam, begriff ich langsam die Situation der Frauen auf dem Land. Sie ist dort nicht dieselbe. Mir wurde langsam bewußt, daß wir uns organisieren müssen, weil wir Indígenas in den Städten nicht respektiert werden. Sie nehmen uns nicht ernst, wenn wir unsere Produkte verkaufen wollen, sie bezahlen uns nicht gut, wir verschenken unsere Sachen fast."

Ana Maria: „Ich kam schon sehr jung zur EZLN, ich war vierzehn Jahre alt. Einige Compañeros, die etwas mehr Erfahrung hatten, brachten uns die ersten Buchstaben bei. Sie lehrten uns Lesen und Schreiben, danach begannen sie uns Kampftechniken beizubringen, später Politik, um mit der Bevölkerung reden zu können und ihnen den Grund für unseren Kampf zu erklären. So lernte ich nach und nach, es dauerte Jahre und ist eine lange Geschichte. Schon als kleines Kind nahm ich mit meinen Eltern an politischen Kämpfen teil, wir gingen immer zu den Märschen. Sie waren mit anderen Leuten zusammen in einer Organisation. Wir Kinder gingen auch mit, und so kam es, daß ich schon mit acht Jahren an den Märschen und Versammlungen teilnahm. So entwickelte ich Bewußtsein und sammelte Erfahrungen.

Während der friedlichen Kämpfe, nachdem unsere Forderungen nicht erfüllt wurden, besetzten wir Ländereien – Soldaten kamen und räumten uns mit Gewalt, mit Schlägen, Folter und Unterdrückung. Nach so viel Repression haben wir gesagt: ‚Wir müssen uns bewaffnen, wir müssen uns verteidigen! Wenn die Regierung keine friedliche Lösung will, dann eben eine gewalttätige.' So fing alles an. Am Anfang, vor zehn Jahren, waren wir zwei Frauen in der EZLN, sie war klein, wir waren zwischen acht und zehn Menschen. Nach und nach kamen mehr dazu. Die Reihen füllten sich von alleine, bis wir eine Kompanie bilden konnten, später ein Bataillon, danach ein Regiment und noch mehr. Jetzt kam der Moment, in dem die Leute merkten, daß wir stark genug sind, und in den Gemeinden wurde entschieden, den bewaffneten Kampf zu beginnen. Andere Frauen begannen sich zu beteiligen, weil sie uns in der EZLN mitmachen sahen. Sie begannen ihre Töchter anzulernen, ihre Schwestern und Enkelinnen, und sie sagten ihnen, nehmt eine Waffe und geht kämpfen. Es gibt ca. 30% Frauen in der EZLN."

Du bist Aufständische und Ramona politische Vertreterin. Was ist der Unterschied?

Ana Maria: „Der Unterschied ist, daß eine Aufständische ihre Familie verläßt, sie lebt nicht mehr mit ihnen, widmet ihr ganzes Leben dem Kampf. Sie sieht ihre Familie nicht mehr und hilft ihr auch nicht bei der Arbeit. Ramona dagegen lebt in ihrem Dorf, sie vertritt verschiedene Frauengruppen und arbeitet dort, wo sie lebt."

Wie kam das mit dem Kampf innerhalb des Kampfes, damit eure Forderungen anerkannt wurden?

Ramona: „Als wir merkten, daß die Frauen nicht teilnehmen durften, wir in den Versammlungen und Plena nicht ernst genommen wurden, dachte ich – was kann ich tun? So begann ich mitzumachen, zu reden und zu organisieren. Wir Frauen begannen uns unserer Situation bewußt zu werden und erkannten die Notwendigkeit, Vertreterinnen zu ernennen. Wir merkten, daß wir in der Lage waren, mitzumachen, und kamen mit der Frauenarbeit gut voran. So wurde ich zur Vertreterin im Geheimen Revolutionären Indígena-Komitee ernannt. Im CCRI vertrete ich viele Frauen, und meine Arbeit besteht darin, die Nachrichten der Organisation den Frauen meiner Sprache mitzuteilen."

Ana Maria: „In unserer Organisation respektieren sich die kämpfenden Männer und Frauen, aber in den Dörfern herrscht immer noch die Ideologie, daß der Mann die Frau mißhandeln darf. Bei den KämpferInnen kann eine Frau den gleichen Rang wie ein Mann haben. Ich habe den Rang einer Infanteriemajorin in der Armee der Aufständischen und befehlige ein Bataillon KämpferInnen. Wenn die Compañeros zum zapatistischen Heer kommen, werden sie geschult, sie lernen Disziplin und Gemeinschaftssinn. Uns Frauen nehmen sie gut auf, wir werden mit Respekt behandelt, und sie geben uns einen besonderen Platz. Innerhalb der Gemeinden haben wir auch daran gearbeitet. Wir Aufständischen gehen in die Dörfer und sprechen mit den Leuten über Gleichheit und Gemeinschaftssinn, und darüber, daß sie die Frauen nicht schlecht behandeln, sondern ihnen die Möglichkeit zum Lernen geben sollen.

Ramona ist hier und redet, sie redet in ihrer Sprache, weil sie nicht so gut Spanisch spricht, aber sie vertritt die Frauen ihres Volkes. Ich wurde von meiner Einheit als Vertreterin für den Dialog in San Cristóbal ernannt."

Was sind die Aufgaben der Frauen innerhalb der EZLN?

Ana Maria: „Seit die EZLN anfing sich zu entwickeln, war die Arbeit der Frauen für die Sicherheit sehr wichtig. Wir haben in jedem Dorf Stützpunkte und ein Kommunikationsnetz. Wenn die Soldaten kommen, bedienen die Frauen die Radios und sagen Bescheid, daß Gefahr droht. Diese Arbeit machen die Hausfrauen. Dies war ihre Aufgabe, als wir die Städte angriffen. Sie haben die Dörfer, die Kinder und die anderen Leute beschützt, und die Söhne und Töchter waren diejenigen, die kämpften. Alles was wir für die Armee brauchen, machen wir selbst. Wir haben Schneidereien und Waffenschmieden, in denen auch Frauen arbeiten und Waffenteile herstellen oder kleine Bomben, um sich zu verteidigen. Diese Arbeit kann jedeR machen, auch wenn er/sie nicht kämpft. Hier ist alles gleichberechtigt, es gibt keinen Unterschied. An einem Tag kochen die Männer, am nächsten die Frauen oder umgekehrt."

Wie denkt ihr über den Tod?

Ramona: „Es ist besser kämpfend zu sterben, wenn es schon notwendig ist zu sterben. Wenn es für eine gerechte Sache ist, für das Wohl meines Volkes, dann ist es besser zu sterben, weil es scheinbar keine andere Möglichkeit gibt, Gerechtigkeit zu finden. Ich bin bereit, den Kampf fortzuführen!"

Ana Maria: „Ich weiß nicht, was ich antworten soll, ich spüre nichts bei der Vorstellung tot zu sein. Vielleicht, weil wir sowieso nie existierten oder ernst genommen wurden. Als wir friedlich kämpften, gab es schon viele Tote in den Dörfern, viele Indígenas sterben an Hunger oder Krankheit. Es ist, als wäre schon immer Krieg, weil es schon immer viele Tote gab. Jetzt sterben wir, weil sie uns töten, aber es war notwendig, daß einige sterben, daß jemand sein Leben gibt, um Freiheit und Gerechtigkeit zu erreichen, etwas, das in diesem Land nicht existiert. Wir Frauen sind von unserem Kampf überzeugt, und die Vorstellung zu sterben schmerzt uns nicht. Viel schmerzlicher ist es, die Kinder an heilbaren Krankheiten wie Cholera, Masern, Tetanus sterben zu sehen, von denen die Regierung behauptet, sie würden nicht existieren. Ich habe zwei Mädchen in meinen Armen sterben sehen, weil wir nichts tun konnten. Ihre Mutter starb zuerst, und wir hatten nichts zu essen für die Mädchen – sie starben. So wie diese Kinder sind Tausende Kinder an Hunger oder Krankheit gestorben. Viele

Frauen haben beschlossen zu kämpfen, weil sie keine Rechte in ihrem Dorf haben, kein Recht auf Bildung, sie leben wie Eingesperrte, ohne etwas kennenzulernen, sie werden mißhandelt und ausgebeutet. Dieselbe Ausbeutung wie der Mann erfährt auch die Frau, aber sie wird zusätzlich noch von ihrem Mann ausgebeutet. Dies ist die Situation der Frauen in den Dörfern und im ganzen Land. Aber wir sehen unsere Fähigkeiten, auch andere Dinge als Hausarbeit und Kindererziehung zu tun, wir können lernen. Das wissen wir, die wir uns in diesem Kampf befinden und vorher auch nicht lesen und schreiben konnten, es aber gelernt haben. Wir können viele Dinge tun, wir haben die Fähigkeit, es hat uns nur nie jemand gezeigt, uns die Möglichkeit zum Lernen gegeben, das Recht etwas zu tun."

(Gekürzter und überarbeiteter Artikel aus dem Schwarzen Faden, 2/94)

März 1993: Der erste Aufstand

Susana, eine Tzotzil, ist zornig. Gerade haben sich die anderen vom CCRI (Geheimes Revolutionäres Indígena-Komitee) über sie lustig gemacht, weil, wie sie sagen, Susana die Schuld hatte am ersten Aufstand der EZLN im März 1993. „Ich bin wütend", sagt sie mir. Während ich versuche herauszukriegen, worum es geht, verschanze ich mich erstmal hinter einem Felsen. „Die Compañeros sagen, daß ich daran schuld bin, daß die Zapatistinnen im letzten Jahr einen Aufstand gemacht haben." Ich komme vorsichtig näher. Nach einer Weile kriege ich mit, worum es geht: Im März 1993 haben die Compañeros über die zukünftigen revolutionären Gesetze diskutiert. Susanas Aufgabe war es, Dutzende Gemeinden abzuklappern, um mit den Frauengruppen zu reden und so aus deren Vorstellungen das „Gesetz der Frauen" zusammenzustellen. Als das CCRI sich traf, um über die Gesetze abzustimmen, kamen die Kommissionen eine nach der anderen zu Wort: die für Justiz, Agrargesetz, Kriegssteuern, Rechte und Pflichten der kämpfenden Völker, und die der Frauen. Susana sollte die Vorschläge vorlesen, die sie aus den Meinungen und Gedanken Tausender Indígenafrauen zusammengetragen hatte... Sie begann zu lesen, und je weiter sie kam, desto unruhiger wurde die Versammlung. Gemurmel und Kommentare waren zu hören. Auf Chol, Tzeltal, Tzotzil, Tojolabal, Mam, Zoque und Spanisch waren Bemerkungen von allen Seiten zu hören. Susana ließ sich nicht beirren und fuhr fort, gegen alles und alle anzulesen: „Wir wollen uns nicht zwingen lassen, einen zu heiraten, den wir nicht mögen. Wir wollen die Kinder haben, die wir uns wünschen und für die wir sorgen können. Wir wollen das Recht, Posten in der Gemeinde zu besetzen. Wir wollen das Recht, unsere Meinung zu sagen, und daß sie respektiert wird. Wir wollen das Recht haben, zu lernen und sogar Kraftfahrerin zu werden." So fuhr sie bis zum Schluß fort. Am Ende lag eine völlige Stille über dem Raum. Die „Gesetze der Frauen", die Susana gerade vorgelesen hatte, bedeuteten für die Indígenagemeinden eine wirkliche Revolution. Die Männer sahen einander an, nervös, beunruhigt. Plötzlich, fast simultan, waren die Übersetzerinnen fertig, und, wie in einer gleich darauf sich anschließenden Bewegung, begannen die Compañeras zu applaudieren und untereinander zu reden. Unnötig zu sagen, daß die „Gesetze der Frauen" einstimmig angenommen wurden. Irgendein verantwortlicher Tzetzal meinte: „Das Gute ist, daß meine Frau kein Spanisch versteht, weil, wenn doch..." Eine Aufständische, Tzotzil und mit dem Rang einer Majorin der Infanterie stürzte sich auf ihn: „Da hast du dich aber geschnitten, weil wir es in alle Sprachen übersetzen werden." Der Compañero senkte den Blick. Die Frauen sangen, die Männer kratzten sich am Kopf. Vorsichtshalber kündigte ich eine Pause an.

Das ist die Geschichte, die, wie mir Susana jetzt sagt, herauskam, als jemand vom CCRI eine Zeitungsnotiz las, die als Beweis dafür, daß die EZLN nicht authentisch indigen sei, anführte, daß die Indígenas gar nicht fähig gewesen wären, sich auf den 1. Januar für den Beginn ihres Aufstandes zu einigen. Irgend jemand sagte im Spaß, daß das ja nicht der erste Aufstand gewesen sei, daß der erste im März 1993 stattgefunden habe. Sie machten sich über Susana lustig, und diese zog sich zurück mit einem deutlichen „Fahrt zur Hölle" und noch etwas auf Tzotzil, was sich niemand zu übersetzen wagte. Das ist die Wahrheit: Der erste Aufstand der EZLN fand im März 1993 statt, und er wurde angeführt von den Zapatistinnen. Es gab keine Verluste, und sie haben gesiegt. Das sind die Dinge, die in unserem Land passieren.

(Ausschnitt eines Briefes von Subcomandante Marcos an den Journalisten Alvaro Cepeda Neri, veröffentlicht in „La Jornada", am 30. Januar 1994. Übersetzung: Claudia Döring)

Wir wollen die schlechten Traditionen nicht mehr

Im Juni 1994 fand in San Cristóbal eine Versammlung von Frauen verschiedener Maya-Ethnien statt, um das Revolutionäre Frauengesetz der Zapatistas vor dem Hintergrund ihrer eigenen Lebenswirklichkeit zu diskutieren. An dieser Versammlung nahmen Tzotzil-, Tzeltal-, Tojolabal- und Mam-Frauen teil.

Daß diese Versammlung überhaupt in dieser Form stattfinden konnte, ist Ausdruck der Wirkung der zapatistischen Bewegung in die Indígena-Gemeinden hinein. Die Frauen finden viele Argumente aus ihrem Lebensalltag zur Unterstützung des Revolutionären Frauengesetzes. Sie nennen jedoch auch Schwachstellen und fordern zum Beispiel, daß das Recht der Frauen auf Land aufgenommen werden sollte. Ebenfalls wird deutlich, daß ihre Lebenssituationen und ihre Zugangsmöglichkeiten zu öffentlichen Ämtern von Ethnie zu Ethnie verschieden sind. Die folgenden Aufzeichnungen des Treffens vermitteln ein bedrückendes Bild des marginalisierten Lebensalltags der Indígena-Frauen, aber gleichzeitig auch ein selbstbewußtes Erwachen, das hoffentlich unumkehrbar ist.

„Die zapatistischen Frauen haben die Lage gut analysiert. Es ist wichtig, daß die Frauen endlich ernst genommen werden. Es wird sich nur etwas ändern, wenn auch wir an den Versammlungen teilnehmen und unsere Überlegungen vortragen." „Es ist gut, wenn Männer und Frauen sich um die Gemeindeangelegenheiten kümmern und wir nicht mehr eingeschlossen zu Hause bleiben. Wir können genauso gut denken wie Männer, sogar besser, weil wir uns nicht mit *posh* betrinken. Die Männer müssen lernen, die Frauen zu akzeptieren, wenn sie ein Amt übernehmen. In einer Gruppe in unserem Dorf verwaltet zum Beispiel eine Frau das Geld, aber sie geben ihr kein Geld, damit sie auch reisen kann." „Es wäre gut, wenn in den Verwaltungsämtern auch Frauen wären, denn die Männer hören nicht zu und nehmen uns nicht ernst. Bei einer Frau wäre das anders, weil sie unsere Situation und unsere Bedürfnisse kennt." „In unserem Dorf können Frauen gewählt werden. Aber da wir keine Schulbildung haben, geht das nicht. Im Nachbardorf Niquivil dürfen Frauen an den Gemeindeversammlungen teilnehmen. Aber wenn eine etwas sagt, heißt es gleich: Hole deinen Mann, wenn du etwas willst, und wenn du keinen hast, suche dir einen."

„Wir brauchen unbedingt mehr Ausbildung. Die Eltern denken aber, daß es nützlicher ist, auf dem Feld mitzuarbeiten, als in die Schule zu gehen. Wir sehen das anders. Wir wissen, daß wir bessere Arbeit haben könnten, wenn wir lesen und schreiben könnten." „Es wäre gut, wenn es Schulen für Erwachsene gäbe. Dann könnten wir endlich lernen. Aber so etwas gibt es in den Dörfern nicht. Wenn erwachsene Frauen zur Schule gehen, wird oft gehetzt und gesagt, daß wir nur gehen, um uns an den Lehrer ranzumachen."

„Die Zapatistas haben recht, wenn sie sagen, daß die Frauen entscheiden sollen, wieviel Kinder sie haben möchten. Die Männer machen uns nur ein Kind nach dem anderen, aber sie kümmern sich nicht um sie. Besser nur vier Kinder haben und sie gut ernähren und anziehen können. Bei mehr Kindern ist das sehr schwierig. Manche Männer sind damit einverstanden, nicht so viele Kinder zu haben. Andere werden böse und schikken dich zu den Eltern zurück." „Es ist nicht gut, wenn der Ehemann viele Kinder haben will. Die Frauen wollen das oft nicht, weil es uns so erschöpft und wir leicht krank werden. Die Gebärmutter wird schwach, und die Kraft für die Geburt sinkt, so daß wir dabei sterben können. Der Mann verlangt viele Kinder, weil er nicht nachdenkt. Es ist ihm egal. Er kennt nicht die Schmerzen der Schwangerschaft, der Geburt, die Last des Aufziehens und Durchbringens der Kinder."

„Es gibt noch immer Eltern, die darauf bestehen, den Mann für die Tochter auszusuchen. Manchmal sind es auch die Brüder, die das tun. Es ist nicht gerecht, daß wir nicht unseren Verlobten auswählen dürfen." „Wir brauchen das Recht, unseren Mann selbst auszusuchen. In unserem Dorf wird man von den Eltern verheiratet. Wenn wir uns weigern, zu der ausgewählten Familie zu ziehen, gibt es Ärger und sie schlagen uns." „Bei uns hat es sich schon ein wenig gebessert. Vorher haben sie uns einfach jemandem versprochen. Jetzt fragen die Eltern, ob die Mädchen einverstanden sind."

Ein durchgehendes Problem in den Gemeinden, das nicht im Revolutionären Frauengesetz der Zapatistas berücksichtigt wird, ist nach Meinung der Frauen, daß das Land nur an die männlichen Nachkommen weitervererbt wird. Die Frauen fordern, ebenfalls berücksichtigt zu werden. Außerdem wollen sie Zugang zu Krediten für eigene produktive Projekte haben und das Recht, diese Projekte selbständig zu verwalten.

Nicht vorbehaltlos unterstützen können die Frauen die allgemeine Forderung der Zapatistas nach Respektierung der Traditionen und Gebräuche der Indígena-Gemeinden. Sie kommen zu dem Ergebnis: „Wir müssen darüber nachdenken, was an unseren Traditionen und Gebräuchen erneuert werden muß. Das Gesetz sollte nur die Gebräuche und Traditionen schützen, die von den Gemeinden als gut befunden wurden. Zum Beispiel sind wir gegen den Brauch, daß die Dorfautoritäten unter sich ausklüngeln, wie das Gemeindeland verteilt wird.“ „In einigen Dörfern ist es so, daß die Frauen auch Land bekommen, und wenn für irgendeine Gemeindeangelegenheit oder einen Kranken zusammengelegt wird, sind sie auch dabei. Aber woanders nicht, da werden nur die Söhne berücksichtigt. Wenn also das Gesetz sagt, daß die Gemeindeautonomie respektiert wird, und die Gemeindeautoritäten beschließen, daß Frauen kein Land erben können, stehen die Frauen schutzlos da, vielleicht als Witwe mit vielen Kindern, das sollte geändert werden.“ „Wir wollen, daß wir als Frauen respektiert werden. Es ist nicht gut, daß uns Gewalt angetan wird, daß wir geschlagen, vergewaltigt werden. Es ist nicht gerecht, daß wir gegen Geld in eine Ehe verkauft werden. Das sind Gebräuche und Traditionen von früher, die müssen geändert werden. Es ist auch nicht gerecht, wenn wir ‚aus Tradition‘ keine Ämter in der Gemeinde übernehmen können. Wir sind auch gegen die Sitte, daß die Männer viel trinken, denn damit verschwenden sie das Geld für das Essen der Familie, werden böse oder schlagen ihre Frauen. Wir wollen die schlechten Traditionen und Bräuche nicht mehr.“

(Der Text wurde auf Grundlage eines Protokolls der Nichtregierungsorganisation Chiltak ausgearbeitet. Wir danken für die Überlassung der Dokumente. Übersetzung: Danuta Sacher)

Vom Charme und der Falle

Aus langer Erfahrung mit den Linken und Guerillas des Kontinents und ihrem Verhältnis zu Frauenrechten sehen die Feministinnen in Mexiko in dem Aufstand der EZLN auch die Gefahr eines Rückfalls in alte Politikmuster. Wir dokumentieren die leicht gekürzte Einleitung der in Mexiko-Stadt erscheinenden feministischen Zeitschrift „La Correa", die ganz dem Aufstand in Chiapas gewidmet ist und die Diskussion der Autorinnen wiedergibt.

Wie kann der Feminismus die Ereignisse von Chiapas beurteilen? Von einem Traum und von einem Standpunkt aus, die sich nicht darauf beschränken, Gleichheit für Frauen innerhalb des bestehenden kulturellen Rahmens zu suchen, der sich auf Aggression, Konkurrenz, Kampf, Kontrolle, Herrschaft, Negation des/der anderen stützt. Sondern von einem Vorhaben aus, dieses Geflecht von Bildern voneinander, von uns selbst und von unserem Verhältnis zur Natur zu ändern - von einem Feminismus, der andere Logiken und Ethiken für das Leben sucht?

Für uns ist der Feminismus grundlegend pazifistisch und antikriegerisch. Niemals führt Aggression zu Freiheit und Frieden, auch wenn wir Feministinnen manchmal aggressiv sind. Der Krieg in allen seinen Formen war immer das Rückgrat der Macht, der Ordnung und der Herrschaft des Patriarchats. Feminismus ist grundlegend rebellisch, ein großer Akt der Rebellion. Die rebellischste aller Rebellionen, die sich gegen alle Rechtfertigungen wendet, um den anderen, die anderen, die andere zu leugnen, die neue Formen des Zusammenlebens zwischen Natur und Kultur sucht. Eine zivilisatorische Rebellion, die von Frauen ausgeht, die aber alle betrifft.

Macht durch eigenen und fremden Tod

Der Krieg in Chiapas ist auch rebellisch und besitzt eine Eigenart gegenüber den offiziellen Kriegen: Er erhebt das Wort gegen diejenigen, die es leugnen. Darin ähneln die Indígenas den Frauen: Sie sind das Andere, das unsichtbar gemacht, verschwiegen, bestraft und unterdrückt wird. In vielen Analysen über die Situation der Indígenas könnte das Wort „Indígena" durch „Frau" ersetzt werden und umgekehrt. Beide interessieren kaum jemanden. Für die Medien sind sie keine Nachricht, für die Behörden sind sie unsichtbar, für die Mehrheit sind sie so etwas wie Minderjährige, die man nicht versteht, die nicht wissen, was sie wollen. Ihre Kultur, ihre Identität ist eine „andere“, die nichts beiträgt zu „Entwicklung“, „Fortschritt“ und „Wissenschaft“, die näher dran ist am „Primitiven“, „Wilden“, „Reproduktiven“, der „Natur“ als an der „Kultur“ und dem „Verstand“.

Die Indígenas von Chiapas haben gegen die Unsichtbarkeit, die Stille, die Abwertung, die tägliche Verachtung und den täglichen Tod rebelliert. Sie haben gegen die Nicht-Anerkennung des Anderen rebelliert. Aber sie haben mit Waffen, Gewalt und Krieg rebelliert, das heißt mit den Mitteln, die die Situation herbeigeführt haben, die sie bekämpfen. Der Krieg ist der blutige Kampf um die Macht durch den eigenen und fremden Tod. Macht, die auf diese Logik aufbaut, kann sich gleichwertig neben die sie unterwerfende Macht stellen oder die Übermacht der einen über die anderen erreichen. Im letzten Fall wird der Sieger, unabhängig von seinen „guten Absichten“, kurz oder mittelfristig wieder seine Logik den anderen aufzwingen und damit den Teufelskreis des Systems weiterführen.

„Entwicklung“, um die Menschheit zu zerstören

Der patriarchale Liberalismus hat „den Weg der EZLN-Guerilla“ kritisiert, mit der Begründung, daß „Gewalt nie der Weg sein kann“. Aber das ist eine heuchlerische Kritik, weil ihre Logik und Ethik selbst die der Gewalt ist. Das Patriarchat hat nicht nur die schlimmsten Formen der Armut hervorgebracht, der Unterwerfung, der Zerstörung und des Todes, sondern es hat auch aus der „Entwicklung“ ein Mittel zur Zerstörung der Menschheit gemacht. Die Technik ist nicht zum Genießen des Lebens gemacht, sondern zur Kontrolle. Das Patriarchat kritisiert die Gewalt nur dann, wenn sie vom anderen kommt, wenn sie die Herrschaft der einen über die anderen in Frage stellt. Wenn aber Gewalt angewandt wird, um ihre eigene Logik und Herrschaftsform durchzusetzen, wird sie unsichtbar gemacht. Es gibt nicht einmal das Bewußtsein über diese Essenz von Gewalt, die das patriarchale System am Leben hält. Innerhalb dieser Logik ist es sehr logisch, mit Gewalt und Krieg zu antworten. Der Aufstand von Chiapas hat das Spiel mitgespielt: Wenn die zerstörerische Macht ausschlaggebend für das Recht ist, dann gibt es kein Recht ohne eine Gegenmacht: „Frieden ist nur möglich, wenn es zwischen den Parteien ein Gleichgewicht von tödlicher Macht gibt.“ Der Zweck heiligt die Mittel.

Aber die feministische Kritik greift die Grundlagen dieser beiden Delirien grundlegender und radikaler an. Egal ob von den Mächtigen oder den Entmachteten: Im Namen des Gemeinwohls bleiben die Freiheit und das Leben immer außen vor. Im Gegensatz zu den Rebellionen innerhalb des patriarchalen Systems sucht der Feminismus eine andere Dimension des Zusammenlebens. Dabei ist eine Ethik gesucht, die eben nicht davon ausgeht, daß der Zweck die Mittel heiligt, denn der Gegensatz von Form und Inhalt ist eine der Grundlagen des herrschenden Systems.

Der patriarchale Diskurs der EZLN

Jede Handlung sagt mehr als ihr verbaler Diskurs. Jede Handlung produziert explizite und implizite Symbole und Muster davon, was als möglich und wünschenswert angesehen wird. Ein kultureller (oder gegenkultureller) Diskurs situiert sich dadurch, daß er Werte schafft, indem er Gefühle, Wünsche und Aktionen verbindet. Wir finden den allgemeinen Diskurs der EZLN in zweierlei Hinsicht äußerst patriarchal.

Erstens festigt er die Auffassung, daß Gewalt nur mit Gewalt bekämpft werden kann und daß Gewalt legitim ist, wenn sie von den Entmachteten und Unterdrückten angewandt wird. Dagegen haben wir Feministinnen schon viel gesagt. Zweitens hat die EZLN mit der gleichen Ethik, die sie zu bekämpfen vorgibt (die der ökonomischen und politischen, nationalen und internationalen Macht), vorsätzlich die Rechtfertigung gesucht, um zu töten und zu sterben. Ihre Taktik, eine formale Kriegserklärung abzugeben, ein Gebiet unter ihre militärische Kontrolle zu bringen, in dem ein Alltag gelebt wird, Militäruniformen zu erlangen, zu verteilen und zu präsentieren, traditionelle militärische Strukturen und Posten einzuführen usw. - mit all diesen Mitteln hat die EZLN Respekt vor den Regeln des „modernen" Patriarchats gezeigt, die entwickelt wurden, um die schrecklichen Konsequenzen seiner kriegerischen Obsessionen zu verharmlosen (die sogenannte Genfer Konvention); der Respekt sollte dazu führen, nach den gleichen Regeln als „kriegführende Macht" anerkannt zu werden. Nach den herrschenden Kriterien ist das ohne Zweifel „eine sehr intelligente Taktik", aber für uns bedeutet das die Anerkennung des Systems des Todes und der Ausrottung, indem die „Notwendigkeit und Gültigkeit" betont wird, den Kriegswahnsinn zu regeln und sich in ihn einzuordnen.

Politik als Feld des Pragmatismus

In seinen spezifischen Aspekten erscheint der Diskurs der EZLN nicht so vereinfachend, sondern viel komplexer. Darum hat er eine weitverbreitete Sympathie geweckt. Dennoch muß der Diskurs genauer und aus feministischer Sicht analysiert werden.

Zuerst fiel darin auf, daß das neoliberale ökonomische Modell als unhaltbar bezeichnet wird, daß es nicht das ist, als was es die Regierung verkauft. Daß es ein Modell ist, das trotz seiner wunderbaren makroökonomischen Erfolgszahlen mindestens 40 Millionen MexikanerInnen ausschließt und das trotz seiner „Demokratie"-Versprechen diese nur für einige wenige möglich macht. Diese Informationen sind überhaupt nicht neu, aber der neozapatistische Aufstand gibt ihnen eine neue Dimension, die darüber hinausgeht, sie nur immer wieder zu benennen. Wir meinen das Recht, gegen das zu rebellieren, was uns verletzt und verschwinden läßt.

Mit dem Fall der Mauern und der patriarchalen Utopien ist das Ende dieses Jahrhunderts an eine große Hoffnungslosigkeit gelangt, an das Fehlen von zivilisatorischen Perspektiven, an eine absolute Relativierung von Gut und Böse und gleichzeitig an vertiefte fundamentalistische Moralvorstellungen, an eine verstärkte Gleichförmigkeit und Gleichmacherei, die jede reale Diversität, jede tiefgehende Kommunikation erdrückt. Mit der immer größeren Parzellierung des Wissens und des Verhältnisses zum Leben und zur Welt verstärkt sich auch das Gefühl der Unmöglichkeit von Utopien. Dadurch ist die Politik zu einem Feld des Pragmatismus geworden. Auf der einen Seite schien es als ob die Rebellion ihren Sinn verloren hätte, daß es nur möglich sei, unter der mathematischen Kalkulation des Machbaren zu agieren, nur kurzfristig zu handeln, ohne den Bezug zum Wünschenswerten zu messen, ohne an eine wünschenswerte Zukunft zu denken, ohne die Phantasie anzuspornen, da ja schon alles Wünschenswerte gescheitert war. Auf der anderen Seite gab es eine verbreitete Praxis, daß nur die Methoden, Formen und Spielräume, die innerhalb des Systems gegeben werden, Fortschritt und Wandel erlauben - es war nicht möglich, aus der Legalität auszuscheren.

Rebellion wieder denkbar

Ein großer Teil der Sympathie und des Erstaunens über die EZLN läßt sich darauf zurückführen, daß sie die Möglichkeit zur Rebellion wiedererweckt hat. Aber darüber hinaus hat sie das Recht wiederhergestellt, die Differenz einzufordern, sich der Gesetze der Unterdrücker zu entziehen, die Würde auf anderen Wegen auszudrücken. Das Recht, eigene Alternativen auszuprobieren, das Recht, anzuzweifeln, was als Gut gegeben ist oder was als Wert alles andere ausschließt. In anderen Worten hat die EZLN eine Hoffnung auf Differenz, auf Vielfältigkeit geweckt. Das sind Elemente, die feministischer Phantasie Nahrung geben.

Dann ist da noch der explizite Diskurs der EZLN, der in den Kommuniqués zu uns gelangt ist und den wir sehr glaubwürdig finden. Das steht in Verbindung mit dem oben Gesagten, da ein Teil der zivilisatorischen Hoffnungslosigkeit mit der fehlenden Kommunikation zwischen Politik und Individuen zu tun hat. Der Aufstand begann ohne eine absolute Wahrheit oder eine messianische Sprache im Stil eines Sendero Luminoso. Der Vorschlag war nicht, eine einzige für alle gültige Macht zu installieren, weil die EZLN explizit betonte, nicht die Macht übernehmen zu wollen. Sie erkannten die Pluralität an und redeten und interpretierten nur von sich selbst aus, nicht im Namen von anderen. Das ist ohne Zweifel neu und viel demokratischer als die traditionellen politischen Diskurse, damit unterscheiden sie sich von den Guerillas des Kontinents. Aber diese Haltung verliert sich von dem Augenblick der Verhandlungen mit der Regierung.

Die ausschließende Macht der Waffen

Bei den Verhandlungen zeigte sich wieder einmal der traditionelle, formale, selektive und männliche Stil, Politik zu machen: Zwei Kräfte, die als solche nicht das Ganze repräsentieren, verhandeln untereinander das Schicksal von allen. „Alle" können mehr oder weniger sein, aber zumindest in Chiapas gibt es da diejenigen, die die EZLN unterstützen, diejenigen, die gegen sie sind, und diejenigen, die auf keiner Seite stehen. Und unter diesen letzten beiden sind nicht nur Viehzüchter und Kaziken. „Alle" sind die Vielfalt dieser Region. Ein nicht repräsentativer Frieden schließt nur die ein, die die Macht der Waffen besitzen (die Offiziellen oder die Aufständischen), und ist damit der Wille, keinen Frieden zu erreichen. Das Schicksal einer Region und vielleicht auch der ganzen Nation (denn es ist nur wenig bekannt geworden darüber, was tatsächlich verhandelt wurde) gehört in die Hände der Vielfalt und nicht nur in die Hände derjenigen, die Waffen haben und durch diese Macht zeitweilig die ewig Mächtigen herausfordern können.

So zeigen der Krieg und seine Folgen eine Konfrontation, die nichts zu tun hat mit der Diversität und Pluralität, auch wenn diese zum Diskurs und den ehrlichsten Absichten einer der beiden Parteien gehören. Früher oder später kann der Teufelskreis neu beginnen.

„Wer hat das Recht zu entschuldigen?"

Ein zweiter Aspekt des Diskurses der EZLN ist vielversprechender und weiterführender. Von den traditionellen Politikern gelangt ein flacher, phantasieloser, wiederholender, demagogischer und linearer Diskurs zu uns, in dem sich niemand wiederfindet. Ein Diskurs, der sich nicht an das tägliche

Leben richtet und der implizit und symbolisch nichts sagt und sich explizit nur an die Initiierten richtet. Der Diskurs des CCRI und besonders die Komuniqués des Subcomandante Marcos haben viele Menschen angesprochen. Ihr literarischer Charakter, vielleicht ein bißchen rhetorisch und theatralisch, aber mit einer ständigen Verbindung zwischen Verstand und Gefühlen, hat meistens den Alltag berührt, die Fragen, Schmerzen und Hoffnungen des unzufriedenen Individuums; ein Diskurs, der ohne Angst und gegen alle Gewohnheit vom persönlichen Standpunkt aus spricht und auf diese Weise nicht nur informiert, sondern kommuniziert und in Dialog tritt, der witzig ist und sogar ironisch. In diesem Sinn hat er Menschen aus Fleisch und Blut berührt.

Von einer Logik und einer symbolischen Ordnung aus, die nicht feministisch ist, hat er uns eine Lektion erteilt, von der wir lernen können. Diese Art von Kommunikation war die feministische Utopie von Kommunikation, die sich verloren hat, weil wir irrtümlich glaubten, daß wir nur dann gehört werden, wenn wir die Sprache des anderen sprechen. Die Sprache hat uns Frauen niemals benannt, und als wir lernten uns zu stammeln, begannen wir, den Diskurs nachzuahmen, den wir ändern wollten. Wir sind zu Spezialistinnen in Frauenthemen geworden, mit einer Sprache, die nicht mehr kreativ ist, mit symbolischen Codes, die die männliche Vorstellungswelt unterstützen und nichts Neues schaffen, die näher an den Sozialwissenschaften sind als am alltäglichen Leben.

Das revolutionäre Frauengesetz der EZLN

Es ist uns schwer gefallen, das Revolutionäre Frauengesetz der EZLN zu bewerten. Allgemein ist es sicher kein feministisches Programm, da es nur einige Frauenforderungen aufstellt und kein Vorschlag für die ganze Gemeinschaft aus der kritischen und bewußten weiblichen Sicht ist. Aus unserer städtischen, westlichen und erleuchteten Sicht und dadurch daß die indianischen Frauen fast unsichtbar sind und der Krieg sie jetzt buchstäblich unerreichbar gemacht hat, ist es fast unmöglich zu beurteilen, ob das Gesetz ein Produkt eines Prozesses unter den Frauen gegenüber patriarchalen und gewalttätigen Sitten und Gewohnheiten ist oder ob die FührerInnen sich etwas ausgedacht haben, um die Frauen in die traditionell männlichen Aufgaben zu integrieren und ein Bild von interner Demokratie abzugeben. Denn mittlerweise haben grundlegende feministische Forderungen die meisten sozialen Bewegungen erreicht. Die verbale Wertschätzung von Frauen in Zeiten von Kriegen hat schon Tradition in der Geschichte von Guerillas oder in starken nichtkriegerischen Konflikten, ohne daß sich dadurch die tatsächlichen Lebensbedingungen von Frauen verbessert hätten.

Daß sich Frauen aussuchen sollten, ob und wen sie heiraten, ist wahrscheinlich das revolutionärste der Gesetze, jedenfalls wenn es nicht nur auf dem Papier steht. Es wäre deshalb so revolutionär, weil es die Bürden und kulturellen Traditionen von Herrschaft und Verfügung über den Körper und die Lust von Frauen angreifen würde.

Die Beteiligung von Frauen in regulären oder irregulären Kriegsapparaten erscheint uns überhaupt kein Gewinn. Ob es Guerilleras oder Soldatinnen gibt, ändert die Kriege nicht, und zusätzlich bezieht es die Frauen in die grundlegenden Institutionen der Herrschaft, die der Gewalt und des Todes, mit ein.

(Leicht gekürzter Artikel aus den Lateinamerika Nachrichten Nr. 245, November 1994. Übersetzung: Karin Gabbert)

Kapitel III

Weder Almosen noch Geschenke

Der Dialog

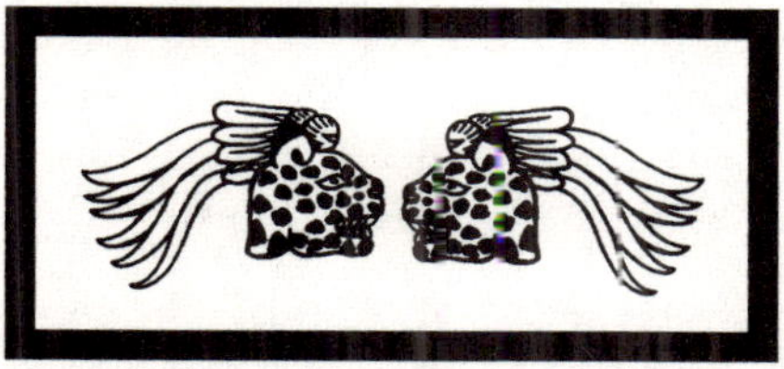

Irgendein Typ näherte sich mir in später Nacht und sagte in einem eher väterlichen denn lehrmeisterlichen Ton: „Marcos, du hast einen strategischen Fehler gemacht, als du den Krieg an einem Samstag beginnen ließest."

Ich rücke meine *pasamontaña* zurecht, die mir mit meinen Lidern über die Augen zu rutschen begann und versuchte ein nervöses „Wieso?"

„Schau mal", sagte mein provisorischer Ratgeber der Militärstrategie, „der Fehler liegt darin, daß samstags ‚Proceso' Redaktionsschluß hat und deshalb die wahren Berichte und Reportagen über euren Kampf nicht vor Ende nächster Woche erscheinen werden."

Erneut rücke ich meine *pasamontaña* zurecht, mehr um Zeit zu gewinnen, nicht so sehr, weil sie wirklich verrutscht wäre. Mein Militärstratege, ein Ladino, fügt unerbitterlich hinzu: „Du hättest am Freitag angreifen müssen."

Schüchtern versuche ich zur Verteidigung das Abendessen in der Silvesternacht, die Raketen, die Feste, alle etceteras anzuführen, aber er unterbrach mich mit einem: „Und wer weiß, ob ihr die nächste Woche noch erleben werdet." (..)

Wie ihr wißt, wird der Dialog nun beginnen.

Kommuniqué vom 11. Februar 1994

Beweist uns, daß es anders geht

Als am Montag, dem 21. Februar, in der Kathedrale von San Cristóbal de las Casas die Friedensgespräche begannen, da wartete eine versammelte Journalistenschar letztendlich nur auf einen: den „Subcomandante Marcos". Als er, begleitet von Bischof Samuel Ruiz, der die Zapatistas aus der Selva Lacandona abgeholt hatte, in San Cristóbal ankam, wurden der zapatistischen Delegation Hochrufe zuteil, die an den glorreichen Einzug der Sandinistas in die nicaraguanische Hauptstadt 1979 erinnerten. Aber die Situation war freilich nicht die gleiche, und was Marcos nach dem zweiten Gesprächstag der Presse und der mexikanischen Öffentlichkeit mitzuteilen hatte, war nicht die Rede eines Siegers. Aber der Aufstand in Chiapas hatte zu diesem Zeitpunkt etwas besonderes: Mexiko hörte zu.

Die Rede des Subcomandante Marcos:

Als wir aus den Bergen herunterstiegen, beladen mit unseren Rucksäcken, unseren Toten und unserer Geschichte, kamen wir in die Stadt, um das Vaterland zu suchen. Das Vaterland, das uns im letzten Winkel des Landes vergessen hatte, im isoliertesten, ärmsten, dreckigsten Winkel, in der schlimmsten Ecke.

Wir kamen, um das Vaterland, unser Vaterland, zu fragen: Warum hast du uns so unglaublich viele Jahre einfach sitzenlassen? Warum hast du uns mit soviel Tod alleingelassen? Und wir möchten es noch einmal fragen, vermittelt durch euch: Warum ist es notwendig zu töten und zu sterben, damit ihr und durch euch alle Welt Ramona zuhört, die hier bei uns ist und so schreckliche Dinge sagt wie, daß die indianischen Frauen leben wollen, daß sie Schulen wollen, daß sie studieren wollen, daß sie Lebensmittel wollen, daß sie Respekt wollen, daß sie Gerechtigkeit wollen, daß sie Würde wollen?

Warum muß man erst töten und sterben, damit Ramona hierherkommen kann und ihr ihr zuhört? Warum mußten Laura, Ana María, Irma, Elisa, Silvia und so viele indianische Frauen erst eine Waffe in die Hand nehmen und Soldatinnen werden, statt Doktorinnen zu werden? Oder Wissenschaftlerinnen, Ingenieurinnen, Lehrerinnen?

Warum mußten die sterben, die gestorben sind? Warum muß man töten und sterben? Was ist in diesem Land los? Und wir fragen sie alle, die Regierenden und die Regierten: Was ist in diesem Land los, daß es notwendig ist, zu töten und zu sterben, um einige kleine Worte und Wahrheiten auszusprechen, ohne daß sie in Vergessenheit geraten?

Wir sind am ersten Tag dieses Jahres in die Stadt gekommen, bewaffnet mit der Wahrheit und dem Feuer, um die Gewalt sprechen zu lassen. Heute sind wir wieder in die Stadt gekommen, wieder, um zu reden, aber diesmal ohne Feuer. Unsere feuer- und todspeienden Waffen schweigen, und es hat sich ein Weg eröffnet, daß wieder das Wort regieren kann, hier, von wo es nie hätte verdrängt werden dürfen: auf unserem Boden.

Wir sind in die Stadt gekommen und haben diese Fahne gefunden, unsere Fahne. Das haben wir gefunden. Wir haben kein Geld gefunden, keine Reichtümer, wir haben keinen gefunden, der uns noch einmal zugehört hätte. Wir fanden die Stadt verlassen und fanden nur diese Fahne, und wir sahen, daß das Vaterland unter dieser Fahne lebt; nicht jenes Vaterland, das längst in Museen und Büchern in Vergessenheit geraten ist, sondern das lebendige, einzige, schmerzliche Vaterland, das der Hoffnung.

Das ist die Fahne Mexikos, unsere Fahne. Unter dieser Fahne lebt und stirbt ein Teil des Landes, dessen Existenz durch die Mächtigen komplett ignoriert und abgewertet worden war; Tote und abermals Tote haben sich unter dieser Fahne angesammelt, ohne daß andere Mexikaner sich darum geschert hätten. Ihr.

Warum müssen wir mit angezogenen Stiefeln und der Seele an einem seidenen Faden hängend schlafen gehen, um diese Fahne zu beschützen? Warum durchqueren wir den Busch, die Berge, die Täler, Schluchten, Pfade und Landstraßen und tragen dabei diese Fahne mit uns, um sie zu beschützen? Warum tragen wir sie als einzige Hoffnung auf Demokratie, Freiheit und Gerechigkeit mit uns? Warum beschützen die Waffen Tag und Nacht diese unsere Fahne? Warum?

Und wir möchten Sie fragen, ob es eine andere Form gibt, unter dieser Fahne zu leben, eine andere Form, in Würde und Gerechtigkeit unter dieser Fahne zu leben. Ihr habt uns gesagt: ja. Ihr habt uns ehrliche Worte gesagt, ihr habt mit dem Herzen gesprochen und uns gesagt: Gebt dem Frieden eine Chance.

Wir haben eure Botschaft erhalten, und wir sind in ehrlicher Absicht hierhergekommen. Wir sprechen nicht doppelzüngig, es gibt keine geheimen Mächte hinter uns, und wir sind aus keinem anderen Grund hierhergekommen, als um ohne Waffen zu reden und zuzuhören.

Als wir uns mit dem Vermittler Bischof Samuel Ruiz und dem Friedensemissär Manuel Camacho Solis an den Tisch der Gespräche gesetzt haben, haben wir uns entwaffnet, wir haben unsere Waffen zur Seite gelegt und von Angesicht zu Angesicht miteinander geredet, ohne Waffen zwischen uns, ohne Drohungen, ohne Druck.

Wenn wir jetzt Waffen tragen, oder dann, wenn wir nicht am Tisch des Dialogs sitzen, dann sind das persönliche Waffen, die wir nur dazu tragen, um uns zu verteidigen, falls es irgendeine Aggression von Leuten gibt, die sich durch unsere Worte von Wahrheit und Gerechtigkeit angegriffen fühlen.

Ihr habt uns gesagt, daß wir dem Frieden eine Chance geben sollen. Und wir sind in wahrer und ehrlicher Absicht hierhergekommen. Wenn es einen anderen Weg zu diesem Ziel gibt, zu diesem Ziel, daß unsere Fahne unter dem Zeichen von Demokratie, Freiheit und Gerechtigkeit weht, dann beweist uns das. Wir werden mit dem Blut unserer Leute nicht leichtfertig umgehen. Wenn es eine Möglichkeit gibt, daß diese Fahne, unsere und Eure Fahne, in Würde weht, ohne daß dazu der Tod notwendig wäre, der unsere Erde düngt, um so besser.

Wir werden diese Tür aufstoßen und werden andere Schritte weiterverfolgen. Wenn es möglich sein sollte, die Geschichte ohne Waffen und Armeen, ohne Blutvergießen und bewaffnete Auseinandersetzungen zu bereinigen, um so besser. Aber wenn nicht, wenn sie uns alle Türen wieder zuschlagen? Wenn die Worte nicht ausreichen, um die Mauern der Taubheit und des Unverständnisses zu überwinden? Und wenn der Frieden nicht würdig und wahrhaftig ist, wer, fragen wir, wer will uns dann verbieten, unser geheiligtes Recht auszuüben, als ehrliche und würdige Männer und Frauen zu leben und zu sterben? Wer will uns verbieten, uns wieder die Kleidung von Krieg und Tod überzustreifen, um in der Geschichte voranzuschreiten? Wer?

Ihr habt das Wort: Die Regierenden und die Regierten, alle Völker dieser Welt. Ihr müßt antworten, wir werden verstehen zuzuhören.

Wir bitten euch um einen Platz in euren Herzen für unsere Gedanken. Laßt uns nicht allein. Mit euch sind wir alles.

Ohne euch sind wir wieder dieser schmutzige und vergessene Winkel des Vaterlandes.

(Übersetzung: Bernd Pickert)

Unsere Profession ist die Hoffnung

In der Phase des Dialogs wandte sich die EZLN offensiv an die Öffentlichkeit und versandte zahlreiche Schreiben an Gruppen und Einzelpersonen. Wir dokumentieren den Brief von Marcos an ein Kind vom 26. Feb. 1994.

Miguel, Deine Mutter hat mir Deinen Brief überbracht zusammen mit dem Foto von Dir und Deinem Hund. Da Deine Mutter nun zurückkehrt, will ich Dir rasch einige Zeilen mitschicken, die Du vielleicht noch nicht ganz begreifen kannst. Ich bin jedoch sicher, daß Du eines Tages verstehen wirst, daß es Männer und Frauen wie uns gibt, ohne Antlitz und Namen, die alles aufzugeben bereit sind. Sogar das Leben, damit andere (Kinder wie Du und solche, die anders als Du sind) morgens aufstehen können, ohne Worte unterdrücken oder Masken überziehen zu müssen, um der Welt gegenüberzutreten. Wenn dieser Tag kommt, werden wir, die Antlitz- und Namenlosen, endlich ausruhen können, unter der Erde... mausetot vielleicht, aber zufrieden.

Der Tag hat begonnen zu sterben, dunkel legt er sich das Kleid der Nacht an und wird am nächsten Tag wiedergeboren werden, zuerst unter schwarzen Schleiern, später unter grauen oder blauen - je nachdem, wie es der Sonne gefällt, den Staub und Schlamm auf unseren Wegen zu färben. Der Tag stirbt in den Armen des abendlichen Grillengesangs, und währenddessen kommt mir die Idee, Dir etwas über diese „Professionellen der Gewalt“ zu erzählen, die zu sein sie uns dauernd unterstellen.

Ja, wir sind Profis. Aber unsere Profession ist die Hoffnung. Wir haben eines Tages beschlossen, Soldaten zu sein, damit eines Tages keine Soldaten mehr nötig sind. Das heißt, wir haben einen selbstmörderischen Beruf gewählt, dessen Ziel es ist, zu verschwinden: Soldaten, die Soldaten sind, damit eines Tages niemand mehr Soldat sein muß. Ist doch klar, oder? Was hinter diesen Soldaten steckt, die keine sein wollen, ist das, was die Bücher und Vorträge „Patriotismus“ nennen. Was wir Vaterland nennen, ist keine vage Idee aus Büchern und Wissenschaft, sondern ein Körper aus Fleisch und Blut, mit Schmerz und Leiden und der Hoffnung, daß eines guten Tages endlich alles anders sein wird. Dieses Vaterland, das wir wollen, wird auch aus unseren Fehlern und Fehlschlägen geboren werden. Aus unseren ausgeraubten und kaputten Körpern wird eine neue Welt entstehen. Ob wir sie noch sehen werden? Ist es wichtig, daß wir sie noch sehen werden? Ich glaube nicht so sehr, da es doch geradezu wissenschaftlich sicher ist, daß diese andere Welt aus einer langen und schmerzvollen Geburt der Geschichte hervorgehen wird, zu der wir etwas und alles beigetragen haben werden: Leben, Körper und Seele. Liebe und Schmerz reimen sich nicht nur (amor y dolor), sondern verbrüdern sich und marschieren gemeinsam. Deshalb sind wir Soldaten, die keine sein wollen. Damit die Soldaten nicht mehr gebraucht werden, ist es aber so, daß man Soldat werden und eine gewisse Menge Blei eingesetzt werden muß. Mit heißem Blei muß Freiheit und Gerechtigkeit für alle geschrieben werden - nicht für einen oder einige, sondern für alle; für alle Toten von gestern und morgen, für die Lebenden von heute und immer; für alle, die wir Volk nennen und Vaterland, die Habenichtse, die Verlierer von immer vor dem besseren Morgen, die ohne Namen und Antlitz.

Soldat zu sein mit dem Wunsch, daß keine Soldaten mehr notwendig sein werden, ist sehr einfach. Es reicht dazu, sich beharrlich an das Quentchen Hoffnung zu erinnern, das in jedem von uns die anderen hinterlegt haben, die nichts haben und alles haben werden. Für sie und für die, die aus dem einen oder anderen ungerechten Grund auf der Strecke geblieben sind, sind wir Soldaten. Für sie gilt es, zu versuchen, sich wirklich zu ändern, jeden Tag, jeden Nachmittag, jede Regen- und Grillennacht besser zu sein. Haß und Liebe mit Geduld anzusammeln. Den harten Baum des Hasses auf die Unterdrücker mit der Liebe, die kämpft und befreit, zu pflegen. Den mächtigen Baum der Liebe zu kultivieren, die reinigender und heilender Wind ist. Nicht die kleine und egoistische Liebe, sondern die große, die uns besser macht und wachsen läßt. Gemeinsam den Baum des Hasses und der Liebe heranziehen, den Baum der historischen Verpflichtung. Und in diese Pflege das ganze Leben einzubringen, Körper und Seele, Mut und Hoffnung. Eben zum Wachsen zu bringen und selber wachsen, Schritt für Schritt, Stufe für Stufe. Und bei diesem Auf und Ab unter roten Sternen nichts zu fürchten außer aufzugeben, sich in einem Sessel zum Ausruhen zurückzulehnen, während andere weitermachen; aufzuatmen, während andere kämpfen; zu schlafen, während andere wachen.

Solltest Du sie empfinden, gib die Liebe zum Tod auf und die Faszination durch Märtyrer. Der Revolutionär liebt das Leben, ohne den Tod zu fürchten, und sucht ein würdiges Leben für alle. Wenn er dafür mit seinem Tod bezahlen muß, wird er es ohne Zögern und Dramatik tun.

Sei umarmt und gegrüßt, Miguel.

PS: Hier haben wir schlimmer als Hunde gelebt. Wir mußten wählen: weiter wie Tiere leben oder wie würdige Menschen sterben. Die Würde, Miguel, ist das einzige, das man nie verlieren darf... nie.
(Übersetzerin: Danuta Sacher)

Weder Almosen noch Geschenke

An das mexikanische Volk:
An die Völker und Regierungen der Welt:
An die nationale und internationale Presse:
Brüder und Schwestern:
Das Geheime Revolutionäre Indígena-Komitee - Generalkommandantur der EZLN richtet sich mit Respekt und Würde an Sie alle, um Ihnen den Forderungskatalog bekanntzugeben, den wir am Tisch des Dialogs im Rahmen der „Tage für Frieden und Versöhnung" in Chiapas präsentiert haben.

„Wir fordern weder Almosen noch Geschenke, wir fordern das Recht, mit der Würde menschlicher Wesen zu leben, mit Gleichberechtigung und Gerechtigkeit, wie unsere Vorfahren." ...

Wir fordern:

Erstens.- Einen Aufruf zu einer wirklich freien und demokratischen Wahl, mit gleichen Rechten und Pflichten für die politischen Organisationen, die um die Macht kämpfen, mit wirklicher Freiheit, die eine oder die andere Option auszuwählen, und mit der Achtung vor der Mehrheitsmeinung. Die Demokratie ist das fundamentale Recht aller Indígena- und Nicht-Indígena-Völker. Ohne Demokratie kann es weder Freiheit, Gerechtigkeit noch Würde geben. Und ohne Würde gibt es nichts.

Zweitens.- Damit es freie und wirklich demokratische Wahlen gibt, müssen der Regierungschef des Landes und die Gouverneure der Bundesstaaten zurücktreten, die durch Wahlbetrug an die Macht kamen. Ihre Legitimität ziehen sie nicht aus dem Respekt vor dem Mehrheitswillen, sondern aus ihrer Machtergreifung. Darum muß eine Übergangsregierung gebildet werden, damit es Gleichberechtigung und Respekt vor allen politischen Strömungen gibt. Die Parlamente auf nationaler und Bundesstaatsebene müssen, frei und demokratisch gewählt, ihre wirkliche Funktion übernehmen: gerechte Gesetze für alle verabschieden und ihre Einhaltung überprüfen. Ein anderer Weg, um freie und wirklich demokratische Wahlen zu garantieren, ist die Legitimierung der Existenz und Arbeit der Bürgergruppen in den nationalen und lokalen Gesetzen, welche ohne Parteizugehörigkeit den Wahlprozeß überwachen, seine Gesetzmäßigkeit und die Ergebnisse kontrollieren und als höchste Autorität die Legitimität des ganzen Wahlprozeßes garantieren.

Drittens.- Anerkennung der Zapatistischen Armee der Nationalen Befreiung als kriegführende Kraft und Anerkennung der Soldaten als authentische Kämpfer. Anwendung aller internationalen Verträge über die

Behandlung kriegerischer Konflikte.

Viertens.- Ein neuer Pakt zwischen den Mitgliedern der Föderation, der mit dem Zentralismus Schluß macht und Regionen, Indígena-Gemeinden und -Bezirken erlaubt, sich mit politischer, wirtschaftlicher und kultureller Autonomie selbst zu regieren.

Fünftens.- Allgemeine Wahlen für ganz Chiapas und legale Anerkennung aller politischen Kräfte des Bundesstaats.

Sechstens.- Als Produzent von Strom und Öl entrichtet der Bundesstaat Chiapas einen Tribut an die Föderation und erhält im Gegenzug nichts dafür. Unsere Gemeinden haben keinen Strom, die wirtschaftliche Ausblutung als Produkt der Ölexporte und der internen Verkäufe bringen dem chiapanekischen Volk überhaupt keinen Nutzen. Darum ist es vorrangig, daß alle chiapanekischen Gemeinden mit Strom versorgt werden und daß ein Prozentsatz der Wirtschaftseinkünfte durch die Vermarktung des chiapanekischen Öls für die landwirtschaftliche, kommerzielle und soziale Infrastruktur zum Nutzen aller Chiapaneken verwendet wird.

Siebtens.- Revision des mit Kanada und den USA unterzeichneten Freihandelsvertrages. Denn dieser beachtet in seiner derzeitigen Form die Indígena-Bevölkerungen nicht und verurteilt sie zum Tode, weil sie überhaupt keine Arbeitsqualifikationen haben.

Achtens.- Der Artikel 27 der Verfassung muß den Geist von Emiliano Zapata respektieren: Das Land den Indígenas und Campesinos, die es bearbeiten. Nicht den Großgrundbesitzern. Wir wollen, daß die großen Mengen Land in den Händen der nationalen und ausländischen Großgrundbesitzer und anderer Personen mit viel Land, die aber keine Campesinos sind, in die Hände unserer Völker gelangen, die absolut kein Land besitzen – so wie es in unserem Revolutionären Agrargesetz festgelegt ist. Die Übergabe des Landes muß Landwirtschaftsmaschinen, Düngemittel, Insektizide, Kredite, technische Beratung, verbessertes Saatgut, Vieh, gerechte Preise für die Feldfrüchte wie Kaffee, Mais und Bohnen einschließen. Das verteilte Land muß eine gute Qualität haben und mit Straßen, Transportmitteln und Bewässerungssystemen versorgt sein. Die Campesinos, die bereits Land besitzen, haben ein Anrecht auf alle oben erwähnten Unterstützungen, um die Arbeit auf dem Land zu erleichtern und die Produktion zu verbessern. Es müssen neue *ejidos* und Gemeinden gebildet werden. Die salinistische Reform des Verfassungsartikels 27 muß annulliert werden, das Recht auf Land muß wieder in unsere Verfassung aufgenommen werden.

Neuntens.- Wir wollen, daß in den Bezirkshauptstädten Krankenhäuser gebaut werden. Sie müssen mit spezialisierten Ärzten und genügend Medikamenten für die Patienten ausgerüstet sein. Wir wollen Landkliniken in den *ejidos* Gemeinden und Weilern sowie Ausbildung und gerechten Lohn für die Gesundheitspromotoren. Bereits bestehende Krankenhäuser müssen schnellstmöglich wieder instandgesetzt werden.

Zehntens.- Das Recht auf wahre Information der Indígenas über das, was auf lokaler, regionaler, bundesstaatlicher, nationaler und internationaler Ebene passiert, soll mit einer von der Regierung unabhängigen Indígena-Radiostation, geleitet und bedient von Indígenas, garantiert werden.

Elftens.- Wir wollen, daß Wohnungen in allen ländlichen Gegenden Mexikos gebaut werden, die mit den notwendigen Leistungen wie Strom, Wasser, Wege, Abwasserleitungen, Telefon, Transport usw. versorgt sind. Sie sollen auch die Vorteile der Städte wie Fernsehen, Herd, Kühlschrank, Waschmaschine usw. haben. Die Gemeinden müssen Erholungszentren für die gesunde Freizeit der Bevölkerung haben: Sport und Kultur, die zur Würde der menschlichen Lebensbedingungen der Indígenas beitragen.

Zwölftens.- Wir wollen, daß mit dem Analphabetismus der Indígena-Bevölkerung Schluß ist. Darum brauchen wir bessere Grund- und weiterführende Schulen in unseren Gemeinden. Es muß kostenloses Unterrichtsmaterial zur Verfügung stehen. Die LehrerInnen müssen eine Universitätsausbildung haben und im Dienste des Volkes stehen und nicht nur die Interessen der Reichen verteidigen. In den Bezirkshauptstädten muß es kostenlose Grundschulen, weiterführende Schulen und *preparatoria* (Abiturklasse; die Red.) geben. Das heißt: Die Regierung soll den Schülern Schuluniformen, Schuhe, Essen und das gesamte Studienmaterial kostenlos zur Verfügung stellen. In den zentralen Gemeinden, die weit von den Bezirkshauptstädten entfernt sind, muß es weiterführende Internatsschulen geben. Die Bildung muß vollständig umsonst sein, von der Vorschule bis zur Universität, und sie muß allen Mexikanern ohne Unterschied der Rasse, des Glaubens, des Alters, des Geschlechts oder der politischen Zugehörigkeit gewährt werden.

Dreizehntens.- Die Sprachen aller Ethnien sollen offizielle Sprachen sein und ihre Unterrichtung obligatorisch in den Grundschulen, weiterführenden Schulen, der *preparatoria* und der Universität.

Vierzehntens.- Unsere Rechte und unsere Würde als Indígena-Völker müssen unter Berücksichtigung unserer Tradition und Kultur respektiert werden.

Fünfzehntens.- Wir wollen nicht mehr Objekt von Diskriminierung und Verachtung sein, die wir Indígenas stets erlitten haben.

Sechzehntens.- Als Indígena-Volk, das wir sind, sollen sie uns mit eigener Autonomie organisieren und regieren lassen. Denn wir wollen nicht mehr dem Willen der inländischen und ausländischen Mächtigen unterworfen sein.

Siebzehntens.- Das Gerichtswesen soll von den Indígena-Völkern selbst verwaltet werden. Nach ihren Gebräuchen und Traditionen, ohne Einmischung illegitimer und korrupter Regierungen.

Neunzehntens.- Wir wollen gerechte Preise für unsere landwirtschaftlichen Produkte. Dafür müssen wir uns unsere Geschäftspartner aussuchen können oder einen Markt haben, wo wir kaufen und verkaufen können. Wir wollen nicht den ausbeuterischen Zwischenhändlern ausgeliefert sein.

Einundzwanzigstens.- Wir wollen die Annullierung aller Kredit-, Darlehens- und Steuerschulden mit hohen Zinsen, denn sie können aufgrund der großen Armut des mexikanischen Volkes nicht bezahlt werden.

Dreiundzwanzigstens.- Wir fordern die sofortige und bedingungslose Freiheit aller politischen Gefangenen und der ungerecht inhaftierten Armen in allen Gefängnissen von Chiapas und Mexiko.

Vierundzwanzigstens.- Wir fordern, daß das Bundesheer, die Sicherheits- und die Geheimpolizei nicht länger die ländlichen Zonen betreten, denn sie kommen nur, um einzuschüchtern, zu vertreiben, zu rauben, zu unterdrücken und die Campesinos zu bombardieren, die sich organisieren, um ihre Rechte zu verteidigen. Denn unsere Völker sind der Anwesenheit der Soldaten, der Sicherheits- und der Geheimpolizei überdrüssig, weil sie so machtmißbrauchend und repressiv sind. Die Bundesregierung soll der Schweizer Regierung die Pilatus-Flugzeuge zurückgeben, die dafür benutzt wurden, unser Volk zu bombardieren. Das Geld dafür soll für Programme genutzt werden, die das Leben der Arbeiter auf dem Land und in der Stadt verbessern. Genauso fordern wir, daß die Regierung der USA ihre Helikopter zurückzieht, denn sie werden dazu gebraucht, das mexikanische Volk zu unterdrücken.

Fünfundzwanzigstens.- Das Campesino-Indígena-Volk hat sich in Waffen erhoben und hat nicht mehr als seine einfachen Hütten. Aber wenn die Bundesarmee die Zivilbevölkerung bombardiert, zerstört sie diese einfachen Häuser und den gesamten geringen Besitz. Darum fordern und verlangen wir von der Bundesregierung, die Familien zu entschädigen, die materielle Schäden durch die Bombardierungen und die Aktion der Bundestruppen erlitten haben. Wir fordern auch die Entschädigung für die Kriegswitwen und Waisenkinder, sowohl Zivilisten als auch Zapatistas.

Achtundzwanzigstens.- Wir fordern und verlangen, daß die Vertreibung von Indígenas aus ihren Gemeinden durch Kaziken, die vom Staat unterstützt werden, aufhört. Wir verlangen, daß die freie und freiwillige Rückkehr aller Vertriebenen auf ihr ursprüngliches Land wie die Entschädigung ihres verlorenen Besitzes garantiert wird.

Neunundzwanzigstens.- Forderung der Indígena-Frauen: Wir Campesina-Indígena-Frauen verlangen die sofortige Lösung unserer dringenden Notwendigkeiten, denen die Regierung nie eine Lösung gegeben hat:

a) Geburtskliniken mit Gynäkologen, damit die Campesinas die notwendige medizinische Behandlung erhalten.

b) Die Konstruktion von Kinderkrippen in den Gemeinden.

c) Wir verlangen von der Regierung, daß sie genügend Lebensmittel für die Kinder in den Landgemeinden schickt, wie: Milch, Maisstärke, Reis, Mais, Soja, Öl, Bohnen, Käse, Eier, Zucker, Suppe, Hafer usw.

d) Küchen und Essenssäle für die Kinder in den Gemeinden, die alle Leistungen bieten.

e) Nixtamal-Mühlen (besondere Mühlen zur Tortillaherstellung, d.Ü.) und Tortillerias abhängig von der Anzahl der Familien in den Gemeinden.

f) Zuchtprojekte für Hühner, Kaninchen, Schafe, Schweine usw. mit technischer Beratung und Veterinären.

g) Bäckereiprojekte, die mit Öfen und Materialien ausgerüstet sind.

h) Wir wollen, daß Kunsthandwerkstätten errichtet werden, für die es Maschinen und Rohstoffe gibt.

i) Für das Kunsthandwerk muß es einen Markt geben, auf dem zu einem gerechten Preis verkauft werden kann.

j) Es müssen Schulen gebaut werden, in denen es eine technische Ausbildung für Frauen gibt.

k) Vorschulen und Mutterschulen in den Landgemeinden, wo die Kinder sich vergnügen können und gesund an Geist und Seele aufwachsen.

l) Wir Frauen müssen ausreichende Transportmöglichkeiten haben, um uns bewegen zu können und um die Produkte von den verschiedenen Projekten transportieren zu können.

Dreißigstens.- Wir verlangen einen politischen Prozess gegen die Herren Patrocinio González Garrido, Absalón Castellanos Domínguez und Elmar Setzer (die letzten drei Gouverneure von Chiapas, d.Ü.).

Einunddreißigstens.- Wir fordern den Respekt des Lebens aller EZLN-Mitglieder. Es muß garantiert werden, daß es keinen Strafprozeß oder eine unterdrückerische Aktion gegen irgendein Mitglied der EZLN, Kämpfer, Sympathisanten oder Mitarbeiter gibt.

Zweiunddreißigstens.- Alle Gruppen und Kommissionen für die Verteidigung der Menschenrechte müssen unabhängig sein, das heißt, nicht von der Regierung. Denn wenn sie von der Regierung sind, verbergen sie nur die Übergriffe der Regierung.

Dreiunddreißigstens.- Es muß eine Nationale Kommission für Frieden mit Gerechtigkeit und Würde gebildet werden, die mehrheitlich aus Personen besteht, die weder der Regierung noch irgendeiner politischen Partei angehören. Diese Kommission soll die Einhaltung der Vereinbarungen überwachen, zu denen die EZLN und die Bundesregierung kommen.

Vierunddreißigstens.- Die humanitäre Hilfe für die Opfer des Konfliktes muß über die authentischen Vertreter der Indígena-Gemeinden weitergeleitet werden.

Solange diese gerechten Forderungen unserer Völker nicht erfüllt werden, sind wir bereit und entschlossen, unseren Kampf fortzuführen, bis wir unser Ziel erreichen.

Für uns, die Geringsten dieses Landes, die ohne Gesicht und ohne Geschichte sind, die sich mit Wahrheit und Feuer bewaffneten, die, die aus der Nacht und von den Bergen kommen, die wahrhaftigen Männer und Frauen, die Toten von gestern, heute und immer... Für uns nichts. Für alle alles.

Freiheit! Gerechtigkeit! Demokratie!

Hochachtungsvoll aus dem Südosten Mexikos.
Geheimes Revolutionäres Indígena-Komitee - Generalkommandantur der Zapatistischen Armee der Nationalen Befreiung. Mexiko, März 1994.

(ÜbersetzerInnen: Gerold Schmidt, Martha Villavicencio)

Zweite Erklärung aus der Selva Lacandona

Nach den Gesprächen in San Cristóbal legte die EZLN den zapatistischen Gemeinden die Angebote der Regierung vor. Nach ca. zweimonatiger Beratungszeit wurde am 6. Juni das Ergebnis bekanntgegeben: das „NO!". In der 2. Erklärung aus der Selva Lacandona begründete das CCRI-CG diese Entscheidung:

Auf die gerechten Forderungen der EZLN antwortete die Bundesregierung mit einer Reihe von Angeboten, die nicht die eigentlichen Punkte des Problems trafen: das Fehlen von Gerechtigkeit, Freiheit und Demokratie auf mexikanischem Boden. In dem politischen System der machthabenden Partei liegen die Grenzen für die Erfüllung der Regierungsangebote. Es ist dasselbe System, das es ermöglicht hat, daß auf dem Land in Mexiko eine andere Macht weiterhin existiert und sich durchsetzt, eine Macht, die sich über die verfassungsmäßige hinwegsetzt und deren Wurzeln ermöglichen, daß sich diese Partei an der Macht hält. Es ist dieses System der Komplizenschaft, das die Existenz und die kriegerischen Handlungen der alten Würdenträger, die allumfassende Macht der Viehzüchter und Händler, das Eindringen der Drogenhändler zuläßt...

Das einfache Angebot der sogenannten „Übereinkünfte für einen würdigen Frieden in Chiapas" rief großen Aufruhr hervor und war eine offene Herausforderung dieses Sektors. Das politische Einparteiensystem versuchte innerhalb seines begrenzten Horizonts zu agieren, der ihm von seinen eigenen Strukuren auferlegt wird: Es kann nicht zulassen, daß diese Sektoren angerührt werden, ohne ein Attentat auf sich selbst zu verüben, und es kann nicht so wie früher die Dinge auf sich beruhen lassen, ohne daß sich der Kampf der Landbevölkerung und der Indígenas verschärft.

Zusammengefaßt Die Erfüllung der Verträge beinhaltet notwendigerweise den Tod des Einparteiensystems. Der Tod des jetzigen politischen Systems Mexikos, entweder durch Selbstmord oder Erschießung, ist eine notwendige, wenn auch nicht ausreichende Voraussetzung für den Übergang zur Demokratie in unserem Land. Für Chiapas wird es keine Lösung geben, wenn es keine Lösung für Mexiko gibt.

Die EZLN hat begriffen, daß das Problem der mexikanischen Armut nicht nur auf dem Fehlen von Ressourcen beruht. Darüber hinaus besteht ihr grundlegender Beitrag in der Formulierung und dem Vertreten des Standpunktes, daß jede Anstrengung in dem einen oder anderen Sinn das Problem nur aufschieben wird, wenn sich diese Anstrengungen nicht in einem neuen Rahmen nationaler, regionaler und lokaler politischer Beziehungen entwickelt. Einem Rahmen aus Demokratie, Freiheit und Gerechtigkeit. Das Problem der Macht wird nicht in der Frage bestehen, wer ihren Titel trägt, sondern wer sie ausübt. Würde die Macht von der Mehrheit ausgeübt, sähen sich die politischen Parteien dazu gezwungen, sich mit dieser Mehrheit und nicht untereinander auseinanderzusetzen.

Das Problem der Macht innerhalb des Rahmens von Demokratie, Freiheit und Gerechtigkeit wiederaufzugreifen würde dazu verpflichten, in den politischen Parteien eine neue politische Kultur zu etablieren. Eine neue Klasse von Politikern müßte entstehen, und zweifellos müßten politische Parteien neuen Typs geboren werden.

Wir schlagen keine neue Welt vor, noch nicht einmal etwas, das viel weiter davorliegt: das Vorzimmer zum neuen Mexiko. In diesem Sinn wird diese Revolution nicht in einer neuen Klasse, dem Bruchteil einer Klasse oder Gruppe an der Macht münden, sondern in einem freien „Raum" des politischen Kampfes. Dieser freie und demokratische „Raum" wird aus dem stinkenden Kadaver des Systems der Staatspartei und des Präsidentialismus geboren werden. Es wird eine neue Form politischer Beziehungen geboren werden. Eine neue Politik, deren Basis nicht die Konfrontation der politischen Organisationen untereinander sein wird, sondern in der Konfrontation ihrer politischen Vorschläge mit den verschiedenen sozialen Klassen bestehen wird. Denn von ihrer realen Unterstützung werden die Inhaber der politischen Macht abhängen. In dieser Form der neuen politischen Beziehungen müssen die verschiedenen Vorschläge des Systems und seiner Ausrichtung (Sozialismus, Kapitalismus, Sozialdemokratie, Liberalismus, Christdemokratie etc.) die Mehrheit der Nation davon überzeugen, daß ihr Vorschlag der beste für das Land ist. Aber nicht nur das. Sie werden sich auch von diesem Land, das sie lenken, „kontrolliert" fühlen, indem sie regelmäßig Rechenschaft ablegen und dem Urteil der Nation bezüglich ihres Verweilens im Amt oder ihrer Amtsenthebung unterliegen.

Das Plebiszit ist die angemessene Form der Konfrontation zwischen der Macht, der politischen Partei und der Nation und ist es wert, einen angemessenen Platz im höchsten Gesetz des Landes zu erhalten. Die gültige mexikanische Rechtsprechung ist für diese neue Form der politischen Beziehungen zwischen den Regenten und Regierten viel zu eng gefaßt. Ein Demokratischer Nationalkonvent (Convención Nacional Democrática) ist notwendig, aus dem eine provisorische Regierung oder eine Übergangsregierung entstehen soll, sei es über einen Rücktritt der Bundesregierung oder über eine Wahl. Der Demokratische Nationalkonvent und die Übergangsregierung müssen in eine neue Verfassung münden, in deren Rahmen zu neuen Wahlen aufgerufen wird. Der Schmerz, den dieser Prozeß für das Land mit sich bringen wird, wird immer geringer sein als die Schäden eines Bürgerkriegs. Die Prophezeiung des Südostens gilt für das ganze Land. Wir können schon von dem Erlebten lernen und die Geburt des neuen Mexiko weniger schmerzhaft gestalten.

Die EZLN hat eine Vorstellung von dem System und dem zukünftigen Weg für das Land. Die politische Reife der EZLN, ihre lange Erfahrung als Repräsentant der Bedürfnisse eines Teils der Nation, besteht darin, daß sie dem Land nicht diese Vorstellung aufdrängen will. Die EZLN fordert das ein, was aus sich selbst heraus offensichtlich ist: die Anerkennung ihrer Erfahrungen und das Recht, frei und demokratisch den Weg zu wählen, der verfolgt werden soll. Aus diesem historischen Vorzimmer wird nicht nur ein gerechteres und besseres Mexiko hervorgehen, sondern auch ein neues Mexiko. Dafür setzen wir das Leben ein, um von den Mexikanern der Vergangenheit morgen das Mexiko zu erben, in dem es keine Schande ist, zu leben...

Die EZLN befragte in einer für eine bewaffnete Organisation beispiellosen demokratischen Praxis ihre Basis bezüglich der Unterschreibung oder der Ablehnung des Friedensvorschlags der Bundesregierung. Als sie sah, daß die zentralen Themen der Demokratie, Freiheit und Gerechtigkeit für alle nicht gelöst worden waren, entschied die Basis der EZLN, in ihrer Mehrheit Indígenas, die Regierungsvorschläge abzulehnen.

Unter den Bedingungen der Einkesselung und von verschiedenen Sektoren damit bedroht, ausgelöscht zu werden, wenn die Vorschläge nicht akzeptiert würden, haben wir, die Zapatistas, unsere Entscheidung, einen Frieden mit Gerechtigkeit und Würde zu erreichen und dafür unser Leben und unseren Tod einzusetzen, erneut bekräftigt. (...)

Deshalb richten wir uns an unsere Brüder und Schwestern der Nichtregierungsorganisationen, der Bauern- und Indígenaorganisationen, der Organisationen der Landarbeiter und der Arbeiter in der Stadt, an die Lehrer und Studenten, an die Hausfrauen und kleinen Händler, die Künstler und Intellektuellen, an die unabhängigen Parteien.

Mexikaner:

Wir rufen euch zu einem Nationalen Dialog zu den Themen Demokratie, Freiheit und Gerechtigkeit auf. Wir, die EZLN, im Kampf für die Demokratie, die Freiheit und die Gerechtikeit, die unser Land verdient, erklären:

Erstens: Daß sich die höchste Regierung widerrechtlich die Legalität angemaßt hat, die uns von unseren Helden der mexikanischen Revolution vererbt wurde.

Zweitens: Daß die Verfassung, die uns leitet, nicht mehr den Willen des mexikanischen Volkes wiedergibt.

Drittens. Daß der Rücktritt des Usurpators der Exekutive des Bundes nicht ausreicht und daß ein neues Gesetz für unser neues Vaterland notwendig ist, welches aus den Kämpfen aller ehrenhaften Mexikaner geboren werden muß.

Viertens: Daß alle Formen des Kampfes notwendig sind, um den Übergang zur Demokratie in Mexiko zu erreichen.

Wir rufen zur Durchführung eines souveränen und revolutionären Demokratischen Nationalkonvents auf, aus dem die Vorschläge für eine Übergangsregierung und ein neues nationales Gesetz hervorgehen sollen, für eine neue Verfassung, die die legale Umsetzung des Willen des Volkes garantiert...

Daß grundlegendste Ziel des Demokratischen Nationalkonvents ist, die öffentliche Meinung zu organisieren und den Willens des Volkes zu verteidigen.

Der souveräne, revolutionäre Konvent wird ein nationaler sein, sowohl in bezug auf seine Zusammensetzung als auch auf seine Repräsentativität, die alle Staaten des Bundes einschließen muß; pluralistisch in dem Sinn, daß patriotische Kräfte repräsentiert sein können, und demokratisch in bezug auf seine Entscheidungsfindung durch eine nationale Anhörung. Den Vorsitz des Konvents werden Zivilisten übernehmen, frei und aus eigenem Willen, Persönlichkeiten des öffentlichen Lebens mit großem Prestige, ohne Berücksichtigung ihrer politischen Überzeugung, ihrer Rasse, Religion, ihres Geschlechts oder ihres Alters.

Der Konvent wird aus lokalen, regionalen und staatlichen Komitees in *ejidos*, Ansiedlungen, Schulen und Fabriken hervorgehen, die von Zivilisten gebildet werden.

Diese Komitees des Konvents werden sich dafür einsetzen, Vorschläge für die neue Verfassung und Forderungen, die diese für die neue Regierung mit sich bringt, zu erarbeiten.

Der Konvent muß auf die Durchsetzung freier und demokratischer Wahlen drängen und unermüdlich dafür kämpfen, daß der Wille der Allgemeinheit respektiert wird.

Die EZLN wird den Konvent als authentischen Repräsentaten der Interessen des mexikanischen Volkes in seinem Übergang zur Demokratie anerkennen. Die zapatistische Armee der Nationalen Befreiung befindet sich bereits im gesamten nationalen Territorium und verfügt über die Möglichkeit, sich dem mexikanischen Volk als Armee anzubieten, als Garant für die Umsetzung des Volkswillens.

Als Ort der ersten Versammlung des Demokratischen Nationalkonvents bietet die EZLN ein zapatistisches Dorf sowie alle notwendigen Ressourcen an, über die sie verfügt.

Das Datum und der Ort der ersten Zusammenkunft des Demokratischen Nationalkonvents wird bei Gelegenheit bekanntgegeben werden.

Mexikanische Brüder und Schwestern:

Unser Kampf geht weiter. (...)

„Alles für alle", sagen unsere Toten. Solange dies nicht so ist, wird es für uns nichts geben.

Sprecht die Worte der anderen Mexikaner, findet in euren Herzen Gehör für diejenigen, für die wir kämpfen.

Ladet sie ein, die würdigen Schritte derjenigen zu gehen, die ohne Antlitz sind. Ruft alle dazu auf, zu widerstehen, damit niemand von denjenigen etwas annimmt, die geben, indem sie befehlen. Schreibt das Sich-nicht-Verkaufen aller auf eure Fahnen. Bittet darum, daß sie nicht nur Worte der Erleichterung für unsere Schmerzen erübrigen. Bittet darum, daß sie sie teilen, daß sie zusammen mit euch Widerstand leisten, daß sie all die Almosen, die von dem Mächtigen kommen, zurückweisen. Daß all die guten Menschen dieses Landes heute die Würde haben mögen, Widerstand zu leisten und sich nicht zu verkaufen, daß sich morgen diese Würde organisiert, um darauf zu drängen, daß die Worte, die die Herzen der Mehrheit bewegen, Wahrheit werden und von denen, die regieren, begrüßt werden; daß sich der gute Weg durchsetzt, daß derjenige der regiert, gehorchend regiert. Gebt nicht auf! Leistet Widerstand! (...) Verkauft euch nicht! So sprachen die Worte aus dem Herzen unserer Toten von immer. Wir sahen, daß die Worte unserer Toten gut waren. Wir sahen, daß Wahrheit und Würde in ihren Worten war. Deshalb riefen wir alle unsere indianischen Brüder und Schwestern von Mexiko dazu auf, mit uns Widerstand zu leisten. Wir riefen alle Bauern dazu auf, mit uns Widerstand zu leisten, die Arbeiter, die Angestellten, die kleinen Händler, die Hausfrauen, die Studenten, die Lehrer, diejenigen, deren Leben aus Denken und Worten besteht, alle, die Würde und Scham haben, alle riefen wir dazu auf, mit uns Widerstand zu leisten, da die schlechte Regierung nicht zulassen will, daß Demokratie in unserem Land sei. Nichts von dem, was aus dem verfaulten Herzen der schlechten Regierung kommen wird, werden wir akzeptieren. Weder einen einzigen Pfennig noch ein Medikament, weder einen Stein noch einen Krümel von Lebensmitteln, noch eine Krume der Almosen, die sie uns im Austausch gegen unser würdevolles Voranschreiten anbieten. Wir werden nichts von der höchsten Regierung annehmen.

Selbst wenn sie unseren Schmerz und unser Leiden vergrößern, selbst wenn der Tod weiterhin an unserem Tisch sitzt, unter unserem Dach und Lager, selbst wenn wir sehen, daß andere sich der Faust verkaufen, die sie unterdrückt; selbst wenn alles schmerzt, selbst wenn die Steine dieses Leid zu klagen beginnen. Wir werden nichts annehmen, wir werden widerstehen. Wir werden nichts von der Regierung annehmen, wir werden Widerstand leisten, bis derjenige, der regiert, gehorchend regiert.

Brüder: Verkauft euch nicht. Leistet mit uns Widerstand. Gebt nicht auf. Leistet mit uns Widerstand. Brüder, wiederholt zusammen mit uns die Worte des „Wir werden nicht aufgeben", „Wir leisten Widerstand!" Damit dies nicht nur in den Bergen des Südostens Mexikos gehört wird, sondern auch auf den Halbinseln, damit es an beiden Küsten gehört wird, damit es im Zentrum gehört wird, damit in den Tälern und auf den Bergen der Schrei wiederhallt, damit er in den Städten erklingt und auf dem Land. Brüder, vereinigt euren Schrei, ruft mit uns, macht unsere Stimme zu der euren: „Wir geben nicht auf! Wir leisten Widerstand!"

Damit die Würde den Kessel sprengt, mit dem uns die schmutzigen Hände der schlechten Regierung fesseln.

Wir sind alle eingekesselt. Laßt zu, daß Demokratie, Freiheit und Gerechtigkeit Einzug halten auf mexikanischem Boden. Brüder, alle sind wir eingekesselt. Laßt uns nicht aufgeben! Laßt uns unsere Würde bewahren! Laßt uns uns nicht verkaufen!

Wozu mögen dem Mächtigen seine Reichtümer dienen, wenn er das Wertvollste unseres Bodens nicht kaufen kann? Wenn die Würde aller Mexikaner keinen Preis hat? Wozu die Macht des Mächtigen?

Die Würde gibt nicht auf!
Die Würde leistet Widerstand!
Demokratie!
Freiheit!
Gerechtigkeit!

Aus den Bergen des Südostens von Mexiko.
Geheimes Revolutionäres Indígena-Komitee -
Generalkommandantur der EZLN.
Mexiko, Juni 1994.

(Übersetzerin: Annette Massmann)

Die wütende Erde Mexikos

Wolfgang Dietrich

Der Zapatistenaufstand im Wahljahr 1994, sein Verhältnis zur traditionellen Guerilla und die Optionen der europäischen Solidaritätsbewegung

1. Die Zwerge der Nacht und der Wind der Geschichte

Am 19. Juli 1994 feierten auf der „Plaza" Managuas etwa 40.000 Unentwegte die fünfzehnte Wiederkehr des denkwürdigen Tages, an dem die Welt voller Respekt auf jene Männer und Frauen geschaut hat, die aus der Nacht und aus den Bergen gekommen waren; auf jene Zwerge der Vergangenheit, die sich erhoben hatten, um ihre Geschichte riesenhaft neu zu schreiben, indem sie den Diktator verjagten. In der Musik Carlos Mejía Godoys war der Wind dieser Zeit einst verewigt worden, und wie alle Jahre stand der Meister selbst auf der Bühne, um die kollektive Nostalgie mit einem Hauch jener Ewigkeit zu umrahmen. Auch die Reden Daniel Ortegas gehören für immer zum 19. Juli, denn wer, wenn nicht er, könnte jenen Traum personifizieren, den Carlos Mejía Godoy vertont hat? Nur für ein Fest, ein paar Lieder, etliche Prosit und eine Rede lang, für wenige Augenblicke Arbeitslosigkeit, Wassermangel, Stromabschaltungen und Parteienzank vergessen - und den Wind dieser Zeit wieder wehen lassen! Das ist das Ritual des 19. Juli in Managua.

Wie so vielen wohnte auch diesem Fest ein offizieller Vertreter der mexikanischen PRI bei. Der Ehrengast neben Daniel Ortega war deren Präsident, Ignacio Pichardo. Die Nicaraguaner hörten seine Ansprache und applaudierten, weil sie an ihrem Festtag höflich sind. Die Freundschaft der Sandinisten zur Staatspartei Mexikos reicht schon weit in die vorrevolutionäre Zeit Nicaraguas zurück, und seit José López Portillo applaudiert man in Managua zu den Reden mexikanischer Gäste.

Doch die Geschichte hat einen Knick. Erinnern wir uns: Aus der Neujahrsnacht 1994 traten Männer und Frauen, die Zwerge von Chiapas, um ihre Geschichte riesenhaft neu zu schreiben. Sie, vereint in der Zapatistisches Armee der Nationalen Befreiung EZLN, brachten keine Lieder, aber einen Subcomandante und eine Botschaft, die wie die Musik einer neuen Zeit klang. Rot und schwarz, wie die Plaza Managuas am 19. Juli, sind ihre Farben und ihr Schlachtruf „Vivir por la patria o morir por la libertad" läßt ein brüderliches Verhältnis zum sandinistischen „Patria libre o morir" vermuten.

Auf solche Signale haben die Internationalisten aller Länder nach der brutalen Vernichtung ihrer Hoffnungen und Projektionen der siebziger und achtziger Jahre nur gewartet. Eine neue Guerilla mit neuer Sprache, neuen Schlachtfeldern und einem neuen Heroen: Subcomandante Marcos! Doch neben Daniel Ortega, dem Wahl-Kampfhahn von 1990, saß nicht Marcos, der vermummte Traum der Mexikanerinnen, sondern Ignacio Pichardo als Repräsentant jenes Systems, gegen das sich die Zapatistas erhoben hatten. Was war geschehen?

Bereits in ihrem zweiten Kommuniqué grenzten sich die „Toten von immer schon", die Zapatisten, von der FMLN El Salvadors und der URNG Guatemalas ab. Nicaraguas Sandinisten wurden nicht ausdrücklich genannt. Die deutliche Absage an die zentralamerikanische Insurgenz insgesamt schließt sie aber zweifelsfrei mit ein. Die formelle Abgrenzung von ausländischen Bewegungen gewann durch die Absage an die Theologie der Befreiung und an alle traditionellen Revolutionstheorien, insbesonders Maoismus und Castrismus, Substanz, wobei die Negation einer zapatistischen Avantgarde und die Betonung demokratischer Entscheidungsfindung nach indigenem Denk- und Organisationsmuster innerhalb der Bewegung eine Idee von ihrem Charakter gab. Auch wurde betont, daß der Aufstand von einem wohl vorbereiteten und disziplinierten Heer ausgehe, nicht von einer klassischen Guerilla, „die raubt, entführt und spektakuläre Schläge ausführt, um später irgendwann die Massen zu gewinnen".

Doch der Irritation nicht genug: Die Zapatistas lehnten höflich Rigoberta Menchú, die in Mexiko lebende Friedensnobelpreisträgerin und Integrationsfigur der traditionellen Linken aus Guatemala, als Vermittlerin für die Verhandlungen mit der Regierung ab. Ebenso wiesen sie cardenistische Anbiederungsversuche, ihnen als ihr ziviler Arm die Stimme zu leihen, „mit vollem Respekt" zurück, „denn unsere Stimme begann schon vor Jahrhunderten zu klingen, und sie wird nie mehr aufhören".

Die zapatistische Abrenzung von den wenigen Symbolfiguren und Emblemen der traditionellen Linken, die sich ohne Stigma der Peinlichkeit in die neunziger Jahre hinübergerettet haben, erscheint wie eine durchkalkulierte Strategie. Der Subcomandante Marcos wurde innerhalb von wenigen Tagen für seine ebenso präzisen wie direkten Aussagen berühmt. Die Vermutung, daß er, der Meister des Wortes, im Eifer des Gefechts anderes gemeint haben könnte, kam gar nicht erst auf. Mehr noch, die Zapatistas verwendeten Sprache bewußt als künstlerischen Ausdruck ihres Denkens und damit ihres Seins, und sie setzten ihn an die Stelle der kunst- und leblosen Pamphlete der erst jüngst verklungenen Guerillakriege Zentralamerikas. Dadurch gelang es ihnen, Interesse und Sympathie vor allem der

Printmedien zu gewinnen und zur Gänze eine Botschaft zu transportieren, die vorher nur allzuoft an der oberflächlichen Feste der Fortschrittsgläubigkeit, des Rassismus und modernistischer Ignoranz gescheitert war. Daß dies alles just im Augenblick des Inkrafttretens des Freihandelsabkommens NAFTA gelang, das Mexikos Eintritt in die Erste Welt und das einundzwanzigste Jahrhundert hätte besiegeln sollen, beweist die enorme geistige und moralische Kraft der Bewegung.

Die Zapatistas unterscheiden sich von allen bekannten Guerilla-Heeren durch zwei elementare Charakteristika: Sie bekunden klar und deutlich, daß ihr Kampf nicht der eigenen Machtergreifung gilt und daß sie über kein alternatives Ordnungskonzept für die Neugestaltung Mexikos verfügen. Die wollen sie einer nicht näher beschriebenen „Zivilgesellschaft" überlassen. In allen Kommuniqués und publizierten Interviews der ersten zwei Monate des Jahres 1994 bleibt ihr zentrales Anliegen die administrative und judikative Autonomie für ihre Gemeinschaften. Die wollten sie nach den Regeln der indigenen Tradition ausgestalten. Die inoffiziellen und teilweise klandestinen Autoritäten ihrer Gemeinschaften, die immer schon neben den staatlichen bestanden und gewirkt haben, sollten somit anerkannt und legalisiert werden.

Als Voraussetzung für diese Autonomie sahen sie den Abgang oder die Neutralisierung des Präsidenten Salinas und seiner Regierung, die - nach weit verbreiteter Ansicht - 1988 durch einen gewaltigen Wahlbetrug an die Macht gekommen war. Daher war ihre zweite Forderung die Einsetzung einer Übergangsregierung oder eine administrative und gesetzgeberische Absicherung, daß die Wahlen vom August 1994 nach demokratischen Regeln sauber ablaufen würden.

Aus diesen ersten Kommuniqués geht hervor, daß sie eine funktionierende Balance der Macht im Staate als beste Garantie dafür ansahen, daß sie ihren konkreten Ort nach ihren Vorstellungen und Bedürfnissen gestalten könnten. Die eigene Beteiligung an diesem Machtkampf schlossen sie aber aus. Ihr Heer wollten sie nur als Garantie dafür verstanden wissen, daß sie sich wehren würden, sollte - wie in der Zeit des Aufstands und der Jahrzehnte davor - eine illegitime Macht sie an der würdevollen Gestaltung ihres Lebens und ihres Ortes hindern. Würde, Autonomie und Identität vereinten sich somit zum Hauptmotiv für den Aufstand von Menschen, die insbesondere durch den Beitritt Mexikos zu GATT (1986) und NAFTA (1994) und dessen Folgen vom Zustand eines kargen Lebens in den eines unwürdigen Überlebens gestoßen worden waren. Der Skandal lag darin, daß sie nicht mehr bereit waren, in den Bergen und Wäldern still und leise an Hunger und heilbaren Krankheiten zu sterben, sondern daß sie gekommen waren, um dies laut und öffentlich in den Straßen der Städte zu tun.

Die sozialen Forderungen, die sie zur Beendigung dieses Zustands nannten, umschrieben sie folglich mit: Nahrung, Gesundheit, Bildung, Wohnung und vor allem mit Land. Die Zapatistas klagten also an, daß die Indígenas und Campesinos von Chiapas, durch illegitime Regierungen und ein gewalttätig ungerechtes Wirtschaftssystem dieser Rechte entkleidet worden waren, sahen ihre Erfüllung allerdings in unmittelbarem Zusammenhang mit der Forderung nach Autonomie und Selbstgestaltung ihrer Gemeinschaften. Daher wurden diese Forderungen vorerst nicht in die Termini der sozialstaatlichen Logik gegossen. Die Begriffe: Schule, Spital, Infrastruktur, Sozialbau finden sich bis in die Tage der Gespräche von San Cristóbal nicht ein einziges Mal in den Veröffentlichungen der EZLN. Noch am 23. Februar 1994, dem dritten Tag, spricht Subcomandante Marcos ausdrücklich von Fragen der Gesundheit, Bildung, wahrhafter Information, Wohnung, Respekt vor der indigenen Kultur und den Rechten und der Würde der Indígena-Völker als ausstehende Punkte.

Die nicaraguanische Tageszeitung „Barricada" mochte also im Jänner und Februar 1994 noch so sehr in Aufstands-Nostalgie schwelgen, der Blick des institutionalisierten Sandino nach Chiapas blieb von Signalen irritiert, die weniger an den nicaraguanischen Volksaufstand von 1979 erinnerten als an die leidvolle Geschichte des eigenen Scheiterns an der Miskitoküste. Und noch etwas: Sandino 1979 mochte von den Zwergen erzählen, die aus den segovianischen Bergen gekommen waren, um ihre Geschichte riesenhaft neu zu schreiben, indem sie den Diktator verjagten. Sandino 1994 erzählt von verkrusteten Strukturen in den FSLN-Vorfeldorganisationen, die unter dem Titel „Regieren von unten" auf zentralistische Art internationale Hilfsgelder verwalten. Inzwischen streiten die Parteikader um die Macht, die sie wiedergewinnen wollen, während auch heute die Zwerge von immer schon - verkommen zu Re-Compas und Re-Contras, oder einfach zu verzweifelten Banditen - durch die segovianischen Berge irren, um ihre Geschichte zu suchen. Es war schon in Ordnung, Ignacio Pichardo als Festredner zum 19. Juli zu laden.

2. Ein Brief ans Christkind?

Seit seinem Eintritt in die Geschichte durchlebte die Zapatistische Armee die Gegenwart tatsächlich mit riesenhaften Schritten. Die Toten von immer schon, die gekommen waren, um zu sterben, doch diesmal, um zu leben, erreichten binnen weniger Wochen, wofür traditionelle Guerillagruppen früher durch Jahre und Jahrzehnte Menschenopfer bringen mußten: die Bereitschaft der Regierung, mit ihnen zu verhandeln.

Offensichtlich wurden die Zapatistas von ihrem eigenen Erfolg überrascht. Subcomandante Marcos ließ in mehreren Interviews durchklingen, daß er eigentlich nicht mit Verhandlungen gerechnet hatte, sondern mit einem gewaltigen Blutvergießen, das all diejenigen beseitigen würde, für die im NAFTA-Projekt des modernen Mexiko kein Platz bleibt. Und dazu gehören zweifelsfrei indigene Gemeinschaften, die auf Ejidos Landbau betreiben. Emiliano Zapatas revolutionärer Nachlaß, der Artikel 27 der mexikanischen Verfassung, der das Land denen versprochen hatte, die es bebauen, war 1991 geändert worden, um Mexiko an die kapitalistischen Anforderungen der NAFTA anzupassen. Nach der Öffnung der mexikanischen Grenzen für landwirtschaftliche Importe im Zusammenhang mit dem GATT-Beitritt des Landes 1986 war dies der zweite Schlag für die ländlichen Gemeinschaften, deren Existenz durch das radikale - und formell erfolgreiche - Modernisierungsprogramm der Regierung Salinas bedenkenlos zerstört wurde.

Die Voraussetzungen für Verhandlungen waren also denkbar schlecht. Die Regierung hatte die Gemeinschaften schon geopfert, und die Zapatistas verlangten von ihr und ihrem System nichts geringeres als die Selbstauflösung. In materieller Hinsicht gab es somit nichts zu verhandeln. Deshalb fanden im Februar und März 1994 in San Cristóbal auch nicht wirklich Verhandlungen statt, sondern ein taktischer Dialog über humanitäre Fragen. Dabei waren die Zapatistas - gerade durch ihren unerwarteten Erfolg - in eine unangenehme Lage geraten. Einerseits waren sie mit Forderungen angetreten, die sich ganz konkret auf ihre Gemeinschaften bezogen. Andererseits hingen diese Forderungen mit Fragen zusammen, die das politische System Mexikos insgesamt in Frage stellten. Hatte Subcomandante Marcos diese generellen Fragen ursprünglich an eine „Zivilgesellschaft" - damit meinte er oppositionelle Gruppen im ganzen Land oder eine von diesen beschickte Konferenz - delegieren wollen, so fand er sich durch die Welle der Sympathie, die seinen Erfolg trug, durch eine Flut von Stellungnahmen und Briefen, die ihn und die EZLN dazu legitimierten, nun in der ungewünschten Rolle, moralischer Verteter all dieser Gruppen zu sein.

Da niemand damit rechnen konnte, daß am Verhandlungstisch von San Cristóbal die Selbstauflösung des Machtapparats der salinistischen PRI besiegelt würde, spielten die Zapatistas auf Zeit und auf informelle Koalitionen mit allen Kräften der Opposition. Camacho Solis, der Sprecher der Regierung in diesem Dialog, war mit der Frage nach San Cristóbal gereist, was die Administration zu leisten habe, damit man zu einem formellen Friedensschluß kommen könne. Die geheime Generalkommandantur der Zapatistas leitete die Frage in dieser Form an seine Gemeinschaften weiter, die nunmehr mit all den schönen Träumen antworteten, die mexikanische Regierungen im Laufe des Entwicklungszeitalters den Indígenas vorgegaukelt hatten; also mit den gebrochenen Versprechungen von mehr als vier Jahrzehnten.

So kam es zu dem phantastischen, 34 Punkte umfassenden Forderungskatalog vom 1. März 1994, der mehr einem Brief ans Christkind entspricht als einem Verhandlungspapier. Nur noch in der Einleitung und in den ersten fünf Punkten trägt dieses Dokument den Geist der vorangegangenen Wochen. An diesen Stellen fordert es nochmals die Auflösung des salinistischen Systems und die Etablierung einer legitimen Regierung durch saubere Wahlen.

„Nicht Almosen, nicht Geschenke verlangen wir, sondern das Recht, mit der Würde menschlicher Wesen zu leben, mit der Weisheit und Gerechtigkeit unserer Alten und unserer Vorfahren..."

Ab Punkt 6 wechseln dann Sprache und Inhalt. Der jetzt folgende Wunschkatalog ans Christkind Salinas widerspricht nicht nur dieser Einleitung und der bis dahin geführten Argumentation der Zapatistas, sondern vordergründig auch allen Regeln der Vernunft. Plötzlich wird nicht mehr nur von Land gesprochen, sondern auch von Maschinen, Kunstdünger, Pestiziden, Hybridsaatgut, Preisgarantien, Krediten, Bewässerungsanlagen, Straßen und anderen Infrastrukturen, von Spitälern mit Fachärzten, Technologie und Medikamenten, von Gebärkliniken, eigenen Radiostationen, von sozialem Wohnbau, Elektrifizierung der Gemeinden, Telefon, Fließwassersystemen, Fernsehen, Kühlschränken, Elektroherden, Waschmaschinen, modernen Schulen, Kindergärten, garantierten Arbeitsplätzen..., kurz: von allem, was die Moderne so zu bieten und die Zentralregierung schon versprochen hat.

Weil man die Indígenas wieder nicht fragte, wie man sich mit ihnen das Leben einrichten könnte, sondern was man für sie tun, was man ihnen schenken soll, entstand der berühmte „Brief ans Christkind" - ein erstklassiger Beleg dafür, wie fremd sich das fiktive und das profunde Mexiko waren und sind.

Es ist unübersehbar, daß aus der Sicht der zapatistischen Verhandler der Zweck dieses Katalogs nicht in der Erfüllung seiner Forderungen gelegen sein konnte. Selbst wenn die Regierung bereit gewesen wäre, zumindest einem Teil dieser Forderungen nachzukommen, so war doch klar, daß dies in einem relevanten Zeitraum - bis zu den Wahlen vom

August 1994 - unmöglich war. Es ging also um etwas anderes: Da Verhandlungen zwischen zwei Streitparteien auf der Basis der Annahme, daß der jeweils andere sich selbst abschaffen müsse, zu keinem Ziel führen können, nutzte die zapatistische Generalkommandantur den taktischen Dialog von San Cristóbal, um den Widerstand vom konkreten Ort seines Entstehens zu lösen und auf andere Räume übertragbar zu machen. Jetzt ging es nicht mehr um Sympathie und Zuspruch, sondern um das politische Erwachen der außersystemischen Opposition überall in Mexiko. Durch die Benutzung der Embleme des Fortschritts und der hybriden Symbolik der Moderne, durch die Übersetzung der Botschaft aus der Sprache des profunden Mexico in die des fiktiven, konnte sie in alle Landesteile und weit darüber hinaus getragen werden. Hatten die Zapatistas bislang durch blumige und doch präzise Bilder aus indianischen Welten fasziniert, so wechselten sie nun die Ebene, begaben sich in die Vorstellungswelt und Argumentationslogik des Gegners, benutzten seine Sprache, um die Absurdität des Entwicklungsdenkens und sein Scheitern vor den eigenen Heilsversprechungen deutlich zu machen.

Die vermummten Piraten aus der Selva Lacandona ließen das Narrenschiff Mexiko, den Traum des Carlos Salinas de Gortari, an der harten Wirklichkeit seines Alltags stranden. Überall im Land begannen Menschen zu begreifen, daß ihr prekärer Zustand nicht das persönliche Versagen in einem aufstrebenden Land bedeutete, sondern daß die NAFTA-Prosperität vor allem ölpapieren glänzte, während sich die Möglichkeiten für viele gegenüber der vorherigen Zeit einer geldscheinbaren Schuldenkrise verschlechterten.

Der Subcomandante Marcos gab in seinen Interviews von San Cristóbal selbst den Schlüssel zum Verständnis dieser Taktik, indem er wiederholt davon sprach, daß der Blick durch die Linse eines Fotoapparats unterschiedliche Wirklichkeiten wiedergeben kann. Entsprechend der jeweiligen Einstellung kommt eher Vordergründiges oder Hintergründiges deutlicher zum Ausdruck. Wer „Mexico Profundo", das Hauptwerk Guillermo Bonfil Batallas, des großen Landsmanns des Subcomandante, gelesen hat, versteht diese Anspielung und damit den Zweck des unmäßigen Forderungskatalogs vom 1. März 1994.

Kurz nach der Überreichung dieses Papiers trennten sich die Verhandler von San Cristóbal und suchten nun ihre internen Entscheidungen. Da belagerte Zwerge nur nachts tagen können und die Regeln der indigenen Demokratie zeitaufwendig sind, dauerte es bis zum 10. Juni 1994, ehe die Zapatistas erwartungsgemäß den Regierungsvorschlag ablehnten und den Dialog für beendet erklärten. Zugleich riefen sie einen vorläufigen und einseitigen Waffenstillstand aus und garantierten, den Ablauf der anstehenden Wahlen nicht zu stören.

In ihrem Kommuniqué von diesem Tag riefen sie nochmals die „Zivilgesellschaft" an und verkündeten damit ein weiteres überraschendes Kapitel der sich überschlagenden Geschichte des Wahljahres 1994.

Das PRI-System wankte. Es konnte seine eigenen Heilsversprechungen offenkundig nicht erfüllen. Die Rettung der Nationalökonomie unter Salinas hatte einer Vielzahl von konkreten Menschen die Möglichkeiten zum Leben entzogen. Was als bäuerliche Rebellion in Chiapas begonnen hatte, war nun in Termini übersetzt, die auch den mittelständischen Modernisierungsverlierern Mexikos zu verstehen gaben, wie sehr sie selbst mit diesem Aufstand gemeint waren.

Die Geschichte wurde fürwahr riesenhaft neu geschrieben. Die Toten von immer schon waren gekommen, um wieder zu sterben, doch diesmal, um zu leben. Um keinen Personenkult aufkommen zu lassen, verdeckten sie dabei ihre Gesichter. Nun war ein vermummter Subcomandante der populärste Mexikaner und die Zapatistas die moralische Kraft des NAFTA-Landes bei seinem Eintritt ins neue Jahrtausend.

„Wir werden nicht ruhen, bevor nicht alle Mexikaner, alle Bauern, Arbeiter, Angestellten, Studenten, Lehrer, Hausfrauen, Künstler und ehrliche Intellektuelle, Pensionisten, Arbeitslose und Marginalisierte, alle Männer und Frauen ohne Antlitz und Stimme, alles Notwendige für ein würdiges und wirkliches Leben haben. Für alle alles, nichts für uns!".

3. Die Arche Noah

Während das Zapatistische Heer in der Selva Lacandona von der Armee eingeschlossen war, alarmierte seine Botschaft im Wahljahr 1994 eine Gesellschaft, die vom Wahlbetrug der PRI 1988 und dessen Folgen noch zutiefst traumatisiert war. Einzelne Hilfslieferungen, die humanitäre Gruppen aus ganz Mexiko in spontaner Solidarität an die Toten von immer schon schickten, wurden vorerst noch von den „Weißen Garden", den Pistoleros der Großgrundbesitzer, abgefangen, doch im Juni organisierten 150 Initiativen aus allen Bundesstaaten einen Konvoi, der unter dem Titel „Caravana de Caravanas" auf 35 Lastwagen 200 Tonnen Lebensmittel zu den belagerten Zapatistas brachte. Diesen Zug, der von 400 Freiwilligen begleitet wurde, aufzuhalten, hätten weder das Militär noch die Latifundisten vor der mexikanischen Öffentlichkeit oder vor der internationalen Presse verantworten können. So lag der Wert dieser Lieferung weniger in der effektiven Hilfe für die Rebellen, die sich auf ihrem eigenen Land und den von ihnen besetzten Farmen der Großgrundbesitzer recht gut selbstversorgen konnten, als im politischen Zeichen, das davon ausging.

Der Hauptorganisator dieses Zuges, José Alvarez Icaza, erzählte später, daß der in diesem Ausmaß unerwartete Erfolg des Unterfangens die Zapatistas dazu ermutigte, nach dem planmäßig gescheiterten Dialog mit der Regierung einen ebensolchen mit der „Zivilgesellschaft“ zu wagen - und zwar noch vor den Wahlen. So kam es zu dem, was Beobachter zuerst spöttisch, dann mit immer größerem Respekt, den Turmbau zu Babel nannten: zur Convención Nacional Democrática (CND).

Die Zapatistas luden für den 6. bis 9. August die nach wie vor nicht definierte „Zivilgesellschaft“ zu einem Dialog in das von ihnen kontrollierte Gebiet. Den belagerten Zwergen der Nacht blieben nach ergangener Einladung 28 Tage, um im namenlosen Urwald ihre Arche Noah zu bauen: Aguascalientes/Chiapas sollte später der Ort nach dem Vorbild des historischen Treffens zwischen Emiliano Zapata und Pancho Villa von 1914 genannt werden. In Aguascalientes/Chiapas 1994 sollten sich 6.000 Delegierte jener „Zivilgesellschaft“ treffen, um die Geschichte riesenhaft neuzuschreiben.

Der „Zivilgesellschaft“ blieb allerdings nicht viel Zeit, um sich selbst zu definieren. Durch die „Caravana de Caravanas“ bestand schon eine Organisationsstruktur, und in der unmittelbaren Vorwahlzeit fehlte es auch nicht an formellen und informellen Initiativen in ganz Mexiko, denen insbesonders daran gelegen war, eine Wiederholung des Wahlbetrugs von 1988 zu verhindern. Wenngleich das Fernziel der Initiative darin lag, Mexiko eine neue Verfassung zu geben, die unter Berücksichtigung der neuen Wirklichkeiten zu den konstitutionellen Grundlagen von 1917 zurückführen sollte, mußte kurzfristig doch die Realisierung möglichst sauberer Wahlen angestrebt werden. Für den 2. Juli lud Alvarez Icaza 289 Basisgruppen zu einem ersten Organisationstreffen. Dabei wurden 30 marxistisch-leninistische Vereinigungen, die sich nicht zum formaldemokratischen Prinzip bekannten, ausgeschlossen. Der Rest, 259 Basisgruppen, organisierte nun binnen weniger Tage Vorbereitungstreffen in allen 32 Bundesstaaten Mexikos, aus denen die 6.000 Delegierten zur CND und jeweils 2 Mitglieder pro Bundesstaat für deren Präsidium bestimmt wurden. Zusätzlich wurden Männer und Frauen mit besonderem Ansehen in der Öffentlichkeit ad personam in das letztlich 100 Sitze umfassende Präsidium geladen.

Die Delegierten begannen ab 6. August in San Cristóbal de las Casas fünf generelle Diskussionsrunden unter Ausschluß der Öffentlichkeit, welche die vorher verteilten Vorschläge der Zapatistas für den Dialog mit der „Zivilgesellschaft“ diskutierten. Dann verließen sie gemeinsam das offizielle, vom Militär kontrollierte Mexiko, um in einem Konvoi von 234 Bussen an jenen Ort der Plenarversammlung zu gelangen, an dem die Zwerge der Nacht in 235.200 Mann-Stunden ihre Arche Noah errichtet hatten, an jenen Ort also, der seither Aguascalientes/Chiapas heißt.

Die Überein- und Zusammenkunft von Aguascalientes darf man sich nicht als parlamentarischen Abstimmungsprozeß vorstellen, sondern eher als politisches Happening, als Fest der überwundenen Angst vor dem Gegner und dem eigenen Scheitern, als kollektives „Ya basta", das nun nicht mehr allein durch die Stimme der Indígenas und Campesinos getragen wurde, sondern überall in der Gesellschaft Mexikos widerhallte, und dessen Ergebnisse im wesentlichen schon durch die vorangegangenen Sitzungen bestimmt waren.

Inhaltlich war dies vor allem die Einigung auf das bedingungslose Verlangen nach sauberen Wahlen und die Drohung mit breitem zivilen Widerstand für den Fall eines neuerlichen Schwindels. Der Wahlsieger sollte als Übergangspräsident verstanden werden, von dem man die Einberufung einer Verfassungsgebenden Versammlung und die Vorbereitung einer neuen Konstitution verlangte. Besonderes Augenmerk sollte dabei auf den umstrittenen Artikel 27 und die Autonomie der indigenen Gemeinschaften gelegt werden. Im selben Zusammenhang wurde eine Revision der internationalen Verträge Mexikos gefordert, was vor allem auf NAFTA und GATT abzielte. Schließlich strebte man die Auflösung des politischen Systems der Staatspartei PRI und des von ihr in einer stillen Revolution implementierten neoliberalen Wirtschaftsmodells an, als deren erster Schritt ein Aufruf zur Wahlbeteiligung und zur Stimmabgabe gegen die PRI erfolgte.

Formell bedeutsam war der Umstand, daß die Zapatistas sich selbst nur als Gastgeber für diese Zusammenkunft verstanden wissen wollten. Da es sich bei der CND um eine künftig permanente Einrichtung der „Zivilgesellschaft" handeln sollte, verzichteten sie auf einen Sitz im Präsidium und beschränkten ihre Vertretung im Plenum auf 20 Unbewaffnete unter 6.000 Delegierten. In seiner historischen Rede von Aguascalientes unterstellte der Subcomandante Marcos namens der Generalkommandantur die EZLN dem mit der CND begonnenen politischen Prozeß und schloß dabei auch die Selbstauflösung der Zapatistischen Armee nicht aus.

„Wir, die Toten von immer schon, hoffen, daß sich der Horizont öffne und daß wir nicht mehr nötig und nicht mehr möglich sein werden. Wir hoffen auf eine Chance; eine Chance, die uns die schlechten Regierungen dieses Landes verweigert haben. Wir hoffen, daß wir auf unseren Platz unter der Erde zurückkehren können, nachdem unsere Aufgabe erfüllt ist. Wir hoffen auf die Chance, in die Stille zurückkehren zu können, die wir geschwiegen haben, in die Nacht, die wir verlassen haben, in den Tod, den wir wohnten."

Damit war klargestellt: Die CND sollte nicht - wie im klassischen Guerillakrieg - als ziviler Arm der Bewaffneten verstanden werden, sondern selbst die neuen politischen Ziele für Mexiko vorgeben. Wenngleich die Mehrzahl der Mitglieder der CND zu diesem Zeitpunkt auf einen Wahlsieg von Cuauhtémoc Cárdenas als idealen Contrapart für ihre Ziele hoffte, war den Realisten doch klar, daß kurzfristig eine Schwächung des PRI-Kandidaten Ernesto Zedillo bereits ein Erfolg wäre. Ihn, der aufgrund der Ermordung des ursprünglichen Kandidaten Luis Donaldo Colosio im März 1994 und seiner dadurch bedingten späten Nominierung wenig Zeit hatte, sein persönliches Klientelverhältnis - wie bei der PRI seit Generationen üblich - schon vor den Wahlen aufzubauen, wollte man durch ein schlechtes Wahlergebnis weiter in seiner Macht einschränken. Als schwacher Präsident sollte er mit gewaltfreien Mitteln gezwungen werden, den Zielen der CND nachzugehen. Die zapatistische Befreiungsarmee blieb als Alternative für einen bewaffneten Verzweiflungsschlag, wenn alle Versuche der „Zivilgesellschaft" scheitern sollten. Daß der Sinn eines solchen Schlages nicht in einem Sieg über die staatliche Armee liegen konnte, sondern nur in einer Selbstopferung als Preis für Demokratie und Würde, blieb für die Toten von immer schon, die gekommen waren, um zu sterben, aber diesmal, um zu leben, dabei außer Zweifel:

„Wir beweinen nicht unsere Toten. Wir sind stolz auf sie, und wir sind bereit, mehr Blut und mehr Tote zu geben, wenn dies der Preis für den demokratischen Wandel in Mexiko ist."

Die gelungene Zusammenkunft von Aguascalientes bedeutete den zweiten erfolgreichen Überraschungszug der Toten von immer schon seit ihrem Auftreten in der Neujahrsnacht. Durch den „Brief an das Christkind" und die „Arche Noah" war es ihnen gelungen, die bäuerliche Rebellion in Chiapas zu einem Anliegen von gesamtmexikanischem Format zu machen. Sie selbst waren damit nur noch einer von vielen Faktoren, wobei die Heterogenität der Bewegung aus ihrer Sicht ein besonderer Vorteil war. Sie erlaubte es ihnen, den gesamtmexikanischen Prozeß der CND zu überlassen und sich selbst wieder auf jenen Bereich zu konzentrieren, für den ihre Kraft und Kompetenz reichte. So konnte der Subcomandante Marcos im August 1994 den „Brief ans Christkind" und das Scheitern des Dialogs mit der Regierung folgend kommentieren:

„Wenn unsere Leute mit jemandem sprechen, den sie nicht kennen oder dem sie nicht trauen, dann wenden sie sich den Bergen zu, dorthin, wo ihre Toten wohnen. Und sie fragten ihre Toten, ob sie für die Errichtung eines Spitals gestorben wären, für eine Straße oder Kredite, mit denen ihre Stimmen gekauft würden, ob sie für ein Lagerhaus gestorben wären, oder ob sie sich am 1. Jänner für Freiheit, Demokratie und Gerechtigkeit erhoben hätten. Und so kam das Komitee zu der Ansicht, daß unsere Antwort an die Regierung Nein sein müsse. Wir konnten nicht den Tod der Unseren um einen so niederen Preis verkaufen. Wir haben uns erhoben, damit die illegitime Regierung stürze. Und diese Regierung hat den Fehler begangen, uns zu töten. Für uns hat der Tod eine andere Logik - wir zahlen für eine Sache, was sie wert ist. Wenn unsere Leute also gestorben sind, damit die illegitime Regierung stürze, so wird es auf diesem Boden keinen Frieden geben, bis die illegitime Regierung gestürzt ist" (El Proceso, 8.8.1994).

Die zapatistische Befreiungsarmee hat somit ihre Kriegserklärung an das PRI-System nicht widerrufen. Sie hat sich lediglich diszipliniert dem Befehl eines zivilen Widerstandes unterstellt und behält sich die Möglichkeit des bewaffneten Kampfes nur als letzte Alternative vor.

4. Wer ist die „Zivilgesellschaft"?

Die „Arche Noah" hat eine zweifache Bedeutung. Einerseits bezieht sie sich auf die beachtenswerte Leistung der belagerten Zapatistas, dem lakandonischen Urwald binnen weniger Tage einen Versammlungsort für 6.000 Leute mit allen notwendigen Infrastrukturen abzubitten. Noch beachtenswerter war aber vielleicht die Leistung des Organisationskomitees, der mexikanischen Gesellschaft in derselben Zeit jene 6.000 Delegierten abzubitten, die zur Convención Nacional Democrática nach Aguascalientes fahren konnten, ohne von vornherein mit dem Zweifel über die Legitimität ihres Tuns behaftet zu sein. Es ist unbestritten, daß es keine juristische Rechtfertigung für das Treffen von Aguascalientes gibt. Das wurde auch von niemandem beansprucht. Von Recht wurde nicht gesprochen, sondern von Gerechtigkeit, von Würde und Demokratie. Wer sind aber die Gerechten, die über die Würde verfügen, dem Recht zum Trotz Demokratie einzufordern?

Die „Zivilgesellschaft" ist ein Gespenst, das seit zweihundert Jahren durch staatsphilosophische Schriftwerke spukt, ohne jemals Leben erlangt zu haben. Im Diskurs heilsfixierter Gesellschaftstheoretiker hat sie einen Stammplatz als Amöbenwort, das meist an jenen Leerstellen ihrer Werke auftritt, an denen das Einbekenntnis einer gewissen Ratlosigkeit besser anstünde. Haben nun die Zapatistas auch die „Zivilgesellschaft" aus dem Reich der Toten in die Welt der Lebenden mitgebracht? Impliziert die für viele überraschende Einsicht, daß die längst vernichtet geglaubte Würde einiger Indígenas und Campesinos aus Südmexiko doch noch existiert, auch gleich, daß die Utopie ganzer Generationen vornehmlich linker Heilspropheten verwirklichbar ist? Mit allem Respekt sei ein gewisser Zweifel daran angemeldet.

Der Erfolg des Organisationskomitees zur Convención Nacional Democrática baute zum größten Teil auf den Umstand auf, daß durch die „Caravana de Caravanas" bereits ein Informationsnetz von zapatistafreundlichen Basisgruppen bestanden hatte, auf die man bei der recht plötzlichen Einberufung der Vorbereitungstreffen zurückgreifen konnte. Die meisten Delegierten für Aguascalientes rekrutierten sich daher auch aus diesen Gruppen. Die Legitimation für ihre Stimme leitet sich also von einem voraus-gesetzten moralischen Wert ihres Tuns ab, nicht aus einem wie immer gearteten Auftrag einer zivilen oder sonstigen Gesellschaft.

Eine Stärke der CND rührt dabei aus dem bedingungslosen Bekenntnis der einladenden Zapatistas zur Formaldemokratie als Schutzmantel der Realdemokratie. Daraus resultierte der Ausschluß aller marxistisch-leninistischen Gruppen und Akteure, die Wahlen grundsätzlich ablehnen und das obsolete Machtkonzept der vergangenen Jahrzehnte verfolgen. Auf der Prämisse dieses demokratischen Bekenntnisses galt der CND die Sympathie breiter Teile der Bevölkerung, die mit Recht eine neuerliche Wahlmanipulation der PRI befürchtete. Viele Mexikaner fühlten sich in dieser Situation über jede Kraft glücklich, die um die Sauberkeit der Wahlen bemüht war. Die CND war eine von ihnen, aber nicht die einzige.

Die innere Heterogenität der CND ist eine weitere Stärke. Sie ermöglichte es zahlreichen Gruppen, ihren lokalen und speziellen Interessen treu zu bleiben und dennoch gemeinsam mit anderen, die an anderen Orten für ganz andere Ziele stehen, um das demokratische Ziel zu kämpfen. Daß gleichzeitige Vielfältigkeit im Rahmen eines politischen Kampfes denkmöglich und praktizierbar wurde, gehört vor der Geschichte des lateinamerikanischen Widerstands zu den großen Errungenschaften dieser Bewegung.

Die Behauptung mancher Kommentatoren, daß die Opferbereitschaft der Zapatistas dazu geführt hätte, daß sich erstmals in der jüngeren Geschichte Mexikos unter dem Namen „Zivilgesellschaft" jene politische Kraft vereint hätte, die früher als zerstrittene „Linke" bekannt war, ist gleichzeitig richtig und falsch. Es ist zu einem guten Teil tatsächlich die altbekannte „Linke", aber es ist nicht nur sie, und es fehlt wie gesagt der marxistisch-leninistische Akzelerator, der ihre früheren Projekte bestimmt und zerstört hat. Paradoxerweise war es ein bewaffnetes Befreiungsheer, das einen strikt gewaltfreien Widerstand aus der Taufe hob und die traditionelle Guerilla mit ihrem gewalttätigen Machtkonzept aus dem Projekt eliminierte.

Die Nagelprobe für die CND lag und liegt aber in ihrem Verhältnis zum linken Herausforderer der PRI, Cuauhtémoc Cárdenas. Wenn man den unglücklichen Begriff „Zivilgesellschaft“ schon strapaziert, so sollte man wohl der etwas profunderen Definition jener Kolumnisten folgen, die mit ihm den Gegensatz zur „politischen Klasse“ und somit jenen Teil der Bevölkerung umschreiben, der weder in der Regierung und ihren Institutionen noch im Vorfeld der politischen Parteien organisiert ist. Der Antrag auf Stimmempfehlung für Cárdenas, der sich in vielen Punkten, die für die CND zentral sein müssen, nicht deutlich genug äußerte, wurde in Aguascalientes im Sinne dieser Definition folgerichtig abgelehnt. Es wurde keine Empfehlung für einen Kandidaten abgegeben, sondern nur die gegen die PRI und Ernesto Zedillo.

Dessen ungeachtet sind aber viele Delegierte in die CND als langjährige Gefolgsleute von Cárdenas bekannt, und umgekehrt mag sich ein guter Teil jener Pioniere von Aguascalientes nur wenige Tage später, am 13. August 1994, am Zócalo der Hauptstadt getroffen haben, um der Abschlußkundgebung des linken Herausforderers beizuwohnen. Die Verwirrung wurde komplett, als sich Cárdenas selbst bei dieser Gelegenheit zum Anführer des „zivilen Widerstands“ ernannte, sollte die PRI neuerdings die Wahlen manipulieren. Welcher Widerstand, welche „Zivilgesellschaft“ war nun gemeint? Die Präsidentin der CND, Rosario Ibarra, hätte es beantworten können, verwirrte aber eher durch ihren eigenen Auftritt bei der Wahlveranstaltung Cárdenas'. Und sie sprach auch bei jener des formell unabhängigen, de facto aber von der PRD gestellten Kandidaten für die Wahl zum Gouverneur von Chiapas, Amado Avendaño Figueroa, der bei dieser Gelegenheit gar schon als Kandidat der „Zivilgesellschaft“ bezeichnet wurde. Identifizierte sich also die „Zivilgesellschaft“ mit der PRD - oder umgekehrt?

Politikwissenschaftliche Präzision und journalistische Weisheit versagten im Angesicht der mexikanischen Wirklichkeit. Weitere Kommentatoren verwiesen auf das Gegenteil der obigen Annahme. Nach deren Ansicht hatte sich in Aguascalientes keineswegs nur die alte „Linke“ oder eine Lobby der PRD getroffen. Auch Wertliberale und Anhänger, ja sogar Funktionäre der rechten Oppositionspartei PAN wurden von ihnen unter den Delegierten geortet. Da darf nicht fehlen, daß sich auch der rechte Präsidentschaftskandidat, Diego Fernández de Cevallos, für die Ziele der CND ausspricht und insbesonders deren Forderung nach sauberen Wahlen mit starken Worten zu seiner eigenen macht.

Schließlich muß festgehalten werden, daß ein beträchtlicher Teil jener Namen von Künstlern, Juristen, Journalisten, Unternehmern, Priestern und Wissenschaftern, die man eigentlich unter den Personen mit besonderem öffentlichen Ansehen als Pioniere von Aguascalientes erwarten würde, nicht auf der Mitgliederliste erscheint. Die meisten dieser Personen findet man als Mitglieder der Gruppe „San Angel", einer 1993 gegründeten Initiative, die sich zum Ziel gesetzt hat, mit dem Gewicht ihrer Namen für saubere Wahlen zu kämpfen. Ihre „20 Kompromisse für die Demokratie" wurden von 3.000 Prominenten und von den Kandidaten Cárdenas (PRD), Fernández (PAN) und im letzten Augenblick auch von Ernesto Zedillo, dem Kandidaten der PRI, unterzeichnet. Die 20 Kompromisse waren bis Ende 1993 ein mutiges Minimalprogramm. Mit dem Zapatistenaufstand überholte es sich aber inhaltlich und auch methodisch.

Es mag wohl mit der Eitelkeit vieler Mitglieder der „Grupo San Angel" zusammenhängen, daß sie nicht bereit waren, sich einer Initiative unterzuordnen, die aus der Würde bewaffneter Indígenas ohne Antlitz ihre Kraft gewann. Carlos Fuentes wohnte beispielsweise lieber den Salzburger Festspielen bei als der Convención Nacional Democrática. Eine Reihe von öffentlichen Stellungnahmen läßt außer Zweifel: Der Großteil der „Grupo San Angel" gehört nicht zur Convención Nacional Democrática. Sind sie, die mexikanischen Riesen des Lichts, deshalb keine Repräsentanten der „Zivilgesellschaft"? Folgt man weniger profunden Analysen, welche die „Zivilgesellschaft" der Einfachheit halber mit der CND – nicht mit der PRD – gleichsetzen, so sind sie das nicht.

Doch nicht wenige dieser Prominenten finden sich in der „Alianza Cívica", einem äußerst heterogenen Zusammenschluß von mehr als 400 nationalen Gruppen, die aufgrund des Drucks der Opposition erstmals in der Geschichte des Landes als Vertreter der „Zivilgesellschaft" als moralische Autorität die Wahlen überwachen konnten. Die wütende Erde Mexikos hat die Verhältnisse so verrückt, daß dies möglich wurde.

Bis zu den Wahlen spielte die Diskussion um die Definition der „Zivilgesellschaft" nur eine untergeordnete Rolle. Außer Streit stand, wer NICHT dazugehörte: kraft eigener Entscheidung die Zapatistas als bewaffnete Gruppe, weiter als klar definierter Gegner das PRI-System mit all seinen Exponenten und die marxistisch-leninistischen Relikte vergangener Zeiten. Alle anderen strebten saubere Wahlen an, und das vereinte sie.

Mit dem Wahltag bekam die Metapher vom Turmbau zu Babel, die Marcos in seiner Rede von Aguascalientes neben der von der Arche Noah verwendet hatte, allerdings ihre biblische Dimension zurück. Schwere Mängel in der Wählerevidenz, die Oppositionelle am Urnengang hinderten, und die altbekannte Methode der durch Kaziken und gelbe Gewerkschaftsfunktionäre unter Verletzung des Wahlgeheimnisses erzwungenen Stimmabgabe für die PRI wurden von der „Alianza Cívica“ noch am Abend des Wahltags gemeldet. Einer ihrer Sprecher, Enrique Calderón, urteilte zu diesem Zeitpunkt bereits: „Es war definitiv keine saubere Wahl.“ Ein Urteil, das sich in den folgenden Tagen verdichtete, als die „Alianza Cívica“ in einer Sonderbeilage zur Tageszeitung „La Jornada“ berichtete, daß das geheime Wahlrecht in 34 Prozent der von ihr beobachteten Wahllokale nicht beachtet wurde, und sich verdeutlichte, daß die „rasierte“ Wählerevidenz Zehntausende Oppositionelle an der Ausübung ihres Wahlrechtes gehindert hatte.

In die Diskussion, ob die Anzahl dieser Unregelmäßigkeiten ausreichte, um die Wahlen insgesamt als Betrug zu disqualifizieren, mischte sich seitens beider Oppositionsparteien das Argument, daß trotz der ausgehandelten Verbesserungen im Gesetz die Wahlen von vornherein illegitim gelaufen wären, weil die salinistische Herrschaft über den Staatsapparat die Vorbedingungen einseitig zugunsten des PRI verzerrt hätte. Cuauhtémoc Cárdenas sprach noch während der Stimmauszählung von Betrug und rief seine Anhänger zu einer ersten Protestkundgebung auf den Zócalo der Hauptstadt.

Im Hinblick auf die schweren Konsequenzen, mit denen von allen Seiten für den Fall eines Wahlbetrugs gedroht worden war, stand jetzt kryptisch die Frage an der Wand: Was sind saubere Wahlen? Wer würde nun mit welcher Legitimation welchen Widerstand gegen den vielleicht gar nicht so schwachen Präsidenten Zedillo anführen. Gibt das offizielle Ergebnis überhaupt Anlaß zu einem solchen Widerstand? Welche Koalitionen sind dabei möglich und vertretbar? Wer bestimmt, was die Vorgaben unserer Zeit sind, an welche die Verfassung von 1917 angepaßt werden soll? Was ist Autonomie? Wie wird der Ausstieg aus internationalen Verträgen völkerrechtlich und diplomatisch gerechtfertigt oder wie vor der „Zivilgesellschaft“ die Aufrechterhaltung dieser Verträge erklärt? Wer hält wie jene bewaffneten Gruppen neben den Zapatistas in Schach, die ausdrücklich aus der „Zivilgesellschaft“ ausgeschlossen wurden, aber dennoch soziale Realität sind?

In Aguascalientes hatte der Subcomandante Marcos noch gemeint, daß das Problem des biblischen Babylon mit einem guten Übersetzerteam zu lösen gewesen wäre. Seit dem 21. August 1994 wird Mexiko ein Übersetzerteam von biblischer Qualität benötigen, soll nicht an die Stelle einer erträumten „Zivilgesellschaft“ ein gesellschaftliches Überborden, ein soziales und womöglich auch militärisches Chaos treten.

5. Solidarität mit Chiapas - von Chiapas lernen

Über den eben zitierten Turmbau zu Babel sagte Marcos aber auch, daß diejenigen den biblischen Text schlecht deuteten, die schon den Versuch als Scheitern verurteilten. Versagen bedeute vielmehr, sich hinzusetzen, zuzusehen wie der Turm wachse, stagniere und zerfalle. Das Versagen liege im Zusehen und Warten, bis die Geschichte richtet - nicht über den Turmbau, sondern über diejenigen, die untätig sein Scheitern beobachten.

Hier gilt es festzuhalten, daß sich diese Rede an ein mexikanisches Publikum richtete. Es wäre ein weiteres Mißverständnis, würden europäische Solidaritätsgruppen diese Stelle auf sich beziehen und sie als Aufforderung zu aktiver Hilfeleistung verstehen. Die Botschaft der Zapatistas an die mexikanische Bevölkerung ist der Aufruf, aus der unwürdigen Ergebenheit in die fatalen Folgen eines korrupten Präsidentialismus zu erwachen, das eigene Schicksal in die Hand zu nehmen, das unüberwindbar Scheinende zu wagen, den eigenen Sinnen zu trauen. Damit ist implizit - und oft genug auch explizit - gesagt, daß man Hilfe und Almosen nicht brauche. Den Hunger und die Würde zu teilen, luden die Zapatistas die Delegierten der CND nach Aguascalientes. Von Hilfe war nie die Rede!

Mit dem Aufstand von Chiapas ging aber auch ein Ruck durch die Solidaritätsszene Europas. Der neue Schauplatz, die neue Sprache und die neue Moral gaben nach der Piñata Sandinista, der Kooptierung der salvadorianischen FMLN-Comandantes in das politische System, das sie einst bekämpft hatten, und dem Identitätsverlust der guatemaltekischen URNG neuen Mut. Doch wer nur darauf bedacht ist, seine eigenen Projektionen durch neue Kürzel, neue Symbole und neue Namen aufzufrischen, der sei nochmals darauf hingewiesen, daß am 19. Juli 1994 in Managua Ignacio Pichardo neben Daniel Ortega saß, daß die Zapatistas jeden Internationalismus und Universalismus ablehnen und daß die marxistisch-leninistischen Revolutionäre Mexikos aus der Bewegung verbannt wurden. Solidarität mit Chiapas kann nicht einen schalen Aufguß des Lateinamerika-Aktionismus der siebziger und achtziger Jahre meinen.

In diesem Sinne ist es schon in Ordnung, wenn die 13 europäischen Solidaritätsgruppen, die sich vom 1. bis 7. August 1994 in Zürich trafen, Informationskampagnen zu Chiapas und Mexiko durchführen. Solche Kampagnen sind grundsätzlich nützlich, weil sie dazu dienen, das zynische Spiel zu untergraben, innerstaatliche Machtausübung mit der völkerrechtlichen Anerkennung des eigenen Systems zu legitimieren und gleichzeitig von außen kommende Kritik an demokratischen Defiziten mit dem Prinzip der Nichteinmischung in die Angelegenheiten anderer Staaten zu beantworten. Nie wieder soll ein nicht gewählter Präsident Verträge unterschreiben dürfen, die so weitreichende Folgen habe wie GATT oder NAFTA! Das ist eine legitime Botschaft, die wir im Angesicht der Glückwunschtelegramme, die Ernesto Zedillo unter anderem von Bill Clinton, Eduardo Frei, Nelson Mandela, Felipe González und Jaques Delors erhalten hat, auch an unsere europäischen Regierungen und die Brüsseler Verwaltung richten können.

Solidarität mit Chiapas ist aber wohl weitaus mehr. Wenn die Toten von immer schon leben sollen, so bedeutet das vor allem ein radikales Hinterfragen unserer eigenen europäischen Grundannahmen der Solidaritätsarbeit: des Entwicklungsparadigmas, des Internationalismus, des Universalismus, der Projektion unserer eigenen Heilserwartungen in die Wirklichkeit fremder Völker. Die Zwerge der Nacht sind gekommen, um die Geschichte riesenhaft neu zu schreiben. Solidarität bedeutet in diesem Zusammenhang, daß auch wir unsere Geschichte neu schreiben, auf uns selbst und unsere Sinne zurückverwiesen, allein mit der Aufgabe, unsere eigenen babylonischen Türme zu bauen.

Fixiert auf die „menschenunwürdige Armut" anderer, die über keine Autos, Telefone und Computer verfügen, haben wir uns die Frage nach der eigenen Würde zu lange nicht mehr gestellt. Ja, wir haben Würde als einen altmodischen, peinlichen Begriff an den Rand unseres Wortschatzes gedrängt - wir, in unseren Schlafgaragen, mit unseren standardisierten und homogenisierten Kindern, hinter unseren Schreibtischen und Fernsehern, in der Einsamkeit unserer Kernfamilien und Garconnièren, in der Sicherheit eines Todes im Spitalsbett und elektronischer Grenzschutzsysteme...

Wer von hier aus Solidaritätsarbeit als eine mit Aktionismus verbundene Projektion der eigenen Träume in fremde Wirklichkeiten auslegt, hat Chiapas gründlich mißverstanden. Solidarität mit Chiapas heißt vor allem, von Chiapas lernen. Das kollektive „Ya basta", das aus den lakandonischen Wäldern gedrungen ist, hat seine mexikanischen Besonderheiten; es ist begleitet von der Absurdität des radikalen Pazifismus einer bewaffneten und maskierten Befreiungsarmee; gefährdet und gefördert durch die Vorstellung von einer „Zivilgesellschaft", deren Existenz zumindest ungewiß ist; bedroht durch die Möglichkeit einer gewaltigen sozialen Explosion; gerichtet gegen einen konkreten Feind, hinter dem sich noch andere, bislang unsichtbare Feinde verbergen. Gewiß, die wütende Erde von Chiapas verrückt Mexiko. Doch die Fragen der Zapatistas richten sich auch an uns. So wie der mexikanische Mittelstand einige Zeit brauchte, um zu verstehen, daß es nicht um Hilfe oder Sympathie für eine bäuerlich-indigene Rebellion geht, sondern um die eigene Ergebenheit gegenüber der für selbstverständlich und unüberwindbar gehaltenen Entwürdigung des Alltags, werden auch wir durch sie auf unsere eigene Wirklichkeit verwiesen. Es geht nicht darum, daß wir unseren solidarischen Beitrag in den Latrinen von Chiapas deponieren, sondern daß wir aus dem abstrakten Raum des Entwicklungszeitalters zur Würde unseres eigenen Ortes zurückfinden. GATT ist überall, NAFTA kann auch EU heißen, und Rwanda oder Somalia liegt nur in Kilometern gerechnet weiter von Bonn entfernt als Aguascalientes von Mexiko D.F.

„Ya basta", aber bitte keinen Revolutionstourismus und keine Hilfslieferungen nach Chiapas!

Kapitel IV

Das Wasser sammelt sich in den Bergen

Vorgeschichte

Warum konnte die EZLN wachsen? Und nicht nur wachsen, sondern in einer Explosion münden, die ein festgefügtes, hartes, gewaltiges, monströses Land bis in seine Grundfesten erschütterte - Mexiko. Sie vermochte dies, weil sie - entgegen aller Regel - in ihrer Entstehungsphase eine große Niederlage erlitt (und seither immer wieder erleidet), die genau ihren Erfolg begründet. Sie ließ zu, daß die Realität die Theorie zunichte machte, daß das gelebte Leben ein Denken überwand, das festen Strickmustern folgte, mit Kompaß und Handbuch als Anleitung. Eine Guerilla-Kolonne hatte das Spiel bereits mit ihrem ersten Einsatz verloren. Aber ihr Kampf galt damals nicht den Kugeln des feindlichen Staates, sondern einer Wirklichkeit, die sich den Dogmen der Fokustheorie und dem Avantgardeanspruch nicht fügen wollte.

(Guido Camú Urzúa/Dauno Tótoro Taulis: EZLN - El ejército que salió de la selva, Mexiko 1994)

Aspekte der Vorgeschichte der Zapatista-Bewegung

Antonio García de León

Die Zapatista-Bewegung ist nach meiner Meinung das Ergebnis zweier konfluierender Traditionen. Eine davon ist die Tradition der lokalen Campesino-Bewegungen, die 1974 mit dem Indígena-Kongreß in Chiapas ihren Anfang nahmen.

Die ursprüngliche Absicht dieses Kongresses war, die lokalen Organisationen zu einer breiten Bewegung zusammenzuführen. Dies war nicht möglich, da dafür noch die politische Reife fehlte. Die Bewegung blieb atomisiert in viele verschiedene Organisationen, von denen einige später von nationalen Organisationen vereinnahmt wurden, wie im Falle der Central Independiente de Obreros Agricolas y Campesinos (CIOAC; Unabhängige Zentrale der Landarbeiter und Bauern), oder die später neue regionale Organisationen hervorbrachten, wie die Organisación Campesina Emiliano Zapata (OCEZ; Bauernorganisation Emiliano Zapata), die inzwischen in vier Teilorganisationen gespalten ist.

In der Selva Lacandona beginnt der Organisationsprozeß früher. Dort setzt die Zuwanderung in den 60er Jahren ein. Von Anfang an sahen sich die Neusiedler vor der Notwendigkeit, Schutzorganisationen gegen Angriffe der Großgrundbesitzer oder der Regierung zu bilden. Diese Organisationsstruktur war eine der Grundlagen für die Mobilisierung für den Indígena-Kongreß.

Der Kongreß markierte den Beginn einer neuen Etappe der Bauernbewegung in Chiapas, die in den 20er bis in die 40er Jahre heftige Landkämpfe geführt hatte, danach aber abgeklungen war.

Eines der Organisationsprinzipien in Chiapas, vor allem in den Gemeinden der Tzeltal, ist das sogenannte „huoc ta huoc". „Huoc ta huoc" bedeutet in der Sprache der Tzeltal sammeln, wiedergeben und wieder sammeln. Es bezeichnet eine Organisationsform, in der die Führer nur auf Grundlage des Konsenses mit ihrer sozialen Basis handeln dürfen. Die Meinungen der Gemeindemitglieder werden angehört, die Führer fassen dies zu einem Vorschlag zusammen, der wiederum der Gemeinde präsentiert wird, bis ein allgemeiner Konsens erreicht wird, auf dessen Grundlage dann gehandelt wird. Dies wird in einem anderen Begriff zusammengefaßt, der sowohl in der Sprache der Tzeltal als auch der Tzotzil existiert - dem Begriff „k'op". „K'op" bedeutet Wort, aber auch Sprache, Spiel, Kampf oder Aktion, denn in diesem Konzept gehören Wort und Tat untrennbar zusammen. Sehr im Unterschied zur Tradition der Linken in Mexiko, die üblicherweise Beschlüsse faßt, diese aber nicht umsetzt... Charakteristisch für das k'op-System ist dagegen, daß die Beschlußfassung immer auf Handeln ausgerichtet ist.

Meiner Meinung nach ist der bewaffnete Aufstand vom Januar 1994 Ergebnis eines solchen k'op-Prozesses. Dies ist eine Tradition des indianischen Widerstandes seit der Kolonialzeit, die sich in allen großen Indígena-Erhebungen nachvollziehen läßt.

Die zweite Wurzel der Zapatista-Bewegung hat mit politischen Entwicklungen außerhalb von Chiapas zu tun, mit der Studentenbewegung von 1968 und den Guerilla-Organisationen der 70er Jahre. Daraus bildete sich eine Gruppe linker Kader, die vor zehn Jahren in die Selva ging. Ihr ursprünglicher Diskurs war sehr traditionell, drehte sich um die Diktatur des Proletariats, den Sozialismus, den bewaffneten Kampf, genauso wie es die mexikanische Guerilla der 70er Jahre propagierte. Dieses Konzept war fundamentalistisch radikal, ausschließend und intolerant in dem Sinne, daß alles, was davon abwich, als kleinbürgerlich oder bürgerlich verurteilt wurde. Diese von außen kommende Linie wurde zunächst von der lokalen Indígena-Bewegung in der Selva abgelehnt und heftig kritisiert. Offensichtlich gab es jedoch sensible Kräfte innerhalb der externen Kader, die begannen, die Indígena-Sprachen zu lernen und auf das soziale Umfeld, in dem sie sich bewegten, einzugehen. Ein Prozeß der Indianisierung begann und damit auch eine tiefgehende politische Transformation, die die traditionellen Organisationsformen der Indígenas ernst nahm. Viel vom vorangegangenen Fundamentalismus wird aufgegeben, die Sprache ändert sich. Trotzdem ging die Verbreiterung der Bewegung zunächst langsam voran. Erst ab 1992 scheint es einen starken Zuwachs gegeben zu haben, vor allem aus drei Gründen: Einer ist das staatliche Waldschutzgesetz, das den Siedlern verbietet, Brennholz zu schlagen und zu verkaufen, und den Bauern harte Strafen für jeden gefällten Baum androht. Der zweite Grund ist ein neues Strafgesetz, das der Gouverneur Patrocinio González Garrido erläßt, das Generalklauseln gegen Terrorismus, Zusammenrottung, Aufstand etc. enthält und damit jegliche unabhängige Organisation, Versammlung und Mobilisierung bedroht. Dieses Strafgesetz war vor allem gegen die Bauernbewegung und ihre Aktionsformen gerichtet, die Land- und Rathausbesetzungen umfaßten und jede Art öffentlicher Demonstrationen. In der Tat zeitigte dieses neue Gesetz Wirkung. Es gab keine Landbesetzungen mehr, keine Kundgebungen. Aber wie die Bauern sagen: Der Sack, der oben zugebunden wurde, war unten offen. Denn die Leute organisierten sich nun diskret, klandestin. Zu diesem Zeitpunkt hatten die Zapatisten einen enormen Zulauf. Tausende von Menschen, die nichts mehr vom Staat erwarteten, ganze Gemeinden schlossen sich ihnen an. Ein wichtiges Charakteristikum dabei war das Prinzip der doppelten Militanz. Jeder Bauer praktizierte diese doppelte Militanz: Er war katholisch und Zapatista, evangelisch und Zapatista, PRI-Mitglied und Zapatista, was auch immer und Zapatista. Das hieß auch, daß die Bewegung nicht mehr exklusiv war, wie die traditionellen linken Organisationen in Mexiko und Chiapas, sondern in der Klandestinität wurde ein Raum geschaffen, der vor der Repression relativ geschützt war und der die Teilnahme verschiedenster Strömungen und Organisationen in der zapatistischen Bewegung erlaubte. Dies war sicher ein entscheidender Faktor, der das massive Wachstum der Bewegung seit 1992 ermöglichte.

Der dritte und grundlegende Auslöser schließlich ist die Reform des Verfassungsartikels 27, der in seiner neuen Form den Zugang zum Land beendete, da die Landreform und -verteilung für abgeschlossen erklärt wurde. Dies bedeutete den Schlußpunkt einer langen Periode, in der seit der mexikanischen Revolution der Staat den Zugang der Bauern zu Land geregelt hatte.

Die Tradition indianischen Widerstands in Chiapas läßt sich bis in die Kolonialzeit zurückverfolgen. Es gab wichtige Aufstände im sechzehnten, siebzehnten, achtzehnten, neunzehnten Jahrhundert. Die Erinnerung daran ist nicht verschwunden, sondern in die Legenden und Vergangenheitsmythen der Dörfer eingegangen.

Dabei ist bemerkenswert, daß die indianischen Aufstandsbewegungen seit dem neunzehnten Jahrhundert Bündnisse mit politischen Strömungen in den Städten eingegangen sind, vor allem mit den Anarchisten jener Zeit. Deshalb weisen die politischen Konzeptionen der Indígenas viele anarchistische Elemente auf, obwohl sie tief in den eigenen, mündlich überlieferten Traditionen verankert sind. Zum Beispiel wurde 1869 eine massive Rebellion chiapanekischer Indígena-Bauern von einem weißen Anarchisten, Galindo, angeführt, der indianische Lebensgewohnheiten angenommen, sich indianisiert hatte. Diese Bewegung schuf die Losung „Land und Freiheit", die später während der Revolution von 1910 eine der Hauptforderungen von Emiliano Zapata war. In den 20er und 30er Jahren unseres Jahrhunderts gab es einige Bauernrevolten, die nichtindianischen Aktivisten der kommunistischen Dritten Internationale nahestanden. Auch die Allianz zwischen indianischem Widerstand und städtischen linken Bewegungen hat also Tradition in Chiapas.

(Aus einem Interview vom 20. April 1994. Übersetzung: Danuta Sacher)

Die historische Entwicklung der EZLN:

Vor dem 1. Januar 1994 gab es in der EZLN eine Reihe von Entwicklungsstufen, die wir heute als logisch ansehen können, damals aber eher spontan waren.

Am Anfang war die EZLN eine kleine Gruppe mit einem traditionellen militärisch-politischen Konzept, die sich stark an die anderen lateinamerikanischen Guerilla-Gruppen anlehnte. Dann begannen aber sechs Leute, der Kern der Truppe, das Konzept an die Realitäten vor Ort anzupassen. Wir mußten lernen, in den Bergen zu leben, wir hatten damals keine Unterstützung aus den Dörfern, bekamen Nachschub nur aus den Städten. Das Überleben in den Bergen zu lernen war aber nicht nur eine militärische Taktik, sondern die Garantie für das Überleben der zukünftigen EZLN. Wir haben gelernt, in der Selva zu leben, zu überleben und uns von ihr zu ernähren, haben gelernt, ein Teil der Selva zu werden.

Es war für uns eine schwere Zeit - wir waren nur auf uns gestellt. Damals waren wir nicht nur von den Dörfern, sondern auch von der Außenwelt abgeschnitten, hatten nur ein kleines Radio dabei, über das wir unsere Informationen bekamen. Diese Zeit hat uns körperlich sehr stark beansprucht, schließlich kamen wir aus der Stadt, jedenfalls einige von uns. Wir mußten lernen, unter solchen Bedingungen Lasten zu tragen, zu marschieren - haben uns die Kondition für das (Über-)Leben beschafft. Es hat uns Kraft gekostet, Wasser und Holz zu holen, Essen zu kochen, stundenlange Märsche zu ertragen, zu jagen und die Tiere zuzubereiten. Wir mußten den Unterschied zwischen giftigen und ungiftigen Pflanzen lernen, welche man essen konnte und welche nicht. Abgesehen von diesen körperlichen Strapazen, die jedenfalls den Erfolg hatten, daß wir abhärteten und man sich an den Schmerz und die Unbequemlichkeiten gewöhnte, geschah eine Verhärtung der Seele jedes einzelnen. Da es nichts gab, an das man sich klammern konnte, klammerte man sich an die Hoffnung, daß das, was man heute macht, irgendwann wichtig wird, all diese absurden Dinge sich eines Tages auflösen würden. Das war damals das Leben in der Selva. Das war die erste Phase. Sie dauerte drei Jahre, und schon damals hatten wir die ersten Kontakte zu den Indígenas aufgenommen - aber sie waren sehr sporadisch. Wir haben ihnen erklärt, warum wir kämpfen, daß man sich organisieren muß, bereit sein muß für den Tag, an dem man die Waffe in die Hand nimmt, um seine Rechte zu verteidigen.

Danach, in der zweiten Phase, sind junge Indígena-Männer zu uns gestoßen, haben sich der Bewegung angeschlossen. Aber wir waren immer noch eine kleine Guerilla-Gruppe. Zusätzlich zu ihrer Kondition, die sie für ein Leben in den Bergen befähigte, brachten sie uns ihre Weltsicht sowie ihre Sicht des Kampfes und ihre Kultur. Das heißt, in dieser Aufbauphase bewegten wir uns in einer Schule, wo es nicht klar war, wer Lehrer und wer Schüler war. In dieser Epoche geschah ein wichtiges Ereignis, das normalerweise übersehen wird, weil es heute für uns schon selbstverständlich ist: die Anwesenheit von Frauen in der EZLN. Es gibt heute viele Frauen in der EZLN, die militärische Ränge haben und sich innerhalb der Armee bewegen. Aber am Anfang waren es eben nur ein oder zwei Frauen, die sich uns anschloßen. Es waren Indígena-Frauen. Für sie bedeutete dieser Schritt den absoluten Bruch mit der Dorfgemeinschaft und ihrer Kultur. Aber nicht nur für sie war es ein einschneidender Schritt, auch für uns, wo wir doch immer dachten, Guerilla sei eine Männersache. Wir würden lügen, wenn wir behaupteten, wir wären von Anfang an emanzipiert gewesen - wir waren Machos wie alle anderen auch, vielleicht sind wir es auch heute noch. Die Frauen haben sich mittlerweile ihren Platz in der EZLN erobert. Wir haben ihn ihnen nicht zugeteilt, sondern sie haben sich den Platz schwer erkämpfen müssen. Es war ein harter und sehr konsequenter Kampf von seiten der Frauen. Und er ist immer noch nicht zu Ende. Und dadurch, daß sie militärische Ränge haben, ist der Machismo noch nicht besiegt, die Verachtung, die Männer häufig gegenüber Frauen haben. Sie werden noch nicht als gleichwertige Mitkämpferinnen im gleichen Kampf akzeptiert.

Die Tatsache, daß junge Indígenas - Männer und Frauen - in die EZLN eintraten, leitete die dritte Phase ein, in der die EZLN Kontakt mit den Dörfern aufnimmt. In dieser Phase entwickelt sich eine Übereinstimmung zwischen dem bewaffneten Kampf und dem Willen der Dorfbevölkerung, sich gegen die „Weißen Garden“ zu schützen. Gegen die Überheblichkeit der Viehzüchter und die Übergriffe der Polizei, die die Dorfbevölkerung ständig verfolgten und malträtierten. Die Tatsache, daß die Dörfer merkten, daß es einen Schutz gegen diese Übergriffe gibt, und die Tatsache, daß so ein Heer nicht von uns geplant, sondern einfach notwendig war, schaffte ein Klima der Akzeptanz - man rief uns zur Hilfe. So zogen uns die Dörfer aus der Selva heraus und etablierten uns in der Nähe der Indígena-Dörfer. In dieser Phase prallten zwei Konzepte aufeinander: das militärische und militärisch-politische Konzept, wo einer führt und alle folgen. Dieses prallte auf das Selbstverständnis der Dörfer, das schon seit vorkolonialer Zeit herrschte - das basisdemokratische Konzept. So gab es ein Nebeneinander zwischen der EZLN in den Bergen und den Dörfern in den Tälern. Als sich die Dörfer vergrößerten, gab es einen Wandel hin zu einer basisdemokratischen Leitung der EZLN. Sie sah sich gezwungen, sich den Dörfern unterzuordnen. Das war damals ein organischer Prozeß, kein ideologischer, so daß die EZLN schließlich abhängig war von den Entscheidungen in den Dörfern. Von da ab akzeptierten wir die Entscheidungsgewalt der Dörfer, und parallel dazu wuchs die EZLN, und die Trennungslinien verwischten sich. Die EZLN verläßt die Berge und verwandelt sich in „unser" Heer aller Dörfer. Die Trennungslinie zwischen militärisch und politisch verwischt. Die Entscheidungsform der Dörfer setzt sich in der EZLN durch. Diese Entscheidung trägt maßgeblich dazu bei, daß Tausende zur EZLN kommen und Dutzende von tausend die Basis der EZLN bilden.

Die vierte Phase beginnt, als die Wirtschaftskrise die Dörfer trifft. Und das ist die Phase, wo ein friedlicher Wandel sich langsam ausschließt und zum Schluß nur noch der bewaffnete Kampf in Frage kommt, wo sie es vorziehen, den Reichen den Krieg zu erklären, bevor es umgekehrt geschieht. In dieser Phase gründet sich auch das Geheime Komitee. Das ist der Grund, warum in allen Dörfern über den Beginn des Krieges abgestimmt wird.

Daran schließt sich die fünfte Phase, die militärische Vorbereitung auf den 1. Januar 1994, an. Und ab dem 1. Januar tritt die EZLN in das Rampenlicht der Öffentlichkeit.

(Das Interview mit Marcos wurde uns zur Verfügung gestellt von Medienproduktionen Hamburg und Michael Enger Filmproduktion.)

Don Quijote und ein Affe namens Thatcher

Die Entscheidung, ausgerechnet nach Chiapas zu gehen, ging nicht von mir aus, denn selbstverständlich herrschen im ganzen Südosten dieselben Bedingungen. Entscheidend war die Tatsache, daß es in Chiapas Kontakte zu einigen Indígenas gab.

Ich sagte ihnen: „Ich will in die Berge gehen." Nach vielerlei Einwänden sagten sie schließlich: „Dann versuch's halt, und wenn du durchkommst, dann bleib." Und am Ende blieb ich. Ich kam erst im Januar wieder raus.

Als ich ankam, schleppte ich einen Haufen Bücher mit. Eins davon war der *Canto General* von Pablo Neruda, ein anderes eine Auswahl von

Gedichten von Miguel Hernández, León Felipe, *Historias de cronopios y famas* von Julio Cortázar, die Erinnerungen von Francisco Villa, den *Don Quijote de la Mancha* usw. Klar, daß ich sie unterwegs so nach und nach zurücklassen wollte, ich schleppte so um die fünfzehn mit mir, ungefähr fünf bis zehn Kilo. Die Straße ging nicht bergab, und da, wo wir hinwollten, mußten wir einen Berg nach dem nächsten erklimmen. In der Guerilla gibt es einen Merksatz: Eine Sache von einem Kilo wiegt nach einer Stunde zwei, und nach zwei Stunden wiegt sie vier Kilo... Du gehst mit dem Gefühl, daß sie immer schwerer wird, und du bekommst Lust, alles zum Teufel zu schicken.

Wir kamen alle beim Lager an, aber dann kriegst du deine Zuteilung an Kugeln, Essen, Ausrüstung, Magazinen, ein kleines Radio, Höhenmesser, Kompaß, Handgranaten und ein paar Sachen für die Topographie, Karten. Du trägst das gleiche Gewicht wie alle, aber darüber hinaus die Bücher. Das erweckte die Aufmerksamkeit der Compañeros, zu Anfang machten sie sich über mich lustig, weil ich Bücher mit mir herumschleppte, ich war ein Verrückter. Später, als beim Schein des Lagerfeuers aus diesen Büchern Geschichten hervorkamen, haben sie mir angeboten, als ich ihnen sagte, dieses oder jenes Buch werde ich zurücklassen, komm, ich helf' dir beim Tragen, und sie sagten mir, da kommt ein Märchen oder eine Geschichte dabei heraus, die du uns erzählen sollst.

Die Compañeros erzählten Geschichten aus den Bergen, von Gespenstern, von Toten, von früheren Kämpfen, von der mexikanischen Revolution, und das vermischt sich mit der Kolonialzeit und der vorspanischen Epoche, aber sie erzählen dir immer von denselben Dingen, die du in verschiedenen Zeiten ansiedeln kannst.

Wir waren am Anfang ausschließlich Männer, das einzige weibliche Wesen war ein Äffchen, das wir Margaret Thatcher nannten, sie war sehr witzig. Wir waren sechs, so um 1984, sie ging mit uns, und wenn wir uns zum Lesen oder Plaudern hinsetzten, dann setzte sie sich zu uns, und wenn wir fertig waren, dann erhob sie sich ebenfalls, ihre einzige Arbeit bestand darin, sich Essen zu holen. (...)

Es gibt eine Stelle am Ende des *Quijote*, wo Alonso Quijano sagt: „Ich war verrückt, jetzt bin ich vernünftig." Ich wollte immer vermeiden, daß ich einmal so etwas sagen müßte, wir müssen uns diese Verrücktheit bis zum letzten Moment erhalten, wir dürfen nicht dazu kommen, diese Worte auszusprechen und uns dem Staat und dem Konformismus zu fügen. Und die Windmühlen sind sehr reale Feinde, wie die Pilatusflugzeuge, welche die Schweizer Regierung der Regierung von Mexiko verkauft, um Indígenas zu töten.

Dort bist du ein Namenloser, außer einer *pasamontañas* hast du dort nichts. Die Berge machen dir ein Versprechen: Für diese Anstrengungen wirst du eines Tages belohnt werden, das, was du jetzt gerade lernst, wirst du eines Tages brauchen, und es wird zu etwas nütze sein, nicht für dich persönlich, sondern für dieses Land, in dem du nun mal lebst, im Guten wie im Schlechten.

Jemandem aus der Stadt bleibt nichts anderes, als sich an die Hoffnung zu klammern, denn dort gibt es nichts anderes. Wenn du die Hoffnung behältst unter diesen Bedingungen, wo alles dir sagt: Nein, besser, du kehrst um, du vergeudest deine Zeit, es ist nutzlos, was du tust...; aber noch bleibt dir eine kleine Flamme, die dir sagt, daß es Hoffnung auf Veränderung gibt, die Berge gewähren dir freigiebig Unterschlupf, damit dieses Licht nicht verlöscht. Und dieses Licht haben wir am 1. Januar entzündet und in die Städte der Provinz getragen. Die Dunkelheit in diesem Land ist so groß, daß dieses winzige Licht, das wir bringen, hell leuchtet. Nicht, weil es groß ist, sondern weil die Dunkelheit so groß ist...

(Marcos zur Entstehung der EZLN, aus Guiomar Rovira: Zapata vive!, Barcelona 1994, S. 51ff. Übersetzung: Barbara Tegge)

Unser Volk ist fähig, sich selbst zu regieren

Am 3. und 4. Februar 1994 führten die Korrespondenten der Zeitung „La Jornada“ Blanche Petrich und Elio Henríquez mit der politischen Leitung der EZLN ein Interview, das wir in Auszügen dokumentieren.

Mitten in der Selva, weit weg von ihren Heimatorten, leitet das „Comité Clandestino Revolucionario Indígena“, das Geheime Revolutionäre Indígena-Komitee (CCRI), die politische Seite des Kampfes der Zapatistas.

Sie kommen mit ihren Waffen über der Brust gekreuzt. Aber sie sagen: „Wir sind friedliche Leute. Wir haben viel Geduld. Andernfalls hätten wir uns schon vor langer Zeit erhoben.“

Bei ihren politischen Forderungen beharren sie vor allem auf der ersten, dem Rücktritt von Carlos Salinas de Gortari. Und sie weigern sich auch, die von der PRI gestützte Kandidatur von Luis Donaldo Colosio zu akzeptieren: „Wer hat den denn gewählt? Ein Grüppchen von Leuten, die das Machtzentrum besetzen, Abgeordnete, Senatoren. Nicht ein Kleinbauer, nicht ein Indígena, nicht eine indianische Bäuerin hat gesagt, daß dieser Mensch es werden soll.“

Wir bemerken, daß die Zapatistas, auch wenn sie nicht wenige Sympathien im Land gewonnen haben, Furcht verbreiten: „Es braucht Zeit, damit die Leute sich bewußt werden und begreifen, wer der Gute im Sinne ihrer Interessen ist - die Regierung oder die Zapatistas. Es gibt Leute, die für die Zapatistas sind, und andere, die bestreiten, daß der Krieg notwendig ist. Aber es gibt keinen Grund zur Besorgnis, es geschieht was geschieht.“ Und mit großer Teilnahme senden sie eine Botschaft an die Arbeiter Mexikos: „Wir glauben, daß alle Arbeiter des Landes die gleichen Nöte erdulden wie wir. Wir glauben, daß unser Krieg ihnen dienen kann.“ Denn, so stellen sie fest, die Demokratie, von der der Präsident Mexikos redet, „ist ein Hohn in unseren Augen“.

Sie sind das Gremium an der Spitze der EZLN. Oder besser, ein Teil der kollektiven Leitung, die sehr zahlreich ist, wie sie sagen, nach Ethnien und Regionen unterteilt, und von der Basis gewählt. Sechs von ihnen - die Comandantes Ramona, David, Javier, Moisés, Issac und Felipe - sprachen mit La Jornada.

Trotz der demokratischen Tradition der Indígena-Kulturen gewinnt in den Gemeinden von Chiapas die PRI immer mit großem Vorsprung. Manchmal mit mehr als 100% der Stimmen. „Was du sagst, ist wahr“, lächelt David, der ausgewählt wurde, am 1. Januar die „Erklärung aus der

Selva Lacandona“ anläßlich der Einnahme des Rathauses von San Cristóbal de las Casas zu verlesen. „Auch wenn wir nicht wählen, zählen sie uns mit. Wer doch wählt, dem wird praktisch die Hand geführt, damit das Kreuz an der richtigen Stelle ist.“

Zu einem der Mitglieder des CCRI oder des Oberkommandos des EZLN vorzudringen, erforderte eine lange Reihe von Höflichkeitsbezeugungen und von Botschaften, die heimlich ausgetauscht wurden. Die Daten wurden geändert und der Augenblick verschoben, angepaßt an das Hin und Her des unterschwelligen Krieges, in dem sich Chiapas befindet. Aber, was lange währt, wird endlich gut - schließlich wird die Stunde doch festgesetzt.

Der Ortswechsel in die Tiefe des zapatistischen Territoriums in der Selva erforderte komplexe Sicherheitsmaßnahmen, die Subcomandante Marcos erarbeitet hatte. Die wichtigsten Reiseetappen wurden nachts zurückgelegt. Oder, wenn es noch Tageslicht gab, gab es einen Befehl, der wie eine liebenswürdige Einladung klang: „Jetzt werden wir ein bißchen schlafen und die Augen schließen.“

Zahlreich sind die Wegsperren, die entweder schweigend oder mit einem kaum geflüsterten Losungswort geöffnet werden: „Wer da?“, fragt ein Schatten. „Das Vaterland“, antwortet ein anderer. Auch verschlüsselte Losungsworte müssen ausgetauscht werden, die wie Maya-Dichtung klingen: „Wir alle haben nur ein Antlitz und einen Gedanken. Unser Wort verbreitet sich mit der Wahrheit. Im Leben und im Tode sind wir unterwegs. Im Tode gibt es keinen Schmerz mehr, aber Hoffnung im Leben. Wählt!“

Es gibt einen Kontroll- und Ruhepunkt um Mitternacht, im Herzen eines Dorfes ohne Namen. Es ist eine katholische Einsiedelei, mit armseligem Kreuz, Bibel und Heiligenbildern, mit Girlanden aus Bambuspapier auf dem Dach und einem Teppich aus *juncia* (Nadeln einer Kiefernart, die in Chiapas und Guatemala bei Zeremonien verwendet werden).

Zwei gut bewaffnete Guerilleros, beide sehr jung - ein junger Mann und eine junge Frau -, bewachen die Tür, während ein indianischer Offizier erneut die Pressedokumente überprüft. Die Höflichkeit ist ausgesucht. Die Sicherheitsmaßnahmen ebenfalls. Uhren, Aufnahmegeräte, Rucksäcke sowie das gesamte Arbeitsmaterial des Fotografen Antonio Turok, einer Gruppe des unabhängigen mexikanischen Fernsehens und der Reporter befindet sich bereits in den Händen einer Gruppe von Milizangehörigen, die zwei Nächte marschieren werden, um uns zum Treffpunkt zu geleiten.

Wir reisen zu Pferd und haben während langer Strecken die Augen verbunden, spüren aber die abrupten Auf- und Abstiege der Reittiere, das

Durchqueren von Bachbetten und Saatfeldern und berühren Zweige dichter Vegetation. Es regnet, klart auf und regnet erneut. Bei Tagesanbruch bieten sie uns Unterkunft in armseligen Hütten, Ruhe und Kaffee.

Den Treffpunkt unter riesigen Bäumen bewacht eine Truppe, die hauptsächlich aus jungen Leuten besteht, alle mit grauen oder schwarzen *pasamontañas* verhüllt. Ihre Bewaffnung ist buntgemischt: M-16, R-15, tschechische AKs, Karabiner, Jagdflinten, Gewehre.

Die zahlreichen Augenpaare, die aus den Schlitzen der wollenen *pasamontañas* leuchten, mit der seltsamen und schon Wahrzeichen gewordenen Bommel auf dem Kopf, ähneln sich sehr. Prüfende Blicke von Menschen aus einer Indígena-Kultur, die nach Comandante David für den mexikanischen Staat und das politische System des Landes nie mehr als eine Sprosse auf der Erfolgsleiter war.

„Für sie, die Politiker, ist es ganz leicht, uns Indígenas als Trittleiter zu benutzen, um in der Machthierarchie aufzusteigen. Aber wenn sie dann oben im Kabinett sind, beginnen sie zu vergessen."

Der Guerillatrupp präsentiert die Waffen, als die sechs Comandantes sich der kleinen Lichtung nähern, die für das Interview ausgewählt wurde. Javier beginnt: „Ich möchte erklären, wie der Kampf begann. Wir als Compañeros wurden als Mitglieder des CCRI abgeordnet. Wir hatten schon seit langem damit begonnen, uns zu organisieren. Die Basis unserer Organisation ist der Lebensalltag unseres Volkes, das schon seit Jahren mit friedlichen Mitteln mit der Regierung streitet. Es sind viele Gemeinden, die alle um Land, Wohnungen und das, was sie brauchen, gekämpft haben. Aber anstatt unsere Probleme zu lösen, antwortet die Regierung mit Repression, mit Schlägen, Mord, Vertreibung, und unsere Führer werden eingesperrt.

Also entschieden wir, daß es keinen anderen Weg gibt, als sich zu organisieren und einen bewaffneten Aufstand zu beschließen. So begannen wir uns heimlich in einer revolutionären Organisation zu formieren. Aber in dem Maße, wie wir fortschritten, wählte jedes Dorf seine Vertreter und Führer. Und im Zuge dieser Beschlüsse schlugen die Dörfer selbst Kandidaten für die Leitung unserer Organisation vor. Die Dörfer selbst haben uns ernannt. Als es immer mehr Dörfer wurden, war es Zeit, Delegierte zu ernennen. So kamen wir dazu, das CCRI zu bilden.

Warum sind wir das CCRI? Nun, wir sind ein Komitee, weil wir eine kollektive Leitung haben. Geheim, weil wir wissen, daß wir der Regierung nicht in den Kram passen, wenn wir uns im bewaffneten Kampf erheben. Wir wußten das im voraus, deshalb organisierten wir uns heimlich. Revolutionär, weil wir uns bewußt sind, daß uns kein anderer Weg bleibt als der bewaffnete Kampf, um zu sehen, ob man uns dann endlich ernst nimmt und eine Antwort auf unsere Nöte findet.

Revolutionär, weil wir einen Wechsel wollen. Wir wollen die immergleiche Situation voller Ungerechtigkeiten aller Art nicht mehr hinnehmen. Deshalb wollen wir eine andere Gesellschaft mit einem anderen Leben. (...)“

Eine andere Stimme, die von Isaac, dem Jüngsten, fällt ein: „Ich möchte noch etwas zum CCRI erläutern. Es wurde schon bemerkt, daß es demokratisch gewählt ist. Wenn also ein Mitglied des CCRI seine Arbeit nicht macht und die Leute nicht respektiert, dann soll er sich gefälligst ins Zeug legen, denn sonst hat er hier nichts zu suchen, dann müssen wir einen anderen an seine Stelle setzen. Darauf beruht die Mitgliedschaft im Komitee, auf einer demokratischen Basis.“

Wie habt ihr euch kollektiv für den bewaffneten Aufstand entschieden? Wie kam es zu der Offensive vom Januar? Warum erzählt ihr uns nicht ein bißchen von jener Abstimmung und wie sie verlief?

„Das wurde schon Monate vorher in die Wege geleitet, weil wir die Meinung und anschließend die Entscheidung in allen Dörfern suchen mußten. Wozu wäre es gut, wenn sich nur eine Gruppe in den Kampf stürzt und das Volk sie dann nicht unterstützt? Was, wenn das Volk noch NEIN sagt? Auch dann kann man keinen Kampf führen.“

„Es war das Volk selbst, das sagte: ‚Fangen wir endlich an! Wir wollen es nicht länger aushalten, denn wir sterben schon vor Hunger.‘ Für die Führer, sowohl im CCRI, als auch in der Zapatistischen Armee und im Oberkommando gilt: Wenn das Volk es sagt, dann werden wir anfangen. Wir werden respektieren und ausführen, was das Volk verlangt. Das ganze Volk. So begann der Kampf.“

Wie wurden die Versammlungen abgehalten?

„Sie finden in jeder Region statt. In jedem Gebiet werden die Leute nach ihrer Meinung gefragt. Sagen wir, überall dort, wo es Zapatistas gibt. Aber Zapatistas gibt es überall im Staat Chiapas. Die Leute wurden gefragt, ob wir mit dem Kampf beginnen sollen oder nicht.“

Fragt man auch, ob die Leute jetzt nicht lieber verhandeln wollen?

„Auch darüber werden sie informiert. Und wenn sie sagen: ‚es reicht, fangt an zu verhandeln, wir wollen keinen Krieg mehr, wir sind erschöpft‘, dann muß sehr genau analysiert und überlegt werden, was wir noch gewinnen können. Ob den Forderungen Raum gegeben wird oder nicht. Ob es zu etwas führt oder nicht. Etwas anderes zu tun hieße, in dem Kampf zu versagen, für den wir seit Jahren gearbeitet haben. Es wäre schade, alles aufzugeben, was wir seit Jahren organisiert und aufgebaut haben. Deswegen müssen wir uns jeden unserer Schritte genauestens überlegen.

Und jeden Vorschlag, den uns die Regierung oder Camacho selbst machen, wollen wir überdenken. Wir können nicht annehmen, was wir nicht kennen."

Moisés: „Dieser Camacho denkt, daß wir alle verhandeln werden ohne vorherige Beratung. Aber wir müssen vorher alles mit dem Volk beraten. Sie haben uns gewählt, um für die Revolution zu arbeiten. Aber in anderen ethnischen Gruppen haben die Menschen immer noch das Gefühl, nicht viel zu begreifen. Warum? Weil wir vorerst nur in einem Teil unseres Staates vorankommen. Aber wir hoffen sehr, daß wir den Kampf auf bundesstaatlicher und nationaler Ebene führen können werden. Warum? Weil diese unsere Lebenslage nicht nur in einem Bundesstaat oder einigen Dörfern existiert, sondern wir wissen, daß unsere Brüder in vielen anderen Dörfern, in vielen anderen Bundesstaaten genauso leiden wie wir hier. Deswegen werden wir vorankommen und haben die Hoffnung, daß die Revolution eines Tages triumphieren wird."

Ihr, die ihr hier seid, habt ihr in den Bauernorganisationen an den Kämpfen um das Land teilgenommen, bevor ihr zu den Waffen gegriffen habt?

„Natürlich haben wir das. Aber so haben wir nichts erreicht."

Und aus welchen Organisationen kommt ihr?

„Nun, aus einigen unabhängigen Organisationen. Wir haben in dieser Form gekämpft, aber nichts erreicht. Viele unserer Leute haben so gekämpft, aber alles, was dabei herauskam, war Gefängnis, Mord und Repression. Aus diesen Gründen nehmen wir am bewaffneten Kampf teil.

Die Regierenden sagen natürlich, daß das kein Grund sei, daß dies nicht der Weg sei, die Probleme zu lösen und zu versuchen, die Bedürfnisse unseres Volkes mit Waffengewalt zu befriedigen. Aber wir haben einige lebenswichtige Bedürfnisse. Wenn dies nicht so wäre, hätten wir die Lösung auf friedlichem und nicht auf militärischem Weg gesucht.

Man kann sagen, daß wir keine Geduld haben, daß wir unrecht haben. Aber wir haben vorher um die Erfüllung unserer Forderungen auf friedlichem, legalem Weg gekämpft. Die Regierenden in Chiapas und Mexiko-Stadt haben uns nicht angehört. Darum blieb uns kein anderer Weg, als den bewaffneten Aufstand zu versuchen und zu sehen, ob sie uns dann zuhören. Als wir uns am 1. Januar mit den Waffen in der Hand erhoben, hatten wir ein gutes Ziel. Wir wollten der Zivilbevölkerung nicht das mindeste antun, sie bedrohen oder gar töten. Wir müssen die Bevölkerung respektieren, das müssen wir. Warum? Weil wir nur zu genau wissen, wer der Feind und wer der Freund des Volkes ist. Wenn auch viele Leute immer noch sagen: Ach, sie wollen uns umbringen, ja, sie werden uns umbringen... das stimmt nicht soviel steht fest. Wir respektieren das Leben der Zivilbevölkerung.“

Eine eurer Forderungen in der „Erklärung aus der Selva Lacandona“ ist Land. Land, um es bearbeiten zu können, um leben zu können. Habt ihr denn keine eigenen Parzellen?

„Diese Frage werde ich dir beantworten. In dieser Gegend überleben die Leute nur durch reine Wunder - von einem Stückchen Land haben hier Familien von sieben bis zehn Personen überlebt; ein ‚Stückchen Land‘ heißt soviel wie ein oder ein halber Hektar von unfruchtbarer, kaum bearbeitbarer Erde. Damit haben unsere Leute überlebt. Daher sehen und fühlen wir die Dringlichkeit, als Bauern das Land endlich in die Hand zu bekommen. Wir brauchen dieses Land. Wir begreifen, daß es nicht nur eine Siedlung, ein Dorf oder ein Bezirk ist, wo es an Land fehlt. Alle Gemeinschaften der Indígenas leiden darunter, daß ihnen das Land fehlt. Deswegen wird seit dreißig, vierzig Jahren um ein Stückchen Land gekämpft, das aber nie zugeteilt wurde. Zugleich wissen wir allzu genau, daß es Leute gibt, die keine Bauern sind und Tausende von Hektar besitzen, wo Vieh gezüchtet wird. Im Klartext: Es ist wertvoller, Hunderte Stücke Vieh zu haben als Hunderte Bauern. Das bedeutet, daß wir weniger wert sind als das Vieh. Deshalb fordern die Leute schon seit jeher Land, aber die Regierung hat nie verstanden, nie zugehört.

Aber wie wollt ihr das erreichen? Ihr seid nun im Krieg. Kann denn die Regierung in Verhandlungen, wie sie Señor Camacho führen will, euer Landproblem lösen?

„Das ist der Grund, warum wir dem Dialog mißtrauen, den Camacho vorschlägt. Denn wir sehen, daß damit unsere Probleme nicht gelöst werden können, weil tatsächlich unsere Forderungen sehr umfangreich sind. Was in zwanzig, dreißig Jahren nicht gelöst wurde, wird nun nicht in zwanzig, dreißig Tagen gelöst werden können. Es scheint, als wolle uns Camacho nur beruhigen und andeuten, für uns ginge es nicht um allzu viel, unser Kampf habe keine Tragweite und sei nicht auf einen längeren Zeitraum angelegt.“

Was glaubt ihr denn, was nötig ist, damit jeder Bauer sein Land erhält? Zurück zum Artikel 27 der Verfassung wie er früher lautete? Eine neue Landreform? Eine weitere Revolution? Eine Revolution wie zu Zeiten Emiliano Zapatas?

„Wir müßten uns auf neue Gesetze stützen, die das Volk selbst erarbeitet hat, neue Gesetze für die Landverteilung. Vielleicht anders, als

Emiliano Zapata sagte, der wollte, daß jeder Bauer ein Stück Land erhalten soll. Heute begreifen wir das anders. Wir sehen, daß das einfache Verteilen von Parzellen nicht immer weitergehen kann. Wir brauchen andere Arbeits- und Organisationsformen. Aber das Land muß in die Hände des Volkes gelangen. Dazu müssen wir uns auf revolutionäre Gesetze stützen, die das Volk selbst ausgearbeitet hat."

Auch solche, die die Lage der Indígenas regeln?

„Wir denken, daß wir als indigenes Volk anerkannt werden sollten. Dafür gibt es viele Möglichkeiten. Aber das ließe sich auf einfache Weise regeln. Als Indígenas glauben und fühlen wir, daß wir fähig sind, unsere Geschicke selbst zu lenken. Es gibt keinerlei Notwendigkeit, uns quasi an der Hand führen zu lassen. Als reife, bewußte Menschen können wir unsere Geschicke selbst lenken, selbst leiten und unser Volk selbst regieren. Wir glauben, daß unser Volk sich selbst regieren kann, denn unsere Leute haben Wissen und denken selbst."

„Deshalb brauchen wir keine Regierung, die uns nur manipulieren und auf uns herumtrampeln will."

Wäre das eine eigene Regierung für jede Ethnie? Oder wie stellt ihr euch diese eigene Regierung vor?

„Es könnte so sein, daß jede ethnische Gruppe ihre eigene Regierung hat, aber das müßte näher präzisiert werden. Jede ethnische Gruppe könnte eine eigene Regierung haben, die die volle Autonomie einschließt. Es gibt keinen Grund, sich von anderen manipulieren und unterdrücken zu lassen. Als Indígenas brauchen wir volle Autonomie - eigentlich Identität und Würde. Würde, die uns leben läßt und uns Respekt verschafft."

(Übersetzung: Wulf Driessler)

Ein Gespräch mit dem Subcomandante

Wie ist das „Revolutionäre Frauengesetz“ entstanden?

Einige der ersten Mitglieder luden Familienangehörige, Schwestern zum Beispiel, dazu ein, sich anzuschließen. Sei es, daß die Familie sehr groß war oder daß sie nicht wußten, wovon sie leben sollten, oder daß sie bereits sehr politisiert waren. Das kam gerade bei Familienangehörigen der Gründungsmitglieder vor, die heutzutage eine Art indianischer Elite darstellen, die in jeder Hinsicht gut ausgebildet ist. So kamen die ersten Indígena-Frauen zu den Zapatistas.

Bei den Zapatistas lernen die Frauen vieles, was ihnen in den Dörfern verschlossen blieb. Zum Beispiel lernen sie Spanisch, Lesen und Schreiben, Grundkenntnisse in Mathematik, Geographie, Geschichte. Sie lernen Waffen zu tragen und zu handhaben und, was das außergewöhnlichste ist, sie lernen Kommando zu führen, auch über Männer. In der Zapatistischen Armee war das problemlos, denn das entsprach unserer Logik. Wir unterscheiden nicht zwischen Männern und Frauen, sondern alle sind Kämpfer. Als wir in Beziehung zu den Dorfgemeinschaften traten, beobachteten die jungen Frauen der Dörfer, daß Indígena-Mädchen wie sie, die ihre Maya-Sprache sprechen, aber gleichzeitig Spanisch beherrschen, Waffen tragen und über Männer befehlen. Das hat tiefen Eindruck bei den Mädchen hinterlassen. Wie das so ist, wenn Frauen untereinander reden, sprechen sie auch über Männer, über Beziehungen. Es wurde gefragt, wie das denn so sei bei den Zapatistas, ob sich da was zwischen Männern und Frauen abspiele oder ob das verboten sei. Unsere Frauen erzählten, daß die Männer sich annähern könnten, und wenn du willst, willst du, aber wenn nicht, müssen sie es akzeptieren. Keiner kann dich zwingen. Vor allem aber, die Frauen können den Mann ansprechen, der ihnen gefällt, und müssen nicht warten, bis er vielleicht kommt. Flirten auch von Frauen ist erlaubt! So etwas von Ihresgleichen zu hören war für die Mädchen der Dörfer ein heftiger Schlag, deren Aussicht nicht etwa ist, den Mann zu heiraten, der ihnen gefällt, sondern den, der daherkommt und sie von ihrem Vater kauft. Von da an drängen mehr Mädchen und Frauen darauf, zu uns in die Berge zu kommen. Die Familien lassen sie gehen, weil bereits ihr Bruder, ihr Onkel oder Vetter bei den Zapatistas ist. Und das gleiche wiederholt sich in größerem Maßstab: Diese Frauen besuchen ihre Familien, ihre Dörfer, können jetzt Spanisch sprechen, lesen, schreiben, rechnen, mit der Waffe umgehen. Weitere Frauen bestehen darauf, sich uns anzuschließen. Schließlich beginnen die Frauen, die nicht fortgehen können, Druck auszuüben:

Warum gilt für die Frauen in den Bergen dieses und jenes, und für uns nicht? Auch wir sind Zapatistas, auch wenn wir nicht in die Berge gehen können. Die Frauen aus den Bergen erzählen ihnen, daß sie dort Gleichberechtigung genießen und daß dies auch in den Dorfgemeinschaften gelten müßte. Auf diese Weise beginnen die Frauen in den Dörfern Druck auf die Männer auszuüben und zu verlangen, bei Dingen mitreden zu können, die bisher nur Männer unter sich besprochen haben. Natürlich waren die Männer dagegen. Allein das Recht der Frau, ihren Partner auszusuchen, ist ein schwerer Schlag gegen die patriarchale Herrschaft der Männer. Ebenso der Anspruch der Frauen darauf, die Anzahl ihrer Kinder zu bestimmen. Hier kommen zwei Aspekte zusammen, der der sexuellen Dominanz und ein ökonomischer. Bei der Kinderzahl geht es nicht nur um den Wunsch der Männer, ihre Zeugungskraft zu beweisen, sondern je mehr Kinder da sind, desto mehr Arbeitskräfte für die Landwirtschaft stehen der Familie zur Verfügung. Letztlich ist das natürlich ein Trugschluß, denn das Land reicht nicht aus, um es auf viele Kinder aufzuteilen, und alle werden im Endeffekt ärmer. Für die Frauen geht es dabei noch um mehr: Sie tragen schwer an der hohen Kindersterblichkeit. Von zwölf, vierzehn Kindern sterben fünf oder sechs mit Sicherheit. Sie fragen sich also, warum soll ich so viele Kinder gebären, nur damit ich sie hinterher sterben sehen muß? Ich will keine Kinder für den Tod zur Welt bringen.

Auf diesen Druck der Frauen reagieren die Dorfgemeinschaften unterschiedlich. Das hängt auch von der Ethnie ab. Manche widersetzen sich stärker, in anderen hat die Frau traditionell eine stärkere Rolle. Jedenfalls gibt es heftige interne Kämpfe. Und im Moment, als der Krieg beschlossen wird - das war im Oktober 1992, noch ohne genaue zeitliche Festlegung -, wird auch über die Gesetze entschieden, die in den zapatistischen Gemeinden gelten sollen. Es wird der Vorschlag für das Agrargesetz präsentiert, für das Kriegssteuergesetz usw. Bei dieser Gelegenheit bilden die Frauen ein Führungsgremium, das später in das Geheime Revolutionäre Indígena-Komitee (CCRI) eingehen wird, und beginnen danach eine Konsultation in den Dorfgemeinschaften über die wichtigsten Forderungen und Bedürfnisse der Frauen. Im Januar 1993 erteilt das CCRI den Befehl zur Vorbereitung des Krieges für 1993, im März findet eine Sitzung des Komitees zur Revision der Revolutionären Gesetze statt, die im April in Kraft treten sollen. Zu diesem Zeitpunkt wußte niemand etwas von dem „Revolutionären Frauengesetz“, weil die Frauen das heimlich, still und leise vorbereitet haben. Als sie es dann dem CCRI vorstellen, haben die Männer es natürlich erst mal abgelehnt. Daraufhin verweigerten die Frauen ihre Zustimmung zum Agrargesetz. Auf diese Weise konnten sie die

Männer zwingen, sie ernst zu nehmen, und schließlich wurde das Frauengesetz angenommen. Außerdem wurde beschlossen, daß es nicht erst ab Kriegsbeginn, sondern ab sofort - günstigerweise war gerade der 8. März - in den Gemeinden gelten sollte. Natürlich gab es Probleme damit. Ein Beispiel. Wenn zwei junge Leute in einer Indígena-Gemeinde unverheiratet miteinander schlafen, wird das damit bestraft, daß beide auf dem Basketball-Platz an die Torpfosten angebunden werden oder sie ins Gefängnis gesteckt werden. So ist die Tradition. Nun kennen die Jugendlichen das neue Gesetz, lieben sich unverheirateterweise und werden erwischt. Man will sie nach alter Sitte bestrafen und die Jugendlichen sagen: Moment mal, jetzt gilt das neue Gesetz. Wenn ihr es nicht respektiert, wie soll dann das Agrargesetz gelten, wieso sprecht ihr überhaupt von einer Revolution? Die Gemeindesprecher wußten nicht, wie sie sich verhalten sollten, und wandten sich an uns. Wir erklärten, daß das Angelegenheit des CCRI sei und die neuen Gesetze gelten und sie tatsächlich nichts gegen die jungen Leute unternehmen könnten, da wir sonst verpflichtet seien, sie herauszuholen. Daß sie nicht einem Gesetz zugestimmt haben können, um es anschließend zu brechen. Das war ein Präzedenzfall.

Seither hat der Druck etwas nachgelassen. Aber darum mußte gekämpft werden, das ist niemandem in den Schoß gefallen. Es gab und gibt viel Widerstand. Das ist ein sehr wichtiger und interessanter interner Kampf, bis heute.

Wird dieser Kampf mehr von den jungen Frauen getragen oder auch von den älteren unterstützt?

Eher von den jungen Frauen, aber für die älteren ist es schwierig, dagegen zu sein. Denn die Jungen fragen sie, ob sie wirklich wollen, daß es ihnen so geht wie ihnen, nämlich daß sie mit 35 so aussehen, als wären sie sechzig. Oder daß sie sich mit vierzehn verheiraten und mit fünfzehn Geburten verbrauchen sollen für einen Mann, den sie erstmals in der Hochzeitsnacht kennenlernen konnten. Dem können die älteren Frauen natürlich nicht zustimmen, wohl aber der Feststellung, daß sich für die Frauen etwas ändern muß.

Wie ich bereits sagte, gibt es Ethnien, in denen die Frauen eine gewisse kämpferische Tradition haben, und andere, in denen die Frauen härter um die Überwindung ihrer Marginalisierung kämpfen müssen.

Vielleicht sprechen wir ein wenig über das Verhältnis der Zapatistas zu anderen Bauernorganisationen. Während langer Jahre gibt es starke und vielfältige Organisationen der Bauernbewegung in Chiapas, die allerdings immer untereinander nach politischen und ethnischen Linien gespalten waren. Die EZLN scheint die erste Kraft in Chiapas zu sein, die es geschafft hat, diese historischen Spaltungslinien zu überwinden. Wie ist das gelungen?

Unser Vorgehen bestand darin, zu unterscheiden, was uns verbindet und was uns trennt, und die internen Strukturen der anderen Organisationen zu respektieren. Wir hatten nie die Absicht, die Führung der anderen Organisationen zu übernehmen, sondern wir haben einen Krieg vorbereitet, weil wir der Auffassung waren, daß anders die Lebensbedingungen nicht geändert werden können. Wir wollen weder die ARIC noch die OCEZ, noch CIOAC (Namen von Bauernorganisationen bzw. Zusammenschlüssen von Organisationen - die Red.) leiten. Sie alle haben ihre eigene Struktur, die wir nicht anrühren wollen.

Aber was wir immer sagten, war, daß wir die Waffen erheben müßten, um Änderungen zu erreichen. Wir gingen davon aus, daß der legale politische Kampf entlang der organisationseigenen Strukturen geführt wird und die militärischen Aspekte von der Zapatistischen Armee behandelt werden. Unsere Forderungen sind so allgemeingültig, daß es quasi unmöglich ist, nicht damit einverstanden zu sein. Von daher gab es eine Art gegenseitigen Grundverständnisses. Wir erheben nicht *eine* Forderung, die spalten oder lediglich spezifische Interessen einer bestimmten Ethnie oder einer bestimmten Bewegung vertreten würde. Alle finden sich in unseren Forderungen wieder. Und wie gesagt, machen wir niemandem die politische Führung streitig. Davor herrscht immer die größte Furcht innerhalb der Organisationen, daß man die Führung ablösen will. Unsere Position dazu war und ist, daß die Leute sich organisieren sollen, wie sie wollen, mit den Führern, die sie wollen. Die militärischen Konfrontationen allerdings leiten wir. Von daher könnte man sagen, daß die Zapatistische Armee weniger eine Organisation ist als eher ein Zusammenfluß von Organisationen. So erklärt sich auch das große Einflußgebiet und die Anerkennung, die die Zapatistas unter den Indígenas von Chiapas genießen, wie auch die Unmöglichkeit, sie zu zerstören.

Was geschah und geschieht mit Leuten, die nicht mit dem Krieg der Zapatistas einverstanden sind, aber in eurem Einflußgebiet leben?

Von diesen Leuten verlangen wir nur, daß sie nicht für die Gegenseite arbeiten. Wenn sie nicht gegen uns arbeiten, schränken wir sie in keiner Weise ein oder zwingen sie auch zu nichts. Während der Kriegshandlungen kam es allerdings vor, daß einige Mitglieder der Zapatistischen Armee Nicht-Zapatistas zur Teilnahme zwingen wollten. Sie haben sie verbal bedroht. Das ist vorgekommen, und wir haben das durch die Presse erfahren, die Gelegenheit hatte, mit solchen Leuten zu sprechen. Das CCRI hat die Verantwortlichen dafür geahndet und damit Schluß gemacht, als sie davon erfuhren. Aber unsere allgemeine Politik war immer ein „Nicht-Angriffs-Pakt" mit solchen Leuten.

Etwas zur internen Struktur der EZLN. Sind ihre Mitglieder professionelle Kämpfer, oder führen sie innerhalb ihrer Dörfer auch ein ziviles Leben?

Ein Teil der Mitglieder der EZLN lebt seit zehn Jahren klandestin in den Bergen. Der andere Teil, die übergroße Mehrheit, sind Bauern, die sich ihrem Stück Land widmen, aber hin und wieder auch militärische Ausbildung bekommen, zu irgendwelchen Aktionen herangezogen werden, je nach den gerade anstehenden militärischen Plänen. Es sind Bauern und Kämpfer, ganz nach dem Muster der Zapata-Armee von damals. Seit dem Kriegsausbruch lösen sie sich gegenseitig ab. Manche kommen in die Reihen der Armee, manche scheiden vorübergehend aus, um sich dem Acker zu widmen, je nach Turnus. Die Familien derer, die die militärischen Positionen halten, werden von den anderen jeweils mitversorgt. Das haben wir schon seit langem so organisiert.

Wird aus den Dörfern immer ein bestimmtes Kontingent rekrutiert oder ist der Eintritt in die Reihen der EZLN freiwillig?

Freiwillig. Der Militärdienst ist freiwillig. Es gibt Dörfer, die überhaupt keinen Kämpfer entsenden, andere, die nur einige wenige entbehren können, und solche, die geschlossen der Miliz beitreten. Das hängt immer von den Entscheidungen auf Dorfebene ab. Und diejenigen, die sich entschlossen haben, als aktive Kämpfer beizutreten, können jederzeit wieder ausscheiden. Sie werden die EZLN dann auf eine andere Weise unterstützen. Es gibt keine Strafaktionen oder gar Exekutionen wegen Desertieren. Zumindest noch nicht!

Wie verträgt sich das grundlegend demokratische Selbstverständnis der EZLN mit der zwangsläufig hierarchischen Struktur einer Armee, mit Befehlsgehorsam und Disziplin und all den bekannten militärischen Untugenden. Wie löst ihr diesen Widerspruch?

Natürlich hat es diesen Widerspruch von Anfang an gegeben. Die EZLN ist eine politisch-militärische Organisation, und so etwas ist das undemokratischste der Welt. Alles läuft von oben nach unten, einer befiehlt, die anderen müssen gehorchen. Als wir mit dieser Struktur in Kontakt mit den demokratisch strukturierten indianischen Dorfgemeinschaften traten, prallten diese Gegensätze aufeinander. Dies geschah aber auf der Ebene der Basis, und hier dominiert deutlich der indianische Sektor. Will die politisch-militärische Kommandoebene überleben, muß sie sich diesem Sektor unterordnen, muß sie die Strukturen akzeptieren, die die Dorfgemeinschaften vorschlagen. Will die Armee als solche wachsen, und nicht eine kleine Guerillagruppe bleiben, wie wir das aus der lateinamerikanischen Guerillageschichte kennen, will sie wirklichen Rückhalt in der Bevölkerung bekommen, so muß sie diese andere Struktur akzeptieren. So löst sich dann auch der Widerspruch: Es gibt Entscheidungen, die demokratisch herbeigeführt werden, und solche, die rein militärisch auf der Kommandoebene getroffen werden. Die großen Entscheidungen, z.B. über den Zeitpunkt des Kriegsbeginns, des Kriegsendes, zur Aufnahme des Dialogs, über unser Banner, über die Gründe des Kampfes, die Bündnispolitik, mit wem Gespräche geführt werden, alle diese Entscheidungen müssen auf demokratische Weise gefällt werden. Demokratisch wird darüber abgestimmt, daß der Krieg begonnen wird, und ich erhalte dann den Befehl: Wir fangen an, gib die nötigen Befehle zur Umsetzung dieser Entscheidung! Da diese Entscheidung aber unten getroffen wurde, ist die Umsetzung in notwendig militärisch-hierarchischer Form von oben sehr viel leichter. Die grundlegenden Befehle erteilen also die Dorfgemeinschaften nach langen internen Beratungen, ich setze diese dann operationell um. Alle, Kinder, Alte, Frauen und Männer, haben darüber abgestimmt, daß der Krieg begonnen werden soll. Über den genauen Zeitpunkt wollten sie sich lieber nicht festlegen, auch aus Vorsicht. Über den genauen Ablauf und die nötigen Vorbereitungen sollte ich entscheiden, bzw. die Kommandoebene. Wer zu welcher Uhrzeit wo losschlagen soll, das sind militärische Entscheidungen.

Über das Kriegsende entscheiden also auch sie?

Ja, ebenso wie sie über den Beginn des Krieges entschieden haben, werden sie auch über sein Ende die Entscheidung treffen. Das ist keine Sache der kämpfenden Einheiten, ist keine Sache der militärischen Struktur.

(Das Gespräch wurde am 9. April 1994 von Danuta Sacher geführt und erschien in der Mai-Nummer der ila.)

Geschichten, die noch nicht Geschichte sind

Guillermo Bonfil Batalla

In einem doppelten Sinne sind die Geschichten der indianischen Völker Mexikos noch nicht Geschichte. In erster Linie sind sie es nicht, weil sie noch geschrieben werden müssen. Was bis heute über diese Geschichten geschrieben wurde, ist vor allem ein Diskurs der Macht, um, ausgehend von der Sichtweise des Kolonisators, dessen Herrschaft zu rechtfertigen und zu begründen. In einem weiteren Sinne sind sie noch nicht Geschichte, weil sie keine abgeschlossenen Geschichten sind, abgeschlossene Zyklen von Völkern, die ihre Bestimmung erfüllt haben und somit „der Geschichte angehören", sondern es handelt sich hierbei um offene, im Prozeß befindliche Geschichten, die eine eigene Zukunft beanspruchen.

Eine kolonisierte Geschichte

Der erste europäische Blick auf die Realität dessen, was heute Amerika ist, am Ende des 15. Jahrhunderts, war nicht der jungfräuliche Blick, der nach Unbekanntem Ausschau hält. Es war eine Sichtweise, die gefiltert war - welche ist das nicht - durch vorgefaßte Meinungen, Überzeugungen, Vorurteile einer Welt, die gerade aus dem Mittelalter auftauchte und die das Abenteuer der Expansion in jenseits bekannter Grenzen liegendes Gebiet begann. Aber es gab nicht nur Unkenntnis und Entdeckung; es bestand auch die historische Notwendigkeit, die neue Wirklichkeit einzufassen in den Rahmen eines Projektes kolonialer Beherrschung. Welche Völker auch immer es waren, die zu entdecken waren, irgendwie hatten sie schon ihren Platz im Kontext der europäischen Geschichte: als randständige, exzentrische, heidnische und von Natur aus unterlegene Völker. Eine andere Anschauung wäre weder vereinbar gewesen mit dem expansionistischen Antrieb der europäischen wirtschaftlichen Entwicklung noch mit dem „Geist der Epoche", der dieser zugrundelag. In Spanien trugen die Reconquista und die Bildung des Nationalstaates als unmittelbare Vorläufer dazu bei, die Überzeugung zu befestigen, daß dem neuen Staat eine Erlöser-Mission zukam, die nur auserwählten, folglich auch überlegenen Völkern vorbehalten war.

Jedes koloniale Unterfangen bedarf einer ideologischen Rechtfertigung, so mangelhaft und schwächlich sie auch sei. Herrschaft geht immer einher mit vermeintlicher Überlegenheit, die in moralische Pflicht umgewandelt wird, sowohl für den Beherrschten als auch für den Herrschenden. Es reichen weder Zwang noch die Vorherrschaft der Gewalt: Notwendig ist die Hegemonie, die Überzeugung, daß die jeweiligen Rollen weder getauscht werden noch von anderen Protagonisten eingenommen werden können.

Es ist hinlänglich bekannt, daß die europäische Invasion und Eroberung ihre Rechtfertigung fand mit der Bestimmung des Indio als niederem Wesen, das von der Natur bestimmt war, erlöst und aufgehoben zu werden dank der Aktion des Kolonisators, des auf allen Ebenen des Lebens - so auch die Definition - höheren Wesens. Seine eigene Menschlichkeit wurde förmlich negiert, indem die Existenz seiner Seele, des Unterscheidungsmerkmals der Menschen in der christlichen Auffassung, in Frage gestellt wurde. Diese dem Indio zugeschriebene subalterne Natureigenschaft erforderte eine Geschichtsschreibung, die überzeugend und ohne Brüche seinen früheren Werdegang, bis zum Moment der Ankunft in der wahren und einzigen Geschichte, d.h. der des europäischen Okzidents, zu erklären vermochte. Die Anschauung der indianischen Geschichte, jenseits und unabhängig allen Augenscheins, mußte verstehbar und konsequent in den ideologischen Begriffen des Eroberers sein, in denen die notwendigen Voraussetzungen für die koloniale Ordnung zum Ausdruck kamen. Diese Voraussetzungen bestanden u.a. darin:

a) Die ursprünglichen Einwohner des Kontinents bilden eine einzige soziale (vielleicht auch menschliche) Kategorie, jenseits ihrer Besonderheiten und konkreten Unterschiede. Es handelt sich um die Indios, deren wesentliches Kennzeichen es ist, nicht Europäer zu sein. Nicht Europäer zu sein, bedeutet, weder christlich noch zivilisiert, d.h. nicht im Besitz der Wahrheit und demzufolge auch nicht in der Lage zu sein, sich selbst zu führen und zu verwirklichen. Die Vereinheitlichung der Indios stellt sich her durch den Kontrast, durch die globale Gegenüberstellung mit dem Kolonisator: Ihr seid alles, was ich nicht bin, deshalb seid ihr alle gleich. Die Geschichten der verschiedenen Völker werden demnach zu der Geschichte des Indio: eine einzige Geschichte in ihrem wesentlichen Charakter (dem Irrtum), deren Einzigartigkeiten, so abweichend sie auch sein mögen, niemals ausreichen werden, um der grundlegenden Einheitlichkeit zu widersprechen. In den Augen des Eroberers ist die indianische Geschichte eine einzige, denn die Indios haben schließlich nur ein einziges Schicksal: kolonisiert zu sein oder zu werden. Einem gemeinsamen unausweichlichen Schicksal entspricht eine gleiche Geschichte, die dieses rechtfertigt.

b) Die der europäischen Invasion voraufgehende indianische Geschichte ist die Geschichte des Bösen, des Reichs der Idolatrie und des

Heidnischen, mit der alle Perversionen zugedeckt werden. Die Unterschiede sind nur begreifbar als Ketzerei

c) Der Beweis für die Unvernunft der indianischen Geschichte liegt auf der Hand, wenn man sie mit der okzidentalen vergleicht - sie lassen sich nicht vereinbaren. Die einzigen Kategorien, die sie verständlich machen können, sind die Kategorien der europäischen Welt. Sollten die widerspenstigen Tatsachen der forcierten Einpressung in diese Kategorien entweichen, so können sie höchstens „eine Art von“ oder „Quasi“-Tatsachen sein, nie jedoch vollendete Fakten.

d) Die indianische Geschichte findet ihre volle Entfaltung erst durch die Eroberung. Die Erlösung ist letztes Ziel der Ursünde, und erklärt sie zugleich.

e) Die indianische Geschichte endet mit der europäischen Invasion. Damit wird endgültig ein Kapitel abgeschlossen. Es beginnt eine neue, eine andere Geschichte.

Die vorkolumbianische Geschichte wurde von den Kreolen und später, seit dem 18. Jahrhundert, von den Mestizen wiedergewonnen, um damit die eigene Stellung zu legitimieren. Die indianische Vergangenheit wurde so zur gemeinsamen Vergangenheit, auf die alle Amerikaner ein Recht hatten. Mehr noch: Diese dem Indio enteignete Vergangenheit verwandelte sich in die zentrale Begründung für die Unabhängigkeit der lateinamerikanischen Länder, ebenso wie sie später dafür herhalten mußte, die Wünsche und die Grundlagen der mexikanischen Revolution von 1910 symbolhaft zu belegen.

Auf der ideologischen Ebene jedoch spielte sich immer schon ein Prozeß der säuberlichen Trennung zwischen der vorkolumbianischen Vergangenheit und den heute lebenden Indios ab. Die Erbauer Teotihuacans und Chichén Itzas wurden zu berühmten Vorfahren der Nicht-Indios, und die Indios selbst blieben ein weiteres Mal am Rand der Geschichte; bis zu dem Widersinn zwischen Nationalismus und Indigenismus, wonach alle Mexikaner Nachfahren des Cuauhtémoc sind, bis auf die Indios, die sich erst „integrieren“ (d.h. aufhören, Indios zu sein) müssen, um legitime Söhne des Cuauhtémoc zu werden. Die evolutionstheoretischen Behauptungen des 19. Jahrhunderts waren ein willkommenes Mittel, um diesen neuerlichen Ausschluß zu rechtfertigen: Die Indio-Völker waren demnach Nachzügler im historischen Prozeß und bedurften der Kapitulation gegenüber dem Fortschritt.

Auf diese Weise endete die indianische Geschichte nicht mit der politischen Unabhängigkeit des Landes, ebensowenig wie der „koloniale Status“ aufhörte, dem die indianische Bevölkerung nach wie vor unterworfen ist. Die Geschichte Mexikos wird, bis auf ganz wenige Ausnahmen, weiterhin vom Standpunkt und von der Interessenlage der herrschenden Klassen geschrieben; im Rahmen der kolonialen Situation treten diese dem Indio entgegen, indem sie die ethnischen Differenzen ausnutzen. Die Geschichte der Indio-Völker wird entweder weiter ignoriert oder verzerrt, je nach Bedarf und im Sinne der Geschichtsschreibung der herrschenden Gruppen, die die Idee der mexikanischen Nation geschaffen haben und den Zugang dazu beschränkten, indem sie nur die zuließen, welche die von ihnen vorgegebenen wirtschaftlichen, linguistischen, gesellschaftlichen und ideologischen Merkmale aufwiesen. Es wird zwar eine indianische Komponente in der mexikanischen Nationalität zugelassen, nicht aber der Indio als unterschiedene und besondere Entität; als Begleiterscheinung hierzu wird die indianische Geschichte als gemeinsame Vorgeschichte angesehen, nicht aber als eigene und ausschließliche Geschichte der indianischen Völker. Sie wird nicht als Geschichte an sich gesehen, sondern als Ergänzung zu der eigentlich zentralen Geschichte: zu der Geschichte des Vaterlands, d.h. jener der wahren und einzigen Mexikaner. Schließlich wird aus dieser Perspektive versucht, die Geschichte zum Verständnis des Werdens der mexikanischen Nation heranzuziehen, nicht um die Existenz der indianischen Völker zu erklären.

Historisches Bewußtsein und indianische Befreiung

Alle kolonisierten Völker sind sich dessen bewußt, daß ihre wahre Geschichte von dem Kolonisator geächtet wurde. Sie wissen, daß die ihre eine verborgene, klandestine, geleugnete Geschichte ist. Sie wissen trotz allem, daß diese Geschichte existiert und daß offenkundiger Beweis dafür die Präsenz eines jeden Volkes ist.

Eine eigene Geschichte ist nicht nur notwendig, um die Gegenwart zu erklären, sondern auch, um den Grundstein für die Zukunft zu legen. Zukunft bedeutet in diesen Fällen vor allem Befreiung, Wiedergewinnung des Rechts auf Selbstbestimmung. Enteignete Geschichte ist gleichbedeutend mit getilgter Hoffnung und dem gebückten Verzicht auf jegliche Form der Authentizität. Warum ist also die indianische Geschichte der Indio-Völker notwendig?

In dem Maße, wie sie eine Aufzählung von Kränkungen ist, bildet die Geschichte der Indio-Völker die Grundlage für Forderungen. Normalerweise findet sich in jedem noch so winzigen Indio-Dorf ein sorgsam gehütetes Aktenbündel, das die wichtigsten Besitztitel, Karten und Pläne enthält, welche die vom spanischen König zugesprochene Ausdehnung der Gemeindeländereien dokumentieren sowie die unendliche Liste von Anschreiben, die Zeugnis von all den Anträgen geben, die zur Wiedererlangung dieser Ländereien gestellt worden sind. In der mündlichen Überlieferung lebt die Erinnerung an frühere An- und Umsiedlungen fort, an alle Instanzen und Details in dem unaufhörlichen Prozeß der Enteignung. Daran wird immer wieder gearbeitet, um weiterhin Beschwerden argumentativ stützen zu können. Die Archive sind unverzichtbare Quelle für die Beweisführung; mehr noch als die Historiker sind die indianischen Gemeindemitglieder die interessiertesten und beständigsten Nutzer dieses aufgehäuften dokumentarischen Materials.

Auf einer allgemeineren Ebene bietet das Wissen um die vorkoloniale Vergangenheit einen unschätzbaren Wert für jegliche Befreiungsideologie. Die Rückkehr zum verlorenen Paradies ist ein häufig bemühtes Motiv für die messianischen Bewegungen, und seit dem 16. Jahrhundert bis auf den heutigen Tag haben viele Indio-Aufstände an die präkolumbianische Geschichte erinnert, um ihren Kampf zu rechtfertigen.

Indem das Gedächtnis an ein vorkoloniales Zeitalter bewahrt wird, als Teil der eigenen Geschichte, die bis in die Gegenwart reicht, wird die Kolonisierung relativiert: Sie wird wahrgenommen als ein Moment in dieser Geschichte, das einen Anfang hatte und ein Ende haben wird. Die Kolonisierung erhält somit eine (vorübergehende) historische Dimension; sie hört auf, unumkehrbares und ewiges Naturschicksal zu sein. Sie ist nichts als ein weiteres Kapitel, das nur abgeschlossen werden muß, um eine neue Seite aufschlagen zu können.

In den Texten der neueren indianischen Geschichte, die langsam bekannt werden, wird häufig ein Bild der vorkolonialen Gesellschaften präsentiert, das man leicht als „idealisiert" und folglich als falsch bezeichnen kann. Sie wird dargestellt als eine perfekte Gesellschaft, viel fortgeschrittener und gerechter, als es die offizielle Geschichtsschreibung (die der Herrschenden) je zugeben wollte. Diese „Idealisierung", die sowohl technologische und wissenschaftliche, als auch soziale, politische und ethische Aspekte umfaßt, erfüllt zumindest drei wichtige Funktionen für die heutigen Völker:

a) Es werden gegensätzliche Parameter geschaffen, von denen aus die Kritik an den offiziellen, angeblich „wissenschaftlichen" Konzeptionen von Geschichte und vorkolonialer Gesellschaft geleistet werden soll.

b) Sie vertieft die Kritik an der Kolonisierung, indem sie behauptet, deren wahrer Zweck sei die Zerstörung einer Geschichte des Guten, Perfekten gewesen, nicht die einer Geschichte des Bösen, der Verirrung, wie die Version des Kolonisators lautet.

c) Mit der Formel der Rückkehr in die Vergangenheit führt sie ein neues Projekt zukünftiger Gesellschaft ein. In diesem Sinne hat die idealisierte und unkritische Vision der vorkolonialen Gesellschaft, die häufig als Argument für die Disqualifizierung der indianischen Autoren, die sich darüber auslassen, herhalten muß, auch noch eine zusätzliche Bedeutung: Es handelt sich nicht darum, die Vergangenheit so, wie sie war, zu rekonstruieren, sondern darum, eine Zukunft zu entwerfen, die sich des Hilfsmittels der Wiederherstellung eines goldenen Zeitalters bedient. Wiederherstellen ist demnach nicht gleich Zurückkehren in die Geschichte, sondern eine Art und Weise, eine ideale Gesellschaft für die Zukunft zu beanspruchen, in der die keimhaft angelegten Utopien der vorkolonialen Gesellschaft zur Wirklichkeit werden können. Diese Neufassung der Geschichte hat mit Zukunft, nicht mit der Vergangenheit zu tun. (...)

(aus: Identidad y Pluralismo cultural en América Latina, Essayband mit Aufsätzen des mexikanischen Autors, herausgegeben von der Editorial de la Universidad de Puerto Rico, 1992. Übersetzung: Ulrich Mercker)

Kapitel V

Teil der Wurzeln werden

Die Kirche

Wir luden dreißig indianische Weise ein, die kein Spanisch sprachen. Sie konnten weder lesen noch schreiben, aber sie trugen die Weisheit in ihren Herzen. Sie stellten eine Reihe von sehr grundsätzlichen Fragen an unsere Arbeit. Sie sagten, daß sie an unseren Gott glaubten, weil es ein Gott der Freiheit sei. Aber sie zweifelten daran, ob unser Gott auch die Körper retten könne oder nur wisse, wie Seelen gerettet werden. Wir hatten ihnen gesagt, daß das Wort Gottes wie ein Samenkorn sei. Die Weisen fragten, ob dieses Samenkorn wisse, wo *sie* leben, oder ob es nur wisse, wo *wir* leben. Als wir ihnen antworteten, das Samenkorn sei dort, wo sie seien, war ihr Kommentar: Was machen wir dann hier außerhalb unserer Gemeinden, wenn das Samenkorn dort ist?

Javier Vargas über den Lernprozeß der Katecheten

Katechese des Exodus

Javier Vargas war einer derjenigen, die in den ersten Januartagen verdächtigt wurden, der maskierte Sprecher der Zapatistas zu sein. Dabei ist seine Nase längst nicht so ausgeprägt wie die des echten Marcos, aber auch er hat sie tief in die Selva Lacandona hineingesteckt. Als Angehöriger des Maristen-Ordens baute er in den 60er Jahren die Katecheten-Basisbewegung in Chiapas mit auf und war einer der Geburtshelfer der Bauernorganisationen in der Selva. Heute leitet er eine Nicht-Regierungs-Organisation, die in den Armenvierteln von Mexiko-Stadt, in Chiapas und in Oaxaca Selbsthilfe-Initiativen unterstützt. Sein Zeugnis über die langen Jahre in Chiapas und in der Selva Lacandona helfen, die tiefe Verankerung der Diözese San Cristóbal und ihres Bischofs Samuel Ruiz in der indianischen Bevölkerung besser zu verstehen.

Wir gründeten die Katechetenbewegung von Chiapas in den Jahren 1961 und 1962. Als Don Samuel 1960 als Bischof nach San Cristóbal de las Casas kam, sprach er mit dem Nuntius Monseñor Luigi Raimondi, dem Vorgänger von Señor Prigione, den wir heute haben (der gemeinsam mit der mexikanischen Regierung die Ab- bzw. Versetzung von Bischof Ruiz betreibt, Anm. d. Red.). Monseñor Raimondi war es, der Don Samuel nahelegte, eine Katechetenschule aufzubauen. Natürlich ahnte er damals nicht, was er Don Samuel da vorschlug. Don Samuel folgte dem Rat, suchte und fand Unterstützung bei den „Brüdern der Maristen“ und den „Schwestern vom göttlichen Hirten“ und gründete die Schule. Ich war einer der Maristen, die ausgewählt wurden, um die Gründung zu unterstützen.

Als erstes unternahmen wir eine Art Pilgerfahrt zu allen Orten, Bergen, Tälern, Schluchten, Wäldern und indianischen Völkern, um das Leben der Indígenas kennenzulernen und nachempfinden zu können. Danach machten wir uns an den Wiederaufbau eines Hauses in San Cristóbal de las Casas, das uns überlassen wurde.

Im darauffolgenden Jahr konnten wir mit dem ersten Katechetenkurs beginnen. Alle, die kamen, waren im Auftrag ihrer Gemeinden entsandt worden. Sie kamen nicht auf eigene Rechnung, sondern erfüllten eine bestimmte Mission. Damit vermittelten sie uns die Botschaft: Was wir wollen, wollen wir nicht für uns, sondern für die Gemeinde, die uns geschickt hat.

Mit der Entwicklung dieser Bewegung veränderten wir uns auch selbst. Jahre später stellten wir fest, daß wir uns auf eine große Entdekkungsreise begeben hatten, auf der wir ihre Seelen, ihre Ideologie, ihre Visionen, ihre Mythen, ihre Riten, ihre Sichtweisen und ihre Gefühle kennenlernten. In diesem Prozeß stießen wir auf unsere eigene Ignoranz und wurden selbst zu Lernenden.

So um 1968, nachdem schon viele Katecheten durch die Schule gegangen waren, sollte eine Auswertung unserer Arbeit stattfinden. Anstatt dafür Leute von außen zu holen, luden wir dreißig indianische Weise ein...

Das brachte uns dazu, eine größere Präsenz, eine konkretere Theologie und einen greifbaren pastoralen Stil zu entwickeln: näher am Leben, näher an ihrem Alltag, näher an ihrer Geschichte, näher an ihren Elementen, näher an ihren Mythen, näher an ihrer Organisierung, mehr aus dem Zusammenleben mit ihnen heraus. Unsere zentrale Erkenntnis war: Es ist notwendig, daß sie wachsen und wir uns zurücknehmen. Es ist notwendig, daß wir Teil der Wurzel werden, damit wir auch Teil des Baumes sein können. Es ist notwendig, daß wir uns von ihrer lebensspendenden Erde ernähren, um Früchte tragen zu können. Zu diesem Zeitpunkt gab es insgesamt bereits 500 oder 600 Katecheten, Tzetales, Tzotziles, Tojolabales, Choles, aus vielen verschiedenen Gemeinden. Bis heute ist die Zahl der Katecheten auf 7.600 Menschen in ganz Chiapas angewachsen.

Diese Bewegung entwickelte sich zu einer historischen Kraft. Im Laufe der Jahre erkannten wir, daß wir durch sie an die Wurzel der gesamten indianischen Kultur Mexikos gelangten. Diese Wurzel lebt und verkörpert eine ganze Zivilisation, sie ist mehr als 30.000 Jahre alt. In mehr als 7.000 Jahren wurde eine bedeutende Kultur des Mais entwickelt. Erst in den letzten 500 Jahren wurde diese Kultur zurückgedrängt. Sie verstanden es aber, in diesen 500 Jahren die Weisheit des Widerstandes und des Überlebens zu bewahren. Heute sagt sie: Basta! – und taucht auf eine neue Art und Weise auf, die nicht notwendigerweise ihren tiefsten Ausdruck in der bewaffneten Auseinandersetzung haben muß. Aber das ist ist ein anderes Thema.

Im zehnten Jahr, nach der beschriebenen Auswertung, stellten wir fest, daß der Moment der Dezentralisierung und des Aufbaus vieler Zentren gekommen war. Jede dieser Gruppen war fähig, ein Zentrum des Lebens zu sein. (...) Jede Gemeinde sollte für sich ein Zentrum der Katechese sein. So ging ich nach Ocosingo. Unsere Arbeit bestand formal in dem, was man religiöse Unterweisung nennt. In Wirklichkeit bedeutete diese Katechese, alles kennenzulernen und zu machen: Wir begleiteten die Menschen, wenn sie Land besetzten, wenn sie neue Siedlungen bauten, wenn sie neue Dinge erfanden, bei der Suche nach Quellen, den „Augen des Wassers“ , einfach in allem. Gleichzeitig reflektierten wir ihre

Handlungen und ihr Leben, und das war die eigentliche Essenz der Katechese.

Wir arbeiteten auch im sozialen, ökonomischen und organisatorischen Bereich. Zu dieser Zeit hatten wir schon etwas mehr Verständnis erlangt. So wußten wir, daß Organisierung nicht notwendigerweise unseren Vorstellungen entsprechen mußte, sondern denen der Indígenas. Der Höhepunkt dieser Etappe war, was wir die „Katechese des Exodus" nannten. Diese Katechese bestand darin, daß wir die Exodus-Erfahrungen der Leute aufgriffen: ihren Exodus in das Innere der Selva und die Vertreibung von ihrem Land.

Wir müssen uns in Erinnerung rufen, daß die Bevölkerung der Selva seit den sechziger Jahren auf der Suche nach Land aus anderen Gegenden und Regionen kam. Der biblische Exodus war nun nicht mehr der Auszug der Juden, es war ihr eigener. Das verwandelte sich in einen umfassenden katechetischen Prozeß. Die Hauptinhalte waren die Bilder der Indígenas von Gott, ihre Beziehung zu ihm, zur Geschichte und zu ihrer Errettung. Es war beeindruckend, ihre Worte lebendig werden zu lassen. Diese Etappe bestand erstens in der Entwicklung des Bewußseins, zweitens in der Entwicklung des Wortes und drittens im Aufbau einer Sprache der Weisheit. Sie analysierten ihr Leben unter der ökonomischen, sozialen, politischen, religiösen und kulturellen Unterdrückung. Es ist eine Beschreibung in ihrer eigenen Sprache, begründet in ihren eigenen Erfahrungen. Wie konnten wir wissen, daß diese Worte wirklich die Worte der ganzen Gemeinde waren? Anstatt Antworten anzubieten, begannen wir Fragen zu stellen.

Wir schickten eine Frage an 100, an 200 Gemeinden, und in jeder Gemeinde hörte der Katechet auf das, was die Gemeinde ihm antwortete. Die Aufgabe des Katecheten war, nicht seine eigene Idee auszubreiten, sondern die Antworten zu sammeln, um sie später zusammenzufassen. Zuerst in einer Gemeinde, später für eine Zone, danach für Regionen und zuletzt für die gesamte Selva.

Als wir versuchten, einen Teil des „Vater Unser" zu übersetzen, sagten sie anstelle „dein Reich komme" „auf daß deine Trommel die gesamte Selva erklingen lasse". Das war gut, weil es tatsächlich der Widerhall der Stimme der Gemeinde war. Alle Zusammenfassungen übergaben wir einer Gruppe von Alten, weisen Indígenas, und wir schrieben auf, was sie uns diktierten. Eine Gruppe von Künstlern, von Musikern machte daraus ein kleines Lied. Eine Gruppe von Mystikern machte ein Gebet daraus, und eine Gruppe von Analytikern entwickelte daraus neue Fragen. Es war ein Fluß, in dem sich die Menschen den Zugang zu ihren Fähigkeiten verschafften, zu ihrer Geschichte, zu ihrem geistigem Rüstzeug. An jedem Sonntag bekam dieser Prozeß wieder neue Nahrung, und das in der ganzen Selva. Dazu war es notwendig, zusammenzufassen, zu organisieren und das Wort weiterzutragen, um es zurückzubringen, damit das eigene Wort in der Gemeinde neu bereichert wurde. Ich glaube, daß dies der entscheidende Moment war, um verstehen zu können, daß das Wort der Gemeinde ein lebendiges Wort ist, ein historisches Wort, ein wohltätiges Wort. Deshalb irren die Menschen, die fragen, wo Don Samuel die Theologie der Befreiung hergeholt hat. Don Samuel hat die Theologie der Befreiung nirgendwo hergeholt. Er ging, um zu lernen, um sich zu verändern – so wie ich und viele andere –, um uns in das Wort zu verwandeln, das aus der Gemeinde kommt, mit Glauben und Hoffnung, und was die Rettung bringt. Das ist die Theologie der Befreiung, zumindest die, die ich bezeugen kann, die ich gelebt habe. Das haben wir in der zweiten Etappe in der Selva gemacht.

In der dritten Etappe fingen die Indígenas an, ihre Rechte zu verteidigen. Es ging darum, gemeinsam mit ihnen einen Sozialplan aufzustellen. Das bedeutete Kampf um Land und die Konfrontation mit den Großgrundbesitzern und den Leuten von der Regierung. Das Leben in der Selva bestand darin, die Selva zu verlassen, um für die Rechte der Indígenas zu kämpfen, die in der Selva lebten. In dieser Zeit machten wir die Erfahrung von Verfolgung, Morddrohungen und Attentaten. Wir hatten uns auf die Seite der Indígenas gestellt. Und nicht nur das, man sagte, daß wir die Indígenas organisiert und sie zur Konspiration angestiftet hätten. Das ist meine Erfahrung.

Eine andere Erfahrung war die ausgeprägte Höflichkeit, die ich nur unter den Indígenas erlebt habe. Es ist eine Höflichkeit, deren Qualität nicht in der Form bestand, sondern in der ausgesprochenen Sensibilität gegenüber den Gefühlen des anderen, in der Fürsorge und der Zärtlichkeit.

Nach 1974 begann der Kampf um die vier Punkte des Kongresses der Indígenas. Die zentrale Frage war natürlich das Land. Die mexikanische Revolution war 1910 nicht bis Chiapas vorgedrungen. Die Revolution kommt erst heute zu uns. Die Jahre von 1974 bis 1979 waren unglaublich schwierige Jahre des Kampfes um Land. Genau hier liefen die großen Auseinandersetzungen mit der Regierung.

Damals gründeten wir die ersten Kooperativen. Die Leute konzentrierten sich auf den Verkauf von Kaffee. Das führte dazu, daß sich die anderen Kaffeeverkäufer gestört fühlten, genauso wie die Schweine- und Rinderhändler. Die Palmenhändler konnten nicht mehr einfach machen, was sie wollten, ebensowenig die Holzhändler. Auch diejenigen, die die verborgenen Pyramiden ausbeuteten, waren nicht mehr glücklich. Es gibt viele Ruinen, archäologisch bedeutende Orte, überall sind Pyramiden, und es gab eine unglaubliche Ausplünderung der archäologischen Schätze. Und als sie sahen, daß sich die Leute nicht mehr zufriedengeben wollten und anfingen, ihre Rechte zu verteidigen, hat ihnen das natürlich nicht gefallen. Natürlich waren die Indígenas auch nicht damit einverstanden, als die von PEMEX kamen und die gesamte Selva markieren wollten, um herauszufinden, wo es Ölvorkommen gab: Sie entfernten alle Markierungszeichen. Außerdem mißfiel ihnen der Mißbrauch, der mit den Transportmitteln getrieben wurde, so begannen die Ordensbrüder, Autos zu beschaffen. Ein nettes Detail war, daß die Büroräume von ARIC mitten im Herzen von Ocosingo eingerichtet wurden. ARIC ist die Vereinigung der *ejidos* und der Kooperativen, deren Gründung wir zu dieser Zeit unterstützt hatten. Wir erreichten, daß die Dominikanerpater, gerade als die Bewegung losging, ihre Ländereien den indianischen Campesinos übereigneten. Das Resultat davon war die Einrichtung des ARIC-Büros mitten in der Stadt der Finca- und Viehbesitzer, dem Angelpunkt ihrer ökonomischen und kommerziellen Organisation – ein Zustand, der ihnen natürlich nicht schmeckte.

So sah es 1975 aus. Zu Anfang war der Name nicht ARIC, sondern „Quibtic ta Lecubtesel", in der Indígenasprache bedeutet das: „Unsere Kraft gegenüber der Schöpfung des Guten wird ständig wiedergeboren und erneuert." Es ist nicht die wortwörtliche Übersetzung, drückt aber die Dynamik des Wortes aus.

Das war die erste Vereinigung von *ejidos*, die es in ganz Chiapas gab. Die Regierung erlaubte nicht, daß sich der Zusammenschluß vergrößerte. Die Regierung berief sich auf Gesetze, die besagen, daß nur legalisierte *ejidos* der Vereinigung beitreten können. Es gab dort große Auseinandersetzungen um Land, und viele *ejidos* hatten noch keine Titel. So sagten die Ordensleute: „Nun gut, wir werden uns nicht so organisieren, wie es die Regierung will, sondern so, wie wir es brauchen. Wie sollen wir jemanden vertreiben, der unser Bruder ist, nur weil die Regierung sagt, daß er nicht in unserer Organisation sein kann?" Nach Ansicht der Regierung hatten nur ungefähr 40 *ejidos* das Recht auf Mitgliedschaft in der Organisation. Es waren die ältesten, aus der Umgebung von Ocosingo, und die, die bis zu diesem Zeitpunkt noch keine Konflikte mit der Regierung gehabt hatten. Aber die Organisation bestand aus mehr als 80, später aus mehr als 90 und schließlich aus mehr als 120 *ejidos*. Diese Etappe können wir als Etappe der sozio-ökonomischen Organisierung bezeichnen. Aus der wurde nach und nach eine politische Organisation der indianischen Zivilgesellschaft ohne Parteicharakter, die vom Staat hart attackiert wurde. In diesen Tagen schickte die Regierung zum Beispiel die Armee, die unter irgendeinem Vorwand Siedlungen niederbrennen ließ. Um die Situation zu verschärfen, wurde die Staatspolizei mit der Begründung gerufen, es gäbe Zusammenstöße zwischen Indígenas. Wir erlebten eine Menge von schwierigen Situationen und viele Ungerechtigkeiten. Das war die eigentliche Ursache, die das Faß zum Überlaufen brachte. Heute, 1994, geht es um den gleichen Kampf.

Die vierte Etappe war die der Verfolgung und der politischen Verhandlungen mit dem Staat. Es gab eine massive Verfolgung der wichtigsten Führer und von uns. Sie zwangen einen Pater, der uns sehr nahe stand, ins Exil. Auch ich wurde für eine begrenzte Zeit ins Exil gezwungen, denn es gab unglaublich viele Morddrohungen. Don Samuel und andere legten mir ans Herz, zu gehen. Andere Compañeros und ich, die wie wir sehr tief in den Geschichten steckten, mußten fliehen.

Danach kam die Etappe der Solidarität mit den Flüchtlingen. Die Indígenas gaben den Flüchtlingen auf ihrem Land Unterschlupf. Die mexikanische oder guatemaltekische Regierung hatten keinen Zugang. (...)

Heute beschuldigt man die Diozöse von San Cristóbal, daß sie den Aufstand der Zapatistas gefördert oder gar angezettelt hätte. Abgesehen davon, daß wir noch nie den bewaffneten Kampf gefördert haben, zeigt dies das geringe Verständnis der Mentalität der Indígenas. Was ist also der wirkliche Zusammenhang zwischen unserer Arbeit und den Geschehnissen vom Januar 1994?

Die Indígenas haben aufgrund ihres Weltbildes und der Vorstellung vom Sein eine ganzheitliche Idee von Organisation und Beziehungen. Das Konzept der Einheit ist grundlegend. Betrachtet man die Strukturen der Indígenas, die über tausend Jahre alt sind, stellt man fest, daß sie immer ganzheitlich sind. Sie haben Gültigkeit für jeden einzelnen und für die Gruppe und umfassen das Ökonomische, das Politische und das Religiöse. Ein Mensch ist nicht politisch, wenn er nicht religiös ist, und er ist nicht religiös, wenn er sich nicht der Ökonomie bewußt ist. Das heißt, der Mensch, der für Ämter und Funktionen ernannt wird, muß alle drei Ebenen gleichzeitig verkörpern. Niemand kann nur für einen Aspekt stehen. Im Denken der Indígenas wäre das unlogisch.

Die Katechetenbewegung entwickelte sich weiter, und wir konnten erkennen, daß das Wort Gottes Grundlage dieses historischen Prozesses ist, das den Dingen auf den Grund geht. Für die Ordensbrüder ist Gottes Wort tief mit der Religion und der Kultur und ihren Werten verbunden. Das ist das Wesentliche, nicht das, was Don Samuel sagt oder nicht sagt oder ob es die Zapatistas gibt oder nicht. Das gab es hier schon, und wir lernten, es zu verstehen. Wir lernten, die Geheimnisse zu enthüllen, die wir vorfanden, und die grundlegende Quelle des Leben zu verstehen.

Als die Zapatistas entstanden, bezeichnete sich die zapatistische Bewegung zunächst als militärische Kraft. Was die Zapatistische Armee aber vorantreibt, ist der Kampf um Gerechtigkeit, der Kampf um Würde. Die Zapatistas haben das nicht erfunden, es liegt im geschichtlichen Bewußtsein der Indígenas begründet. Die Zapatistas haben das auf ihre spezielle Art aufgegriffen, deswegen kann man aber nicht sagen, daß sich die Indígenas in Zapatistas verwandelt haben. Die Zapatistas haben nur dem, was schon vorhanden war, eine neue Form gegeben. Es ist sehr wichtig, das hervorzuheben, denn die Indígenas haben auf verschiedenste Weise und zu vielen Gelegenheiten gekämpft.

(Javier Vargas' Schilderung wurde im Oktober 1994 von Danuta Sacher aufgenommen und bearbeitet, von Mariella Rosso transkribiert und von Anke Spiess übersetzt.)

Die Art, wie ein Mensch Mensch ist

Der Bischofssitz in San Cristóbal liegt gleich neben der Kathedrale, geht gleichsam in sie über. Der Platz vor beiden paßt nicht recht zur Umgebung, liegt eigenartig erhöht, nachdem dort eine Tiefgarage gebaut worden ist. Hier in der Kathedrale haben im März die Friedensverhandlungen stattgefunden unter Vermittlung von Bischof Samuel Ruiz García. Damals waren Kathedrale und Bischofssitz von einer Menschenkette in weißen Gewändern umgeben, gebildet von jenen, die den Bischof und die Guerilleros schützen wollten, die den Zusagen des Regimes nicht trauten. Eine zweite Menschenkette bestand aus Soldaten des Regimes, bewaffnet - jedenfalls sichtbar - nur mit den Schlagstöcken

Jetzt, da ich in einem der hohen, karg ausgestatteten Räume auf den Bischof warte, ist es ringsumher alltäglich: das normale Leben jener sonderbaren Stadt. „Halten Sie sich nicht auf", rät der Subcomandante Insurgente Marcos den Reisenden, „denn war Tuxtla eine große Lagerhalle, so ist San Cristóbal ein großer Markt: Auf tausend Pfaden gelangt der indigene Tribut zum Kapitalismus; Tzotziles, Tzeltales, Choles, Tojolabales und Zoques, alle bringen sie etwas: Holz, Kaffee, Vieh, Stoff, Kunsthandwerk, Früchte, Gemüse, Mais... Und alle nehmen sie etwas mit: Krankheiten, Ignoranz, Spott und Tod... Hier kauft und verkauft sich alles, außer der indigenen Würde. Hier ist alles teuer, außer dem Tod. Aber verschwenden Sie Ihre Zeit nicht, fahren Sie auf der Überlandstraße weiter, bewundern Sie die touristische Infrastruktur. 1988 verfügte der Bundesstaat über 6.270 Hotelzimmer, 139 Restaurants, 42 Reisebüros; in diesem Jahr kamen 1.058.098 Touristen und ließen 250 Milliarden Pesos in den Händen der Hoteliers und Wirte."[1]

Das Warten im Bischofssitz zwingt förmlich dazu, sich im Kopf eine Vorstellung zu machen von der Lage hier vor nahezu 500 Jahren. Chiapas wurde 1544 zum Bistum erklärt. Und der erste Bischof war Fray Bartolomé de las Casas, „der Dominikaner, dem alle Indios und sogar die Königreiche und Provinzen der Indias den größten Dank schulden, weil er jahrelang ihr unermüdlicher Beschützer gegenüber unseren Herrschern ... gewesen ist", wie Juan de Torquemada schrieb.[2] Schon damals galt Chiapas als „ein armes Land, ohne Bodenschätze, Perlen oder Handel, in einem Wort: so elend, daß der Unterhalt des Bischofs aus den Steuereinnahmen finanziert werden mußte. Es war nicht leicht, viele Untertanen zu finden, die eine so armselige Mitra akzeptieren würden..."[3] Was hat sich da geändert in viereinhalb Jahrhunderten?

Die Kirche war schon damals auf beiden Seiten zu finden, mit größerer Wucht und Gewalt auf der der Gewaltigen, der Staatsgewaltigen. Dieser Bischofssitz von Chiapas aber hat eine Tradition an der Seite der Armen. So verwundert es nicht, daß fromme Christenmenschen aus San Cristóbal öffentlich ihren Wunsch kundtaten, „die Kirche mit dem Bischof darin anzuzünden"[4]. An der Wand hängt ein Gedicht von César Vallejo, und mir kommt die wunderschöne Musik in den Sinn, die Daniel Viglietti dazu gemacht hat:

Masa

„Am Ende der Schlacht,
und der Krieger war tot, trat ein Mann auf ihn zu
und sagte zu ihm: „Stirb nicht; denn du bist mir lieb!"
Ach, der Leichnam starb weiter.

Und es kamen zwei Männer herbei und sprachen ihm zu:
„Verlaß uns nicht! Schöpf Mut! Kehr zu uns zurück!"
Ach, der Leichnam starb weiter.

Und es kamen zwanzig, hundert, tausend zu Hilfe, fünfhunderttausend
und riefen: „Soviel Liebe, und sie vermag nichts gegen den Tod!"
Ach, der Leichnam starb weiter.

Und es umgaben ihn viele Millionen
und es baten ihn alle: „Bleib, Bruder, bleib!"
Ach, der Leichnam starb weiter.

Endlich umringten ihn alle Menschen der Erde;
der traurige Leichnam sah es und war bewegt,
richtete sich sehr langsam auf,
umarmte den ersten Besten, stand auf und ging..."[5]

Die Tür geht auf, und er kommt herein, der kleine resolute alte Mann, Samuel Ruiz García, seit 34 Jahren Nachfolger von Fray Bartolomé de las Casas. Während des Interviews wird seine tiefe Stimme immer fester. Und am Ende sitze ich bewundernd und still vor dem wortgewaltigen Prediger:

Interview mit Bischof Samuel Ruiz
am 6. September 1994 in San Cristóbal de las Casas

Was ist der Hintergrund des Aufstandes im Januar und hat sich seither etwas verändert?

(...) Die Leute vom Land sagen das in ihrer ganz schlichten Weise mit ihren Allegorien oder symbolischen Ausdrücken: Das, was in Mexiko nicht taugt, ist nicht der Reiter, sondern das Pferd, auf dem er reitet. Manchmal taugt aber auch der Reiter nicht.

Sie sind Vermittler in dem Konflikt. Sind Sie unparteiisch?

Nein. Wenn ich unparteiisch wäre, wäre ich kein Vermittler (lacht). Der Vermittler muß an beiden Teilen, an beiden Extremen teilhaben. Ich will das erklären: Zunächst einmal ist der Konflikt, über den wir in diesem Zusammenhang sprechen, der kriegerische Konflikt. Es ist nicht der darauf folgende Konflikt, wenn das auch miteinander zusammenhängt bzw. in den Forderungen enthalten ist, die die Zapatistas als klärungsbedürftig bezeichnet haben. Meine Vermittlung hat ihren Platz in dem Dialog zwischen der EZLN und der mexikanischen Regierung, der angefangen wurde, nachdem bestimmte Bedingungen erfüllt waren.

In dem Konflikt um das Wahlergebnis gibt es keine Vermittlung. Da gibt es von unserer Seite die kritische Begleitung der Bevölkerung, die sich auf dem Weg einer zivil-politischen Reifung befindet. Wir verstehen unser pastorales Handeln heute in der Kirche nicht mehr beschränkt auf die Gruppe von Menschen, die Mitglieder der katholischen Kirche sind. Vielmehr ist es die Gesellschaft als ganze, der wir zu dienen haben. Das geschieht auf der Grundlage des Wortes Gottes, das uns nährt und das in der Lage ist, historische Situationen in angemessener Weise zu erhellen. In diesem Sinne ist die Vermittlung in diesem Konflikt auf den Friedensdialog zwischen der EZLN und der mexikanischen Regierung beschränkt.

Ich will hinzufügen, daß ich kein guter Vermittler wäre, wenn ich mich außerhalb der konkreten Interessen an der Schaffung eines Friedens befände, der auf Gerechtigkeit gegründet ist. Dieser Konflikt vollzieht sich nicht nur auf dem Territorium dieser Diözese. In ihn sind auch Christen einbezogen, die zu ihr gehören, auch solche, die sich nicht mit Waffen in der Hand erhoben haben, aber in gleicher Weise Grund haben, Gerechtigkeit zu fordern. Sie haben dieselben Forderungen und sind auf dieselbe Weise niedergedrückt worden. Dazu kommt die notwendige Beziehung, die jede pastorale Arbeit mit der Zivilgesellschaft hat, ja sogar mit jenen, die sie regieren im Dienste der Gemeinden. Auch ich bin Staatsbürger, und ich habe eine Tätigkeit, die offensichtlich Auswirkungen hat auf die Geschichte und auf die Situation der Regierenden wie der Gemeinden. Und von diesem Konflikt sind die Christen betroffen, die in diesem Gebiet wohnen, seien sie nun katholisch oder evangelisch. Ich bin keiner der beiden Parteien fremd, sondern bin selbst Teil beider Seiten. Besser gesagt: Wir sind – denn es geht nicht nur um mich, sondern um die ganze Diözese. Mit dem Herzen sind wir auf der Suche nach Frieden wie im Leiden derer, die sich erhoben haben, um zu sagen: „Basta! Es ist reicht!"

Die Zapatistische Armee macht auf mich den Eindruck einer neuen Art von Befreiungsbewegung: die Sprechweise, das Sprechen in Bildern... Ist es etwas Neues, was hier angefangen hat?

In der Tat hat die zapatistische Bewegung sich in der Zeit, in der sie an die Öffentlichkeit getreten ist, anders gezeigt als andere Bewegungen in Lateinamerika und in Mittelamerika. Eines ihrer Kennzeichen ist zum Beispiel, daß sie von Anfang an nicht die Übernahme der Macht angestrebt hat. Ebensowenig will sie sich in eine politische Partei umwandeln. Sie hat das zivil-nationale Bewußtsein angefacht und den Anstoß für das Entstehen von Beteiligung in dieser Gesellschaft gegeben. Das ist sehr bedeutend. Auf diesem Weg bewegen sie sich. Und es ist wichtig, daß sie, die zapatistische Bewegung, in dem Moment, in dem die Gesellschaft zufrieden ist mit dem, was sie erreicht hat, keinen Grund mehr hätte, weiterzubestehen. Sie würden dann in ihre Dörfer zurückgehen.

Nicht alle sind mit Ihrer Haltung und mit dem, was Sie tun, einverstanden. Es gibt sogar in letzter Zeit Gerüchte, daß der Vatikan versucht, Sie Ihres Amtes zu entheben.

Selbstverständlich danken uns nicht alle den Dienst, den wir tun. Das ist etwas, was nicht erst im Zusammenhang mit der Vermittlung deutlich geworden ist. Vorher ging es uns in unserer pastoralen Arbeit genauso. Die Option für die Armen ist allen Mächtigen auf dem Kontinent unbequem. Wir suchen den Dank nicht. Das ist nicht das Motiv unseres Handelns, das hat seinen Beweggrund im Evangelium. Die sich uns widersetzen, sind die, deren Interessen berührt sind, die sich bedroht fühlen, wenn der Indígena sich vom Objekt in ein Subjekt seiner eigenen Geschichte verwandelt. Das ist heute eine Verantwortung der Evangelisierung des Kontinents und der Umwandlung des Kontinents durch eine Entwicklung auf friedlichem Wege, wie der Papst in Yucatán gesagt hat. Das Erscheinen des Indígena als Subjekt auf unserem Kontinent wird anerkannt. Sie sind die ursprünglichen Bewohner gegenüber denen, die später kamen, und daher stellen sie gleichsam die Gebärmutter dar, in der sich die Entwicklung wie die Evangelisierung herausbilden. Diese Erkenntnis ist wichtig.

Was den Vatikan angeht, da wird vieles gesagt. Es ist sogar von einem Brief gesprochen worden, der unterwegs sei. Nun gut, wir warten ihn in Ruhe ab. Wir gehen voran in unserer Geschichte und sehen, daß wir uns in einer neuen Etappe befinden. Das bedeutet, daß wir alle unsere früheren und heutigen Aktivitäten gründlich überprüfen müssen, damit sie sich auf die neue Situation beziehen. Anders gesagt: Wir müssen Antworten und Orientierung finden in bezug auf die neue historische Situation.

Was ist die theologische Grundlage Ihrer Arbeit? Hat sie mit dem zu tun, was in Lateinamerika die „Theologie der Befreiung" genannt wird?

Unsere Situation wird oft verdreht dargestellt. Und dazu gehört die lästige Frage nach der Theologie der Befreiung, die in Europa falsch verstanden wird - entschuldigen Sie, daß ich das so sage, aber so stellt es sich dar, es ist eine typisch europäische Frage. Die Grundlage unseres Handelns ist nicht eine theologische Überlegung als solche. Als Pastor interessiert mich die Theologie nicht. Mich interessiert die Befreiung. Mich interessiert das Evangelium. Mich interessiert das Wort, das in der Kirche durch die kirchliche Lehre vorhanden ist und das seit dem ökumenischen Konzil, dem Vatikanum II, im Zentrum des Christentums steht. Und wenn man dann darüber nachdenkt, was das für unseren Kontinent bedeutet, dann geht es darum, klarer zu erkennen, was die Option für die Armen bedeutet. Es hat ja nie eine Option für die Opposition gegen die Armen gegeben, eine Option für die Sklaverei. Die christliche Botschaft ist von ihren neutestamentlichen Anfängen und bereits vom Alten Testament her eine befreiende Botschaft. Das jüdische Volk konstituiert sich mit der Befreiung aus Ägypten. Das ist ein symbolisches und prophetisches Signal für die Befreiung, die Jesus in der Geschichte vollendet, und zwar mit größerer Tiefe, eine umfassende Befreiung mit dem Ruf an alle Völker, auf daß sie ein neues Volk bilden, ein Volk der Völker.

Im Unterschied zum Alten Testament, wo es ein einziges auserwähltes Volk gab, das das Volk Gottes war – eine Ethnie, eine bestimmte ethnische Gruppe, das jüdische Volk –, hat der Herr im Neuen Testament – so sagt es Paulus in einer Rede in der Apostelgeschichte – erlaubt, daß jedes Volk seine eigene Erfahrung der Errettung mache, daß es Gott als in seiner Geschichte anwesend entdecken kann. Bis hin zu dem Moment, in dem alle Völker, jedes mit seinem vorherigen Reichtum, zusammengerufen werden, um das Volk der Völker zu bilden. Das wurde deutlich symbolisiert in der Pfingstgeschichte. Da haben alle, die da waren, Petrus, der zu ihnen sprach, nicht in der Sprache des Petrus verstanden, sondern jeder in seiner eigenen Sprache. Das ist ein Ruf zu einer Einheit in Vielfalt. Nur so wird die Einheit verstanden, nicht als Einheitlichkeit, sondern als Einheit der Unterschiede, die reich machen. In diesem Sinne haben die Bischöfe in Santo Domingo erklärt, daß wir glücklicherweise wissen, daß Gott nicht Kolumbus in seinem Schiff zu uns gebracht habe, sondern daß er in den zahlreichen Völkern anwesend gewesen sei, in ihren Traditionen, in ihren – wie das Konzil es nannte – ethisch-religiösen Werten. Insofern sind wir dabei, unsere Geschichte wiederzugewinnen.

Wir befinden uns in einer privilegierten Zeit, die uns eine Rückwendung zur Geschichte erlaubt, und das ist ein bedeutender Fortschritt. Jetzt kann der Dialog stattfinden, der 500 Jahre lang nicht stattgefunden hat: der Dialog zwischen der katholischen Kirche, der christlichen Religion und den vorkolumbinischen Religionen. Diese Religionen sind einfach zerschmettert worden, ihre religiösen Riten, ihre Bilder und Tempel wurden zerstört, ihre Dokumente verbrannt. Die Missionare jener Zeit hatten nur eine einzige Sorge – und ich hätte sicher dazugehört; denn das war das Denken aller: Es gab gar nicht die Möglichkeit anzunehmen, daß es im Heidentum etwas Gutes geben könne. Es gab nur die Nebel des Irrtums, die Schatten des Todes. Und somit gab es nichts, das erhaltenswert gewesen wäre. Von daher gab es bei den Missionaren eine Haltung, die von der Angst bestimmt war, daß die Zeit zu schnell verstreichen könnte.

Es gab außerhalb der katholischen Kirche, die die einzig wahre war, keine Rettung. Unter diesem Gesichtspunkt mußten sie sich beeilen und die Menschen gleichsam dazu zwingen, in sie einzutreten. Bei dieser Art der Evangelisierung wurde eine bedauerliche Identifizierung vorgenommen zwischen der westlichen und sogar christlich genannten Kultur und der Religion selbst. Somit wurde den Menschen eine christlich-kulturelle Lebensweise aufgezwungen.

Die Kultur ist ja aus anthropologischer Sicht nicht das Wissen über die Dinge, wie es eine kultivierte oder nicht unkultivierte Person haben kann, sondern es ist die Art, wie ein Mensch Mensch ist. Das umfaßt seine Werte, seine Umwelt, die Welt, in der er lebt, die Beziehungen zu den anderen, mit der Natur, die Beziehungen zu Gott - all das überliefert von einer Generation zur anderen auf dem Weg der Tradition. Das ist die Kultur. Und die westliche Kultur nennt sich oder nannte sich christlich aufgrund des Einflusses des Christentums. Aber das Christentum war nicht westlich. Es entstand im Osten. Es hatte durch eine langdauernde Erfahrung eine Form im Westen gefunden, und in der kam es zu uns, als die Auferlegung einer Kultur, die sich mit einer Religion identifizierte. Für den Indígena gab es also keinen anderen Weg, als ein christliches Leben zu führen, indem er aufhörte, er selbst zu sein. Er mußte eine Verwirklichung außerhalb seiner selbst suchen. Dadurch ist in unserem Kontinent eine Art Schizophrenie entstanden. Die Menschen müssen mit zwei Kulturen leben, mit der eigenen unterdrückten und mit einer westlichen aufgezwungenen, die die einzige Möglichkeit ist, ein christliches Leben zu führen. Heute sind wir in einer privilegierten Situation, in der das Erscheinen und die Bewußtwerdung des Indígena zu einer tiefen Reflexion führen, aus der die autochthonen Interessen hervorgehen. Es entsteht ein Christentum, das die erlösende Entwicklung dieser Gemeinden in einer tausendfachen Glaubenserfahrung anerkennt. Deren Werte sind nicht nur Ausgangspunkt für das Evangelium, sondern selbst Inhalt der Evangelisierung.

Was bedeutet der „Indigenismo" in dem Kampf, der augenblicklich hier geführt wird?

Der Indigenismo stellt die Marginalisierung in Frage. Das ist augenblicklich hier in Chiapas am deutlichsten, aber es gilt für den ganzen Kontinent. Und die Marginalisierung betrifft nicht nur den Indígena innerhalb der sozialen Schichtung, wo er die unterste Schicht darstellt. Es gibt auf dem ganzen Kontinent, soweit ich weiß, nur ein einziges Land, das vor zwei Jahren eine bedeutende Änderung seiner Verfassung beschlossen hat. Die Verfassung sagt, daß es sich um ein multiethnisches oder pluriethnisches Land handelt. Das ist Chile. Man sagt, daß das nicht perfekt sei und daß die erforderlichen Instrumente fehlen, aber es ist eine neue Situation. Wir müssen dazu kommen, zu entdecken, daß es im Grunde in jedem Lateinamerikaner eine indigene kulturelle Identität gibt. Und daneben gibt es eine andere, eine westliche Wurzel, die zur Konstitution unseres Seins beiträgt. Es muß in jedem von uns ein Prozeß der inneren Versöhnung einsetzen. Nur so werden wir auch akzeptieren können, daß es auch innerhalb der Kirche eine Marginalisierung des Indígena gibt, da ja der Indígena, wenn er seinen Glauben leben will, dies mit den Mechanismen, den Instrumenten und den Zeichen der westlichen Kultur tun muß. Das ist ein interessanter Moment, dem wir uns gerade annähern.

Ich möchte zum Schluß noch einmal auf die Theologie der Befreiung zurückkommen. Ich habe schon gesagt, daß mich und viele andere Pastoren unseres Kontinents die Befreiung interessiert, nicht so sehr die Theologie. Die Theologie hat ihren Ort, aber ich arbeite nicht, weil ich Theologie betreiben will, sondern ich arbeite für die Befreiung in den Gemeinden. Das ist es nämlich, was das Evangelium verkündet. Man braucht sich gar nicht auf spätere Aussagen zu beziehen. Jesaja wendet sich z.B. gegen die Konzentration von Eigentum: Weh dir, der du sammelst und sammelst, der du Haus zu Haus fügst, Feld zu Feld und so mein Volk daran hinderst, in Frieden zu leben. Hier geht es nicht um das Unrecht des Diebstahls, sondern um das Unrecht der Akkumulation, der Anhäufung von Reichtum. Und wenn ich recht verstanden habe, hat Jesaja Marx noch nicht gekannt. Man kann ihm nicht vorwerfen, er sei vom Marxismus indoktriniert gewesen, als er sich gegen die Akkumulation wandte, gegen das Kaufen im Überfluß, das Kaufen eines Hauses durch den, der schon eines hat – das ist der Vorwurf. Es geht nicht um den Raub, es geht um die Anhäufung. Zum Glück hat das tiefe Wurzeln im Alten Testament.

Dem steht die Ankündigung einer Befreiung gegenüber. Das ist von den Armen aus gesehen der wesentliche Punkt, und das ist in Medellín entdeckt worden: Es gibt keine Gleichwertigkeit zwischen Armut und Reichtum. Die Analysen helfen uns zu verstehen, daß es um eine Kausalitätsbeziehung geht. Wenn es eine erste Welt gibt, gibt es auch eine dritte und eine zweite – ich weiß nicht, wie man das jetzt nennt, aber jedenfalls gibt es eine Welt der Herrschaft und eine der Unterwerfung, und sie haben eine Kausalitätsbeziehung. Die eine existiert nicht ohne die andere. Die eine existiert, weil die andere existiert. Und in einer solchen Situation muß man sich klar entscheiden. Als wir noch dachten, daß es um gleichwertige Größen ging, da meinten wir, daß man den einen helfen müsse, damit sie sich den anderen gegenüber karitativ verhalten. Seit wir aber entdeckt haben, daß es sich um eine Frage der Gerechtigkeit handelt, müssen wir eine Entscheidung treffen. Man kann denen, die unten sind, nicht nah sein oder auf ihrer Stufe stehen, wenn man nicht von unten den Herrschenden deutlich sagt, daß sie herabsteigen müssen. Schon Johannes der Täufer hat gesagt, daß die Gipfel erniedrigt und die Täler erhöht werden müssen. Oder wie Maria während ihres Besuches bei Elisabeth sagte: Von ihren Thronen müssen die Mächtigen herabsteigen, und die Niedrigen müssen sich erheben. Das ist es, was die Verkündigung des Reiches Gottes ausmacht.

(Fragen und Übersetzung: Ralf Syring)

Für alle alles
– für uns nichts!
Ein Fotoessay

Die Geschichte
vom alten Antonio

Als die Welt noch schlief und nicht erwachen wollte, versammelten sich die großen Götter, um ihre Arbeit abzusprechen. Und so einigten sie sich darauf, Erde, Männer und Frauen zu erschaffen. In ihrer Mehrheit waren die Götter der Meinung,

daß dies ihre Aufgabe sein sollte - das Erschaffen von Erde und Menschheit. Sie nahmen sich vor, die Menschen besonders schön und hart zu machen. Die ersten Menschen, die sie erschufen, waren aus Gold.

Die Götter waren sehr zufrieden mit den Goldmenschen, denn sie waren glänzend und stark. Aber bald bemerkten sie, daß sich diese Menschen nicht bewegten, nie liefen oder arbeiteten sie, denn sie waren viel zu schwer.

Die Götter versammelten sich erneut, um über eine Lösung dieses Problems zu beraten. Sie kamen überein, eine andere

Art Mensch zu erschaffen, dieses Mal aus Holz. Die Haut dieser neuen Menschen war holzfarben. Sie arbeiteten und wanderten viel. Und wieder waren die Götter zufrieden. Gerade als sie begannen, richtig glücklich über ihre Entscheidung zu sein, wurde ihnen aber klar, daß die Goldmenschen die Holzmenschen zwangen, sie zu tragen und für sie zu arbeiten.

Jetzt sahen die Götter,
daß sie einen großen Fehler
gemacht hatten, und wieder
mußten sie eine Lösung finden.

Sie kamen zu dem Schluß, Menschen aus Mais zu erschaffen, gute Menschen, wahrhaftige Männer und Frauen. Die Götter legten sich daraufhin zum Schlafen nieder und überließen es den Maismenschen, den wahrhaftigen Männern und Frauen, die Situation auf der Erde zu verbessern.

Die Maismenschen sprachen die wahrhaftige Sprache, in der sie sich einigen konnten, und sie gingen in die Berge, um den richtigen Weg für alle Menschen zu finden.
Der alte Antonio erzählte mir, daß die Goldmenschen die Reichen sind, die mit weißer Haut, und daß die Holzmenschen die

Armen sind, die mit brauner Haut, die immer die Reichen tragen und für sie arbeiten. Und beide, die Goldmenschen und die Holzmenschen, warten auf die Menschen aus Mais, die ersteren mit Angst, die zweiten mit Hoffnung. Ich fragte den alten Antonio, welche Hautfarbe die Maismenschen hätten.

Daraufhin zeigte er mir mehrere Maissorten
in verschiedenen Farben. Er erzählte mir, daß
sie alle Hautfarben hätten,
aber niemand es genau wüßte,

denn die Maismenschen,
die wahrhaftigen Männer und
Frauen, hätten kein Gesicht.
Vor ungefähr zwei Jahren, im
Jahr 1992, war ich mit dem
Schreiben vieler Kommuniqués
beschäftigt. Viele Treffen
fanden statt, um
zu entscheiden, ob der Krieg
bereits losgehen sollte. Damals
kam ich auch in das Dorf,
in dem der alte Antonio wohnte.

(Antonios Sohn kam auf mich zu,
wir gingen spazieren und überquerten
Weideflächen und Kaffeefelder.)
Während die Gemeinde über den möglichen
Beginn des Krieges diskutierte,
packte mich der alte Antonio am Arm und

führte mich bis zum Fluß,
etwa 100 Meter vom Dorfzentrum entfernt.
Es war im Monat Mai.
Der Fluß war grün und von leichter
Strömung. Der alte Antonio setzte sich
schweigend auf einen Baumstamm.

Nach kurzer Zeit begann er zu sprechen:
„Siehst du das? Alles ist ruhig, es scheint, als
würde nichts passieren.“

„Mmhh“, antwortete ich, wohl wissend, daß er weder ein Ja noch ein Nein von mir erwartete. Daraufhin zeigte er auf den Gipfel des nahegelegenen Berges. Die grauen Wolken hatten sich auf seiner Kuppe niedergelassen, und die Blitze verbrannten das diffuse Blau der Hügel.

Das sah nach einem kräftigen Sturm aus,
aber auch so weit entfernt und
deswegen harmlos erscheinend,
daß der alte Antonio begann, sich eine
Zigarette zu drehen und erfolglos ein
Feuerzeug in seinen Hosentaschen zu
suchen, denn er besaß keines.

Mir blieb genug Zeit, ihm das meinige entgegenzustrecken. „Wenn unten im Tal alles ruhig ist, gibt es in den Bergen ein heftiges Gewitter,

und die Rinnsale werden immer stärker und
machen sich auf in Richtung Tal“, sagte er

nach einem tiefen Zug
an seiner Zigarette.
In der Regenzeit ist dieser Fluß wild,
wie ein schlammiges Ungeheuer,
das über die Ufer hinausgreift.
Seine Stärke kommt nicht von dem
vielen Regenwasser,
das in sein Flußbett fällt,

es sind die Rinnsale, die von den Bergen
kommen und ihn nähren.
Er zerstört, gleichzeitig schenkt der Fluß
neues Leben, aus seinem Wasser
erwachsen Mais, Bohnen und Zuckerrohr
für das bescheidene Mahl.
„So ist unser Kampf", spricht er zu mir

und zu sich selbst. „In den Bergen wird die Kraft geboren, aber man sieht sie nicht, bevor sie unten ankommt." Er antwortet auf meine Frage, ob er glaubt, daß es bereits Zeit wäre, mit dem Krieg zu beginnen: „Es ist die Zeit, in der der Fluß seine Farbe ändert."
Der alte Antonio schweigt und zieht sich an meiner Schulter hoch, um sich aufzurichten. Langsam kehren wir zum Dorf zurück.

Er sagt zu mir.
„Ihr seid
die Rinnsale,
wir sind der Fluß.
Ihr müßt zu uns
herunterkommen, jetzt!"
Wieder ist Stille.
Wir erreichen die Hütte,
als die Dämmerung
anbricht.
Ich verließ das Dorf im
Morgengrauen.

Der alte Antonio war nicht da, sehr früh schon war er an den Fluß gegangen. Vor zwei Monaten besuchte ich den alten Antonio wieder. Er sagte nichts, als er mich sah. Ich setzte mich neben ihn und begann, Maiskolben auszukörnen. „Der Fluß ist angeschwollen“, sagte er nach kurzer Zeit.

„Ja", erwiderte ich. Ich erklärte Antonio die Geschichte mit der Befragung in den Dörfern und gab ihm die Dokumente, auf denen unsere Forderungen und die Antworten der Regierung geschrieben stehen. Wir sprachen über die Vorkommnisse in Ocosingo, und wieder verließ ich das Dorf erst im Morgengrauen.

An einer Wegbiegung erwartete mich der alte Antonio. Er nahm mich zur Seite. Ich setzte meinen Rucksack ab und suchte meinen Tabak, um ihm etwas davon anzubieten. „Im Moment nicht", sagte er und wies meinen Tabakbeutel zurück. Ich trennte mich von der Karawane, und er führte mich zum Fuße eines Ceiba-Baumes.

„Erinnerst du dich an das, was ich dir von den Rinnsalen in den Bergen und vom Fluß erzählte“, fragte er mich. „Ja“, antwortete ich im gleichen murmelnden Ton. „Eine Sache vergaß ich dir zu erzählen“, erwiderte Antonio und betrachtete seine barfüßigen Zehenspitzen. Ich schwieg.

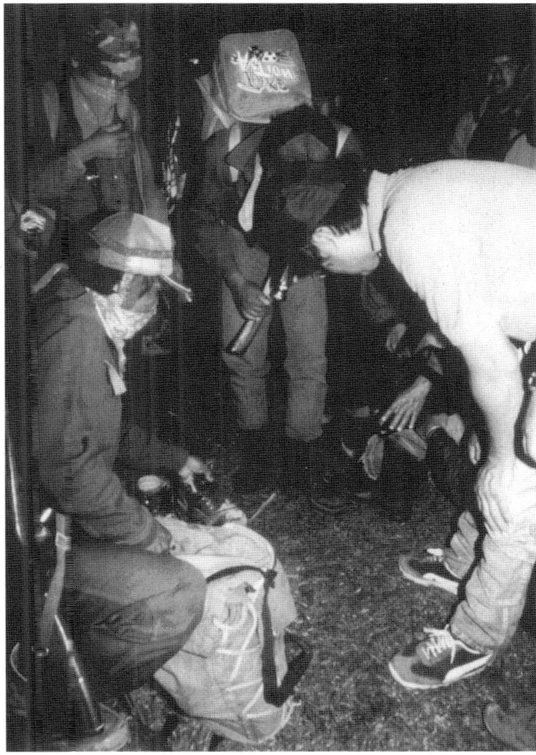

„Die Rinnsale ...“ - ein Hustenanfall läßt seinen Körper beben, er schnappt nach Luft und fährt fort: „Die Rinnsale .... wenn sie die Berge hinabfließen“ - wieder ein Hustenanfall, und ich rufe den Sanitäter aus unserer Karawane.

Antonio aber lehnt es ab, sich von dem Arzt des Roten Kreuzes behandeln zu lassen. Der Arzt schaut mich an, und ich gebe ihm zu verstehen, daß er sich zurückziehen soll. Der alte Antonio wartet, bis der Rucksack mit Medikamenten außer Sichtweite ist und fährt im Halbdunkel fort: „Die Rinnsale können nur unter der Erde umkehren,

wenn sie einmal vom Berg hinabgeflossen sind. Gleich darauf umarmt er mich und läuft eilig davon. Ich bleibe zurück und beobachte, wie sich sein Schatten entfernt, entzünde meine Pfeife und setze den Rucksack auf. Schon wieder auf dem Pferd sitzend, kehrt die Szene vor meinen Augen wieder. Ich weiß nicht genau, was es war, noch immer war es sehr dunkel,

aber mir schien es, als ob
der alte Antonio geweint hätte.
Gerade erhalte ich einen Brief von Antonios Sohn mit der Antwort seines Dorfes auf die Vorschläge der Regierung. In dem Brief erzählt er mir, daß der alte Antonio plötzlich sehr krank geworden sei und der Alte nicht gewollte habe, daß ich davon wüßte. Letzte Nacht sei er gestorben. Als sie darauf

gedrängt hätten, mich zu informieren, habe der alte Antonio nur gesagt: „Nein, ich habe alles gesagt, was ich ihm sagen wollte. Laßt ihn zufrieden, er hat viel zu tun."

Jetzt beginnen die ersten wohlwollenden Regengüsse. Zum Glück, denn wir dachten schon, wir müßten auf die Lastwagen der Aufstandsbekämpfungseinheiten warten, um Wasser zu erbeuten.

Ana Maria erzählt, daß der Regen
von den Wolken kommt, die sich auf
den Gipfeln der Berge streiten. Sie beginnen
mit ihrem wilden Kampf, mit ihren Donnern
und Blitzen auf dem Gipfel des Berges.
Bewaffnet mit einer Unmenge von Geist
kämpfen die Wolken um das Privileg, zu
sterben und sich in Regen zu verwandeln,
um die Erde zu ernähren. So sind auch wir,
wie die Wolken ohne Gesicht, wie sie ohne
Namen, ohne jeglichen Verdienst,
wie sie kämpfen wir um das Privileg,
Samenkorn in der Erde zu sein.

Einverstanden. Gesundheit und einen
Regenmantel (gegen den Regen und die
Aufstandsbekämpfungseinheiten).
Aus den Bergen des Südosten Mexicos.
Subcomandante Insurgente Marcos.
Im Mai 1994.

Der Fotoessay wurde zusammengestellt
von Herby Sachs, die Geschichte vom alten
Antonio übersetzt von Dorothea Schütze.

Kapitel VI

Auf dem Vulkan

Soziale Bewegungen

Antonio träumt, daß die Erde, die er bearbeitet, ihm gehöre. Daß sein Schweiß mit Gerechtigkeit und Wahrheit abgegolten werde. Daß es eine Schule gebe, um die Unwissenheit zu heilen, und Medizin, um den Tod zu erschrecken. Daß sich sein Haus erleuchte und sein Tisch fülle, sein Land frei sei und die Vernunft der Leute entscheide, wer regiere und regiert werde. Antonio träumt, er wäre in Frieden mit sich und der Welt. Er träumt, daß er kämpfen müsse für diesen Traum und daß es Tod geben muß, um Leben zu haben. Antonio träumt und erwacht. Jetzt weiß er, was zu tun ist, und er sieht seine Frau kniend das Feuer anfachen, hört seine Kinder weinen, sieht die Sonne im Osten grüßen und schleift lächelnd seine Machete. Ein Wind kommt auf und bringt alles durcheinander, Antonio steht auf und geht, um sich mit anderen zu treffen. Etwas sagt ihm, daß sein Wunsch der Wunsch vieler ist, und er wird sie suchen.

(aus: Chiapas: Der Südosten in zwei Winden, einem Sturm und einer Prophezeiung von Subcomandante Marcos)

Auf dem Vulkan

Antonio García de Léon

1982 brach im Norden von Chiapas der Vulkan Chichonal aus. Antonio García de León, Historiker, der zehn Jahre lang in Chiapas lebte und arbeitete, beendete 1985 mit dieser Prophezeiung sein zweibändiges Buch über die Geschichte der sozialen Bewegungen in Chiapas: Resistencia y Utopía.

Als plötzlich der Ausbruch erfolgte - so wird berichtet -, versank alles in Dunkelheit und die Luft war geschwängert von demselben Äther wie in den Tagen der Schöpfung. Die Vögel verstummten zum ersten Mal seit Jahrhunderten, die Rinder trieben halb verkohlt in den aufgewühlten Flüssen, die ihren Lauf geändert hatten. Eine dicke Schicht grauen Staubs bedeckte die Ziegel der Häuser, die Welt hatte die Farben verloren, und die, denen es nicht gelungen war zu fliehen, wurden auf den Äckern begraben, starr und besiegt an den Straßenrändern, oder vom Tod zum Verstummen gebracht, neben den Feuerstellen. Die greise Göttermutter war durch die Dörfer gelaufen und hatte die Ungläubigen gewarnt (es wird gesagt, daß sie auf einen großen Hügel stieg und sah, wie die Stadt vom Himmel heruntersank, „mit dem Glanz leuchtenden Jadegesteins, mit ihren Mauern, ihren 13 Toren und ihren 13 Herren des Berges, 13 Wächtern des Volkes", und daß die Ungerechten keinen Zutritt zu ihr haben würden). Aber am nächsten Tag waren die Insekten die ersten, die ihre Verstecke verließen und mit ihrem alltäglichen, hartnäckigen Ritual begannen, die zerstörten Kreisläufe des Universums wieder neu zu organisieren. Und es gab andere Tiere, die noch lebend auf den Baumstämmen, die das Getöse entwurzelt hatte, in dem Diluvium der schäumenden Flüsse dahintrieben.

Es war zu Beginn des Jahres 1982, als der Krater des Chichonal sich 20 Tage lang erbrach, Mondtage einer Dunkelheit, die die Ursprünge wieder neu erschuf, Millionen Tonnen von Sand, Asche und glühendem Gestein. Das ökologische Gleichgewicht war gestört, ein ganzer Landstrich wurde von einer grauen Ascheschicht bedeckt und einige Zoque-Dörfer von den ersten Lavaströmen verschlungen. Dem Ausbruch gingen wiederum prophetische Weissagungen voraus, und er geschah, um sich als weitere Ankündigung einzureihen in die Teile dieses immensen Kreuzworträtsels.

der Landkarte dieses gemächlichen Krieges von Bewegungen, dieser scheinbar unbeweglichen Zeitenfolge, die nur mit der Elle von Jahrhunderten zu messen ist. Seine gewaltige Erschütterung (sein Gähnen von „Blitzen, ohrenbetäubenden Donnern, Erdbeben und starkem Hagelschlag"), die als Meilenstein in der Erinnerung zukünftiger Generationen bleiben wird, kündigte nur die Ungeduld der ursprünglichen und unterirdischen Kräfte an, die darauf drängten, erneut an die Oberfläche zu kommen...

(Übersezung: Ulrich Mercker)

Der lange Weg
Bauernbewegungen in Chiapas

Juan González Esponda/Elizabeth Pólito Barrios

Im Jahre 1824 entschieden die Bewohner von Chiapas durch einen Volksentscheid, sich in die Republik Mexiko einzugliedern. Während der drei vorangegangenen Jahrhunderte war Chiapas eine Provinz des Generalkapitanats Guatemala gewesen und damit die geopolitische Grenze gegenüber Neu-Spanien. Schon immer war es eine von den Regierungen in den Hauptstädten Guatemalas und Spaniens ziemlich vergessene Provinz.

Zwischen 1824 und 1860 entstand in Chiapas die Oligarchie der Großgrundbesitzer. Die Zäune um ihre Besitzungen wurden immer länger, weil sie die Ländereien der Kirche und der indianischen Gemeinden an sich rissen. Auf diese Weise wurden einige wenige Familien legal oder illegal zu Besitzern riesiger Territorien. Moreno, Castellanos, Domínguez, Utrilla, Robles, Corzo, Fernández, Marcías, Cal y Mayor, Moguel, Gutiérrez, Figueroa, Rovelo, Ruiz etc. wurden von Familien- zu Gebietsnamen, und es läßt sich ohne weiteres sagen, daß diese ‚namhaften' Familien nicht nur in Chiapas lebten - es gehörte ihnen. Die Familien dominierten die Zentralregion (Centro), die Frailesca, das Grenzgebiet (Fronteriza), das Hochland (Los Altos), den Norden (El Norte) und einen Teil der Selva Lacandona.

Danach, in der Epoche von Porfirio Díaz (1876-1911), ließen sich in Chiapas ausländische Investoren aus England, Deutschland, Nordamerika, Spanien, Frankreich und anderen Ländern nieder. Diese Kapitalisten kauften Ländereien zusammen und gründeten Fincas, um Kaffee zu produzieren und die Kautschuk- und Holzbestände auszubeuten. Sie ließen sich vor allem im Soconusco, der Sierra Madre und El Norte nieder, also in hochgelegenen Gebieten, wo der Kaffeeanbau erfolgversprechend war. Auf riesigen Landflächen in der Selva Lacandona entstanden Unternehmen zur Kautschuk- und Holzgewinnung.

Auf diese Weise etablierte sich seit dem Ende des 19. Jahrhunderts eine ökonomische Struktur, die jede einzelne der genannten Regionen bis heute prägt. Los Altos beispielsweise, das Hochland von Chiapas, wo mehrheitlich Tzotzil- und Tzeltal-Indígenas siedeln, oder das Grenzgebiet (Tojolabales) und die Sierra Madre waren bald nichts weiter als Herkunftsgebiete für die auf den Kaffeefincas des Soconusco und der Sierra Madre benötigten Arbeitskräfte.

Jahr für Jahr wurden Tausende von Indígenas auf menschenunwürdige Weise auf die Kaffeeplantagen gekarrt. Durchgeführt wurde das von

Werbern, die als Bindeglied zwischen den indianischen Arbeitern und den Fincabesitzern fungierten und vornehmlich Mestizen aus San Cristóbal de las Casas waren.

Die Revolution bedroht – und festigt die Herrschaft der Großgrundbesitzer

1914 erreichte die Revolution auch Chiapas. Im September kam General Jesús Agustín Castro an der Spitze der 21. Division der Konstitutionalistischen Armee an, die dem bürgerlichen Flügel der Revolution angehörte. Die erste Maßnahme war, die Politiker ihrer Ämter zu entheben, die dem gestürzten Diktator Porfirio Díaz nahestanden. Castro und seine Männer übernahmen die Administration. Danach brachte er eine Reihe von Gesetzen auf den Weg, eines davon ist als „Gesetz zur Befreiung der *mozos*“ bekannt geworden. Es ordnete die Abschaffung der Schuldknechtschaft an: „Es gibt keine Sklaven mehr im Staate Chiapas.“

Für die Finqueros von Chiapas, vor allem die des Centro und der Frailesca, bedeutete dies den Entzug der wichtigsten Grundlage ihres ökonomischen und politischen Systems, und deshalb beschlossen sie, sich organisiert gegen diese fortschrittlichen Maßnahmen zu wehren, die drohten, ihre bisherige Lebensform zu beenden; es war, wie Antonio García de León sagt, als solle ihnen das Rückgrat gebrochen werden.

Im Dezember desselben Jahres erhoben sich die Finqueros mit Waffen gegen die „Verbrechen“ der Carranza-Anhänger, um die „Souveränität“ des chiapanekischen Staates und die Interessen der chiapanekischen Familie zu verteidigen. Sie gründeten die „Freie Brigade von Chiapas“ und begannen einen Krieg im Guerilla-Stil: Überraschungsangriffe, kleine bewegliche Gruppen, Überfälle aus dem Hinterhalt, ständiges Umherziehen. Ihre genauen Ortskenntnisse waren für diese Taktik sehr hilfreich. Die Truppe der Finqueros ging unter dem Spitznamen *Mapaches* (eine Art Dachs, A.d.Ü.) in die Geschichte ein, weil sie wie diese Nagetiere vorgingen: Sie fielen nachts über die Maisfelder her, und am nächsten Tag war alles abgegrast.

Von 1914 bis 1920 kämpften die *Mapaches* mit der Waffe in der Hand wie ein Heer von Blinden gegen die Geschichte und gegen die Leute von Carranza. Nach dem Mord an Präsident Venustiano Carranza im Jahre 1920 einigten sie sich mit dem neuen Präsidenten Alvaro Obregón darauf, die Feindseligkeiten einzustellen und den Staat zu befrieden. Als Gegenleistung ernannte Alvaro Obregón den Führer der Mapaches, Tiburcio Fernández Ruiz, zum lokalen Oberbefehlshaber des Bundesheeres und zum Gouverneur von Chiapas von 1920 bis 1924. Natürlich wurden die

Reformmaßnahmen der Carranza-Konstitutionalisten von der neuen Gutsbesitzer-Regierung ignoriert.

Agrarreform für die Besitzenden

Die verschiedenen Formen des Frondienstes blieben intakt. Um der Verpflichtung zur Landreform formell Genüge zu tun, erließ die Regierung von Tiburcio Fernández Ruiz ein neues Agrargesetz: Danach sollte jeder Grundbesitz über 8.000 ha zur Aufteilung in Frage kommen, wenn seine Besitzer ihn nicht entsprechend den Anordnungen des neuen Gesetzes innerhalb von sechs Monaten aufteilten. Aus dem ersten Artikel des Gesetzes ging hervor, daß die Obergrenze von 8.000 ha für den Besitz einzelner Personen galt. Die Konsequenz dieser Regelung war, daß der Grundbesitz extrem aufgesplittet und selbst Säuglinge als Eigentümer des „Landüberschusses" ihrer Eltern eingesetzt wurden. Auf diese Weise blieben die Latifundien erhalten. Eine tatsächliche Verteilung des Landes und sozio-ökonomische Reformen wurden so im Gegensatz zu anderen Landesteilen Mexikos in Chiapas verhindert. Deshalb ist die Landfrage eines der drängendsten Probleme der chiapanekischen Gesellschaft geworden.

Die Selva Lacandona als Überdruckventil

Zwischen 1940 und 1960 wurden in ganz Mexiko vor allem staatseigene Flächen und ausgehend vom Zentrum des Landes auch bewaldete Gebiete neu verteilt. In Chiapas bedeutete dies den Beginn der Besiedlung der Selva Lacandona, die bis dahin die Wüste der Lacandonen genannt worden war, weil sie kaum bewohnt war. Vor allem Campesinos aus den Staaten Guerrero, Morelos, Michoacán, Veracruz und Chihuahua wurden in die Lacandona geschickt, die von der Regierung die Zuteilung von Land als Privatbesitz verlangten (statt der kollektiven Eigentumsform des *ejido*). Die Selva Lacandona diente also als Ventil für den Druck der Landfrage, und wieder blieben die Ländereien der Grundbesitzer auf diese Weise verschont. Tausende chiapanekischer Indígenas – Choles, Tzotziles und Tzeltales - zogen in den Regenwald, ließen sich nieder und bauten Mais und Bohnen für ihre Subsistenz an. In ihren Herkunftsgebieten gab es entweder kein kommunales Land mehr zu verteilen, oder es befand sich in der Hand von Grundbesitzern, die Macht und Einfluß in der Regierung hatten.

In der Selva gerieten sie bald mit den privaten Viehzüchtern aneinander, deren Weiden ständig wuchsen und sich auf das Land ausbreiteten, das von ihnen dem Urwald abgetrotzt worden war.

Währenddessen blieb auch im Zentrum, in der Frailesca, im Norden und im Soconusco die Struktur des Großgrundbesitzes unangetastet. Es waren dementsprechend auch diese Regionen, in denen sich Anfang der 70er Jahre unabhängige Organisationen der Bauern, Indígenas und Mestizen zu entwickeln begannen. Befördert wurde dieser Prozeß durch die Wirtschafts- und Agrarkrise, die ganz Mexiko ergriff, und durch die Modernisierungsmaßnahmen in Chiapas.

Spätestens seit Mitte der 60er Jahre durchlief die chiapanekische Wirtschaft einen Modernisierungsprozeß, der durch drei Faktoren gekennzeichnet werden kann. Der erste ist die Errichtung großer Wasserkraftwerke. Malpaso, La Angostura, Chicoasén und Peñitas wurden am Rio Grijalba gebaut und überschwemmten mehr als 100.000 ha bestes Ackerland. Die chiapanekischen Wasserkraftwerke produzieren heute 55 % der gesamten hydroelektrischen Energie Mexikos.

Der zweite Faktor ist die Erdölförderung, die 1972 in den Gemeindegebieten von Reforma, Juárez und Pichucalco begann und seit kurzem auch in der Selva Lacandona nahe Palenque und Ocosingo betrieben wird. Der dritte Faktor schließlich ist die Modernisierung von Landwirtschaft und Viehzucht.

Diese drei Elemente zusammen haben die halbfeudalen Beziehungsgeflechte aufzulösen begonnen, lokale Machtstrukturen desartikuliert und Raum zur Entstehung neuer politischer und ökonomischer Machtgruppen geschaffen.

Auslösend für diese ökonomische Umorientierung und die Modernisierung des Agrarsektors waren verschiedene Krisenerscheinungen wie der Preisverfall für Kaffee 1974 und 1990 und für Baumwolle, infolgedessen der Anbau auf Soja umgestellt wurde. Die allgemeine Krise der mexikanischen Wirtschaft seit Beginn der 70er Jahre wirkte negativ auf die nationale Nahrungsmittelproduktion, und seither werden verstärkt Mais und Bohnen, die grundlegenden Lebensmittel Mexikos, importiert.

Die ungleiche Landverteilung bleibt bestehen

Die Agrarstruktur in Chiapas ist davon geprägt, daß der private Sektor den größten Anteil der Gesamtfläche und die besten Böden besitzt und die Viehzüchter eine hegemoniale Stellung einnehmen, weswegen sie auch die Hauptakteure in den chiapanekischen Landkonflikten sind.

Die offiziellen Statistiken registrierten 1960 rund 3.290.000 ha Land in Privatbesitz, während *ejidos* und Gemeindeland zusammen nur 750.000 Hektar umfaßten. Aus dem Agrar-Zensus im Jahr 1970 ging hervor, daß die

Gesamtsumme von *ejido*- und Gemeindeland um 95.032 Hektar gewachsen war, während der Privatsektor keine Veränderungen verzeichnete. Die Konzentration des Landes in der Hand einiger weniger Gutsbesitzer- und Viehzüchterfamilien blieb jedoch das Charakteristikum der chiapanekischen Agrarstruktur. 1960 zum Beispiel besaßen nur 44 Familien zusammen mehr als eine Million Hektar, das bedeutet durchschnittlich 23.000 ha pro Familie. Mit dieser hohen Landkonzentration einher geht die spärliche Technisierung der Agrarproduktion und die Ausbreitung der extensiven Viehzucht, deren Profite mehr von der verfügbaren Fläche abhängen als von nennenswerten Kapitalinvestitionen.

In den 60er und teilweise auch den 70er Jahren änderte sich nichts an dieser Struktur. Der Flächenanteil der privaten Grundbesitzer wuchs sogar noch, wobei es v.a. um neue Weideflächen ging, was den Konflikt um Zugang zu neuem Land zwischen Viehzüchtern und Campesinos weiter verschärfte.

Eine Untersuchung zur Landfrage in Chiapas sagt über den Entstehungshintergrund der Campesino-Bewegung in den 70er Jahren: „Von 1970 an vereinnahmt die kapitalistische Produktion neue Flächen für neue Ausbeutungsformen: für die Erdölförderung, den Bau von Wasserkraftwerken, die Ausdehnung der Viehzucht, die Entwicklung von Tourismusgebieten, die Erweiterung der urbanen Zentren. In der Konsequenz werden Tausende von Campesino-Familien aus ihrer bisherigen Reproduktions- und Produktionsweise verdrängt, ohne in andere integriert zu werden. Das bedeutet, die Menschen können nicht Bauern bleiben, aber auch nicht Arbeiter werden. Das erhöhte den Druck in der Landfrage und verschärfte die Klassengegensätze in der Gesellschaft, was in der Entstehung und Radikalisierung der Campesino-Bewegung zum Ausdruck kam."

Die unabhängige Campesino-Bewegung formiert sich

Zunächst konzentrierte sich diese Bewegung auf die Forderung nach Landverteilung. Seit 1974 wuchs die Landfläche in Händen von Campesinos, Indígenas und Mestizen auf 3.130.892 ha, und die Zahl der *ejidos* und der kommunalen Landbesitzes stieg von 948 im Jahr 1960 auf 1.714 nach Angaben von 1988. Diese Zahlen dokumentieren zweifellos materielle Siege der Campesino-Bewegung. Ebenso unzweifelhaft ist die politische und ideologische Entwicklung der Bauernbewegung, die heute kämpft, um Demokratie zu erobern und selbst über ihre Zukunft zu entscheiden.

Der Kampf der chiapanekischen Campesinos gewinnt gerade in dem Moment größere Kraft, als die nationale Campesino-Bewegung abzuebben beginnt, die zwischen 1970 und 76 schwerpunktmäßig in großen landwirtschaftlichen Betrieben Auseinandersetzungen führte.

In der neuen Etappe ab 1976 entwickelt sich vor allem der Widerstand von Subsistenzbauern, deren Lebens- und Produktionsalltag von Kazikentum und Großgrundbesitz bestimmt, von aggressiver Ausweitung der extensiven Viehzucht bedroht wird und sich in einem sozialen und politischen Ambiente täglicher Gewalt abspielt.

Die Entwicklung der chiapanekischen Bauernbewegung kann in vier Phasen eingeteilt werden:

Die erste Phase dauerte von 1974 bis 1977 und bestand aus zwei Strömungen: Die erste begann mit dem Indígena-Kongreß im Oktober 1974 in San Cristóbal de las Casas, der unter der formellen Schirmherrschaft der chiapanekischen Regierung von der Diözese San Cristóbal organisiert wurde. Der Kongreß brachte eindrucksvoll das Leid und die Unzufriedenheit der Tzotziles, Choles, Tzeltales und Tojolabales zum Ausdruck und war ein wichtiger Impuls für neue Zusammenschlüsse. Die zweite Strömung entwickelte sich parallel und unabhängig und brachte andere Organisations- und Kampfformen hervor. Die bekanntesten Beispiele sind die kommunale Bewegung von Venustiano Carranza, der Aufstand der Tzotziles in San Andrés Larráinzar und San Juan Chamula, und schließlich die Bewegung der Mestizen-Bauern in der Region Frailesca, vor allem in Villa Flores, die sich nach Chiapa de Corzo, Tzimol und Socoltenango ausbreitete und aus der 1976 die „Alianza Campesina 10 de Abril" entstand.

Diese erste Phase der Campesino-Bewegung war durch vermehrte Landbesetzungen in ganz Chiapas gekennzeichnet und durch die gewaltsame Reaktion des Staates und der Finqueros selbst. Die Bundesarmee, die Polizei und die Weißen Garden – die paramilitärischen Banden der Finqueros vertrieben, verhafteten und verfolgten die Land fordernden Campesinos.

Die zweite Phase umfaßte die Jahre 1978/79 und enthielt als neue Elemente die Ankunft linker politischer Gruppen in Chiapas, die Einfluß in der jungen Campesino-Bewegung gewannen, und die Ausweitung der Bewegung – geographisch auf andere Regionen des Staates, politisch auf umfassendere Forderungen. Bei den linken Organisationen handelte es sich um „Línea Proletaria" und die CIOAC, „Unabhängige Zentrale der Landarbeiter und Campesinos" (Central Independiente de Obreros Agrícolas y Campesinos).

„Línea Proletaria" gewann Einfluß auf den Organisationsprozeß der Campesinos in der Selva Lacandona, im Norden (Simojovel, Huitiupán, Sabanilla, Tila) und in der Sierra Madre. In diesen Regionen orientierten sie die Proteste auf die Forderung nach Land und gaben Impulse zur Gründung autonomer Produktions-Zusammenschlüsse. In letzterem stimmten sie mit der offiziellen Agrarpolitik des damaligen Präsidenten López Portillo überein.

Die politische Arbeit dieser Organisation zielte auf die Schaffung politischer und wirtschaftlicher Instanzen der Campesinos, auf die Verbesserung der Produktionsbedingungen ihrer Mitglieder.

Die CIOAC richtete ihre Arbeit zunächst vor allem auf die gewerkschaftliche Organisierung der quasi-leibeigenen Landarbeiter der Viehzucht-Betriebe und Kaffeeplantagen in Simojovel, Huitiupán und El Bosque (Region Norte). Am 26. Oktober 1980 gründete sie die Landarbeiter-Gewerkschaft „Miguel de la Cruz" und kämpfte um deren rechtliche Anerkennung. Gleichzeitig erstellte die CIOAC einen arbeitsrechtlichen Forderungskatalog, der die Zahlung vorenthaltener Löhne und Sozialleistungen ebenso einforderte wie den gesetzlich vorgeschriebenen Mindestlohn.

In dieser Zeit dehnte sie außerdem ihr Einflußgebiet in die Gegend von Comitán und zum Grenzgebiet hin aus, vor allem auf Tojolabales-Gemeinden, und ins Hochland nach Teopisca und Las Rosas. 1980 war sie in 90 Gemeinden tätig, und der gewerkschaftliche Ansatz wurde allmählich auf die gesamte Landproblematik erweitert. Durch die Arbeit dieser beiden Organisationen begann die Bauernbewegung in Chiapas ihre Isolation zu überwinden und sich in Organisationsstrukturen einzubringen, die es ermöglichten, die Spontaneität der Aktionen, die Zersplitterung und das Improvisieren der ersten Jahre zu überwinden.

Die Widerstandskraft der Gruppen entwickelte sich unterschiedlich. In einigen Regionen war die Bewegung rückläufig oder wurde von Regierungsinstanzen kooptiert, in anderen hielt sie ihre Forderungen und Aktionen aufrecht. Gleichzeitig brachen in neuen Regionen Konflikte aus, wie im Soconusco, den Erdölfördergebieten und im Hochland. Im Soconusco kämpften die Campesinos gegen das Landmonopol deutschstämmiger Kaffeebarone, die sich seit dem Ende des 19. Jahrhunderts in der Region niedergelassen hatten. Die Presse berichtete über 27 Fälle von Landbesetzungen durch die „Revolutionäre Campesino-Allianz" (ACR), einer auf nationaler Ebene arbeitenden Organisation. All diese Aktionen wurden sowohl mit staatlicher als auch privater Gewalt beantwortet. Beispielsweise am 5. März 1980 wurden sieben Campesinos des *ejido* „15.September" (Suchiate) von der Polizei und aufgebrachten Finqueros bei dem Versuch ermordet, sie von dem von ihnen besetzten Land zu vertreiben.

Trotz aller staatlichen Versuche, die Campesino-Bewegung zu kriminalisieren und sie durch Bestechung ihrer Führer, mit offener, selektiver oder massiver Repression zu zersetzen, war sie nicht nur fähig, zu überleben, sie entwickelte sich auch weiter. In der dritten Phase zwischen 1980 und 1984 begannen die verschiedenen Kämpfe und Erfahrungen sich zu verschränken, zu verbinden und Organisationen hervorzubringen, die sich nach Taktik und Methoden unterschieden, aber denselben Ursprung und dasselbe Ziel teilten: die Suche nach einer Lösung der Landfrage, politische Partizipation und eine Verbesserung der Lebensverhältnisse.

Die Campesino-Bewegung weitet ihre Forderungen aus

1985 beginnt eine neue Phase der Bauernbewegung. Zehn Jahre Repression haben die Organisationen und die ganze Volksbewegung ausgelaugt. Die Krise in Wirtschaft und Landwirtschaft trägt ein übriges dazu bei. Die Organisationen spalten sich, und es entstehen andere. Auch die Forderungen ändern sich. In den Kampf um Land mischen sich immer mehr Aspekte der Produktionsbedingungen vor allem die Forderung nach höheren Garantiepreisen. Auch die politischen Aspekte des Kampfes werden stärker. Mit dem Amtsantritt von Patrocinio González Garrido in der Regierung von Chiapas wird die Gewalt zur festen Institution. Die politischen Spielräume verschwinden, und die Politik orientiert sich in zunehmendem Maße an Unternehmerinteressen. Die Positionen innerhalb der Campesino-Bewegung ändern sich. Ihre Situation ähnelt sich von Region zu Region mehr denn je. Die neoliberale Regierungspolitik hat ihnen dasselbe Erkennungsmerkmal aufgedrückt: die Armut.

Im Dezember 1985 begannen die Maisbauern der Frailesca einen hartnäckigen Kampf um die Erhöhung der Garantiepreise für Mais, besseren Zugang zu Krediten und technische Unterstützung. Sie führten Kundgebungen durch und besetzten mehrere Lager der staatlichen Aufkaufgesellschaft CONASUPO. Anfang 1986 gründeten sie die „Regionale Union der Maisproduzenten". Im Mai desselben Jahres blockierten sie die Hauptverkehrsader Richtung Mexiko-Stadt, um ihren Forderungen Nachdruck zu verleihen. Die chiapanekische Regierung lehnte Verhandlungen mit ihnen ab und ließ Militärs und Polizeikräfte gewaltsam die Straße räumen.

Zur gleichen Zeit entstanden auf Gemeindeebene neue Initiativen wie das „Komitee zur Verteidigung der Freiheit der Indígenas von Amatán und Palenque" (CDLI). Im Juli 1991 konstituierte sich ANCIEZ, die „Unabhängige Nationale Campesino-Allianz Emiliano Zapata", die in erster Linie den Kampf um Land weiterführte. Ihre Basis hatte sie in den Gemeinden der Selva Lacandona, des Grenzgebietes, im Norden und im Hochland von Chiapas. ANCIEZ brachte frischen Wind in die chiapanekische Bauernbewegung in einem Moment der Schwäche der nationalen Campesino-Bewegung gegenüber der Reform des Verfassungsartikels 27 und der Regierungsentscheidung zum Eintritt in das Freihandelsabkommen mit den USA und Kanada.

Die Campesino-Bewegung entdeckt ihr indianisches Gesicht

Im März 1992 gründeten drei Organisationen aus dem Norden und der Selva die „Koordination der Indígena-Organisationen Xi'Nich". Begleitet von starkem Presseecho marschierten sie von Palenque nach Mexiko-Stadt und forderten politische Partizipation, Respektierung der Menschenrechte und ihrer Würde als Indígenas.

Der Kampf der Campesinos, seine Formen und Inhalte hatten nun ein neues Gesicht: Die verbindende Achse zwischen den Aktivitäten bildeten nicht mehr nur landwirtschaftliche Themen im engeren Sinne, sondern jetzt ging es auch um politische Freiheit, Demokratie und Selbstbestimmung. Die Würde der Indígenas und die Respektierung ihrer Kultur wurden zu neuen Katalysatoren der Bewegung und brachten neue Organisationen hervor. Der Kampf um Land tritt in ein Labyrinth ohne Ausgang ein, als die Regierung im Rahmen ihrer „Modernisierungspolitik" das Ende der Landverteilung verkündet. Die Änderungen des Verfassungsartikels 27 liefern das *ejido*-Land der Gnade des Kapitals aus und legalisieren die Verbindung von genossenschaftlichem und privatem Besitz durch die Bildung von Handelsgesellschaften.

Trotz dieser Offensive gegen die Bauernbewegung ließen die Organisationen in ihrem Kampf gegen die Politik der Salinas-Regierung nicht nach. Am 12. Oktober 1992, dem 500. Jahrestag der Conquista, kam es erneut zu Massenkundgebungen. Indígena-Bauern füllten die Straßen und Plätze von San Cristóbal de las Casas, das die Spanier 1528 gegründet hatten. Bei der Kundgebung verurteilten sie die Conquista und den erneuten Ausverkauf des Landes durch die neoliberale Politik des regierenden Präsidenten. Sie forderten die Lösung der Landproblematik, Demokratie und Freiheit.

Damit war die Übergangsphase der Campesino-Bewegung beendet und schuf die Voraussetzungen für einen neuen Prozeß, der jetzt im Zeichen der bewaffneten Präsenz einer politisch-militärischen Organisation den Raum für neue politische Überlegungen und andere Lösungsformen der großen sozialen Probleme geöffnet hat.

(Übersetzung: Stefan Efferth, Danuta Sacher)

Das Land denen, die es bearbeiten!

Kurz nach Beginn des Aufstands, förderte die Regierung Salinas den Campesino- und Indígena-Zusammenschluß CEOIC, um ein Gegengewicht zu den Zapatistas aufzubauen. Doch schon bald entwickelte CEOIC eine Eigendynamik, die den Plänen der Regierung konträr zuwiderlief. Francisco Jímenez, Vertreter des CEOIC, erklärt Ziele und Entstehung dieses Zusammenschlusses.

Wie ist CEOIC, der „Regionalrat der Indígena- und Bauernorganisationen", entstanden?

CEOIC gründete sich zu Beginn des Krieges in Chiapas, bald nach dem Aufstand der Zapatistischen Befreiungsarmee EZLN. Alle unterschiedlichen Campesino-Organisationen kamen in regionalen Treffen zusammen, um gemeinsam ein Forum zu bilden, das als Vermittlungsinstanz zwischen der Regierung und der EZLN fungieren sollte. Zu diesem Zeitpunkt war klar, daß die Regierung ein ganz bestimmtes Ziel verfolgte und uns als politisches Gegengewicht zu den Zapatistas benutzen wollte. Aber wir haben das nicht zugelassen, denn wir sind uns über unsere Rolle in diesem Konflikt im klaren und sehen ganz eindeutige Übereinstimmungen mit den Forderungen der EZLN. Selbst die offiziellen regierungsnahen Campesino-Organisationen sind dieser Meinung. Wir alle kämpfen für Frieden, aber für einen Frieden mit Würde, Gerechtigkeit und Entwicklung für alle.

Obwohl wir nicht mit den Methoden der EZLN übereinstimmen, wissen wir, daß sie unsere Brüder und Schwestern sind, daß sie keine andere Wahl hatten und sich für diesen Weg entscheiden mußten. Ihre Forderungen sind die gleichen, für die wir seit vielen Jahren kämpfen.

Könntest du die Forderungen beschreiben, für die CEOIC eintritt?

Die Forderungen von CEOIC liegen im politischen, sozialen und kulturellen Bereich. Da gibt es zum Beispiel das Problem der Indígena-Völker, die unter ständiger Diskriminierung leiden. Ihre Kultur, ihre Sprachen, ihre Traditionen und ureigenen Regierungsformen werden nicht respektiert. Stattdessen wird den 56 verschiedenen Ethnien Mexikos die spanische Sprache aufgezwungen, und sie müssen sich Gesetzen unterordnen, die nie ihre Zustimmung bekommen haben.

Ein Problem, das sehr eng mit dem der Indígenas verknüpft ist, ist der Landkonflikt. Nach der Revolution von 1910 wurde eine sehr gute Verfassung ausgearbeitet, zumindest die Worte auf dem Papier hören sich sehr gut an. Dort steht geschrieben, daß alle Völker und Gemeinden Recht auf Land haben. Für die Campesinos und Indígenas sind das aber nur leere

Worte. Unserer Meinung nach ist die Revolution von 1910 nie in Chiapas angekommen.

Unsere Vorfahren wurden in die unfruchtbarsten Gegenden, ins Hochland von Chiapas vertrieben, in die Berge. Die besten Böden haben die Großgrundbesitzer an sich gerissen, die Kaziken und Viehzüchter. Es hat deswegen schon häufig Widerstand der Campesinos gegeben. Eine der größten Campesino-Bewegungen begann in den 60er Jahren. Damals wurde der Kampf um Land wieder aufgenommen. Allein 1979 während der Amtszeit von López Portillo gab es über 2.000 Landbesetzungen in Mexiko.

Seit dem 1. Januar hat die Campesino-Bewegung erneut an Stärke gewonnen. Zur Zeit gibt es 342 Landbesetzungen allein in Chiapas. Die Regierung behauptet, wir seien Invasoren und Landräuber. Wir sagen aber, daß wir uns nur die Ländereien zurückholen, die aus historischer Sicht die Besitztümer unserer Vorfahren sind.

Am 14. April dieses Jahres schloß CEOIC ein Abkommen mit der Regierung von Chiapas, in dem sich die Campesino-Organisationen verpflichteten, zwei Monate lang keine Ländereien mehr zu besetzen. Und wozu dieses Abkommen? Weil die Regierung behauptete, wir wären gegen den Frieden und wollten das Land unregierbar machen. Um zu beweisen, daß wir sehr wohl Frieden wollen, gaben wir ihnen zwei Monate Zeit, uns Lösungen für den Landkonflikt anzubieten. Das Landproblem hat sich in letzter Zeit durch die Änderung des Agrargesetzes noch verschärft. Laut Salinas gibt es keine Ländereien mehr, die unter den Campesinos verteilt werden könnten. Per Gesetz ist für uns kein Land mehr vorgesehen.

Nach Ablauf der Zweimonatsfrist, also am 14. Juni, waren von den 342 Landbesetzungen erst 40 Fälle analysiert und nur ein Fall gelöst worden, bei dem es um 60 Hektar Land ging. Daran sieht man, wie wenig die Regierung unsere Forderungen ernst nimmt. Und genau deswegen haben wir zu Demonstrationen und der Platzbesetzung vor dem Regierungspalast in Tuxtla aufgerufen.

Das Problem ist, daß in Mexiko absoluter Respekt vor dem Privatbesitz herrscht, in einem Land, in dem wenige viel und viele nichts besitzen. Die einzige Reaktion auf unsere Forderungen ist, daß die Regierung versuchen will, den Großgrundbesitzern und Viehzüchtern Land abzukaufen. Wir meinen, daß das keine Lösung ist, zumal die meisten nie freiwillig verkaufen würden. Es gibt viele Ländereien, die beschlagnahmt werden könnten, weil die gesetzlichen Begrenzungen von Landbesitz überschritten sind. Es gibt Familien, die bis zu 10.000 Hektar besitzen, offiziell in Einzelteile zerstückelt und eingetragen auf den Namen des Sohnes, seiner Frau, des Vaters, des Onkels, des Neffens usw.

Das Agrargesetz besagt, daß privater Landbesitz zugunsten von öffentlichen und sozialen Interessen aufgeteilt werden kann. Wir glauben, daß dies ein Ausweg sein könnte, zumindest in den Fällen, in denen Landbesitzer nicht verkaufen wollen. Wir trugen diesen Vorschlag der Regierung vor, doch sie sagte nein. Das heißt, daß wir nach zwei Monaten Wartezeit keinen Schritt weitergekommen sind. Zusätzlich zu den 342 aktuellen Streitfällen gibt es viele Campesinos, die schon seit 40, 50 oder 60 Jahren darauf warten, daß ihre Landprobleme gelöst werden. Daher erscheint uns als einzige Möglichkeit, mit den Landbesetzungen fortzufahren.

CEOIC stellt noch eine Reihe anderer Forderungen auf. So denken wir zum Beispiel, daß die Bundesregierung sich gegenüber Chiapas hoch verschuldet hat. Chiapas ist der Bundesstaat, der allein rund ein Drittel der gesamten nationalen Energieversorgung bestreitet. Trotzdem haben ungefähr 60% der EinwohnerInnen von Chiapas kein elektrisches Licht.

Außerdem fordern wir, daß für Chiapas ein Modell zur wirtschaftlichen Entwicklung erarbeitet wird. Das neoliberale Wirtschaftssystem entspricht nicht unseren Interessen. Wir schlagen ein Modell vor, bei dem die landwirtschaftliche Produktivität gefördert wird. Die Regierung behauptet, das niedrige Produktionsniveau in Chiapas läge daran, daß wir Campesinos faul wären und nicht genug arbeiten. In Wirklichkeit liegt es daran, daß uns die Politiker Möglichkeiten zum effektiven Anbau bewußt vorenthalten.

Allerdings geht es bei den Forderungen von CEOIC nicht nur um unsere unmittelbaren Notwendigkeiten. Wir haben auch ein politisches Programm erarbeitet. Ein wichtiger Punkt ist der Kampf für einen neuen Artikel 27 der Verfassung, bei dem es um die Landverteilung geht. Nach unseren Vorstellungen muß der Gedanke des Zapatismus wieder aufgenommen werden, wonach dem das Land gehört, der es bearbeitet. Außerdem muß der Schutz des Gemeinschaftsbesitzes festgeschrieben werden, eines Gemeinschaftsbesitzes, der in der Tradition des Zapatismus steht. Wir sind gegen die Privatisierung unseres Landes, die mit der geänderten Fassung des Artikels 27 vorangetrieben wird. Unser Land wird jetzt denen verkauft, die am meisten dafür bieten, und zwar dem aus- und inländischen Kapital. Die geänderte Fassung des Artikel 27 wurde letztes Jahr von Salinas in diesem Sinne vorgeschlagen und von einem Kongreß verabschiedet, der nicht den Willen des Volkes repräsentiert. Dieses Gesetz muß von Grund auf erneuert werden.

Wir schlagen ein Gesetz vor, in dem das Land nicht als Ware sondern als Gemeinschaftsbesitz aller Indígenas und Campesinos betrachtet wird, ein Gesetz, das verbietet, Land zu verkaufen, zu übertragen oder zu überschreiben. Wir wehren uns gegen jeden Versuch der Privatisierung, der von diesem neoliberalen Wirtschaftssystem vorangetrieben wird.

Was denkst du in diesem Zusammenhang über NAFTA?

Wir sind davon überzeugt, daß das Freihandelsabkommen nicht den Interessen des mexikanischen Volkes entspricht, und fordern von der Regierung, sich aus diesem Vertrag zurückzuziehen. Wir wurden nie gefragt, ob wir für die Unterzeichnung dieses Vertrages sind.

Unabhängig von unseren Forderungen gibt es eine Vielzahl von Gruppierungen im Land, die sich auch für grundlegende Veränderungen in der mexikanischen Politik einsetzen. Schon bevor die EZLN in ihren Kommuniqués zu einem Demokratischen Nationalkonvent aufrief, waren CEOIC und viele andere Organisationen überzeugt, daß wir mit dieser Regierung nichts erreichen können. Seit einiger Zeit bereits schlagen wir eine Verfassungsgebende Versammlung vor, die praktisch die gleichen Ziele verfolgt wie der von der EZLN einberufene Konvent, nämlich die Formulierung neuer Gesetze, einer neuen Verfassung, die sich an den tatsächlichen Bedingungen der Menschen Mexikos orientiert. Wir sind uns darüber im klaren, daß es dabei nicht nur um unsere Forderungen als Campesinos gehen kann, sondern daß genauso die Arbeiter, die Studenten, die Lehrer, die Hausfrauen, daß die gesamte Bevölkerung daran beteiligt sein muß, denn die Probleme Mexikos gehen uns alle an.

Die Platzbesetzung vor einer Woche hat den Druck auf die Regierung erhöht. Welche Reaktionen gab es?

Bis jetzt hat die Regierung uns minimalste Zugeständnisse gemacht, tröpfchenweise ringt sie sich zu Versprechen durch, bei denen es um finanzielle Hilfsleistungen geht. Aber mit weitergehenden Forderungen nach Finanzierung von uns vorgeschlagener Entwicklungsprojekte oder Dienstleistungen haben wir keine Chance. Ganz aussichtslos sind unsere politischen Vorschläge, die sich zum Beispiel auf eine Neuerung des Artikels 27 beziehen. Die Regierung würde sich nur auf Forderungen einlassen, die sich im gesetzlich geregelten Rahmen bewegen, auf Forderungen, die keine Auswirkungen auf die neoliberale Politik und das Freihandelsabkommen haben.

Welche Pläne habt ihr für die Zukunft?

Wir werden unseren Kampf fortführen. Es kann sein, daß wir zu einem gegebenen Zeitpunkt die Platzbesetzung beenden müssen. Das heißt aber nicht, daß wir unsere politischen Forderungen aufgeben würden. Wir werden dann in unsere Gemeinden zurückkehren und uns weiter organisieren, nicht nur in Chiapas, sondern im ganzen Land.

Und in welcher Weise?

Wir als CEOIC konzentrieren uns auf den sozialen Kampf, organisieren Demonstrationen, Platz- und Gebäudebesetzungen, Straßensperren, Hungerstreiks und eine ganze Reihe anderer Aktionen. Wir glauben, daß wir die letzten Möglichkeiten nutzen müssen, eine politische Lösung für den Konflikt in Chiapas zu erreichen. Bisher sehen wir allerdings von Regierungsseite keine Bereitschaft dazu. Sie versucht, den Konflikt mit Geld zu lösen, versucht, die Würde unserer Brüder und Schwestern zu kaufen, unsere Würde als Campesinos und Indígenas. Aber der Frieden läßt sich nicht mit Geld erkaufen. Hier geht es um einen grundlegenden Konflikt, der mit der politischen und sozialen Situation zu tun hat, in der wir leben. Es geht um Fragen wie Gerechtigkeit und Demokratie. Wir meinen nicht die Demokratie im Verhältnis Partei-Politik-Regierung, nicht die Demokratie, die sich auf die Durchführung von Wahlen beschränkt. Wir glauben, daß Demokratie einen viel weiteren Sinn umfaßt, bei dem es um das tägliche Leben in unseren Gemeinden geht. Solange die Regierung sich weigert, unsere Lebenssituation tiefgreifend zu verändern, wird es keinen Frieden geben.

Könntest du die Situation der politischen Gefangenen und die Forderungen von CEOIC in diesem Zusammenhang beschreiben?

In Chiapas ist es üblich, daß die Regierung sich Straftaten für all diejenigen ausdenkt, die um Land kämpfen. Sie erfinden für jeden einzelnen irgendein Delikt und werfen ihn ins Gefängnis. Sie kaufen sich falsche Zeugen und versuchen so, Verhaftungen und Gerichtsverfahren zu rechtfertigen. Es soll verschleiert werden, daß es sich beim Landkonflikt um ein politisches Problem handelt, es wird einfach zu einem Fall gewöhnlicher Kriminalität gemacht. Der einzige Ausweg, der den politischen Gefangenen bleibt, ist der Hungerstreik, um ihre Haftentlassung zu erzwingen.

Zur Zeit gibt es 14 hungerstreikende Gefangene in Comitán. Anfänglich waren es 38, einer nach dem anderen wurde einzeln freigelassen. Die verbliebenen 14 Hungerstreikenden haben schon 34 Tage lang nichts gegessen. Einige von ihnen speien Blut und schweben bereits in Lebensgefahr. Abgesehen von ihrer körperlichen Schwäche leiden sie unter der unmenschlichen Behandlung im Gefängnis. Wir können beweisen, daß fast alle Gefangenen gefoltert worden sind, z.B. mit Chili in der Nase, Elektroschocks, Verbrennungen und vielem mehr. Sie wurden so gezwungen, ihre Schuld zu gestehen, was blieb ihnen anderes übrig. Obwohl sie im Prozeß ihre Geständnisse widerriefen, wurden sie vom Richter zu 17, 18 und 19 Jahren Gefängnis verurteilt.

Tatsächlich könnte der Gouverneur von Chiapas die Gefangenen begnadigen, diese Möglichkeit ist im Gesetz vorgesehen. Aber sie zu begnadigen würde bedeuten zuzugeben, daß es sich hier um ein politisches Problem handelt. Deshalb lehnt er es ab. Die Regierung behauptet, es gäbe in Mexiko keine politischen Gefangenen, deshalb müssen andere Straftaten erfunden werden. Allein das, was wir hier tun, diese Platzbesetzung, ist in den Augen der Regierung bereits eine schwere Straftat. Es gibt viele, die wegen Straßensperren im Gefängnis sitzen.

Diese Regierungsvertreter sind absolut kalt und gleichgültig. Sie ziehen es vor, die Campesinos sterben zu lassen, um nicht von ihrer politischen Linie abrücken zu müssen. Wenn es etwas gab, das gebaut wurde, dann waren es Gefängnisse. Gefängnisse ließen sie bauen, aber keine Häuser für uns Campesinos.

Das Wohnraumproblem ist entsprechend groß. Wir sprechen hier in Chiapas von 400 bis 500.000 Familien, die auf dem Land leben. Um dieses Problem zu lösen, wurden in diesem Jahr an 10.000 Familien 500 Pesos (ca. 150,- DM) Regierungsgelder vergeben. Sie sollten sich damit Häuser bauen. Aber mit 500 Pesos können die Familien überhaupt nichts anfangen.

Der Regierung geht es vor allem darum, gegenüber der internationalen Öffentlichkeit vorzugeben, sie könnte die Konflikte im Land mit Geld lösen. Wäre die Regierung klug, würde sie sich ernsthaft mit den dringendsten sozialen Forderungen der Campesinos und Indígenas beschäftigen. Sie behauptet zwar, sich für den Frieden im Land einzusetzen, die Realität zeigt uns aber, daß sie geradewegs auf eine militärische Lösung des Konfliktes zusteuert.

(Das Gespräch führten Dorothea Schütze und Herby Sachs im Juni 1994, Übersetzung: Dorothea Schütze)

Dörfer am Rande der Selva

Bauerngemeinden der Selva Lacandona berichten über ihren Weg zum Widerstand an der Seite der Zapatistas.

Marquez de Comilla ist einer der entlegensten Zipfel der Selva Lacandona und unmittelbares Grenzgebiet Mexikos zu Guatemala. Dort leben Bauernfamilien, die aus dem Hochland von Chiapas, aber auch aus Veracruz, Guerrero und Oaxaca zugewandert sind. Im Unterschied zu anderen Teilen der Selva Lacandona ist es eine ethnisch gemischte Bevölkerung. Die Männer und Frauen haben bewegte Biographien und unterschiedlichste politische Erfahrungen in die Selva mitgebracht. Als landlose Saisonarbeiter, vertriebene Kleinbauern oder Leibeigenen ähnliche *mozos*, haben viele von ihnen für gewerkschaftliche Rechte gestritten, Land besetzt, offene und klandestine Organisationserfahrungen gesammelt, Freunde und Verwandte durch die Repression verloren, bevor sie auf eigene Faust oder im Rahmen von staatlichen Siedlungsprogrammen in die Selva kamen. Ein wichtiger Impuls für die Mobilisierung der Gemeinden in Marquez de Comilla war 1991 der Erlaß der „Veda“, des absoluten Holzfäll-Verbotes im Regenwaldgebiet von Chiapas. Was ökologische Europäer-Herzen vor Freude höher schlagen ließ, bedeutete für die Bauernfamilien eine ungeheure Schikane.

Aus dem Widerstand gegen dieses Gesetz ist „MOCRI“ entstanden, die „Unabhängige Regionale Bauernbewegung“ (Movimiento Campesino Regional Independiente), die rund 30 Gemeinden und 3.000 Familien vertritt. Die folgenden Zeugnisse von Vertretern dieser Bewegung verdeutlichen die Vorstellungen der Indígena-Gemeinden von Autonomie, wie sie die Zapatistas gegenüber der Regierung erheben.

Luciano: Jeder von uns könnte eine andere lange Geschichte darüber erzählen, wie er in die Selva Lacandona gekommen ist. Die Erschließung von Marquez de Comilla hat vor etwa 35 Jahren begonnen, die ersten Dörfer entstanden etwa vor 25 Jahren. Die Kolonisierung von Marquez de Comilla war Teil der damaligen Regierungspolitik, um lokale Macht- und Landkonflikte in verschiedenen Teilen von Chiapas zu befrieden. Viele der heutigen Selva-Bewohner haben damals im Hochland und Zentrum von Chiapas gegen die Kaziken und Großgrundbesitzer um Land gekämpft. Um deren Besitz zu schützen, hat die Regierung den landlosen Bauernfamilien Parzellen in der Selva angeboten. Teilweise sind die Leute damals mit Hubschraubern abgesetzt worden, andere mußten sich drei Tage lang mit Booten durchschlagen, denn es gab nichts dort, keinerlei Straßen. Ein anderer Besiedlungsschub war 1982 nach dem Ausbruch des Vulkans Chichonal. Viele Zoques wurden in die Selva umgesiedelt, deren Land unter dem Ascheregen verwüstet worden war. Die Regierung hat damals die Besiedlung auch in Hinsicht auf die Bürgerkriegssituation in Zentralamerika und vor allem in Guatemala vorangetrieben. Die guatemaltekische Armee verfolgte die Guerilla bis auf mexikanisches Gebiet und verletzte so wiederholt die territoriale Integrität. Durch die Besiedlung bekam die mexikanische Armee sozusagen gratis Soldaten in dieses abgelegene Gebiet geliefert. Es wurden also zwei Fliegen mit einer Klappe geschlagen: Entspannung der Landkonflikte und Sicherung der Grenze nach Guatemala hin. Damals gab es noch keine Berücksichtigung ökologischer Aspekte. Im Gegenteil vergab die Regierung großzügige Lizenzen an Holzfirmen, u.a. in der Absicht, eigenen Straßenbau zu sparen. Denn die Holzfirmen durften 50 Meter rechts und links der von ihnen angelegten Wege alles abholzen. Natürlich gingen die Holzfirmen beim Wegebau nicht von dem Interesse aus, die Dörfer untereinander zu verbinden, sondern führten die Straßen dorthin, wo sie besonders viele Edelhölzer vermuteten. Andere Straßen wurden von PEMEX, der staatlichen Erdölgesellschaft angelegt, die in dieser Gegend nach Öl bohrte und große ökologische Schäden anrichtete. Später setzte dann der Druck ökologischer Gruppen ein, und die Regierung begann ihre, wie wir es nennen, ökofaschistische Politik. Denn sie erließen ein absolutes Holzfällverbot, ohne den Bauern Alternativen anzubieten. Unsere Dorfgemeinschaften sollen nun den Preis für die Konsequenzen der rücksichtslosen Regierungspolitik der Vergangenheit zahlen. Es drohen uns harte Gefängnisstrafen, wenn wir einen Baum fällen, um ein Mais- und Bohnenfeld anzulegen, aber Alternativen hat man uns auch nicht aufgezeigt.

Don Guillermo: Ich bin in Comitán geboren, aber hier in La Concordia aufgewachsen. Später sind wir nach Tapachula gezogen, wo wir in der Genossenschaft Juan Miguel Gutiérrez lebten. Die Großgrundbesitzer begannen damit, Genossenschaftsland zu beanspruchen und Leute zu vertreiben. Auch unser Stückchen Land war betroffen. Wir organisierten uns zusammen mit den anderen Genossenschaftsbauern, um die Angelegenheit gütlich zu regeln. Wir wollten die Großgrundbesitzer darüber informieren, daß uns das Land rechtmäßig übertragen worden war und die Genossenschaft über alle entsprechenden Dokumente der Behörden verfügte, daß sie uns also nicht einfach verjagen könnten. Das war zur Zeit des Gouverneurs Absalón Castellanos Dominguez (der im Januar 94 Gefangener der EZLN war, d.Red.). Es gefiel ihm nicht, daß die arme Bevölkerung ihr Recht einforderte, und schickte er 500 Soldaten gegen uns. Wir wurden damals unterstützt von verschiedenen solidarischen Gruppen, die uns Rechtsbeistand leisteten und die Repression gegen uns denunzierten, und gewannen schließlich den Rechtsstreit. Aber unmittelbar danach haben sie fünf von uns festgenommen. Sie wollten den Namen der Person, die uns juristisch beraten und geholfen hatte, unser Land zu legalisieren. Zuerst boten sie uns dafür 5 Millionen Pesos an (ca.1.500 Dollar, d.Red.). Aber meine Compañeros und ich behaupteten, daß es da niemanden gebe. Daraufhin steckten sie uns ins Gefängnis. Ich wurde als erster erneut zum Verhör geholt. Ich sollte endlich den Namen sagen. Ich sagte erneut, daß es da niemanden gebe, auch als sie mir eine Person nannten, die ich kannte. Ich leugnete, diese Person zu kennen. Sie sagten mir, daß ich schon reden würde und ergriffen mein rechtes Ohr. Mit einem Taschenmesser schnitten sie mir das Ohrläppchen ab. Sie haben es dann vor meinen Augen in Scheibchen geschnitten. Die Soldaten sagten, ich solle nun endlich reden, aber ich blieb dabei, daß ich ihnen nichts zu sagen hätte. Wieso sollte ich schlecht über eine Person reden, die nichts damit zu tun hatte, zumal das, was wir getan hatten, unser gutes Recht war? Ich sagte ihnen, daß es nach mexikanischem Gesetz kein Vergehen sei, ein Stück Land zu besitzen, mit dem man seine Familie ernährt. Sie sind noch wütender geworden und haben mir mit der Messerspitze hier das Augenlid durchbohrt. Ich war sicher, daß ich mein Augenlicht verloren hatte, aber das war gottseidank doch nicht der Fall. Später ist es zwei Journalisten gelungen, ins Gefängnis hineinzukommen und mit uns zu sprechen. Ich habe ihnen alles erzählt, wie es sich abgespielt hat. Die Soldaten haben mich danach an Holzpfähle gebunden, ich konnte weder den Nacken, noch die Hände oder Füße bewegen. So mußte ich eine Nacht und einen Tag verbringen.

Sechs Monate lang hielten sie mich im Gefängnis fest, ohne etwas aus mir herausholen zu können. Schließlich haben sie uns mit Fußtritten entlassen.

Mich haben sie mitten in der Nacht an einer Wegkreuzung aus dem Auto geworfen, meine Compañeros an einer anderen Stelle. Danach kam dann das Angebot von Absalón, unsere Parzellen aufzugeben und auf neues Land in Marquez de Comilla zu ziehen. Es war ein schwieriger Anfang, denn nur ein Teil des uns übertragenen Landes taugte für die Landwirtschaft. Wir waren ziemlich wütend darüber, daß sie uns so weit geschickt hatten und uns Papiere für Land ausgestellt hatten, das kaum zu gebrauchen war.

Heberto: Heute ist das Recht auf Selbstbestimmung unserer Gemeinden eines der drängenden Anliegen. Der Regionale Rat der Indígena- und

Bauernorganisationen CEOIC, dem wir auch angehören, hat die Forderung der Zapatistas nach Autonomie der Indígena-Gemeinden voll und ganz unterstützt. Damit meinen wir die Anerkennung und Respektierung spezifischer Traditionen und Werte der verschiedenen Indígena-Völker in ihrem Siedlungsbereich.

Einige Indígena-Organisationen haben vorgeschlagen, daß im Kongreß 40 zusätzliche Abgeordnetenplätze für Indígenas eingerichtet werden sollten, aber das hat weder im CEOIC noch beim letzten Nationalen Treffen der Indígena-Organisationen Zustimmung gefunden. Wir halten nichts davon, zum gegenwärtigen Zeitpunkt Indígena-Abgeordnete zu ernennen, die vom selben politischen System absorbiert werden würden, ohne etwas zur Lösung der eigentlichen Probleme beitragen zu können.

Autonomie und Selbstbestimmungsrecht hat für uns nichts mit exklusiven Parlamentssitzen zu tun. Sondern uns geht es um den Aufbau wirklich demokratischer Lokalstrukturen in unseren Gemeinden. Für uns wäre wichtig, daß unsere sozialen Organisationen anerkannt werden und deren eigene Vertretungsstrukturen. Darunter verstehen wir Organisationen wie MOCRI, von denen es viele verschiedene in den Dörfern gibt und denen allen gemeinsam ist, daß sie unabhängig von Parteistrukturen sind. Wir wollen, daß mögliche neue Gemeindestrukturen von diesen Organisationen entworfen und nicht wieder von oben dekretiert werden. Ein weiterer Beschluß von CEOIC und dem Nationalen Indígena-Treffen war, eine breitangelegte Befragung darüber in den Indígena-Gemeinden durchzuführen, um auf demokratische Weise Kriterien und Inhalte für ein Autonomie- und Selbstbestimmungskonzept zu gewinnen, das mit der Regierung verhandelt werden soll. Dadurch wollen wir auch mit der Unsitte brechen, solche Angelegenheiten von oben nach unten zu dekretieren. Wir meinen, daß solche Fragen von unten nach oben behandelt werden müssen. Entsprechend wird der Verfassungsartikel 4, der die Rechte der indigenen Völker betrifft, zu modifizieren sein. Nehmen wir das Beispiel der Erziehung. Die verschiedenen Indígena-Völker haben ihre Sitten, Traditionen, ihre Kultur und Sprache. Schulerziehung darf nicht darin bestehen, ihnen eine andere Kultur überzustülpen. Die eigene Kultur soll gepflegt werden können. Wobei wir völlig damit einverstanden sind, daß auch Spanisch unterrichtet wird, aber eben auch die Schriftsprache der eigenen Indígenasprache. Ein anderer Punkt ist, daß die meisten Indígena-Gemeinden von der Kommunikation ausgeschlossen sind. Es gibt so gut wie keine Kommunikationsmittel. Wir wollen Zugang zu Radios und anderen Informationsmedien in unseren Sprachen. Auch im Gesundheitsbereich müßten verschiedene Gesetze geändert werden, denn die Ausübung traditioneller Heilkunst ist nach verschiedenen Bestimmungen des Zivilrechts illegal und strafbar, auch wenn es inzwischen einige legale Zusammenschlüsse traditioneller Heiler gibt. Schließlich ist die Rechtsprechung selbst zu erwähnen. Die Indígena-Völker haben ihre eigenen Instrumente der Rechtsprechung und Konzepte von Recht und Gerechtigkeit, die teilweise abweichen von den draußen herrschenden Normen. Auch hier fordern wir, daß die eigenen Mechanismen der Rechtsprechung der Indígena-Völker respektiert werden.

Wir sind uns bewußt, daß es im Hochland von Chiapas einige traurige Fälle davon gibt, wie indianische Kaziken, die traditionelle Ämter und die staatliche Gemeindeautorität auf sich vereinen, die Bevölkerung ihrer Gemeinden ausbeuten und unter dem Vorwand der Bewahrung von Tradition und Autonomie die Rechte der Gemeindemitglieder unterdrücken. In vielen Fällen hat sich die Bevölkerung gegen von der PRI gestützte korrupte Genossenschafts- oder Gemeindevertreter empört, es kam zu wütenden Protesten und dazu, daß in Gemeindeversammlungen diese Leute für abgesetzt erklärt wurden. Aber regelmäßig ist es so, daß die staatlichen Behörden diese Entscheidungen nicht anerkennen. Die Regierung trägt also aktiv zur Entstehung und zum Erhalt solcher Kaziken-Strukturen bei.

Don Guillermo: In Flor de Cacao haben wir uns ein „internes Gesetz“ gegeben, wie wir es nennen. Wir selbst haben es ausgearbeitet, um die Demokratie in unserem Dorf zu regeln. Aber in der Umsetzung stoßen wir immer wieder auf die Probleme, die der Compañero gerade erwähnt hat. Denn wenn die PRI mitbekommt, daß die Leute sich entlang ihrer eigenen Interessen organisieren, versucht sie, die Dorfautoriäten zu sich herüberzuziehen. Sie ruft sie zusammen, sie bietet ihnen kleine monatliche Honorare an, sie finanziert ihnen Fahrten in den Gemeindehauptort und bewirtet sie dort usw. Unser internes Gesetz schreitet ein, wenn die Amtsträger beginnen, sich auf die andere Seite zu schlagen.

Andere Dinge, die unser Gesetz regelt, sind zum Beispiel, daß die Dorfgemeinschaft zusammenkommt, um ein neues Feld anzulegen oder um eine Schule zu bauen. Auch das Anlegen oder Ausbessern von Wegen ist eine Gemeinschaftsaufgabe. Wenn jemand ein Unrecht begeht, sieht unser Gesetz vor, daß er ausgehend vom Interesse der Gemeinschaft bestraft wird, also nicht nach persönlicher Willkür. Egal, ob es sich um den ärmsten Bauern handelt, einen Jungen oder die höchste Autorität - jeder soll die seinem Vergehen angemessene Strafe bezahlen und das Gesetz der Gemeinschaft respektieren.

Um unsere Repräsentanten zu wählen, führen wir eine Vollversammlung durch; eine Tafel wird aufgestellt, auf der die Namen der Kandidaten aufgeschrieben werden. In der Regel stehen zwei Personen zur Wahl oder drei, die Ansehen und Vertrauen in der Bevölkerung haben. Unsere wichtigsten Ämter sind der Genossenschaftssprecher, der Ortsbürgermeister und der Gemeindesekretär. Die Versammlung diskutiert und vergleicht die Eignung der verschiedenen Kandidaten, ihre Rolle in der Gemeinschaft, bevor sie ihre Entscheidung trifft.

Unsere höchste Autorität ist der Genossenschaftssprecher. Danach kommt der Überwachungsrat. Seine Aufgabe ist, die Landangelegenheiten zu regeln - daß es keine Konflikte bei der Zuteilung der Parzellen gibt, daß die Vermessungsgrenzen der Genossenschaft nicht verändert werden, eben daß in Ruhe das Land bestellt werden kann. Die Gewährleistung der sonstigen Ordnung im Dorf ist die Aufgabe des Ortsbürgermeisters.

Wir wissen, daß nicht alle Bestandteile unseres internen Gesetzes durch die Bundesgesetze gedeckt sind. Aber wir sind eine Indígena-Gemeinschaft, in der Tojolabales, Tzotziles und Tzeltales zusammenleben, und wollen nach Regeln leben, die unserer Kultur und Tradition entsprechen.

(Im April 1994 von Danuta Sacher in Chiapas aufgezeichnet und übersetzt.)

Nueva Alemania in Chiapas

Peter Stegemann

Bis zur Bezirkshauptstadt führt eine asphaltierte Straße. Sie endet auf dem Platz von Jaltenango de la Paz. In der Stadt geht es auf den ersten Blick so zu wie in allen ähnlich großen mexikanischen Städten: Aus den Restaurants klingt fröhliche Musik, rund um die Bushaltestelle wird geschwätzt und verkauft. An der einzigen Tankstelle wartet ein Junge im T-Shirt auf Kundschaft. Eins allerdings fällt auf: Der flache Bau der Bezirksregierung auf dem Zócalo, dem zentralen Platz, ist geschlossen. Auch gibt es in der ganzen Stadt weder Polizeiautos noch die übliche uniformierte und bewaffnete Präsenz.

Auf dem Markt erzählen zwei Bauern, daß die Unzufriedenheit mit dem Präsidenten der Bezirksregierung so groß gewesen sei, daß der Palast in diesem Jahr mehrmals gestürmt wurde. Das letzte Mal sei die Polizei dann abgezogen. Schon seit Monaten habe sich hier kein Polizist mehr blicken lassen. Um so größer die Überraschung, als gerade in diesem Moment zwei blau Uniformierte gemessenen Schrittes die Straße überqueren. „Ach, das sind doch nur die Verkehrspolizisten", lacht der Bauer und entblößt dabei die beiden Zähne, die ihm noch geblieben sind, „die sind doch harmlos."

Der Chef der beiden, Delegado Alberto Macías Castillo, sitzt in seinem grün gestrichenen Büro hinter einem einfachen Holztisch, vor sich eine mechanische Schreibmaschine, über die er ein Tuch gebreitet hat. „Ja, ich bin der einzige Gesetzeshüter des Bezirks, aber nur, was den Verkehr angeht", bestätigt er. Von dem himmelblauen Gebäude hätten sie die Aufschrift Polizei vorsichtshalber entfernt. Die drei Verkehrspolizisten repräsentieren allein die Staatsgewalt im gesamten Regierungsbezirk.

Seit er hierher versetzt wurde, erzählt Macías weiter, seit dem 5. April also, seien die „Männer mit den Tüchern" nur noch einmal gekommen. Dabei hätten sie drei von den zehn Bundes-Polizisten verprügelt, ihnen zwei R-15-Gewehre und einen Tränengaswerfer abgenommen. Danach sei die bewaffnete Polizei dann abgezogen, und jeder nehme das Recht in die eigene Hand. „Wenn es zu Schwierigkeiten kommt, dann ziehen wir sofort die Uniform aus, machen das Büro zu und verschwinden."

Im Gemeindebüro sitzt der Pfarrer über einem dicken Buch. „Ich habe das ‚de la Paz' hinter dem Namen Jaltenango gestrichen, denn dies ist kein Dorf des Friedens mehr", schüttelt Padre José Cruz Chavez resigniert den Kopf. In seiner Gemeinde sind fast alle Bauern und Tagelöhner.

Aber so gehe es doch nicht. Als die Unzufriedenen das erste Mal den Regierungspalast besetzten, hätten die Leute ihm noch gehorcht und die schwarz-rote Fahne vom Dach des Regierungsgebäudes heruntergeholt. Doch seit die Finca Liquidámbar besetzt sei, „ist das hier eine Stadt ohne Gesetz“, stellt er fest.

Vor einer Woche habe eine Gruppe von Männern, die von Finca-Besitzern angeheuert worden waren, den Lehrer auf offener Straße ermordet. Der Witwe kommen die Tränen, sie will die Geschichte nicht noch einmal erzählen. Der jüngere Bruder springt ein: „Er fuhr auf einem Fahrrad, da kamen sie aus dem Auto, sieben Mann, und haben ihn mit Stöcken erschlagen.“ Er sei politisch aktiv gewesen, in der Oppositionspartei PRD, habe sich für die Rechte der Bürger eingesetzt, doch mit der Fincabesetzung habe er nichts zu tun gehabt. Auf die Frage nach den möglichen Tätern schweigt auch er. Die Angst vor den Killerkommandos ist groß.

Der Weg nach Liquidámbar ist weit und holprig. Nach 30 Minuten taucht aus dem Grün das Dorf Nueva Palestina auf. Am Ortsausgang eine Straßensperre. Etwa 30 Frauen allen Alters halten hier unter einem gelben Plastiktuch Wache. Es sind die Mütter, Ehefrauen und Töchter der Besetzer. Ab und zu sucht ein Lastwagen den Weg hinauf in die Berge, doch das Seil über dem Weg fällt nur, wenn ihnen bekannte Gesichter in den Fahrzeugen sitzen. Zwei Lastwagen, die Landarbeiter befördern, müssen leer umkehren, die Männer laufen zu Fuß weiter in die Berge. Es sind Tagelöhner für eine noch nicht besetzte Finca. Den Alkohol, den sie dabei haben, müssen sie vor den Augen der Frauen in den Straßengraben schütten.

Von Kaffee-Reichtum ist in Nueva Palestina nicht viel zu spüren. Viele Kinder husten, ein Junge hat Ekzeme an den Beinen, Zeichen von Mangelernährung. Ein Bauer kommt vorbei, einen Sack voller Maiskolben über die Schulter geworfen. Zwei magere Hunde dösen in der Sonne, eine Frau hat ein Buch von Marx auf dem Schoß. Ein Ochsenkarren passiert die Schranke fast grußlos. Aus den Bergen hallt Donner, Gewitter zieht auf.

Die Gespräche drehen sich um die Finca und um deren Besitzer. Der angestaute Haß ist groß: „Jahrelang haben die Deutschen von unserem Land gelebt, haben sich bereichert, haben uns nicht gegrüßt, haben geglaubt, sie seien was Besseres“, sagt Rosi, „jetzt sind sie endlich weg.“ Die meisten hier leben mehr schlecht als recht vom Maisanbau. Allein um die Saat-, Dünger- und Schädlingsbekämpfungsmittel zu bezahlen, müssen die Bauern zwei Hektar Boden bearbeiten. Da viele gar nicht mehr Land besitzen, reicht es hinten und vorne nicht.

Schließlich fällt das Seil. Der Weg zur Finca Liquidámbar schraubt sich in unzähligen Kurven höher und höher in die Sierra Madre del Sur. Ein

Blick in die Karte läßt zweifeln, daß hier tiefste mexikanische Provinz ist: Hamburgo, Germania, Hannover oder Prusia heißen die Kaffeeplantagen in den umliegenden Tälern. Sogar Nueva Alemania, ein neues Deutschland, ist vertreten. Huldigungen der deutschen Kaffeebarone an ihre Heimat. Rechts und links des Weges leuchten im Schatten großer Bäume die dunkelgrünen Blätter der Kaffeepflanzen: Auf 900 Hektar, seit Anfang des Jahrhunderts im Besitz der Familie Schimpf, wächst hier der teuerste Kaffee der Welt, der Mys Liquidámbar. Rund 220 US$ bringt jeder Sack Rohkaffee ein, wenn er in Hamburg angelandet wird, insgesamt ein Wert von etwa 55 Millionen Dollar.

Auf der Finca Szenen wie aus einem Film über die mexikanische Revolution. Vor dem weißgestrichenen Verwaltungsgebäude rufen mehr als fünfzig Maskierte im Chor: „Wenn Zapata noch lebte, so kämpfte er mit uns" und immer wieder: „El pueblo unido, jamás será vencido!" Unter Berufung auf den zweiten großen Revolutionshelden Pancho Villa, nennt sich die Organisation „Unión Campesina Francisco Villa". Sie gehören keiner Partei an, sagen die Villistas und wollen keinem dazu dienen, sich politisch nach oben zu boxen. „Dafür haben wir zu lange gelitten, damit einer nach oben steigt und uns hinterher auf den Kopf spuckt", betont Juan. „Deshalb kämpfen wir alle zusammen und lösen unsere Probleme gemeinsam."

„Millionen und Abermillionen Pesos hat der hier rausgeholt und nach Deutschland geschafft", schimpft Juan auf den deutschstämmigen Besitzer. „Aber das Land ist unseres, und deshalb haben wir es uns jetzt genommen", klingt es unter der schwarzen Mützenmaske hervor, die nur seine braunen Augen sehen läßt. Seine Erscheinung erinnert stark an den berühmt gewordenen Subcomandante Marcos von der EZLN. Das Operationsgebiet der Aufständischen liegt nur 70 Kilometer von der Finca entfernt, doch Juan weist jeden Zusammenhang mit den Zapatistas zurück: „Wir sind keine Guerrilleros, sondern Bauern, die hier arbeiten wollen. Wir wollen keine Probleme haben, mit niemandem, denn wir sind friedliche Leute."

Seit 30 Jahren versuchten sie vergeblich, auf legalem Weg an das Land heranzukommen, fährt er fort. „Wenn wir als Arme und Analphabeten zum Amt gegangen sind, haben sie uns wieder zurückgeschickt". Die anderen nicken beifällig. „Wie herrenlose Hunde", wirft einer ein. „Wir haben dort auf den Gängen geschlafen, Hunger und Durst gelitten, und wenn wir das machen wollten, was alle machen, nämlich dem entscheidenden Menschen 20 Pesos in die Hand drücken, damit er unser Problem löst, dann kam der Reiche und hat ihm 20 Millionen in die Hand gedrückt, und damit war natürlich alles vorbei." Im mexikanischen System der institutionalisierten Korruption war kein Platz für sie. „Also mußten wir uns organisieren und den Deutschen unser Land abnehmen", lautet ihre Schlußfolgerung. „Da kann man es doch sehen!" Erregt zeigen die Villistas ein Foto, auf dem der ehemalige Gouverneur zusammen mit der Besitzerfamilie zu sehen ist. „Die Mächtigen stecken alle unter einer Decke."

Der Verwalter der Finca, Laurenz Hudler, und die Besitzerin, seine Ehefrau Marianne Schimpf, sind nach Mexiko-Stadt geflohen. „Alles legal", sagt Hudler, „die Finca ist gar kein Großgrundbesitz, sondern ein sogenannter agroindustrieller Komplex, bei dem sich verschiedene Eigentümer zusammentun und ihren Kaffee gemeinsam verarbeiten." Keiner von ihnen verstoße gegen geltendes mexikanisches Recht. „Mein Großvater ist 1913 aus Deutschland ausgewandert und hat das Land 1918 rechtmäßig von der Compañía Nacional del Soconusco abgekauft", klagt Marianne Schimpf in leicht gebrochenem Deutsch. „Ich bin dort geboren und aufgewachsen; ich bin Chiapaneca." Laurenz habe sich um die Verwaltung gekümmert und um die Milchproduktion. Sie kümmerte sich um die kleine Privatschule, mit 20 bis 25 Kindern in verschiedenen Klassen.

Die beiden haben sich nichts vorzuwerfen. „Ich zahle meinen Arbeitern den gesetzlichen Lohn", versichert Hudler. „Wir hatten 500 Indianer, die Hälfte mexikanischer Herkunft, die anderen aus Guatemala." Der einfache Landarbeiter verdient den offiziellen Lohn von 15 Pesos am Tag, etwa 7,50 DM. Ein Fahrer muß mit 25 Pesos auskommen. „Das ist wenig Geld", weiß auch der gebürtige Hamburger, „aber man kann die Armut nicht bekämpfen, indem man die reichen Leute abschafft... Und außerdem legt der Staat ja die Mindestlöhne fest, nicht ich."

Die wirtschaftliche Situation für die Kaffeeproduzenten in den Erzeugerländern war in der vergangenen Zeit ungünstig, denn die Konsumländer hatten die Lagerbestände voll und konnten so die Preise diktieren und nach unten drücken. „Jahrelang haben wir auf jeden Sack Kaffee, den wir produzierten, noch die Hälfte draufgezahlt", sagt Hudler. „Dieses Jahr hatten wir die Hoffnung, endlich aus den roten Zahlen zu kommen." Das Vertrauen der beiden in die mexikanische Regierung ist erschüttert. Es sieht nicht so aus, als ob die Besitzungen bald zurückgegeben werden. Eine vom Gouverneur des Bundesstaates zu den Besetzern geschickte Verhandlungsdelegation wurde von diesen kurzerhand gefangengenommen. Die Beamten konnten erst gehen, als die Regierung ihrerseits zwei Gefangene freiließ.

Zwei Täler weiter Richtung Westen liegt die Cuxtepec-Finca - noch in deutscher Hand. Ein paar Dutzend weißer Häuser, umringt von wilden zerklüfteten Bergen. Wohin das Auge blickt, schmiegen sich Kaffeesträucher an die Hänge. Auf dem großen Platz lungern Hunde in der prallen Sonne herum. Zwei Polizisten mit großkalibrigen Gewehren blicken mißtrauisch herüber. Martin Pohlenz, oder Don Martin, wie ihn seine 600 Arbeiter nennen, steht oben am Berg vor seinem Haus. Der kräftige Mann blickt über das Tal, streift mit dem Blick über die riesige Anlage, die sein Vater nach einem Brand 1936 wieder aufgebaut hat. „Ich habe doch nicht jahrzehntelang geschuftet, damit ein paar Idioten kommen und alles zerstören", schimpft er auf die Landbesetzer.

Am 27. Dezemberg 1952 habe er hier angefangen, im Alter von 20 Jahren. „Ich ging zu Fuß, mein Pferd trug den Koffer", schildert er seine Pionierzeiten. Um sein Lebenswerk zu schützen, verläßt sich Pohlenz auf die zwanzig schwerbewaffneten Sicherheitskräfte, die ihm ein Freund aus der Hauptstadt geschickt hat. Die Pohlenz wissen, daß das Schicksal der Finca auf des Messers Schneide steht. Als sie kürzlich für zwei Wochen in die Landeshauptstadt Tuxtla gefahren waren, erwartete sie bei ihrer Rückkehr eine Überraschung. Die Finca war leer. Fast alle Arbeiter hatten das Weite gesucht, kurz nachdem Don Martin weggefahren war. Nun kommen sie langsam wieder, doch die Stimmung ist gedrückt. „Die persönlichen Dinge haben wir schon weggebracht", sagt Christiane Pohlenz. „Schön ist es nicht, mit der Angst zu leben", fügt sie leise hinzu.

(Oktober 1994, Mexiko-Stadt)

Die Zapatistas und wir

Veronika Bennholdt-Thomsen *für H.*

Ich bin Anthropologin und Soziologin, Lateinamerikaforscherin[1] und habe 1977 eine längere Untersuchung bei den Choles im nordwestlichen Chiapas durchgeführt. Zehn Jahre später kehrte ich dorthin zurück und konnte feststellen, daß es den Bauern seit der mexikanischen Wirtschaftskrise (ab 1982) besser ging, als zuvor. Von den aufgezwungenen Modernisierungsmaßnahmen in Ruhe gelassen, konnten sie sich wieder auf die Selbstversorgung konzentrieren, was das Vertrauen in die eigenen Kräfte und das Selbstbewußtsein stärkte. Diese Phase ist seit vier bis fünf Jahren vorbei, seitdem rollt die neue Entwicklungsoffensive. Zuletzt war ich im Sommer 1993 zu einem Seminar über einheimisches indianisches (Kunst-)Handwerk in San Cristóbal de las Casas, auf dem vor allem von den schlechten Erwerbsbedingungen der Frauen in der Herstellung von Ethnomode für den Weltmarkt berichtet wurde.

Im folgenden befasse ich mich mit der Frage, was die Ereignisse in Chiapas mit uns, den sozial bewegten, intellektuell trainierten, weißen Frauen und Männern in Deutschland zu tun haben. Schon lange habe ich das Gefühl, daß die Verhältnisse in Mexiko, vor allem die notwendigen Antworten auf die sozialen Probleme, von den unseren so verschieden nicht sind. Damit möchte ich nicht die großen Unterschiede in der materiellen Ausstattung der Bauern und Landfrauen, der Arbeiter und Arbeiterinnen, der Armen dort und bei uns verwischen. Im Gegenteil, für die Fähigkeit zum entschlossenen, konkreten Handeln machen gerade diese Unterschiede den entscheidenden Unterschied. Dennoch meine ich, daß die Vorstellung vom kolonialen Gefälle - wir hier privilegierte Mitglieder der reichen Gesellschaft einer ehemaligen Kolonialmacht, die Menschen dort Angehörige eines armen Dritte-Welt-Landes - uns in ungebührlicher, nämlich falscher Weise voneinander trennt.

Auch wir sind Kolonisierte, zunehmend, und es bleibt uns nichts anderes übrig, als dies zur Kenntnis zu nehmen, wenn wir *unsere* Verhältnisse konkret ändern wollen. Der eingebaute Rassismus in unserem scheinbar nur von Solidaritätsgefühlen getragenen Dritte-Welt-Begriff hindert uns, die eigene Realität ebenso nüchtern zu betrachten wie die fremde auch.

Jedoch, wir sind nichts Besseres, und wir haben es auch nur relativ gesehen besser. Die Gründe von Arbeitslosigkeit, einer schlechten Erwerbssituation und Entwürdigung sind die gleichen, entsprechend auch die Lösungen, einmal allerdings unter Bedingungen des harten Mangels, ein andermal immer noch unter Bedingungen des relativen Wohlstands. Aber was für die Indígenas in Chiapas recht ist, sollte für uns billig sein. Wir brauchen uns nicht einzubilden, daß wir über die Ebene der existentiellen Lebenssicherung erhaben wären. Genau das aber ist es, was uns ungebührlich voneinander trennt und uns für die einheimischen Völker der Dritten Welt andere Lösungen phantasieren läßt als für uns. Solange wir solchen Vorstellungen anhängen, werden wir tatsächlich an rassistischen Privilegien teilhaben und die fortgesetzte Kolonisierung stützen.

Wir brauchen ein Kolonialismusverständnis, das uns erlaubt, die beiden Seiten der kolonialen Realität wirklich als gleichzeitige und gleichermaßen zerstörerische zu begreifen. Darum geht es mir in dem folgenden Text.

Internationale Solidarität – was ist das?

Heute las ich in der Zeitung, daß der „Sub" zu einem „interkontinentalen Treffen" am 8. Oktober „die demokratische Zivilgesellschaft aus der ganzen Welt" eingeladen habe. „Jetzt", dachte ich, „hebt er ab." Andererseits geht meine Freundin Maria Mies, die soziales Unrecht so präzise zu analysieren vermag, das Problem der Frauenunterdrückung auch weltweit an, und damit hat sie schließlich recht. Vielleicht sitzt mir die Skepsis gegenüber dem Internationalismus der 68er-Männer noch zu sehr in den Knochen, deren revolutionsromantische Projektionen eigener Phantasien in die Befreiungsbewegungen mich mächtig nervten. „Zwischen Karl Marx und Karl May" hat Barbara Küppers das in ihrer Diplomarbeit genannt; Untertitel: „Zur Faszination von Heldentum in der Dritte-Welt-Solidaritätsbewegung".

Das allerdings kann man dem Subcomandante Marcos nicht nachsagen, daß er sich zu einem Che Guevara stilisieren würde. Bestimmt hat er gerade auch aus dieser Geschichte gelernt. Wie hoffentlich die „Zivilgesellschaft aus der ganzen Welt" auch, so daß sie aufhört, Ersatzhandlungen für eigene Wünsche zu suchen und nicht vergißt, wofür - und vor allem - für wen Marcos steht. Nicht für sie, die Herren Zivilgesellschaftler, sondern für die einheimischen Bauern und Landfrauen in Chiapas, deren Lebenssituation wahrhaftig eine ganz andere ist als die derjenigen, die zum interkontinentalen Kongreß dorthin fahren können.

Aber irgendwie hängen die beiden Situationen zusammen, und es geht genau darum, dieses „Irgendwie" besser zu verstehen, losgelöst von ego- und eurozentrischen Projektionen. In Wirklichkeit sind die Zusammenhänge altbekannt, und die Realisierung der Solidarität ist einfacher als geträumt. Sie liegt in der Macht jedeRs Einzelnen. Think globally, act locally. Laßt uns endlich damit aufhören, einen Lebensstil zu pflegen, der die Lebensgrundlagen der Leute in Chiapas untergräbt. Laßt uns aufhören, durch unser Konsumverhalten diejenigen zu stützen, die global handeln und lokal alles zerstören, die Unilevers, Nestlés, Kraft-Jakobs-Suchards, die Daimler-Benz, Bayers, BASFs, die Shells und Essos.

So gesehen hat die Nach-68er-Dritte-Welt-Bewegung wirklich ihr Gutes gehabt. Wir haben uns dadurch angewöhnt, global zu denken, so daß uns nicht egal ist, was in Chiapas passiert, nicht zuletzt, weil wir verstanden haben, wie es auch uns betrifft. Wir haben die Zusammenhänge studiert: Imperialismustheorie, Dependenztheorie, Umweltbewegung. Deshalb hat Marcos schon recht, weltweit einzuladen. Schließlich hat die heftig sympathisierende Reaktion der internationalen Medien dazu beigetragen, daß die EZLN und die Menschen in den chiapanekischen Dörfern nicht einfach abgeknallt worden sind. Auch dadurch, daß die Zapatisten ausgerechnet San Cristóbal de las Casas besetzten, haben sie ganz bewußt die Weltöffentlichkeit in ihre Strategie mit einbezogen.

Die Kontinuität des Kolonialismus

Hunderttausende von Nordamerikanern, Europäern und Japanern kennen die Stadt persönlich, diese Attraktion im Süden Mexikos, mit ihren Kolonialbauten und Indianermärkten. Es waren die Rucksackreisenden, die hier die touristische Bresche geschlagen haben. Und nur gefühlsstumpfen Besuchern kann verborgen bleiben, daß der Reichtum der Gegend einzig und allein durch die Hände ihrer indianischen Bewohner geschaffen wird, daß er aber ausschließlich in den Taschen der Mestizen und Weißen verschwindet. Die Tradition, das kunsthandwerkliche Können, das gärtnerische Wissen im Gemüse-, Obst- und Blumenanbau auf kargem Gebirgsboden, die in allem sichtbare kulturelle Selbstbehauptung der Indígenas sind die Ressourcen der Hotellerie, der Transportunternehmen, der Geschäfte und Boutiquen. Die Indígenas selbst aber sind arm. Sie gehen barfuß, trotz der nassen Kälte des Hochlands. Kleine Kinder schleppen ihre noch kleineren Geschwister auf dem Rücken mit sich herum, während die Mütter die Produkte des indianischen Kunsthandwerks verkaufen und nebenbei noch stricken, flechten, nähen. Sie bieten ihre Waren auf der Straße feil, einfach auf die kalten Steine gekauert oder indem sie sie den Fremden im Vorbeigehen entgegenstrecken. Ansonsten weichen sie den weißen Riesen deutlich aus. Bis vor kurzem wurden sie von den Herren von San Cristóbal, den Händlern und Großgrundbesitzern noch vom Bürgersteig gestoßen.

Der Geist dieses rohen, plündernden Kolonialismus weht nach wie vor durch die Stadt und hat gewiß bei so mancheRm mexikanischen und ausländischen BesucherIn den bitteren Geschmack des schlechten Gewissens hinterlassen.

San Cristóbal gilt in der mexikanischen Anthropologie nach wie vor als das Paradebeispiel für internen Kolonialismus. Die ladinische, d.h. mestizische Stadt bildet das kolonialherrschaftliche Zentrum, dem die umgebenden indianischen Gemeinschaften wie koloniale Satelliten unterworfen sind. Bis heute wird diese Struktur mit direkter Gewalt, antidemokratischem Filz und einem Klima der Repression gegenüber den einheimischen Ethnien aufrechterhalten. Die Prinzipien der kolonialen Unterdrückung herrschen seit fast 500 Jahren.

Fray Bartolomé de las Casas (1474-1566), Dominikanermönch und erster Bischof der Stadt, die nach ihm benannt worden ist, denunzierte bereits zu Beginn der Conquista die brutalen Methoden, mit denen die Spanier vorgingen. Ihnen galten die Indígenas als nicht vernunftbegabte Wesen, weshalb sie sich selbst das Naturrecht zusprachen, sie versklaven zu dürfen. Explizit vertrat diese Meinung der aristotelisch geschulte Widersacher von Las Casas in jenem berühmten Disput, den der Bischof von Chiapas in Spanien angezettelt hatte, um die gnadenlose Ausplünderung und Vernichtung der einheimischen Bevölkerung der Kolonien verbieten zu lassen. Überflüssig, zu sagen, daß er damit ebensowenig Erfolg hatte wie mit seinem Versuch, die Conquistadoren mit Mitteln seiner priesterlichen Autorität zu mäßigen. Er hatte in San Cristóbal einen Beichtspiegel entworfen, in dem nach der Behandlung der Einheimischen gefragt wurde, die den spanischen Grundbesitzern „zum Schutz" unterstellt waren. Da Las Casas in groben Fällen die Absolution verweigerte, blieben die Spanier schließlich einfach der Kirche fern.

Das Muster des Kolonialismus

Den globalen Charakter des Kolonialismus für jene Epoche zu erkennen, die seinen Namen trägt, fällt uns heutzutage nicht schwer. Wir sehen die weltweiten politischen und geistesgeschichtlichen Zusammenhänge, die hinter der brutalen lokalen Herrschaftsausübung standen. Für die Gegenwart hingegen wird zwar das Fortbestehen der kolonialen Strukturen in Chiapas konstatiert, der weltweite, ursächliche Zusammenhang wird im allgemeinen aber gar nicht erst gesucht. Man geht davon aus, daß der Kolonialismus in Chiapas Überbleibsel einer historischen Phase sei, die ansonsten überlebt ist. Tatsächlich aber ist der Widerspruch zwischen rückständigen lokalen Verhältnissen und globalem Liberalismus und Fortschritt ein ideologisches Konstrukt, das zum Muster des Kolonialismus dazugehört, und zwar von Anfang an bis heute.

Immer wieder haben sich die einheimischen Mayavölker gegen die koloniale Ausplünderung erhoben, und immer wieder geschah die erneute Unterdrückung nach demselben Muster. Obwohl die lokale und regionale Variante der Herrschaftsausübung stets, scheinbar anachronistisch, weit hinter dem politischen Zeitgeist zurücklag, hat die mexikanische Zentralregierung dennoch wiederholt die alten, oligarchischen Machtstrukturen gestützt. So auch jetzt. Salinas de Gortari, der neoliberale, in den USA ausgebildete Ökonom, ergriff die Partei der Grundbesitzer und ließ die indianischen Dörfer bombardieren. Eigentlich ist dies nicht verwunderlich, denn die Ausweitung der Viehweiden für den Fleischexport liegt naheliegender Weise stärker im Interesse des kapitalistischen mexikanischen Staates als der Schutz der *milpa*, des indianischen Bodens für den Anbau des Grundnahrungsmittels Mais, auf dessen Kosten sich das grundherrliche Weideland in den letzten 30 Jahren ausbreitet. Unter welcher Ausbeutungsform die Gewinne aus der Viehzucht erzielt werden, ist unter Gesichtspunkten des Profites schließlich egal. Und die neoliberale Administration scheint die herrschende, direkt koloniale Form für am effizientesten zu halten. Bei den Gouverneurswahlen zur Landesregierung von Chiapas verhalf Salinas' Partei dem konservativen Kandidaten mit den gewohnten Mitteln zum Sieg gegen den parteilosen, auf sozialen Ausgleich bedachten Avendaño, der vier einheimische Mayasprachen versteht.

Die Verhältnisse in Chiapas und ihre Art der nationalen und internationalen Verknüpfung sind geradezu paradigmatisch dazu angetan, Vorstellungen von fortschrittlicher und rückständiger Politik und Wirtschaft in Frage zu stellen. Das ist nicht ganz unwichtig, denn wir haben zwar verstanden, daß die Ereignisse in Chiapas auch uns betreffen, zugleich aber halten wir die allzu konkrete Betroffenheit von uns fern. Wir studieren die Zusammenhänge in Termini von Imperialismus- und Dependenztheorien, die uns in den industriellen, ehemaligen kolonialen Zentren den Fortschritt bescheinigen. Darin ist unausgesprochen die Idee enthalten, daß technologische Komplexität irgendwie, quasi von alleine, mit demokratischen, die sozialen Gegensätze mildernden Verkehrsformen und Produktionsverhältnissen verbunden sei. Sehen wir uns weltweit und bloß in der jüngeren Vergangenheit um, dann müssen wir feststellen, wie unhaltbar diese implizite Annahme in Wirklichkeit ist. Dennoch prägt sie auch weiterhin die Zukunftsvisionen und zwar der Rechten wie der Linken. Die zugespitzte Frage, ob die Zukunft für Chiapas bei McDonalds oder in der *milpa* liege, dürften beide mit einem Plädoyer für die *burger connection* beantworten - wie Salinas de Gortari auch.

Das Muster, nach dem die nationale und internationale Öffentlichkeit mit der rassistischen Unterdrückung in Chiapas und ihrem eigenen schlechten Gewissen umgeht, wurde im 16. Jahrhundert geprägt. Der Disput, den Fray Bartolomé de las Casas heraufbeschworen hatte, ob es rechtens sei, daß die Spanier die einheimischen Völker Amerikas mit Krieg, Verwüstung und Gewalt unterwerfen, und der immerhin den „Rat der Vierzehn", vom spanischen König eingesetzt, 23 Jahre lang beschäftigte, wurde schließlich durch ein Gesetz beendet, das ab jetzt Entdeckungen und Eroberungen regeln sollte. Darin wird der bisherige Ausdruck für das Ziel der Unternehmungen *conquista* (Eroberung) durch den neuen Ausdruck *pacificación* (Befriedung) ersetzt. Wurde den einheimischen Völkern ursprünglich noch angekündigt, daß man „Euch, Eure Frauen und Kinder ... zu Sklaven machen", daß man ihre „Güter wegnehmen" und „soviel Leid und Schaden" zufügen werde, „wie wir nur können", wie es „Untertanen geschieht, die nicht gehorchen", so wird im neuen Gesetz von 1573 bestimmt, daß nur Gewalt angewandt werden solle, wenn alles andere nichts helfe, und so, daß möglichst wenig Schmerz zugefügt werde. Auch wird die Erlaubnis zur Versklavung nicht explizit gegeben.

Die Reaktion auf die brutale Unterjochung in den Kolonien erschöpft sich also in einer Sprachregelung, die an den Verhältnissen nichts ändert, die Beteiligung des Zentrums aber hinter beschönigenden Worten versteckt. Die Ähnlichkeit zu späteren Ereignissen des Kolonisierungsprozesses ist auffallend. Nach dem Zweiten Weltkrieg wird das Wort „Kolonisierung" durch „Entwicklung" ersetzt, „Kolonialministerium" durch „Entwicklungsministerium", und später dann, Ende der sechziger Jahre, wird „unterentwickelte Länder" durch „Entwicklungsländer" ersetzt. „Nuevas corrientes, viejos cauces", „neue Strömungen, alte Flußbetten", so betitelt García de León in seiner Geschichtsstudie zu Chiapas den Abschnitt über den Kampf um das Land nach der mexikanischen Revolution. Es paßt zum Muster, daß in Chiapas zwar auch Land umverteilt wird, was eine Errungenschaft der bäuerlichen Revolution in Mexiko war, daß aber hier, im Vergleich zu den anderen pazifischen Ländern der mexikanischen Republik, die meisten Großgrundbesitze über 1.000 ha fortbestehen.

Was einmal mehr als Phänomen des Widerspruches zwischen regionaler Rückständigkeit und nationalem und internationalem Fortschritt interpretiert werden könnte, entpuppt sich als fortschrittsideologisch beschönigende Sicht der Dinge. Diesen Widerspruch gibt es nämlich nicht, vielmehr zeigt in Chiapas der Fortschritt sein ungeschminktes Gesicht.

Der neoliberale Kolonialismus

Daß es diesen Widerspruch nicht gibt, hat auch die EZLN am 1. Januar deutlich gezeigt. Sie hat klargemacht, daß die einheimischen Bauern im Urwald und an den Berghängen des im hintersten Winkel Mexikos gelegenen Chiapas sehr wohl etwas mit NAFTA, dem gemeinsamen Markt Mexikos mit den USA und Kanada, zu tun haben, nämlich daß er ihr „Todesurteil" sei. Bestimmte Industriebranchen (auch der Agrarindustrie), für die das Abkommen geschaffen worden ist, werden davon profitieren, hinsichtlich der Bauern aber schätzt man, „daß mindestens 2,5 Millionen Maisbauern (in ganz Mexiko, V. B.-Th.) entwurzelt werden, da sie nicht mit den Billigimporten aus den USA konkurrieren können" (FR 11.1.94). „Der Weizen als Waffe", d.h. der Weizen aus den USA, durch Exportsubventionen verbilligt oder als Schenkung und Katastrophenhilfe importiert, hat schon in anderen Gegenden der Welt die Kleinbauern ruiniert, indem sie die eigenen Produkte nicht mehr verkaufen konnten. Dadurch kann jede unabhängige Landwirtschaft, vor allem jeder regionale wirtschaftliche Zusammenhang zerstört werden. In Chiapas muß es statt „Weizen" nur „Mais als Waffe" heißen.

Wer geglaubt hatte, daß die Menschen in abgelegenen Gebieten von den neoliberalen Machenschaften verschont bleiben könnten, täuscht sich. Sie werden davon im Gegenteil schon immer am härtesten und - zwar in ihrer Existenz - getroffen. Die internationalen Handelsabkommen Gatt (Mexiko trat 1989 bei) und NAFTA sind ein frontaler Angriff auf die Märkte und anderen Tauschverhältnisse der kleinen Leute, weltweit und so auch in Chiapas. Es gelangen Waren in die Region, deren Entsprechungen die Bewohner bisher selbst produzierten und miteinander tauschten. Wie meistens sind die industriell fabrizierten den einheimischen Produkten mitnichten von vornherein überlegen, sondern sie werden gesponsert und vom Staat subventioniert.[2] Die Zerstörung, die dadurch geschieht, wird oft übersehen. Denn es existiert der Mythos, daß subsistenzproduzierende Bauern autark wären. Dem ist aber keineswegs so. Zwar ist ihr Ziel die Selbstversorgung und nicht die Warenproduktion, dennoch gehören Tauschverhältnisse und funktionierende, gemeinschaftliche Netze der Gegenseitigkeit mindestens ebenso zur Existenzsicherung wie die Maisernte selbst. Ziel der neoliberalen Globalisierungspolitik jedoch ist es, die regionalen Zusammenhänge zu zerschlagen.

Um diesen Zweck zu erreichen, scheut die mexikanische Regierung noch nicht einmal vor der Enteignung des Landes zurück. Nichts anderes aber ist die Neufassung des Artikels 27 der mexikanischen Verfassung von Ende 1991, wodurch gemeinschaftlicher, sogenannter „ejidaler" Landbesitz nun in Privateigentum verwandelt werden kann. Diese Veränderung war im Hinblick auf NAFTA eingeführt worden, um Anreize für Investitionen im Agrarsektor zu bieten. An diesem Punkt aber haben die mexikanischen Bauern, vor allem die indianischen Bauern, immer neuralgisch reagiert. Wenn Salinas de Gortari geglaubt hatte, daß die jahrzehntelange Gehirnwäsche durch Schule und Medien reichte, um den Glauben an die Wachstumsökonomie auch in diesen Köpfen zu verankern, dann hat ihn spätestens der Aufstand in Chiapas eines Besseren belehrt.

Die Indígenas sind sehr geduldig, aber wenn ihnen ihre letzte Existenzbasis, der Boden für die Selbstversorgung mit Grundnahrungsmitteln, weggenommen wird, dann reißt auch ihnen die Geduld: Basta! Ya basta! Sie glauben nicht an die Lohnarbeit, denn sie widerspricht ihrer Weltsicht und Kultur, und die schlechten Erfahrungen damit haben sie nur bestärkt[3]. Lohnarbeit macht nicht frei, sondern abhängig. Geld kann man nicht essen, außerdem reicht es nie und sein Wert ist prekär. Wenn die indianischen Rebellen „Tierra y Libertad!" fordern, dann meinen sie es auch genau in dieser Kombination. Das nämlich allein die Verfügung über Land Unabhängigkeit und Selbstbestimmung möglich macht.

Kolonialbefreiung: Selbstbestimmung und Selbstversorgung

Mit diesem Bewußtsein sind die Bauern von Chiapas den westlichen Linken weit voraus, die immer noch dem Proletarismus und Industrialismus huldigen. Die Indígenas pfeifen auf das Fortschrittsgesülze aus hautnaher, existenzbedrohender Erfahrung. Im Zuge der mexikanischen Wirtschaftskrise nach 1982 haben sie erlebt, wie fatal es ist, wenn sie nicht wenigstens die Grundnahrungsmittel selbst produzieren können. Bis dahin hatte die Regierung die chiapanekischen indianischen Bauern durch Zwang und Übertölpelung „entwickeln" wollen. Im Verein mit der Weltbank und deren Strategie „to draw peasants from subsistance to commercial production", ersann sie Programme, die die *milpa* durch *cash crops* ersetzen sollten, und setzte auf Lohnarbeit durch Modernisierung. Als Konsequenz davon ist Chiapas heute von größeren und kleineren Entwicklungsprojektruinen übersät, die Bevölkerung leidet unter der Arbeitslosigkeit, nicht zuletzt weil der arbeitsintensive Aufbau der Infrastruktur zur Erdölförderung beendet ist. Dies war absehbar, und um so schmerzlicher fehlt heute das durch Viehweiden usurpierte Land.

Aber der sichtbare Zusammenbruch der Modernisierungprojekte, der die Phantasterei ihrer Versprechungen offenbarte, hatte auch sein Gutes. Es hat die Selbstbesinnung der chiapanekischen Mayavölker auf die eigenen Kräfte, das eigene Wissen und die eigene Kultur gefördert. In den letzten zehn Jahren hat sich die Konstruktion der sozialen und ökonomischen Zusammenhänge in den Kolonisierungsgebieten der Selva und ihre Rekonstruktion in den Altos gegen all die spalterischen Tendenzen durch protestantische Sekten und vom PRI manipulierte einheimische Kaziken erfolgreich vollzogen.

Insgesamt scheint sich bei den einheimischen Völkern Mexikos in dieser Zeit ein Bewußtseinswandel vollzogen zu haben. Auf dem Anthropologenkongreß im August 1993 in Mexiko-Stadt wurde allenthalben davon gesprochen, daß sie immer deutlicher auf ihre Eigenart und Eigenständigkeit pochen. Waren sie bislang in ungebrochener Fortsetzung der kolonialen Verunglimpfungen als „rückständige Indígenas" verfemt worden, die sich „dem Wandel widersetzen" würden, so hat sich ihre eher passive Verhaltensweise in aktive Beharrung und Stolz gewandelt.

Auffallend an den Texten und Verlautbarungen der Zapatistas ist, daß sie immer wieder von „Würde" im Sinne einer politischen Forderung und als Ziel ihrer Bewegung sprechen. Angesichts der entwürdigenden Geschichte kein Wunder. Was aber ist konkret damit gemeint? Gemeint ist, daß sie aus eigener Kraft ihr Leben produzieren wollen, mehr nicht. Die EZLN strebt nicht nach der Macht weder in Mexiko noch in Chiapas. Auch fordert sie vom Staat keine Leistungen, sondern daß die Chiapaneken schlicht das behalten können, was ihnen auch gehört. Die EZLN will die fortgesetzte Ausplünderung der Region und ihrer Menschen beenden – materiell, physisch und psychisch. In diesem Sinne wendet sie sich gegen NAFTA und die Politik der Globalisierung.

Kolonialbefreiung: Regionalismus statt Globalisierung

Die Zapatistas und die sie stützenden Bauern sind eine der ersten Gruppen, die sich gegen die neue Welle der Kolonisierung durch neoliberale Globalisierung zur Wehr setzen und dies auch so formulieren. Sie verstehen den Zusammenhang zwischen lokalen und regionalen Formen der Ausbeutung und Verwüstung und dem Halali der Gatt- und NAFTA-Fanfaren der internationalen Profitjagd. In Europa hingegen wird die Bevölkerung eines Landes nach dem anderen mit Versprechungen übertölpelt, für den gemeinsamen europäischen Markt zu stimmen. Hier ist man bereit, alle Anzeichen eines wirklichen Rückfalls in offen plündernde Ausbeutungsformen zu übersehen bzw. sie in notwendige Opferleistungen für eine wachstumsökonomisch strahlende Zukunft des verallgemeinerten

Reichtums umzudeuten. So stimmt man parlamentarisch-demokratisch für Regierungen, die sich offen als Handlanger der großen Industriekombinate der G7-Wirtschaftsmächte bekennen und alles dafür tun, um ihnen billige, willfährige, abhängige Arbeitskraft zu offerieren. Alternative Plädoyers für regionale Selbstversorgung und die Reduzierung des Konsums, der mit „Genüssen" aus aller Welt angeheizt wird, werden dagegen als „Zurück in die Steinzeit" gekontert. Man hat Angst, da zu landen, wo die Indígenas in Chiapas sind, und tut sich deshalb schwer, zu begreifen, daß das, wogegen sie sich wehren, nur eine extremere und brutalere Form der Auswirkung derselben weltweiten ökonomischen und sozialen Entwicklungen ist, die auch uns in den überentwickelten Ländern treffen.

Unter den Kommentatoren der Ereignisse in Chiapas war es vor allem Chomsky, der den Hinweis der EZLN auf die globalen Ursachen ihrer Erhebung in der Weise ernst nahm, daß er die entsprechenden Zusammenhänge analysierte. Für ihn ist die Rebellion in Chiapas in erster Linie ein Produkt der Polarisierung, die von der Globalisierung hervorgerufen wird. So sieht er die sozialen und ökonomischen Verhältnisse in Chiapas auch nicht als besonders singulär an. Zwar treffe der weltweit sich vollziehende Polarisierungsprozeß die indianische Bevölkerung am stärksten, dennoch erstrecke sich das Problem auf alle Armen - in Mexiko wie in den USA als auch weltweit.

Chomsky macht zuerst einmal klar, daß die neoliberale Politik der Globalisierung alles andere als liberal ist. In Wirklichkeit handelt es sich um eine Politik der Umverteilung zugunsten der Reichen. Liberal ist sie allein hinsichtlich der Armen, die sie den Marktmechanismen aussetzt bzw. sie ihnen aufzwingt. Die Reichen hingegen werden subventioniert, d.h. ihnen werden mit Steuergeldern alle möglichen Begünstigungen gewährt und die Sozialpolitik wird auf ihre Bedürfnisse zugeschnitten.[4] So, wie es kürzlich in Alabama zugunsten von Daimler Benz geschah und wie es mit General Motors in Mexiko und mit VW in der Tschechischen Republik geschieht.[5]

Ein wesentlicher Grund für diese Art von weltweiter politischer Tendenz ist nach Chomsky das riesenhafte Anwachsen des Spekulationskapitals, das keine nationale Regierung mehr kontrollieren kann. Vielmehr werben die Regierungen mit allen möglichen Geschenken um dessen Gunst. Dadurch treibe „die Gesellschaft weltweit in eine Zukunft niedriger Löhne, niedrigen Wachstums und hoher Profite mit zunehmenden sozialen Gegensätzen und gesellschaftlichen Auflösungstendenzen". Eine andere Konsequenz ist der Rückgang nachvollziehbarer und demokratischer Prozesse, da die Entscheidungsmacht immer mehr bei den privaten Institutionen und den Quasi-Regierungsstrukturen liegt, die Koalitionen bilden, wodurch das entsteht, was die Financial Times die „De-facto-Weltregierung" nennt, die im Geheimen operiert – ohne Buchführung und ohne Rechenschaftsbericht.[6]

Fazit: Am Ende des 20. Jahrhunderts herrscht der Kolonialismus durch die neoliberale Globalisierung. Unser Solidaritätsbeitrag zur Entkolonialisierung und Befreiung der chiapanekischen Völker besteht darin, daß wir unsererseits die Globalisierung nicht länger stützen oder gar betreiben. Auch wir, unsere Theorien, unser Alltag, unsere Visionen und unsere Arbeit müssen entkolonialisiert werden. Wir dürfen nicht länger an dem partizipieren, was den anderen geraubt worden ist. Nicht zuletzt ist es die Komplizenschaft mit den Räubern, die uns zu ihren potentiellen nächsten Opfern macht. Die Antwort auf die Globalisierung kann nur in der Regionalisierung liegen: im Austausch und im Konsum in erster Linie von dem, was in der Region produziert wird; im schonungsvollen Umgang mit den regionalen „Ressourcen" der eigenen Landschaft; im Zusammenhang und in der Auseinandersetzung über alternative Politik und Ökonomie in der eigenen Gesellschaft.

Frauen, die letzte Kolonie

Wie ist es in der chiapanekischen Rebellion um die Frauen bestellt? Wieviel „Land und Freiheit" sollen sie erhalten? Das sind Fragen, über die die Verlautbarungen und Kommentare am wenigsten Aufschluß geben. Dabei ist die Frauenfrage gleichsam der Schlüssel zu allen anderen Kolonialfragen und ebenso auch zu deren Lösung.

Frauen sind das wichtigste und das letzte Glied in der Kette der Kolonialismen, denn ihre Unterwerfung birgt das Prinzip der kapitalistischen Kolonisierung, die sich mit Beginn der Neuzeit herausgebildet hat, in sich. Sie werden zur Natur gezählt, und das, was sie leisten, kann dem neuzeitlichen Naturbegriff entsprechend vom Mann unentgeltlich angeeignet werden, so wie er auch die sog. weißen Flecken auf der Landkarte als vorgeblich herrenlos unentgeltlich erobern durfte.

Dieses Prinzip, daß das, was als Natur definiert wird, keinen Wert hat (deshalb ist Frauenarbeit in der Tendenz unbezahlt oder besonders niedrig bezahlt), wohingegen das unter der Regie des Kapitals instrumentell, mechanisch, industriell Fabrizierte sehr wohl Wert und Preis hat, trifft nach wie vor auch auf andere Bereiche zu, so z.B. auch auf die indianische regionale Selbstversorgung und insgesamt auf kleinbäuerliche Produktion. Deshalb werden die Bauern weg von der Subsistenzproduktion hin zur kommerziellen Produktion entwickelt, deshalb durften die profitorientierten Viehzüchter ungestraft indianisches Land usurpieren und deshalb wird der gemeinschaftliche *ejido*-Landbesitz abgeschafft, auf daß die Kapitalinvestition überhaupt erst eine Landwirtschaft hevorbringe, die als produktiv und ökonomisch wertvoll gilt. Dennoch ist die kapitalistische Kolonisierung, der alle Produktion für das unmittelbare Überleben unterworfen ist, in erster Linie gegen die Frau, das Weibliche und Mütterliche gerichtet. Der Kapitalismus ist durch und durch patriarchalisch, insofern er einen Begriff von Natur, der sie als mütterlich lebensspendend begreift, ablöst durch einen Begriff, demzufolge sie unbelebt ist und erst mit Hilfe von Investitionen und Industrie überhaupt erst fruchtbar gemacht wird. Diese Ideologie ist die Grundlage der Globalisierung.

Heißt das, daß eine Rebellion, die sich genau gegen diese Art der Kolonisierung wendet, dehalb zugleich auch die Frauen befreit? Leider nein. Davon ist angesichts dessen, was wir über die Geschlechterverhältnisse in den chiapanekischen Mayagruppen wissen, keineswegs von vornherein auszugehen. Im Gegenteil, die Frauen sind in den indianischen Gesellschaften Chiapas so deutlich dem Mann unterworfen, daß mich die Bilder von EZLN-Soldatinnen ungläubig staunen machten.[7] Dann fiel mir unmittelbar das Schicksal der bewaffneten Frauen in den meisten Befreiungsbewegungen ein. Kaum war der Kampf beendet und kaum hatten die eigenen Genossen die Macht übernommen, schon wurden sie wieder auf ihren unterworfenen Platz verwiesen. Oft genug erging und ergeht es ihnen dabei noch schlechter als anderen Frauen, denn sie gelten durch die bewaffnete Männerrolle in ihrem Frausein als beschmutzt.

Aber vielleicht ist es in Chiapas heute anders, weil die EZLN – ganz unmachistisch – explizit nicht nach der Macht strebt, was ein Novum in der Geschichte der antikolonialen Befreiungsbewegung ist. Vielleicht ist mit der Würde, die sie wiedergewinnen will, tatsächlich auch die Würde der Frau gemeint. Soviel weiß ich gewiß, den chiapanekischen Völkern wird es nur dann gelingen, sich dem neoliberalen kolonialen Zugriff zu entziehen, wenn sie sich selbst intern antikapitalistisch organisieren. Wenn sie statt auf die Konkurrenz auf die Gemeinschaft orientiert bleiben, und statt auf den Profit auf die Subsistenz. Dies ist in unserer Zeit nur möglich, wenn die patriarchale Geschlechterhierarchie aufgelöst wird.

Kapitel VII

„Son un chingo…“

Die Karawane der Karawanen

Bei den Wachtposten war die Situation völlig unklar: Vicente und El Caballero diskutierten darüber, ob das, was sie aus den Bussen schrieen, nun „Ihr seid nicht allein!" oder ob es „Ihr seid schon allein!" hieß. Javier verstand irgend etwas anderes, und die vom Komitee schauten mich nach einer Antwort suchend an. Ich versteckte mich hinter dem Rauch meiner Pfeife, und entschuldigend erklärte ich alles mit dem unwiderlegbaren: „*Son un chingo.*"

Von weiten Reisen, Hilfsgütern und dem diskreten Charme des Subcomandante...

Dorothea Schütze

Viele Wochen und Monate sind seit dem 1. Januar vergangen, dem Beginn des Aufstandes, seit dem 12. Januar, dem von der Solidaritätsbewegung erzwungenen Waffenstillstand, seit den Friedensgesprächen in der Kathedrale von San Cristóbal de las Casas, seit dem Abbruch der Gespräche im März und dem Beginn der Befragungen in den Dörfern und Gemeinden von Chiapas. Die Parolen der EZLN auf Mauern und Hauswänden sind inzwischen verblaßt oder überstrichen. Grell schillert statt dessen die Coca-Cola-Werbung: „2-Liter-Maxi-Flasche im Angebot – die Revolution!“, als es am 13. Juni zur ersten großen solidarischen Aktion in der befreiten Zone kommt. Die „Karawane der Karawanen“ sprengt den militärischen Belagerungsring und bringt mit 27 Bussen und Lastwagen ca. 190 Tonnen Hilfsgüter (Nahrungsmittel, Medikamente, Decken, Benzin etc.) in das von der EZLN kontrollierte Gebiet – die erste große solidarische Aktion in der befreiten Zone, die nicht von Regierung und Militärs verhindert werden kann. Insgesamt sind über 200 Gruppen (vor allem aus Mexiko-Stadt) daran beteiligt, darunter unabhängige Gewerkschaften, NGO's, Arbeiter-, Campesino- und Indígena-Organisationen, Stadtteilinitiativen, Kirchen, StudentInnen und Menschenrechtsgruppen.

Wiederholt ist seit Beginn des Aufstandes versucht worden, die Zapatistas mit Hilfsgütern zu unterstützen. Vor allem einzelne Kirchen- und StudentInnengruppen haben versucht, mit kleineren Karawanen den militärischen Belagerungsring zu durchbrechen, den „Hungerring“, die „Medikamenten- und Nahrungsmittelsperre“, wie sie ihn auch nennen. Aber jedesmal sind sie von Militärs, Viehzüchtern oder den ortsansässigen Kaziken aufgehalten und die Lieferungen beschlagnahmt worden.

Zwei Tage ist die Karawane der Karawanen von Mexiko-Stadt aus unterwegs, bevor sie in San Cristóbal de las Casas ankommt. Von dort aus will sie in das Konfliktgebiet eindringen. Vor Eintritt in die neutrale Zone zwischen Belagerungsring und dem befreiten Gebiet muß die Karawane akribische Militärkontrollen über sich ergehen lassen. Mehrere Male werden die Namen fast aller 350 BegleiterInnen notiert, die Busse durchsucht und an der letzten Militärsperre in Rancho los Mochis sogar alle vierzehn Lastwagen ausgeräumt, Tüten aufgerissen, Kisten mit Kleidung und Spielsachen durchwühlt, Nahrungsmittel und Medikamente inspiziert. Vergeblich suchen sie mit Metalldetektoren nach Waffen, selbst unter der Karosserie der Lastwagen und Busse ist nichts zu finden. „Diese übertriebene Kontrolle zeigt uns, welch große Angst die Militärs vor uns haben. Diesen psychologischen Staatsterror kennen wir, sie wollen uns damit einschüchtern. Aber wir haben keine Angst mehr. Unser Kampf und der Kampf der Zapatistas wird weitergehen, was auch immer sie sich einfallen lassen“, so ein Teilnehmer der Karawane. Nach Stunden darf die Karawane passieren. Die neutrale Zone liegt vor uns, Uniformierte sind dort nicht erlaubt. Wir tauchen ein in eine saftig grüne, vom vielen Regen verwöhnte Hügellandschaft. Trotzdem können wir froh sein, nach ein paar seltenen regenfreien Tagen durch diese Gegend zu kommen, denn sonst müßten wir jeden Moment damit rechnen, auf den unbefestigten Wegen in Schlammlöchern zu versinken. Im Schrittempo fahren wir an kleinen Siedlungen aus Holzhütten mit Stroh- und Wellblechdächern vorbei. Ihre BewohnerInnen wissen, worum es geht, und winken uns zu.

Allmählich bricht die Dämmerung an, die Spannung in den Bussen steigt. Bald würden wir an der ersten Straßensperre der EZLN ankommen, an der Grenze zum befreiten Gebiet. Was dann passiert? Wer weiß! Wahrscheinlich ist, daß wir dort halten, noch bis in die tiefe Nacht hinein abladen und dann müde, erschöpft und hungrig die Rückfahrt antreten.

Wir erreichen die erste Straßensperre. Aufgeregtes Geflüster in den Bussen, mit den Nasen an den Fensterscheiben versuchen wir, mehr als nur die Umrisse einiger schwarzer Gestalten im Halbdunkel zu erkennen. Dann müssen wir die Vorhänge vor den Fenstern zuziehen, das Licht löschen. Aussteigen ist nicht erlaubt, keine Fotos, kein Filmen, Ruhe wird verordnet. Die KoordinatorInnen der Karawane diskutieren draußen mit den Bewaffneten, wir warten. Eine halbe Stunde vergeht. Plötzlich öffnen sich die Bustüren, die KoordinatorInnen springen in die Fahrzeuge. Das Stottern und Aufheulen beim Anlassen der alten Diesel-Motoren unterbricht die gespannte Stille, tatsächlich, wir fahren weiter.

Für den Fall, daß wir direkten Kontakt mit einzelnen Zapatistas haben sollten, werden Verhaltensmaßregeln ausgegeben: „Nur keine Einzelheiten zu Kampfstrategien erfragen, das würde sie verärgern. Nur ganz normale Gespräche führen, sie nicht überfallen, keinen ‚Aufstand‘ machen!“

Bald darauf halten wir wieder. Was ist los? Wir stecken fest. Es ist stockdunkel. Ein tiefer Graben in der Straße tut sich vor uns auf. Wir steigen aus und versuchen, ihn mit Steinbrocken auszufüllen. Aber nach mehreren Fahrversuchen haben wir noch immer keine Chance. Das Chassis unseres Busses hängt fest. Plötzlich merken wir, daß wir nicht allein sind. Nach und nach tauchen immer mehr Leute aus dem Unterholz rechts und links von der Straße auf. Es sind Leute aus dem Dorf ganz in der Nähe. Sie helfen uns, im Scheinwerferlicht des Busses noch mehr Steine zusammentragen. Keine Fotos, kein Filmen! Der nächste Fahrversuch, auch er mißlingt.

Immer noch ist es sehr warm, die Grillen zirpen und übertönen sogar das brummende Motorengeräusch unseres Busses. Und da, ganz in der Ferne ist aus dem Dschungel zu vernehmen: „Zapata vive!" Ein paar Kinder aus dem Dorf beobachten uns aus ihrem sicheren Versteck zwischen den Bäumen. Sie flüstern in ihrer Sprache und kichern, sobald ihnen jemand näherkommt. Dann versuchen einige, mit einer Eisenstange den Bus anzuheben, die großen Reifen drehen noch mehrere Male durch, können aber dann wieder festen Boden fassen. Geschafft! Hurra-Rufe, Abschied von unseren HelferInnen, und die Fahrt kann weitergehen. Wenige Meter vor uns muß das Dorf San Miguel liegen, dort wird die nächste Straßensperre sein.

Niemand weiß, was auf uns zukommen wird. Werden wir in San Miguel bleiben, jetzt noch ausladen? Die Karawane stoppt. Unsere Bustür öffnet sich. Alle recken die Hälse zur Tür hin und rutschen aufgeregt auf den Sitzen herum. Zwei bewaffnete Maskierte steigen ein. Kann das möglich sein? Ist es wirklich Marcos, Subcomandante Marcos? Er geht von Sitzreihe zu Sitzreihe, reicht jedem die Hand und wünscht „Buenas Noches". Außer der Erwiderung des Guten-Abend-Grußes herrscht ungläubige Sprachlosigkeit. Und schon ist er wieder draußen. Während Marcos so einen Bus nach dem anderen betritt, löst sich das fassungslose Schweigen langsam in wildes Stimmengewirr und Tausende von Fragen auf.

Eben erfahren wir, daß wir noch etwa zwei Stunden weiter zum Dorf „La Garrucha" fahren werden. Erst dort sollen wir die Lastwagen entladen. Auf der Weiterfahrt bleibt Zeit, über die Bedeutung dieser Nacht zu sinnieren. Mein Busnachbar, ein Student aus Mexiko-Stadt, kann es noch immer kaum glauben: „Ich bin ganz aufgewühlt. Nie hatte ich mir vorgestellt, solch eine Erfahrung zu machen. Ich werde das bestimmt nie vergessen." Und sein Freund meint: „Ich bin auch Student, und ich glaube, daß wir als StudentInnen eine ganz besondere Verantwortung haben für das, was in unserem Land passiert. Wir müssen hierher nach Chiapas kommen, müssen die Realitäten kennen- und verstehen lernen, in denen die Menschen leben. Wir haben diese große Verpflichtung, du als Journalistin, ich als Student, er als Wissenschaftler, wir alle. Und ich glaube, daß diese Verpflichtung durch unseren Besuch hier noch mehr wächst." Und der Gewerkschafter von schräg gegenüber: „Hier sind wir alle zusammen, ArbeiterInnen, StudentInnen, viele verschiedene Gruppen aus der Hauptstadt, die schon seit vielen Jahren an ihrem Ort gekämpft haben. Und in all den Jahren haben wir immer gespürt, daß unsere Arbeit keine wirklichen Perspektiven hervorbringt, um etwas in diesem Land zu verändern. Aber da wir jetzt wissen, daß in Mexiko diese Bewegung entstanden ist, wird unsere Hoffnung immer größer. Lange haben wir auf Kuba gehofft, darauf, daß Kuba grundlegende Veränderungen schafft. Jetzt aber ist die Hoffnung ganz nah, sie ist bei uns in Mexiko." Sein Busnachbar vertritt einen Verbund von verschiedenen protestantischen Kirchen: „Ich glaube, daß wir mit dieser Karawane der Karawanen einen wichtigen Anfang gemacht haben, der von überaus großer Bedeutung für das ganze Land ist. Alle MexikanerInnen oder zumindest die Mehrheit spürt die Notwendigkeit einer Veränderung. Viele andere wären gern mit uns gekommen, um den Zapatistas ihre Unterstützung zu zeigen und zu sagen: Ihr seid nicht allein!"

Kurz vor Mitternacht erreichen wir „La Garrucha". Die ankommenden Busse und Lastwagen hinterlassen tiefe Fahrrinnen im feuchten Gras, und unser grelles Scheinwerferlicht dringt in die stockdunklen Holzhütten des Dorfes, das keine Elektrizität kennt. Ein Bus nach dem anderen entlädt sich der vielen Menschen. Aus vollem Halse rufen einige „Zapata vive!" und „Ihr seid nicht allein!", doch bald schon ersterben die Parolen wieder in gespannter Unsicherheit. Einige DorfbewohnerInnen haben sich auf der anderen Seite des Dorfplatztes versammelt und beobachten uns aus sicherer Entfernung. Was wird jetzt geschehen?

Nach einer Weile taucht Marcos auf – keine Fotos, kein Filmen. Alle KoordinatorInnen sollen sich auf dem Sportplatz vor der Schule versammeln, um die weitere Planung zu besprechen. Inzwischen werden wir ZeugInnen eines kurzen Auftritts der zapatistischen Armee. In Reih und Glied marschieren etwa vierzig von ihnen auf.

Die KoordinatorInnen teilen uns das Ergebnis der Besprechung mit: Wir dürfen hier übernachten. Erst morgen früh werden wir die Lastwagen entladen, und danach soll es ein großes Fest geben. Bis übermorgen früh können wir bleiben. Was für eine Überraschung! Alle sind begeistert. Nach 72 Stunden Busfahrt spüren viele jetzt aber auch ihre Müdigkeit.

Die Schlafplätze sind eingeteilt. Die Frauen sollen in der Schule und in der Kirche übernachten, die Männer irgendwo draußen. Langsam löst sich der große Pulk Menschen vor den Bussen auf, Schlafsäcke und Zahnbürsten werden zusammengesucht, glücklich, wer eine Taschenlampe mitgebracht hat. Vor der Kirche schlägt ein großes Lagerfeuer immer größere Flammen. Wer vor lauter Aufregung doch nicht schlafen kann, gesellt sich zu den Unermüdlichen, die sich im flackernden Licht am Feuer wärmen. Um diese Zeit wird es selbst hier in der Selva Lacandona recht kühl, vor allem feucht. Einer hat eine Gitarre mitgebracht. Bis in die frühen Morgenstunden sind noch an den entferntesten Schlafplätzen die ausgelassenen Gesänge zu vernehmen.

Mit dem ersten Hahnenschrei sind fast alle auf den Beinen. Die neugierigen BesucherInnen schlendern schlaftrunken auf dem Gelände umher, während die DorfbewohnerInnen sehr zurückhaltend und scheu hinter den Türen ihrer Holzhütten hervorlugen. Ich kann mich des Gefühls nicht erwehren, massiv in das Leben dieser Indígenas eingedrungen zu sein. Vielleicht verfliegt aber auch bald die anfängliche Unsicherheit auf beiden Seiten.

Einige DorfbewohnerInnen haben begonnen, neben der Kirche das Festessen für den Abend vorzubereiten. Bohnen werden eingeweicht und der Mais gewaschen. Es ist ein sehr schöner Morgen, geradezu idyllisch mutet das Dorf an, umgeben von in Morgennebel getauchten Hügeln. Schafe, Pferde, Hühner und Schweine laufen frei und von den Menschenmassen ungestört in kleinen Herden zwischen den Holzhütten umher. Zum wiederholten Male kommt eine Gruppe junger Männer mit Wassereimern den Hügel zum Dorfplatz hinauf. Sollte es dort am Lagerfeuer vor der Kirche tatsächlich Kaffee geben?

Schon kurze Zeit später wird die klare und saubere Morgenluft von Auspuffgasen verpestet. Der gesamte Bus- und Lastwagenpark muß umorganisiert werden, um mit der Ladung möglichst nah an das Schulgebäude heranzukommen und dort auszuladen. Die schwere Ladeklappe des ersten Wagens senkt sich zu Boden. Vollgestopft bis oben hin ist er mit Tüten, Kisten und Bündeln. Einige klettern auf den etwas wackligen Hilfsgüterberg, um eine Tüte, eine Kiste und ein Bündel nach dem anderen den unten Wartenden zuzuwerfen. Von der Ladefläche aus hat sich eine Menschenschlange bis zur Eingangstür der Schule gebildet. So entsteht ein Fluß von Paketen, bis die Ladung am anderen Ende angekommen ist und dort erneut einen riesigen Berg produziert. Viele Stunden dauert die Entladeaktion, begleitet von Gitarrenspiel und Gesang.

Gegen Mittag ist es endlich geschafft. Jetzt warten alle gespannt auf die Ankunft von Marcos. Zur Sicherheit werden von den FotografInnen noch einmal die Linsen geputzt, Objektive und Ersatzfilme griffbereit in den Taschen zurechtgelegt. Dann ist es soweit. Langsam bewegen sich die Uniformierten Richtung Sportplatz. Dort soll die offizielle Begrüßung stattfinden. Alles begibt sich in Position. Die Zapatistas in Reih und Glied unter dem Basketballkorb, links daneben Marcos, dahinter und rechts die Transparente und Fahnen der verschiedenen Organisationen, gegenüber wir als ZuschauerInnen, sitzend und stehend in gespannter Erwartungshaltung.

Das durchdringende, brummende Geräusch des Lautsprechers übertönt das allgemeine Murmeln und Raunen. Im Namen des CCRI-CG, begrüßt Marcos alle Anwesenden und gibt die weitere Planung des Tages bekannt. Alle sollen sich danach auf der Wiese hinter der Schule treffen und jede Gruppe für sich eine VertreterIn auswählen, um sich vorzustellen und Gedanken und Ziele auszutauschen. In der Zwischenzeit werde das Festmahl bereitet.

Seine Rede ist erfrischend, ermutigend. Gegen ein gutes Mahl hat jetzt trotzdem niemand etwas einzuwenden. Bevor danach der Tanz beginnen soll, verteilen sich alle erschöpft auf dem Dorfplatz, liegen herum, diskutieren oder spielen mit den Kindern und warten auf die bevorstehende Dunkelheit.

Dann beginnt der Tanz. Die Musik wird vom gleichbleibenden Dröhnen des Generators begleitet. Aber wen stört das schon? Alle sind auf dem Sportplatz zusammengekommen, auch einige Gäste aus den umliegenden Dörfern. Die Zapatistas tragen noch immer ihre Uniform, ob Frauen oder Männer. Allmählich entstehen Gespräche untereinander, der Ernst des Tages ist vorbei, selbst die sonst so zurückhaltenden DorfbewohnerInnen tauen langsam auf.

Die Zeit vergeht wie im Fluge. Niemandem scheint aufzufallen, daß wir immer noch auf die Musik derselben Kassette tanzen, die inzwischen mindestens zum zehnten Mal umgedreht worden ist. Als der Generator langsam schlapp macht und die Töne nur noch zu erahnen sind, ist es schon weit über Mitternacht. Die Gäste aus den Nachbardörfern sind längst gegangen, und nach und nach ziehen sich auch alle anderen zurück. Bereits in fünf Stunden müssen wir abfahrbereit sein...

Avantgarde, die nicht Avantgarde sein will...

Die gekürzte Rede von Marcos vor der Karawane der Karawanen

Lange Zeit waren wir uns alle über unsere Rolle nicht ganz im klaren. Wir glaubten, daß ihr unsere Avantgarde seid, und ihr glaubtet, daß wir eure Avantgarde sind. Ihr habt darauf gewartet, daß wir euch sagen, was ihr machen sollt. Genauso warteten wir darauf, daß ihr uns sagt, was wir machen sollen.

Ehrlich gesagt, wir als Führung der Zapatistischen Armee, des Geheimen Komitees und der Generalkommandantur wußten wirklich nicht, was wir tun sollten. Also taten wir das, was jede andere Organisation in diesem Fall tun müßte: die Basis nach ihrer Meinung fragen. Wir beschlossen, nichts zu unterschreiben, kein einziges Gesprächsergebnis, bevor wir nicht mit unseren Leuten gesprochen hätten und wüßten, welchen Weg sie einschlagen wollen, wozu sie bereit sind. Also sprachen wir mit unseren Leuten in den Dörfern und Gemeinden, und sie antworteten NEIN (zu den Angeboten der Regierung nach dem Dialog, d.Red.).

Bei dieser Entscheidung waren die Stimmen der Alten ausschlaggebend, sie hatten sehr überzeugende Argumente. Die Worte der Alten hatten große Wirkung auf die jungen Leute. Trotzdem - das NEIN reicht nicht aus. Es reicht nicht, zu sagen, daß wir den Frieden nicht akzeptieren, den sie uns auferlegen wollen. Das Problem ist, zu entscheiden, was der nächste Schritt sein soll.

Um sich für diese Entscheidung Hilfe zu suchen, so sagen die Compañeros, muß man sich den Bergen zuwenden, hinter denen die Sonne hervortritt. Und um zu erfahren, wie es weitergehen soll, muß man sich dort hinwenden, wo die Sonne wieder verschwindet. Und um sich für einen Weg zu entscheiden, muß man sich den Menschen zuwenden, die vorwärtsstreben.

Wenn die Compañeros mit jemandem sprechen, den sie nicht kennen oder dem sie nicht vertrauen, wenden sie sich während des Gesprächs den Bergen im Osten zu, dorthin, wo ihre Toten leben. Dann stellen sie eine Frage, die gleichzeitig einfach und schwierig zu beantworten ist. Sie fragen die Toten, wofür sie gestorben sind, ob sie dafür gestorben sind, daß man ihnen ein Krankenhaus oder eine Straße versprochen hat, ob dafür, daß ihnen Kredite in Aussicht gestellt wurden, wenn sie das entsprechende Kreuz auf dem Wahlzettel machen, ob sie für ein kleines Lebensmittelgeschäft gestorben sind. Oder ob sie für Freiheit, Demokratie und

Gerechtigkeit gestorben sind, für den Aufstand am 1. Januar. Die Compañeros haben sich für das NEIN entschieden, denn der Tod ihrer Leute läßt sich nicht mit einem so billigen Preis einlösen. Diese Regierung macht den großen Fehler, uns zu töten. Denn für uns hat der Tod eine andere Logik. Bei uns müssen die Toten zum gleichen Preis bezahlt werden, für den sie gestorben sind. Und wenn sie im Kampf für den Sturz der Regierung gestorben sind, wird es in diesem Land erst Frieden geben, wenn die Regierung tatsächlich gestürzt ist.

Ein erstes Problem hatten wir also gelöst. Wir wußten, daß die Antwort unserer Leute NEIN war. Genauso sagten unsere Toten NEIN, und unsere Führung sagte NEIN. Aber trotzdem gibt es jetzt Entscheidungen von großer Tragweite, die die Führung nicht allein treffen kann.

Die Regierung behauptet über ihre Kommissionäre und Vermittler, unser Kampf würde sich in der Niederlage verlieren. Für diese Behauptung benutzen sie die Logik der Medien, messen unseren Erfolg oder unsere Niederlage daran, auf welcher Zeitungsseite unser Kampf thematisiert wird oder wieviel Zeit uns der Rundfunk zugesteht. Damals sagten sie uns: „Unterschreibt die Ergebnisse der Gespräche, dann werdet ihr wieder auf den Titelseiten sein." Mich hat diese Logik sehr belustigt. Wie viele Stimmen haben wir denn in den Zeitungen? Wie viele Fernsehkanäle haben wir denn? Oder wie viele können wir überhaupt empfangen? Wie viele Radiosender gibt es, die nicht der Regierung gehören?

Nach deren Logik wird Erfolg an der Titelseite einer Zeitung bemessen, als könnten sich die Compañeros über dieses Medium in Szene setzen, als wäre alles wie ein Schauspiel inszeniert.

Langsam wird ihnen aber klar, daß das alles kein Schauspiel ist. Camacho fand das in dem Moment heraus, als er Guadalupe Tepeyac besuchte. Er konnte sehen, daß die EZLN und die Zivilgesellschaft in einer Weise miteinander verwoben sind, daß es sehr schwierig ist, einen Trennungsstrich zwischen den einen und den anderen zu ziehen. Er konnte sehen, daß dies schon seit langer Zeit eine Gegend ist, wo die Männer Zapatistas sind, wo die Frauen Zapatistas sind, die Kinder, die Hühner, ja selbst die Steine sind Zapatistas, alles ist Zapatista. Um der zapatistischen Armee ein Ende zu bereiten, müßte die gesamte Gegend dem Erdboden gleichgemacht werden.

Bald wurde sich auch die Regierung bewußt, daß es nicht der Subcomandante ist, der entscheidet, sondern daß die Compañeros selbst die Entscheidungen treffen und daß es diese Compañeros sind, die in ihren Gemeinden als VertreterInnen respektiert werden, daß sie die eigentlichen FührerInnen sind. Die Regierung versucht immer wieder, sie zu spalten und zu kaufen, muß aber feststellen, daß sie gegen eine Wand läuft und keine Chance hat.

Deshalb tauchte eine andere Logik auf. Die Regierung meinte, es könne gar nicht sein, daß es da Indígenas gibt, die ein nationales Bewußtsein haben. Es könne doch gar nicht möglich sein, daß sie Freiheit, Demokratie und Gerechtigkeit für alle MexikanerInnen fordern. Sie sind doch einfach nur arm und verärgert. Das, was sie brauchen, sind Krankenhäuser, Schulen, Essen und eine Straße. Marcos ist derjenige, der ihnen in den Kopf gesetzt hat, sie müßten für das gesamte Land kämpfen. Aber sie wollen eigentlich gar nicht für ganz Mexiko kämpfen. Was sie wollen, sind sofortige Verbesserungen für sie persönlich. Also werden wir ihnen einfach diese Dinge im Verhandlungspapier anbieten. Die nationalen Punkte streichen wir.

Uns haben sie zum Beispiel angeboten, die Waffen zwar faktisch nicht zu übergeben, aber öffentlich zu behaupten, wir hätten die Waffen abgegeben. Genauso wie sie vorschlugen, nicht wirklich Frieden zu schließen, aber zumindest auf dem Papier mit unseren Unterschriften bekanntzugeben, wir wollten Frieden schließen. Die Regierung bot uns außerdem ökonomische Hilfen an. Daß es Regierungsgelder wären, hätten wir öffentlich allerdings nicht sagen dürfen. Für die Regierung tauchte dabei ein Problem auf. Der zapatistischen Armee ist es nämlich wichtig, nicht etwa auf dem Papier als ehrlich zu erscheinen, sondern in ihren Taten ehrlich zu sein. Diese Logik der Regierung hat uns gezeigt, daß es da noch etwas ganz anderes gab, das ihr Sorgen machte. Sie wollen den Leuten weismachen, wir seien erschöpft. Ihnen geht es gar nicht darum, daß wir wirklich die Waffen abgeben.

Also laßt uns wieder eine Wette abschließen, so wie wir es auch Ende Februar taten, als wir uns auf den Dialog einließen und spekuliert wurde, wir würden nicht lebend aus der Sache herauskommen. Damals sprachen wir vom sog. Friedensgürtel und forderten die Zivilgesellschaft auf, uns vor Angriffen zu schützen. Alles ging gut, wir kamen lebend am Verhandlungsort in San Cristóbal an und verließen ihn auch wieder lebend. So lernten wir das andere Gesicht der Zivilgesellschaft kennen. Wir sahen, daß sie nicht für den Frieden eintraten, nur weil sie Angst vor dem Krieg hatten. Sie taten es nicht allein wegen des Krieges, des Todes, der Zerstörung, der Bombardierungen und des Terrors, sondern dafür, daß wir gemeinsam für den Frieden kämpfen. An diesem Punkt erkannten wir, daß die Zivilgesellschaft auch ihre eigenen Überzeugungen hat, die mit den unseren übereinstimmen, nämlich, daß die Regierung uns nicht mehr betrügen kann und keine Chance hat, zu behaupten, wir wären alle korrupt und käuflich.

Damals erkannten wir, daß die Zivilgesellschaft von großer Bedeutung für uns ist, daß wir unseren Weg gemeinsam gehen sollten, wir uns hinter die Zivilgesellschaft stellen sollten. Sie würde uns schon sagen, wohin die Sonne wandern wird. Und genau dort begann die große Verwirrung. Nach dem Dialog setzten wir uns nieder und warteten auf eure Worte, und ihr von der Zivilgesellschaft habt euch genauso hingesetzt und darauf gewartet, was wir sagen würden. Das Problem war aber, daß wir im Gegensatz zu euch im militärischen Belagerungsring eingesperrt waren. Es war also offensichtlich, daß wir viel früher als ihr verzweifelt sein würden. Um dieses Problem zu lösen, gibt es nur eine Möglichkeit, und zwar sich zusammenzusetzen und gemeinsam Wege zu suchen. Und genau das ist die Idee des Demokratischen Nationalkonvents. Die Zivilen, die eine Sache unterstützen, müssen sich zusammensetzen mit den Bewaffneten, die die gleichen Ziele haben. So wurde die Idee des Konvents geboren, und in diesem Sinne rufen wir zu unserem Zusammentreffen auf.

Schon oft hat es Treffen gegeben, Treffen von Leuten mit unterschiedlichen Ansichten, so wie auch heute. Und genau das ist das große Problem für die Regierung. Bestimmt hat euch Salinas nicht aus Großzügigkeit oder aus politischer Weitsicht in Ruhe gelassen, als ihr an die Militärsperren kamt. Vielmehr hat die Regierung Angst vor euch und deswegen entschieden, nicht anzugreifen.

Wir waren in Erwartung eurer Ankunft hier schon ganz aufgeregt. Dann erhielten wir die beruhigende Nachricht eurer VertreterInnen, es würden nur dreizehn Lastwagen kommen. Wir sagten uns, nun gut, dreizehn Lastwagen, das sind etwa dreißig Tonnen, schon eine Menge! Dann gingen wir von einer Delegation von etwa fünf Leuten aus, die die Sachen überbringen würden.

Kurz vor eurer Ankunft kamen einige KoordinatorInnen der Karawane hier an und beruhigten uns. Sie kündigten an, es würden nicht nur 200, sondern 350 Leute kommen. Wir überlegten. Jetzt ging es darum, für wen all die Tonnen Material eigentlich sein sollten. Wenn man uns sagen würde, das alles sei für die Zapatistas, dann könnte es ja bei uns in einem zapatistischen Dorf abgeladen werden. Wenn sie uns aber sagen würden, daß es für alle sei, dann sollten die Sachen in San Miguel außerhalb des zapatistischen Gebietes bleiben, und wir würden sie dann gemeinsam gleichmäßig an alle verteilen. Also erwarteten wir die Ankunft der Karawane. Sie kam. Ich fragte einen der Koordinatoren, für wen die Fracht bestimmt sei. Für den Rest der Welt oder für die Zapatistas? Für die Zapatistas natürlich!

Wir waren wirklich gerührt, daß auf einen einzigen Aufruf an die Zivilgesellschaft gleich eine ganze Invasion von Menschen zu uns gekommen ist, um mit Taten zu beweisen, auf welcher Seite sie stehen. Ich sagte einem von euren Koordinatoren: Auch wenn ihr kein einziges Korn Mais mitgebracht hättet, auch wenn ihr einfach nur so gekommen wäret, wir hätten auf jeden Fall die solidarische Kuh geschlachtet, die wir heute nachmittag gemeinsam mit euch verzehren wollen. Ob die Medien, die Radiosender, die Zeitschriften oder Zeitungen nun von diesem Ereignis berichten oder nicht, ob es nun einen ehrlichen Journalisten gibt, der hierüber schreibt oder auch nicht, ich glaube, daß wir alle verstanden haben, daß es darauf nicht ankommt, sondern daß es wichtig ist, zu wissen, daß wir gemeinsam den militärischen Belagerungsring sprengen können.

Vor kurzem fragte mich ein Journalist, ob wir nicht verrückt wären zu glauben, daß die Zivilgesellschaft in weniger als zwei Monaten vor den Präsidentschaftwahlen einen Konvent vorbereiten und ein Regierungsprogramm präsentieren könne. Ich erwiderte: Wenn ich dich am 1. Januar gefragt hätte, ob sich die Zivilgesellschaft innerhalb von zwölf Tagen organisieren könne, hättest du mir mit nein geantwortet. Wollen wir diese Fragen doch der Geschichte überlassen, die Menschen werden selbst entscheiden.

Wir möchten euch einen Vorschlag machen: Redet mit euren Leuten, setzt euch mit ihnen zusammen und fragt sie, wie sie sich die Zusammenarbeit vorstellen. Vermeidet als erstes, zu fragen, welche Gründe es für eine Spaltung geben könnte. Fragt sie zuerst, was sie wollen, und ihr werdet sehen, alle werden sagen, daß sie diese Regierung nicht mehr wollen. Sie werden sagen, daß sie die Politik mitbestimmen wollen. Uns bleibt nicht mehr allzuviel Zeit zu entscheiden, was wir außerdem noch wollen. Deswegen soll es eine Übergangsregierung und eine neue Verfassung geben, auf die wir uns gemeinsam einigen.

Wir sagen ganz klar, wir werden so lange den Rücktritt des Präsidenten verlangen, bis sein letzter Regierungstag gekommen ist. Bis zur letzten Minute werden wir seinen Rücktritt fordern, bis zur letzten Sekunde. Und wir werden von dieser Forderung nicht ablassen, koste es, was es wolle. Und wenn es soweit ist, werden wir ihn vor Gericht stellen und für all das verantwortlich machen, was er getan hat.

Wir haben lange überlegt, was wir euch zur Begrüßung schenken sollen, denn wir haben nichts, was wir euch geben könnten. Glücklicherweise hat uns dann aber ein Viehzüchter aus der Gegend ganz spontan eine Kuh abgetreten. 40 bewaffnete Männer gingen einfach zu ihm hin und baten ihn um die Gefälligkeit, eine Kuh zu spenden. Er war einverstanden und gab sie ihnen. Wir überlegten weiter, was wir euch noch schenken könnten. Uns fiel dann aber nur das ein, was wir schon in der

Zweiten Erklärung aus der Selva Lacandona gesagt haben, nämlich, daß wir euch garantieren, daß - was auch immer geschieht - die Zapatistas nicht aufgeben werden. Wo ihr auch seid, immer habt ihr die Garantie, daß, auch wenn alles um uns herum zerfällt, immer noch jemand da sein wird, der nicht aufgibt, und das sind wir.

Hier, da wir uns heute treffen, um gemeinsam nach dem nächsten Schritt zu suchen, wird es auf unsere Einigung ankommen. Es hat keinen Sinn, aufeinander zu warten, wie wir es die ganze Zeit getan haben, darauf zu warten, daß ihr uns sagt was wir tun sollen, oder daß ihr wartet, bis wir euch sagen, was ihr tun sollt. Warum sollten wir uns nicht in dem Demokratischen Nationalkonvent zusammensetzen? Das einzige, worum wir euch bitten, ist folgendes: Ihr habt eure Organisationen, eure Stadtteilgruppen, eure Landarbeitervereinigungen, Frauengruppen, Zusammenschlüsse von LehrerInnen und StudentInnen. Sie alle sollen eine Delegierte oder einen Delegierten wählen, der sie während des Konvents vertreten wird. Wir sind bereit, den Konvent hier abzuhalten, denn dann können wir mit euch zwei Dinge teilen: Hunger und Würde. Wenn akzeptiert wird, daß der Konvent im Gebiet der Zapatistas stattfindet, soll der Ort Aguascalientes heißen, so soll es sein.

Es gibt viele Arten von Militärs. Die mit Stoffhosen, die mit Gehrock oder auch die in Stiefeln. Es gibt aber auch eine Gruppe von Militärs, die sagt, daß da etwas fehlt, daß Zivilisten fehlen. Und diese Gruppe sind die Zapatistas. Sie sagen, daß damals die Angst der Anhänger von Carranza war, daß eine Einheit zwischen der zivilen und der bewaffneten Bevölkerung des ganzen Landes hätte zustande kommen können. Zwischen den ArbeiterInnen, den Campesinos, LehrerInnen, StudentInnen und sonstigen zivilen Kräften einerseits und der bewaffneten Bewegung andererseits. Genau diese mögliche Einheit bedeutete eine Gefahr für Carranza. In dem Moment, in dem diese Einheit zum Leben erweckt worden wäre, hätte sie alles andere zunichte gemacht. Deswegen wurde damals bei dem Konvent in Aguascalientes diese Einheit blockiert, sie durfte nicht zustande kommen. Und da es keine einheitliche Führung gab, eskalierten die Auseinandersetzungen zwischen den zwei verschiedenen Campesino-Armeen, die die Konflikte nur auf militärischem Wege lösen wollten. Eine politische Organisation konnte gar nicht entwickelt werden, was mit zur Niederlage der *División del Norte* beitrug, zur Isolation des *Ejército Liberador* des Südens und schließlich zu den Morden an Emiliano Zapata und Pancho Villa. Aber wir leben nicht mehr im Jahre 1914. Heute haben wir ganz andere Möglichkeiten, sowohl was die zivile als auch was die militärische Gesellschaft angeht. Wenn also der Zeitpunkt für einen Konvent gekommen ist, dann geht es genau darum, den gleichen Fehler nicht noch einmal zu begehen. Zivile und Militärs, die die gleichen Ziele vor Augen haben, werden gemeinsam das Problem dieses Landes lösen, bei dem es um Freiheit, Demokratie und Gerechtigkeit geht.

Wir wollen, daß ihr später mit unserem Gruß und unserem Dank davongeht, und mit dem Durchfall, den euch die Kuh nach ihrem Verzehr bescheren wird. Ihr seid genau zum richtigen Zeitpunkt hierher gekommen, dorthin, wohin ihr kommen mußtet. Wenn die *Caravana de Caravanas* in San Miguel geblieben wäre, hätte euer Besuch eine andere Bedeutung gehabt, vor allem für uns selbst. Etwas wäre außerhalb unseres Gebietes passiert, unser Treffen wäre nicht zustande gekommen. Jetzt seid ihr aber hier im Dorf, in einem zapatistischen Dorf, in dem vor genau einem Jahr nicht etwa 350 Zivile, sondern 350 Militärs ankamen, um uns zu verfolgen und einzukreisen und den jetzigen Militärring um unser Gebiet herum vorzubereiten. Wie schön, daß es bei diesem zweiten Mal ihr seid und nicht die Militärs.

Wenn dies alles hier eines Tages aufgeschrieben werden sollte, wenn auch die Compañeros in ihrer Sprache, in ihrem Dialekt aufschreiben und festhalten, was der heutige Tag für sie bedeutet hat, vielleicht werdet ihr dann wirklich verstehen, welchen großen Wert über 70 Stunden Busreise und das in Kauf genommene Risiko hatten. Denn ihr seid tatsächlich ein Risiko eingegangen, und ihr geht es auch noch ein, denn hier trefft ihr auf die schärfsten Militärkontrollen. Auch wenn ihr euch selbst nicht so begreifen wollt, für uns hat es eine ganz besondere Bedeutung gehabt, euch hier zu treffen, Menschen anderer Hautfarben, die das gleiche denken wie wir, die sogar in den gleichen Worten sprechen, auch wenn sie oft viel mehr reden als wir, aber doch sind es die gleichen Worte.

Wir bitten euch, diese Botschaft mitzunehmen: Das Thermometer dieser Revolution sind nicht die Titelseiten der Zeitungen, das Thermometer befindet sich in den Bergen und auf den Straßen, dort, wo wir alle sind. Nehmt diese Botschaft mit. Wir werden hier sein und bleiben, macht euch keine Sorgen. Auch wenn ihr nicht mehr dazu kommen solltet, uns Hilfe zu schicken, so könnt ihr doch weiterhin zur Geschichte beitragen. Es ist viel schwieriger, 350 Menschen und 190 Tonnen Hilfsgüter ins zapatistische Gebiet zu bringen, als das gesamte Land auf den Kopf zu stellen. Ich glaube, daß ihr das könnt, daß wir das können. Und der Konvent wird der Moment sein, an dem wir uns darauf einigen, wie wir es schaffen werden, komme was wolle.

Abschließend möchte ich im Namen des Komitees alle zu unserem Fest einladen, daß wir für euch organisiert haben, und natürlich auch zu unserer Freundin, der Kuh, die ganz spontan ihren Körper geopfert hat. Zum Fest wird es Musik geben. Auf jeden Fall hat José seine Gitarre mitgebracht. Außerdem haben wir eine eigene Musikgruppe. Die Musiker sind auch bewaffnet, was aber eure und unsere Freude nicht schmälern soll. Feste bei uns sind immer fröhlich. Also kommt alle zum Tanz und unserem großen Festmahl!

Übersetzung: Dorothea Schütze

El Monarca bittet zum Tanz

18. Juni 1994
An: Die Karawane der Karawanen
Von: Subcomandante Insurgente Marcos
Das CCRI-CG hat mich beauftragt, allen Beteiligten der Karawane der Karawanen zu schreiben. „Allen?" fragte ich. „Ja, allen", sagte Simón, der bereits auf seinem goldenen Maulesel saß. „Aber das sind verdammt viele", versuchte ich einzuwenden. Simón hörte es nicht, er entfernte sich bereits mit seiner Eskorte in verhaltenem Galopp. Ich drehte mich hilfesuchend zu meiner Truppe um, aber die waren in ein Gespräch über einen Film vertieft, den sie, wie sie sagten, in einem der Busse gesehen hatten.

Allein und verlassen nahm ich also meine „Maschine zur Fabrikation von Kommuniqués" und begann diesen Brief mit dem Titel: Die Karawane der Karawanen, betrachtet von dieser Seite des Militärgürtels.

Montag, 13. Juni 1994. Generalkommandantur. Bewölkt. Das Komitee kündigt für heute die Ankunft der Karawane an und beauftragt Ramón und Fernando, die Sachen entgegenzunehmen. Mich schicken sie mit, falls eine Kommission kommt und mit uns reden will.

12.00 Uhr. Man sagt uns Bescheid, daß sie gleich ankommen. Wir fahren zur Grenze des EZLN-Gebiets bis an die „zona franca". Aus dem Kassettenrecorder ertönt ein Blues und füllt die Kabine und die Seele. 13.00 Uhr. Am Grenzposten. Ein Journalist, der vorausgeeilt ist, alarmiert mich mit der Nachricht, daß „so ca. 20 Lastwagen und ungefähr 200 Personen" kommen. Ramón lächelt nervös, ich beruhige ihn: „Mach dir keine Sorgen, die Presse übertreibt immer." Ja, Ihr habt recht. Bis zu diesem Zeitpunkt war die Karawane für uns bloß eine mögliche Bedrohung. Um Euch unnötige Befürchtungen zu nehmen, laßt mich Euch beruhigen. Alle Sachen, die Ihr geschickt habt, sind gut angekommen. Nachts, als die Sonne schon vom Warten müde war, wir aber noch nicht, kamen verschiedene Lastwagen, Lastwägelchen und Riesenlastwagen und eine gewisse Anzahl von Leuten, die unser rigides Kontrollsystem in der Größenordnung eines *chingo* (Wahnsinns-Riesenhaufen) ansiedelte. An der Grenze traf ich mit den „KoordinatorInnen" zusammen (die, soweit ich in Erfahrung bringen konnte, eine Spezies von „ModeratorInnen von Debatten" sind, aber köstlich). Ich vermittelte ihnen den Schrecken, den die Bemerkung des Journalisten, der ihnen vorausgeeilt war, in mir ausgelöst hatte, indem ich sie fragte, ob es denn stimme, daß 200 Leute kämen. Eine der KoordinatorInnen versuchte, mich zu beruhigen: „Nein, nein, wie kommst du denn auf 200." Der Versuch eines Lächelns, das sich noch kaum abzeichnete, gefror sofort auf meinem Gesicht (das heißt in meinem *pasamontañas*), als sie unerbittlich hinzufügte: „Es sind 380." „380?" stammelte ich. Dann mischte sich ein anderer Koordinator ein und sagte was-glaubst-du-denn-das-sind-380-ich-habe-400-gezählt und ein anderer nein-das-sind-390 und ich-hab-auf-die-Liste-geguckt-aber-es-sind-nicht-alle-eingetragen, ach so, da-kann-ich-nichts-zu, ich-auch-nicht, und so weiter.

Während sie sich „einigten", zog ich mich zurück, um die Verstärkung der Verteidigung zu überprüfen, während gleichzeitig versucht wurde, ihre Absichten zu ermitteln...

Ich schickte eine Botschaft an das CCRI-CG:

„Grenze des zapatistischen Gebiets, 14. Juni 1994, 1.00 Uhr, Subcomandante Insurgente Marcos:

DER MILITÄRGÜRTEL IST DURCHBROCHEN. Vom 13. auf den 14. Juni sind verschiedene Elemente der sogenannten mexikanischen Zivilgesellschaft, so wie bereits im Januar, zwischen zwei Armeen durchgezogen. Es sieht nicht so aus, als ließen sie sich aufhalten. Ich empfehle, keinen Widerstand zu leisten. *Son un chingo*, sie repräsentieren mehr Leute als wir und sind mit Büchern und dem Aufschrei der Hoffnung bewaffnet. Grüße, und macht schon mal die Bohnen warm, schleppt alles heran, sogar die rohen... Gut. Wir werden dann, wie in der Geschichte, nach ihnen ankommen. Unterschrift.

P.S.: El Monarca sagt, daß Ihr mit dem Tanz auf ihn warten sollt. Schwierige Situation, nicht?"

Aber jetzt folgt mir weiter auf meiner lächelnden Reise durch das Tagebuch. 15. Juni, 0.30 Uhr: In den Stunden, zu denen der Abend sich faul in die Länge zu ziehen beginnt, um sich dann in dem, was sie hier Nacht nennen, niederzulegen, haben wir nochmals alles überprüft, um „unerfreuliche Anhängsel" auszusortieren. Schweigen bemächtigte sich der Passagiere, als ich den Bus betrat. Als ich wieder ausstieg, begannen sie zu singen und zu schreien, vermutlich vor Freude, daß ich schon wieder abzog. Einer nach dem anderen zogen die Lastwagen der Mutter aller Karawanen, trotz vieler Hindernisse und der Chauffeure, in das zapatistische Gebiet ein.

Danach rekonstruiere ich das Geschehene.

Wir erreichten das Dorf, ein Teil der Koppel diente als Parkplatz. Die Leute bestiegen und verließen die Busse und Lastwagen in einem bewundernswerten Durcheinander.

Als wir auf sie trafen, vermittelte alles ein angenehmes Gefühl von organisiertem Chaos. Pablo, vom CCRI-CG, verstärkte unsere Verteidigung angesichts dieses Chaos, dieses Eindringens, das heißt, er sorgte für Tanz. Monarca gab die präziseste Information, die die Situation zuließ: *„Son un chingo."* Ramón, der hörte, wie jemand sagte, daß sie hungrig seien und daß sie kein Essen hätten, zog im Morgengrauen mit seiner Einheit los, um eine Kuh als Leihgabe zu erbitten. Sie (die Kuh) hatte nichts dagegen. („Sie hat nichts gesagt", führte er zum Beweis an, als er erzählte, wie sie die Kuh herangeschafft hatten.)

Später dann gingen sie zum Essen. Eine solidarische und gut gekochte Kuh wartete im dampfenden Kessel. Ich überprüfte unterdessen einen Getreidesack und fand ein Beutelchen mit Murmeln, und während die anderen tanzten, zog ich los, um mit Hector eine Partie Klickern zu spielen. Der versteht nicht nur viel von Pferden, sondern hat außerdem eine Treffsicherheit, die die *smart bombs* beschämen würde. Zusammengefaßt: Er entledigte mich aller meiner Habseligkeiten und ließ mich darüber hinaus einen Schuldschein nach dem anderen zeichnen (ich werde jetzt um einen Kredit, „die nationale Souveränität Mexikos respektierend", beim IWF ersuchen müssen). Völlig geschlagen ging ich zum Posten. Der Wachposten betrachtete belustigt und aus der Ferne den Parkplatz, der gestern noch Koppel gewesen war. Ich bat ihn um Feuer für meine Pfeife (Hector hatte mir auch meine Streichhölzer abgenommen), und während er in seinen Taschen suchte, fragte er mich: „Hör mal, *sup?* Was glaubst du, wie viele sind es denn nun?" Ich richtete mich danach, was schon Konsens und durch alle Täler geeilt war, und mit einem resignierten Seufzer sagte ich: *„Son un chingo."*

Ein grünes Licht zeichnete seinen schnellen und dicken Blitz am Horizont, und ich dachte, daß es eine schöne Farbe für die Hoffnung war. Nachdem wir Anekdoten, Mutlosigkeit, düstere Einschätzungen und natürlich auch die eine oder andere Hoffnung ausgetauscht hatten, kam dieser absurde Moment, wo alle wissen, daß man gehen muß, einige auf die eine Seite des Militärgürtels und andere auf die andere Seite. Und jeder erwartet, daß der andere sagt: „Nun gut..., bis bald." Die Chauffeure, wie es immer üblich ist in solchen Situationen, lösten das Dilemma. Der Lärm der Motoren und der Geruch nach Diesel beendeten das zögerliche Abschiednehmen. Die Morgenröte erstarb, was schon eine sehr traurige Art des Abschiednehmens war. Der Tag gewann mit einer grünlichen Bläue die Oberhand. Ich bemerkte, daß meine Stiefel kaputt waren. Monarca faßte lächelnd die Ereignisse zusammen: *„Son un chingo."* Ich pflichtete ihm seufzend bei, während ich mit Sorge meine Füße betrachtete. „Wir sind auf dem richtigen Weg", dachte ich, „der kaputte Stiefel ist der rechte."
(Übersetzung: Stefanie Gräfe, Amadur Quintas)

Kapitel VIII

Sterne am Firmament

Der Konvent

Es ist schon fast Mittag. Es müssen so um die 300 Männer sein, die an den verschiedenen Gebäuden und Installationen im Tal von Aguascalientes arbeiten. Die Mehrzahl sind Milizionäre in Uniform. „Das wird schön“, sagt der 20jährige Roberto mit einem Lachen. Er ist einen Tag lang von seiner Gemeinde bis hierher gewandert, um seinen Arbeitseinsatz abzuleisten. Andere liefen bis zu drei Tagen.

Weiter unten in der Talsohle lehnen Waffen an Steinen. Ihre Besitzer zimmern das Podium, eine Plattform von 40 mal 4 Metern, die von Dutzenden, perfekt gleichlangen Stämmen gehalten wird. Ein Bau, der an die Säulen von Chichén Itza erinnert. Douglas Eagleton, Fotograf der AP, meint, Aguascalientes sähe Palenque ähnlich. Andere assoziieren Pyramiden.

Der Comandante Tacho und der Subcomandante Marcos eilen von einem Ort zum anderen. Plötzlich nähert sich Marcos und sagt halb lachend: „Nun hab ich es verstanden. Das ist absolute Maya-Architektur. Tacho sagt, Aguascalientes sei ein Schneckenhaus.“ Der Aufbau, betrachtet man ihn von oben, verläuft in der Linie einer Spirale. Am Ende, nach einem Tag voller Kommen und Gehen, setzt sich Tacho eine Weile in den Schatten. „Das Schneckenhaus ist der größte Luxus“, sagt er voller Behaglichkeit.

(Reportage von Hermann Bellinghausen, 31.07.94)

Vom Regenwald...

Ulrich Mercker

Das schwer Vorstellbare ist wahr geworden: Mitten im chiapanekischen Regenwald wurde von Angehörigen und Sympathisierenden der Zapatistischen Armee der Nationalen Befreiung (EZLN) innerhalb eines Monats ein Kongreßzentrum besonderer Art buchstäblich aus dem Boden gestampft. Nachdem im Juni die EZLN nach dreimonatigen Konsultationen der indigenen und kleinbäuerlichen Bevölkerung in dem von ihr kontrollierten Gebiet ein eindeutiges „Nein!" zu den von der mexikanischen Regierung angebotenen Zugeständnissen verkündet hatte, lud sie kurz darauf zu einem Demokratischen Nationalkonvent vom 6.-9. August in ihr Territorium ein. In kürzester Zeit bildeten sich in sämtlichen Bundesstaaten regionale Foren, die ihrerseits über Form und Inhalt eines solchen Konvents berieten und Delegierte aus den verschiedenen sozialen Organisationen benannten. Programmatisches Ziel dieser Versammlung sollte sein, Kriterien für den angestrebten Prozeß des demokratischen Übergangs und die Ausarbeitung einer neuen Verfassung aufzustellen sowie die Voraussetzungen für die Durchführung wirklich demokratischer Wahlen zu schaffen. Der Ort des Geschehens wurde in Anspielung auf die historische „Convención von Aguascalientes" des Jahres 1914 auf den gleichen Namen getauft.

Man stelle sich vor: Die EZLN, eine bewaffnete Untergrundarmee, die seit dem 1.1.94 im erklärten Krieg mit der mexikanischen Regierung steht, lädt ein halbes Jahr später zu einem Nationalkonvent ein. Dem Aufruf, der unter dem Motto „Demokratie, Gerechtigkeit und Freiheit" steht, folgen 6.000 Delegierte und Gäste aus der ganzen Republik und aus allen Schichten. Subcomandante Marcos hatte eine Vielzahl von Einzelpersonen, Intellektuellen, SchriftstellerInnen, KünstlerInnen persönlich eingeladen, und viele waren der Einladung gefolgt.

Illustre Persönlichkeiten aus Kunst und Kultur, dazu WissenschaftlerInnen und bekannte Intellektuelle wie der Kulturkritiker Carlos Monsiváis, die Soziologen Rodolfo Stavenhagen und Pablo González Casanova, der Zeitungsverleger Carlos Payán, die Schriftstellerin Elena Poniatowska, die Menschenrechtlerinnen Rosario Ibarra de Piedra und Mariclair Acosta waren mit von der Partie und wurden teilweise in das hundertköpfige Präsidium des Konvents gewählt, das außerdem von jeweils zwei Delegierten aus jedem der 32 Bundesstaaten besetzt war.

Sie alle hatten sich auf den beschwerlichen Weg gemacht: zunächst in die Kleinstadt San Cristóbal de las Casas, wo in fünf verschiedenen

Gebäuden tausendköpfige „Arbeits"gruppen ihre Anliegen und Grußadressen austauschten und ihren gemeinsamen Willen zum grundsätzlichen politischen Wandel zum Ausdruck brachten. Bis tief in die Nacht des 6. August glich die Stadt einem überdimensionierten Ameisenhaufen, in dem Tausende von „Convencionistas", nationale und internationalistische AktivistInnen, an Diskussionsgruppen teilnahmen, ihre Akkreditierung suchten, Resolutionen formulierten, Adressen austauschten und ihre Rucksäkke schnürten. Am nächsten Tag sollte es um fünf Uhr weitergehen nach Aguascalientes, zu den „heißen Quellen". 250 Fahrzeuge in acht Blöcken waren aufgeboten, um die 6.000 Frauen und Männer zu dem ca. 180 km entfernt liegenden befreiten Versammlungsort zu transportieren. An die 30 Stunden dauerte die von zahlreichen Unterbrechungen durch Kontrollen und liegenbleibenden Fahrzeugen begleitete Fahrt bis an jenen Ort, an dem – so Subcomandante Marcos – „Blumen blühen sollen, die an anderen Orten längst verwelkt sind", an dem das scheinbar Unmögliche Wirklichkeit werden sollte, daß nämlich eine bewaffnete Bewegung ohne Führungsanspruch die zivile Bewegung zum Dialog einlädt.

600 Frauen und Männer hatten diesen Ort in 28 Tagen oder umgerechnet 235.200 Arbeitsstunden hergerichtet, gerodet, eine Bühne in Form eines „transatlantischen Piratenschiffes" gezimmert, einfache Bänke für ca. 8.000 TeilnehmerInnen gebaut, eine Bibliothek mit mehreren tausend Büchern, zwanzig Häuser zur Übernachtung, vierzehn große Kochstellen, einen Parkplatz für mehr als hundert Fahrzeuge gebaut und sogar ein Pressezentrum für die 600 JournalistInnen aus aller Welt hergerichtet.

Ein vieltausendstimmiges „Viva Zapata! Viva el EZLN!" scholl über die gewaltige Lichtung, als Subcomandante Marcos mit anderen Comandantes die Bühne betrat und die Anwesenden mit einem schlichten „Guten Abend! Willkommen im Regenwald!" begrüßte. Seine anschließende Rede wird zweifellos in die Geschichte des politischen Diskurses nicht nur Mexikos eingehen. Die in ihr noch durchschimmerndende Hoffnung auf einen unmittelbar bevorstehenden Sturz des PRI-Regimes durch die zwölf Tage später stattfindenden Wahlen wurde am 21.8. enttäuscht. Aber die auf eine fernere Zukunft gerichtete Vision einer demokratischen Neugestaltung der politischen Kultur Mexikos wurde durch diese einzigartige Veranstaltung mit Sicherheit enorm angereichert. Die Blumensamen, die da bei den „heißen Quellen" auf einen fruchtbaren Boden fielen, gilt es gut zu pflegen, auch von hier aus.

... in die Zukunft

Auszüge aus der Rede des Subcomandante Marcos am 8. August zur Begrüßung des Demokratischen Nationalkonvents in Aguascalientes

Durch meine Stimme spricht die Stimme der EZLN, Aguascalientes, Chiapas, eine Kaserne, eine Waffenfabrik, ein militärisches Ausbildungszentrum. Aguascalientes, Chiapas, die Arche Noah, der Turm zu Babel, das Urwaldschiff von Fitzcarraldo, das Delirium des Neozapatismus, das Piratenschiff.

Das anachronistische Paradoxon, die zärtliche Verrücktheit derer ohne Antlitz, der Unsinn einer zivilen Bewegung im Dialog mit einer bewaffneten Bewegung. (...)

Aguascalientes, Chiapas, gemeinsame Anstrengung der Zivilen und der Bewaffneten, gemeinsame Anstrengung für einen Wechsel, friedliche Anstrengung der Bewaffneten. Und vor Aguascalientes sagten sie, daß der Aufruf zu einem Dialog zwischen einer Gruppe von Gesetzesbrechern und einer gestaltlosen, desorganisierten und zersplitterten Masse, der sogenannten Zivilgesellschaft, weder ein Echo noch ein gemeinsames Ziel finden werde. (...) Daß man in Mexiko und in der Welt sehen solle, daß die Unzufriedenheit unfähig sei, unter sich zu einer Einigung zu kommen, daß sie eben unfähig sei, dem Land ein besseres nationales Projekt anzubieten als das, welches die institutionalisierte und stabilisierte Revolution uns Mexikanern bescherte. Gescheitert sind die, die sich hinsetzen wollten, um zuzuschauen, wie der Turm in sich zusammenfiel. (...)

Und vor Aguascalientes sagten wir, daß es um nichts mehr und nichts weniger gehe als um eine Feier, die Feier der überwundenen Angst, um die Möglichkeit, dem Land ein „Ya basta!" anzubieten, das nicht nur von der Stimme der Indígenas und der Campesinos getragen wird; ein „Ya basta!", das sich summiert, sich multipliziert, sich reproduziert, das triumphiert, das die Feier einer Entdeckung sein kann: unserer selbst, schon nicht mehr an die Niederlage, sondern an die Möglichkeit des Sieges denkend...

Die EZLN nimmt an diesem Demokratischen Nationalkonvent mit zwanzig Delegierten teil, jeder mit einer Stimme. Wir möchten hier zwei Sachen klarstellen: das eine ist unsere Abmachung mit der CND, das andere ist unsere Entscheidung, unseren Standpunkt niemandem aufzuzwingen. Wir haben jede Möglichkeit zurückgewiesen, am Präsidium der CND teilzunehmen; dies ist der Konvent der friedlichen Suche nach Veränderung, ihm dürfen unter keinen Umständen bewaffnete Personen vorstehen. Wir sind dankbar, daß Sie uns einen Platz geben, einen unter all den Ihren, um unsere Meinung zu sagen. (...)

Wir wollen sagen, daß uns die Anschuldigungen, Prediger des Martyriums zu sein, nicht treffen, daß uns die Gesänge der Sirenen und Engel nicht in eine Welt locken, die uns mit Abscheu und Mißtrauen betrachtet, die den Wert unseres Blutes schmälert und uns Ruhm anbietet statt Würde. (...)

Von Leuten, die eine Bestätigung ihrer Vorurteile suchen, ist mit inquisitorischer Perversität gefragt worden: Was wollen die Zapatistas mit dieser CND, was erhoffen sie sich von dem Konvent? Eine menschliche Behandlung, antworten die einen; die Titelseiten der nationalen und internationalen Presse, argumentieren die anderen; eine neue Rechtfertigung für ihr kriegerisches Streben, sagen andere; einen Spielraum, um die Führungsrolle einer scheintoten Linken zu genießen, murmeln sie in der Opposition, einen Freibrief für das Nachgeben, urteilen die Ultraverschwörer aus dem Totenreich, von denen irgendwann die Kugel kommen kann, die versucht, uns zum Schweigen zu bringen; die Plattform, damit Marcos einen Posten in der nächsten Modernisierungsregierung verhandeln kann, schlußfolgert irgendeine brillante Kolumne irgendeines brillanten Kommentators - allerdings mit düsteren politischen Absichten. Heute, vor dieser CND, antwortet die EZLN auf die Frage: Was erwarten die Zapatistas von der CND? Keinen zivilen Arm, der den unheilvollen Arm des Krieges bis in die hintersten Winkel des Vaterlandes trägt, keine journalistische Promotion, die den Kampf für die Würde auf eine sporadische Meldung der Titelseite reduziert, nicht die zweifelhafte Ehre, historische Avantgarde der zahlreichen Avantgarden zu sein, von denen wir heimgesucht werden, nicht einen Vorwand, um unsere Ideale und Toten zu verraten, die wir mit Stolz tragen, nicht ein Sprungbrett zur Einrichtung irgendeines Schreibtisches in irgendeinem Büro, in irgendeinem Amt, in irgendeiner Regierung, in irgendeinem Land. (...)

Ja zum Beginn einer größeren Konstruktion als der von Aguascalientes, der Konstruktion eines Friedens mit Würde. Ja zum Beginn einer größeren Anstrengung als zu der, die Aguascalientes hervorbrachte, die Anstrengung für einen demokratischen Wechsel, der Freiheit und Gerechtigkeit für die vergessene Mehrheit einschließt.

Ja zum Anfang vom Ende eines langen Alptraums dessen, was sich groteskerweise die Geschichte Mexikos nennt. Ja zu diesem Moment, um allen zu sagen, daß wir weder den Platz besetzen wollen noch können, den einige von uns erwarten. Den Platz, von dem aus alle Meinungen ausgehen, alle Wege, alle Antworten, alle Wahrheiten. Das werden wir nicht machen. (...)

Wir erwarten von dieser CND die friedliche und legale Organisation eines Kampfes, des Kampfes für die Demokratie, die Freiheit und die Gerechtigkeit; des Kampfes, bei dem wir uns gezwungen sahen, ihn bewaffnet und mit verstecktem Antlitz zu beschreiten. (....)

Wir erwarten von dieser CND die Klarheit, sich bewußt zu werden, daß dies nur einen Schritt bedeutet, den ersten von vielen, die noch gemacht werden müssen, sogar unter noch widrigeren Umständen als den aktuellen. (...)

Es ist fälschlicherweise gesagt worden, daß die Zapatistas eine Frist gesetzt haben, um den Krieg wiederaufzunehmen, daß die Zapatistas den Krieg anfangen werden, wenn die Dinge am 21. August nicht so ausgehen, wie sie es wollen. Das ist eine Lüge. Dem mexikanischen Volk kann niemand, niemand, auch nicht die EZLN, Fristen aufzwingen und Ultimaten setzen. (....)

Für die EZLN gibt es keine anderen Fristen, als die, die von der zivilen und friedlichen Mobilisierung bestimmt werden. Dem ordnen wir uns unter, selbst bis zur Alternative unseres Verschwindens.

Von uns wird der Wiederbeginn des Krieges nicht ausgehen, es gibt keine Ultimaten der Zapatistas an die Zivilgesellschaft. Wir werden abwarten, wir werden widerstehen, wir sind Experten darin.

Kämpft! Kämpft ohne Unterlaß! Kämpft und besiegt die Regierung! Kämpft und besiegt uns! Niemals wird die Niederlage so süß sein wie für den Fall, daß der friedliche Übergang zur Demokratie, zur Würde und zur Gerechtigkeit als Sieger hervorgeht. (....)

Salud, Brüder und Schwestern Convencionistas, für euch haben wir Aguascalientes errichtet. Für euch haben wir es gebaut inmitten eines bewaffneten Territoriums, diesen Raum für einen Frieden mit Gerechtigkeit und Würde.

Vielen Dank!

Demokratie, Freiheit, Gerechtigkeit!

Aus den Bergen des Südostens Mexikos
Geheimes Revolutionäres Indigena-Komitee-
Generalkommandantur der EZLN

Weißes Füßchen auf aufrührerischem Boden

An Elena Poniatowska
Mexiko D.F.
Von Subcomandante Insurgente Marcos/CCRI-CG
In den Bergen des Südostens Mexikos, Chiapas, Mexiko

Möge Eure Schönheit die vielfältigste und prächtigste Ehrerbietung von uns entgegennehmen. Und möge die Prahlerei ihren peinlichen Gruß zum Schweigen bringen. Gestattet denn, daß meine klapprige Rosinante ihre plumpen Schritte bis an Euer Fenster lenke und ich in tollem Wagemut Euren Balkon erreiche und es so vermöchte – stets in grimmer Gefahr hinabzustürzen - (in welchem Stockwerk wohnt denn Euer Gnaden? Könnten wir uns nicht auf ein Erdgeschoß einigen? Nein? Ein Swimming-Pool in angemessener Entfernung? Ein sanftes Kissen aus weichen Federn? Ein Feldbett wenigstens?), die förmliche Einladung zu überbringen, daß Ihr es doch in freundliche Erwägung ziehen möget, auf diesen aufrührerischen und bedrohten Boden die zarte Sohle Eures weißen Füßchens zu setzen. Über vieles könnten wir reden, und wichtiger sogar, über mehr noch schweigen. Oder, andernfalls, können wir uns mit ernster und gesetzter Miene begegnen, und ich sehe aus der Ferne, wie meine munteren Krieger Euch 1001 Aufmerksamkeiten entbieten. Wahrscheinliches Datum für den Tag, da Engel auf dieser Erde der Dämonen (prigrione dixit) niedergehen? Man sagt, es ward verkündet, Sterne, Mond, Gezeiten, Militärkontrollen und Vertreibungen könnten am 23. dieses ungewissen Juli eine günstige Konjunktion erreichen. Ort, Stunde und Tagesordnung eines so glückseligen (ach?) Ereignisses: mit den reizenden Überbringern dieses Schreibens. Falls das gedachte Datum nicht möglich ist, macht Euch keine Sorgen, wir Gesetzesbrecher haben keinen festen Stundenplan, arbeiten im Akkord, will sagen, sind in Ganztagsbeschäftigung; die „Bürozeitwoche“ lösten wir, Jahre ist's her, durch das „Waldzeitleben“ ab.

So sei es. Glück auf dem Weg, und nehmt einen dieser lästigen „Schlafsäcke“ mit, denn: Hier ist nicht nur würdig, sondern auch hart der Boden.

30. Juli 1994

(Übersetzung: Uwe Bennholdt-Thomsen)

Zapata, Villa und der Konvent von Aguascalientes

Als Zapata die Niederlage von Huerta bekanntgab, jubelten seine Soldaten vor Freude: „Es lebe die Revolution! Land und Freiheit! Viva Zapata!" Gleichzeitig wedelten sie mit ihren Sombreros und feuerten Schüsse in die Luft.

„Endlich können wir wieder nach Hause zurückkehren", rief einer der Offiziere.

Zapata bat mit erhobener Hand um Ruhe.

„Wartet", sagte er. „Ich möchte auch in mein Haus zurückkehren. Aber ich glaube, wir haben diesen Krieg noch nicht beendet. Wir müssen zunächst sehen, wer neuer Präsident werden soll, und wir brauchen die Sicherheit darüber, daß er den Plan von Ayala akzeptiert. Wenn nicht, wird man uns nicht das Land zurückgeben, und wir werden wieder umsonst gekämpft haben."

Im Lauf der folgenden beiden Monate besetzten Zapata und seine Truppen den gesamten Staat Morelos. Sie marschierten in jedes Dorf und jeden Weiler ein, vertrieben diejenigen, die mit den Bundestruppen sympathisierten, und halfen den Leuten dabei, ihre Repräsentanten zu wählen. In vielen Gebieten gaben sie die kommunalen Ländereien, die sich die Großgrundbesitzer angeeignet hatten, direkt wieder in die Hände der Bauern zurück.

In anderen Landesteilen ergaben sich die Bundestruppen den Generälen Villa, Obregón, Carranza und anderen Revolutionsführern. Carranza nahm die Stadt Mexiko ein und ernannte sich zum Führer der Revolution, gemäß dem Plan von Guadalupe.

Im Oktober versammelten sich alle Revolutionsgeneräle zu dem Konvent von Aguascalientes, mit dem Ziel, einen Übergangspräsidenten zu ernennen; danach sollten Wahlen organisiert werden, um über die Mitglieder der neuen revolutionären Regierung abzustimmen.

Der Konvent begann ohne die Zapatistas, alle dort anwesenden Delegierten stimmten jedoch darin überein, daß deren Teilnahme wichtig wäre. Sie sandten drei Emissäre in den Staat Morelos, mit dem Auftrag, den General Zapata und andere zapatistische Anführer einzuladen, dem Treffen beizuwohnen. Emiliano Zapata erklärte den Abgesandten, daß er kein Diktator sei. Daß er nicht, ohne die anderen zu konsultieren, eine offizielle Delegation schicken könne, und daß dies Zeit brauche.

Schließlich schickte er eine inoffizielle Delegation. Den Delegationsteilnehmern schärfte er ein, auf zwei für die Südarmee besonders wichtigen Punkte zu beharren: erstens, Venustiano Carranza als Präsidenten nicht zu akzeptieren, da dieser im Unterschied zu Zapata nicht für das ausschließliche Recht der Campesinos war, das Gemeindeland zu bebauen; und zweitens, Garantien dafür zu erwirken, daß der Plan von Ayala in die Ziele der Revolution aufgenommen werde.

Wie üblich gab es kein Geld für die Reisekosten der Delegierten. Zapata schickte einen Brief an einen vermögenden Mann in Mexiko-Stadt, der Hilfe versprochen hatte. Der aber gab ihnen nicht einen Centavo. Sie unternahmen die Reise im Zug, ohne Mahlzeit, direkt zu dem Ort, wo sich Pancho Villa mit seinen Truppen aufhielt; der half ihnen mit Geld aus und versprach ihnen jegliche Unterstützung.

Schließlich kam die zapatistische Delegation nach Aguascalientes. Ohne Zeit zu verlieren eilte sie direkt zu dem Theater, wo der Konvent tagte. Beim Eintreten erhoben sich alle Teilnehmer von ihren Plätzen, um sie zu begrüßen und zu applaudieren.

„Die Zapatistas sind gekommen! Es leben unsere Brüder aus dem Süden!" riefen einige begeistert.

Der Chef der Delegation wurde eingeladen, auf der Tribüne Platz zu nehmen. Paulino Martínez sprach nur wenige Worte. Er sagte, daß Zapata ihn gesandt habe, um die militärischen Führer an die zapatistischen Ideale zu erinnern:

„Die armen Leute Mexikos haben gekämpft, um einen Wandel in ihrem Leben zu erreichen. Sie kämpften in der Revolution für Land, Freiheit und Gerechtigkeit. Sie haben ihr Leben nicht geopfert, um einem reichen Manne zu helfen, sich zum Präsidenten zu krönen. Die armen Leute haben für den Plan von Ayala gekämpft, und Zapata wünscht, daß der Konvent diesen Plan zum wesentlichen Ziel erkläre."

Aber nicht alle waren damit einverstanden. Venustiano Carranza lehnte dies vollständig ab. In dem Maße aber, in dem die Debatten an Kontur gewannen, sprachen sich sowohl die Zapatistas als auch die Teilnehmer des Konvents gegen Carranza aus.

Auch der junge Licenciado Antonio Soto y Gama sprach sich für den Plan der Zapatistas aus. Er erinnerte die Versammlungsteilnehmer daran, daß sie die Repräsentanten der Ärmsten und Unterdrücktesten seien und daß das einzige Banner, das wirklich das Volk repräsentiere, der Plan von Ayala sei.

Er war erregt und berührte die mexikanische Flagge, auf der die Delegierten signiert hatten. Dabei rief er aus, daß diese lediglich ein Lappen sei, der als Fahne von den Reichen und Mächtigen benutzt werde. Das wiederum ließ die Konventteilnehmer in Wallung geraten, denn eine solche Entweihung wollten sie nicht hinnehmen, und sie schrien:

„Respekt vor der Fahne! Er soll aufhören zu reden! Runter von der Bühne!"

Einige Delegierte zogen ihre Pistolen und richteten sie auf Soto y Gama. Schüsse krachten, die Lichter gingen aus, und alles versank in Finsternis. Als jedoch das Licht wieder anging, stand Soto y Gama immer noch aufrecht auf der Bühne, mit gekreuzten Armen und wartete.

„Laßt mich ausreden", rief er. „Laßt mich erklären! Ich will damit sagen, daß niemand die Fahne seines Landes benutzen soll, um damit seine eigenen Absichten zu verfolgen. Wir sind hier, um den Unterdrückten zu helfen und um ihnen das Land und die Gerechtigkeit zu verschaffen, für die sie seit 1810 gekämpft haben."

Nach weiteren hitzigen Debatten teilten die Teilnehmer des Konvents die Auffassung, daß der Plan von Ayala die Ziele der Revolution zusammenfasse.

Bis auf wenige Ausnahmen stimmte niemand für Carranza. Es wurde ein Übergangspräsident gewählt, der versprach, den Plan von Ayala zu respektieren und bald zu freien und ehrlichen Wahlen aufzurufen.

Die Zapatistas waren glücklich und konnten zufrieden nach Morelos zurückkehren.

Don Venustiano Carranza mußte die Stadt Mexiko verlassen.

(Übersetzung: Ulrich Mercker)

Wir bewegen uns zwischen Fragen und Erlebtem

La paciente Impatientia

In San Cristóbal sind an diesem Abend vor dem Konvent rund 6.000 Delegierte eingetroffen, die Presse, die Gäste, die BeobachterInnen nicht mitgezählt. Manche auf den vollbepackten Kombis und Kleinlastern waren mehr als 30 Stunden unterwegs.

Am nächsten Morgen werde ich zum medizinischen „Dienst" eingeteilt. Für ein paar Stunden soll ich mit zwei Helfern die Notfallversorgung im Theater sichern. Das neue Theater ist einer von den fünf Orten, an denen die Diskussionen zum Konvent beginnen. Das Theater faßt 1.200 Menschen und ist übervoll.

Um 9.00 Uhr sollten die Diskussionen beginnen – es wird 12.00, bis alle Wartenden im Saal sind. Am Eingang Körper- und Rucksackkontrollen, die Kameras müssen probegeknipst werden. Ein riesiges Gemälde, eine Art Wandmalerei im Stile Diego Rivieras – nur eben häßlich – wird hereingetragen und auf die Bühne gestellt: In Knallfarben der Subcommandante Marcos, der einem Zivilen – Camacho wahrscheinlich – die Hand schüttelt. Hinter Marcos steht der Bischof Samuel Ruiz, und alle sind umgeben von maskierten und bewaffneten Zapatistas. Im orangenen Himmel der aufgehenden Sonne schwebt Emiliano Zapata auf einem Schimmel, und neben ihm, ebenfalls in den Wolken, reitet ein Zapatist von 1994. Das Riesending wird später mit in die Selva transportiert und neben anderen ähnlichen Kunstwerken aufgereiht.

Das Chaos im Raum ist unglaublich – auf der Bühne eine Diskussionsleitung, die versucht, das Durcheinander der Tausende zu ordnen. Am Ende ist das Procedere gefunden, und es geht los.

Jede Rednerin und jeder Redner hat fünf Minuten Zeit, um die Resolution zu verlesen, die er oder sie mitgebracht hat, und nach fünf Minuten wird konsequent mit Applaus unterbrochen. Ein Mensch betätigt sich als Uhr und gibt laut die Minuten an. Die Resolutionen sind die Ergebnisse der Treffen auf Staats- und Landesebene. Sie repräsentieren viele Menschen vieler Gruppen mit unterschiedlichsten Arbeitsinteressen. Publikum und RednerInnen sind sehr verschieden: Es gibt Leute, wie sie bei uns in der linken Szene zu finden sind, Leute die aussehen und reden wie ProfessorInnen, Campesinos mit ihren Strohhüten aus Plastik (ich muß an die Photos von Tina Modotti denken), Frauen in ihren Trachten und andere, die völlig US-amerikanisiert aussehen. Die RednerInnen sprechen zum Teil akademisch, lesen vor, benutzen politische Kürzel. Andere sprechen frei, sagen, sie hätten als Analphabeten alles im Kopf, was sie zu sagen hätten. Und alle sprechen schnell, sehr schnell – in fünf Minuten muß alles gesagt sein.

Auf dem Podium reden die Männer, die Frauen regeln das Organisatorische – diese Arbeitsteilung wiederholt sich während des gesamten Konvents.

Zwei Veteranen aus dem Revolutionsheer von Emiliano Zapata sind anwesend, sie müssen uralt sein, haben aber kräftige Stimmen. Einer von ihnen sitzt als Ehrengast auf dem Podium, der andere liest eine Resolution vor. Tobender Applaus! Der Ehrengast auf dem Podium ist gekleidet, als hätte er seinen Anzug von 1914 hervorgeholt, zu groß, verknittert, etwas kaputt. Er ist müde und nickt immer wieder ein. Zwischen all den Resolutionen hält er eine Ansprache: Er könne nicht lesen und schreiben, aber fände, daß zuviel geredet würde, daß zu wenig getan würde und daß es noch viele Bäume gäbe, an denen jemand hängen könnte. „Zapata vive, vive!" – „La lucha sigue, sigue!" Applaus, und immer wieder und wieder: „Zapata vive,vive!" Mir scheint das Parolenreservoir der MexikanerInnen ungebrochen und unerschöpflich.

Die beiden Alt-Zapatistas fahren mit in die Selva und nehmen an allen Debatten als Ehrengäste auf dem Podium teil. Einen von ihnen sehe ich am nächsten Morgen bei der Abfahrt. Statt Rucksack oder Tasche trägt er drei übereinandergeknotete Kartons, seine Frau trägt eine Tasche mit Tortillas und anderem Eßbaren.

Was mir auffällt und mich irritiert, ist, daß es in allen Resolutionen um das *Wie* einer Staatsform, einer Demokratie geht. Wie kann gewährleistet werden, daß Minderheiten Gehör finden, daß die verschiedenen Sprachen repräsentiert sind, daß das unten Gesuchte, Gefragte, Formulierte nach oben zur Entscheidung gelangt und nicht umgekehrt. Ich bin irritiert, weil ich merke, wie wenig ich von einer Demokratie in Europa erwarte, wie sehr ich daran gewöhnt bin, auf das zu reagieren, was mir vorgesetzt wird. Habe ich die Demokratie nie ernstgenommen, oder gibt es bei uns keine? Oder kann sie niemals funktionieren?

Am nächsten Morgen soll die Abreise nach „Unbekannt" sein – nach Aguascalientes. Daß die Zapatistas den Ort des Konvents nach einem geschichtlichen Vorläufer benennen, ist ihnen sehr übel genommen worden: Sie würden die mexikanische Geschichte in den Dreck ziehen, sie lächerlich machen. Der Name steht für einen Konvent, der 1914 in der Stadt Aguascalientes stattgefunden hat: ein Versuch von seiten der Armee Zapatas, die Agrarreform zur dringlichsten Frage jeder neuen Regierung zu machen; ein Versuch, die mexikanische Revolution politisch zu Ende zu führen. Diese Versuche, sagen die Zapatistas, sind auch 1994 noch nicht zu einem Ende gekommen, und deshalb muß das Aguascalientes der Selva das Aguascalientes des Nordens fortsetzen.

Am nächsten Tag um 5.00 Uhr früh soll die Abreise sein. Es werden mehr als 230 Omnibusse in acht Blocks losfahren. Wir sind zu dritt und stellen fest, daß wir keinen Platz haben. Wir hätten uns am Tag zuvor eine Karte sichern müssen. Verpaßt! Trotz allem schaffen wir es, in einen Bus zu kommen, weil drei Angemeldete fehlen.

Hundertmeterweise rücken die Busse vor – immer wieder Aufbruch, Gerufe nach Insassen, Gerenne nach der richtigen Busnummer und dann, nach ein paar Metern, steigen alle wieder aus, setzen ihr Gespräch mit einem Freund in einem anderen Bus fort. Obwohl Sonntag ist, machen gegen 7.00 Uhr die ersten Läden auf und machen in kurzer Zeit wahrscheinlich ihren Monatsumsatz. Obwohl alle Leute Essen für drei Tage mit sich tragen, wird noch mal eingekauft. Am Ende ist der Straßenrand mit frühstückenden Menschen gesäumt. Die ersten Frauen tauchen auf und verkaufen aus Körben Brot, Kuchen und Tortillas. Mir fällt immer wieder auf, wie gut diese scheinbare Unorganisiertheit funktioniert.

Gegen 9.30 Uhr setzt sich der erste Block von Bussen endlich in Bewegung. Kaum sind wir im Bus, wird wieder Essen ausgepackt. Alle im Bus teilen alles was sie haben, mit allen: 10 Gänge Thunfisch, 15 Angebote Tortillas mit Avocados, Mandeln, Kakaokugeln mit Zimt bestreut. Mit dem Essen mehren sich die Geschichten, und uns, die wir kaum Leute kennen, geht es sehr gut.

Wir kommen zu einer von mehreren Sperren des mexikanischen Militärs. Ein Soldat steigt ein und fragt nach dem Verantwortlichen des Busses. Einer springt auf. Er wird nach seinem Namen gefragt, sagt irgendeinen, wird nach seinem Beruf gefragt, sagt „Lehrer“, was er nicht ist. „Ob Ausländer im Bus sind?“ Zwei Männer in der Reihe vor mir springen auf, so daß ich nicht mehr sichtbar bin, und im Chor rufen alle: „Nein, wir sind alle Mexikaner!“ Der Soldat gibt sich zufrieden, mahnt, ob der schlechten Wegstrecke, die jetzt kommt, zu Vorsicht, bedauert, daß das Militär uns nicht begleiten kann – pure Sorgfaltspflicht versteht sich – steigt aus, und alle freuen sich, daß ich nicht registriert worden bin.

Wir fahren in das zapatistische Gebiet hinein. Fast überall stehen Menschen an den Straßen. Transparente, Friedenstauben, Flugzettel, die zum Vorlesen in den Bus gereicht werden: Das Komitee Soundso grüßt den Konvent und schließt sich mit folgenden Forderungen an: bessere Straßen, eigenes Land, bessere Häuser. Oft stehen wir im Bus und klatschen genauso Beifall wie die Menschen am Straßenrand. Es beginnt, bewegend zu werden. Meine mexikanischen Busnachbarn kneifen und knuffen sich und sind ‚ganz aus dem Häuschen'.

Die jetzt folgende Wegstrecke ist nicht asphaltiert, dafür aber in Serpentinen gefaltet. Es gibt viele Pannen, und da wir nur in einer Reihe fahren und keiner überholen kann, dauert die Reise lang und länger. Die Schrottbilanz ist enorm: Ein Bus fährt gegen eine Felswand, die Bremsen haben versagt. Die Alternative wäre der Absturz in die Tiefe gewesen. Ein Bus stürzt tatsächlich ab und bleibt auf dem Dach liegen. Die Leute werden mit Platzwunden und Beulen auf die anderen Busse verteilt und fahren weiter. Das uns begleitende Rote Kreuz fährt leer. Fünf Busse bleiben am Ende in Aguascalientes stehen.

Bei den Kontrollen der Zapatistas ergeben sich Schwierigkeiten – etwas verrückt und zeitraubend: Die Busse fahren mit offenen Türen, und sobald einer anhält, springen die ersten aus dem Bus, um sich die Beine zu vertreten und den Anlaß der Unterbrechung zu betrachten. Spätestens im dritten Bus ist nicht mehr klar, weshalb angehalten wird. Die Leute steigen aus, und eine Karawane von Neugierigen setzt sich in Richtung Hindernis in Bewegung. Die Mitglieder der „Organisation Sicherheit", alles Studierende aus Mexiko-Stadt, brüllen „Einsteigen", was aber nur dazu führt, daß noch mehr aussteigen, weil natürlich alle wissen wollen, was passiert. Die Zapatistas wollen uns gar nicht kontrollieren, sie wollen nur die Plaketten der Busse aufschreiben und die Anzahl der Leute in den Bussen notieren. Das geht aber nur, wenn alle eingestiegen sind. Weshalb aber soll man einsteigen, wenn nicht weitergefahren wird? Zwei Stunden dauert die Schreierei und der Versuch, die Buskarawane wieder in Bewegung zu setzen.

Nach neunzig Kilometern und fünfzehn Stunden Fahrt kommen wir am Ende doch in Guadalupe de Tepeyac an, dem Ort, an dem Aguascalientes liegen soll.

Wir steigen aus, Männer und Frauen werden getrennt und abgetastet. Die Zapatistin hat Mühe, meine Schultern zu erreichen, ich muß mich bücken. Trotz der Müdigkeit bekomme ich das Gefühl, daß es ernst wird. Geredet wird kaum, alle sind angespannt.

Der Bus fährt auf einen extra angelegten Parkplatz, nach fünf Minuten sind wir am Eingang zu Aguascalientes. Manche aus San Cristóbal sind nicht mitgefahren, weil sie der Presse glaubten. Die hatte tagelang verbreitet, man müsse mindestens drei Stunden lang durch Schlamm waten, um zum Ort des Konvents zu gelangen. Für manche schien das nicht machbar – das Alter, die Krankheit, das Ungewohnte. Und nun sind wir so nah, daß von Fußmarsch keine Rede sein kann. Am Eingang erwartet uns wieder eine Kontrolle. Inzwischen ist es stockdunkel: Neumond. Mir ist seltsam zumute. Eine Taschenlampe habe ich nicht, und andere, die eine im Rucksack haben, finden sie vor lauter Müdigkeit und Aufregung auch nicht. Im Dunkeln kann man gerade noch erkennen, daß wir nach der Kontrolle einzeln in eine Art Laufstall geschickt werden. Der breite Weg ist durch Stacheldraht und Stangen in etwa sechs Pfade unterteilt, durch die man hintereinander hindurch muß. Man kann den Weg nicht sehen, auch die Umgebung nicht. Auf dem Boden sind Löcher, Unebenheiten, Steine – manche knicken um, fallen. Anfassen kann man die anderen nicht, auch nicht den Stacheldraht. Das Ende des Laufstalls ist nicht in Sicht. Irgendwo scheint am Ende – wo? – ein Flutlicht. Ich werde unsicher. Was suche ich eigentlich hier? Der Schreck eines Lagers will mir nicht aus dem Kopf – tags darauf treffe ich einen chilenischen Freund, der immer noch fassungslos ist.

Am Ende des Ganges werden unter dem Flutlicht die Rucksäcke kontrolliert. Mein Reisewecker verunsichert. Ein Zapatista wird geholt – ich kann weitergehen. Dieser Einzug in das Aguascalientes der EZLN bleibt mir noch lange im Gedächtnis. Was habe ich denn gedacht? Da laden sich die, die vor wenigen Monaten noch bombardiert wurden, Tausende von Leuten ein, die sie nicht kennen und die sie eigentlich auch nicht kontrollieren können. Für wen war die Situation denn heikler, angespannter, risikoreicher? Bei unserer Rückreise laufen wir noch einmal durch dieses Gatter. Es ist hell, sonnig, die Zapatistas stehen am Rand, rauchen, quatschen, winken Adios – tagsüber ist die Strecke kurz, harmlos.

Nun sind wir also in Aguascalientes. Trotz der Dunkelheit kann man alles erkennen: ein riesiges Podium mit hundert Klappstühlen. Davor steht eine Art Sprechpult. Auf der einen Seite des Podiums befindet sich eine Tribüne für die internationale Presse, die mir in den folgenden Tagen nur unangenehm ist. Sie kriechen mit ihrer Kamera überall hin, hinter das Podium, richten sie zwischen den Köpfen der RednerInnen auf das Publikum, laufen jedem Maskierten hinterher, um ihn vielleicht bei ganz Alltäglichem zu ertappen, robben zwischen den Beinen der Zapatistas in Richtung Prominenz. Ekelhaft!

Hinter dem Podium hängen zwei immense Mexikofahnen, die zu einem aufstrebenden Etwas drapiert wurden. Den Hang hinauf ziehen sich Bankreihen für 6.000 bis 8.000 ZuhörerInnen. Unten, noch auf ebener Erde, stehen Klappstühle für die internationalen BeobachterInnen und die geladenen Gäste. Auf beiden Seiten der Tribüne stehen Holzbauten mit Wellblech, die Wände bestehen aus Plastikfolien. Sie sollen als Unterstände dienen.

Es ist schon Nacht, und wir organisieren uns Schlafplätze. In dieser ersten Nacht kann man noch wählen. In den nächsten Nächten schlafen wir zweilagig: Über uns baumeln Hängematten, und darunter ist weniger Platz, als ein Schlafsack breit ist. Die meisten einheimischen NichtakademikerInnen liegen auf Plastikplanen, zugedeckt mit Kleidern oder einem Poncho. Die Fremden und die GroßstädterInnen sind ausgerüstet, als müßten sie wochenlang in der Wildnis überleben.

Fließendes Wasser gibt es keines, und das wächst sich auch zum Problem aus. Sie haben Wassertanks mit Trinkwasser organisiert und bitten immer wieder, dieses Wasser nur zum Trinken, Zähneputzen und Geschirrspülen zu benutzen. Viele Convencionistas scheinen diese Lebensbedingungen nicht zu kennen und nehmen die Bitten nicht sehr ernst. Immer wieder sieht man Leute, die sich die Haare waschen. Das zweite Problem ist der Abfall. Sie haben Behälter für Papier und organischen Abfall aufgestellt und von Anfang an darum gebeten, den Plastik- und Blechmüll wieder mit nach Hause zu nehmen, da sie nicht in der Lage seien, den Dreck zu entsorgen. Zwei Tage lang haben sich die GesundheitspromotorInnen an den Behältern postiert, um zu verhindern, daß Plastiktüten und Thunfischdosen im organischen Müll landen. Ich hörte, daß sich tags zuvor rund 5.000 Indígenas versammelt hätten, um vor dem Konvent über die Verfassung zu beraten. Nach ihrer Abreise blieb kein Müll zurück...

Die medizinische Versorgung ist in zwei Bereiche unterteilt. Eine Hütte wird von PromotorInnen aus der Gegend organisiert – *Promotores Maya* –, die andere Hütte von ÄrztInnen, Krankenschwestern und städtischen PromotorInnen. Die MayapromotorInnen sind ständig unterwegs, kontrollieren rund um die Uhr die Latrinen, die Feuerstellen, die Chlorierung des Trinkwassers, mischen sich mit kleinen Notfallapotheken unter die Leute und sind kaum sichtbar. Die Profi-Hütte hat eine strenge Funktionsteilung: Eine Ärztin darf erst eingreifen, wenn Krankenschwestern den „Fall" befragt und untersucht haben. Mein Versuch, einen entzündeten Insektenstich in einer Kniekehle mit rein „menschlichem Blick" in Augenschein zu nehmen, scheitert an der Krankenschwester, in deren Terrain ich mich begebe. Für die Maya-PromotorInnen hingegen gibt es keine Arbeit unter Niveau. Dementsprechend gab es während des gesamten Konvents unterschiedliche Meinungen dazu, ob die Profis auch Latrinen und Feuerstellen kontrollieren sollen oder ob das unter ihrem Niveau ist. Die Differenzen hatten keine Konsequenzen, denn von medizinischer Seite her betrachtet, war der Konvent eher langweilig: ein paar verstauchte Knöchel, Kopfschmerzen, Durchfälle, die schon mitgebracht wurden – und der Beginn der Reden beendete jede Krankheit.

Der Konvent sollte am Montag früh beginnen. Tatsächlich beginnt er gegen 17.00 Uhr. Ich bin ziemlich unschlüssig, ob diese Warterei als Erziehungsprogramm gedacht ist oder ob es andere Gründe gibt. Zudem kommen die letzten Convencionistas erst gegen 16.00 Uhr in Aguascalientes an. Comandante Tacho sagt an anderer Stelle, sie hätten schließlich 502 Jahre auf uns gewartet, warum dann nicht ein paar Stunden warten. Was heißt auch warten, alle sind ja beschäftigt: Überall treffen sich Leute, die sich seit Jahren nicht gesehen haben, Alt-68er finden sich wieder, die Frauen organisieren mal eben eine Zwischenkonferenz mit sechs Frauengruppen aus dem ganzen Land. Das Warten bezieht sich nur auf die Zapatistaprominenz.

Um 17.00 Uhr geht's dann los, dramaturgisch beeindruckend. Schon während des ganzen Nachmittags hallte es von den umliegenden Bergen: „Zapata vive – la lucha sigue!"

Der Einzug der Zapatistas kündigt sich durch die Aufregung der Presse an. Dann kommen sie den Hang heruntergerannt, hinter der Tribüne werden sie langsamer, um gemessenen Schrittes vor die Tribüne zu treten, der Subcomandante rauchend in ihrer Mitte. Geklatsche, Geschrei...

„Bueno, bienvenidos, empezamos – Gut, herzlich willkommen, fangen wir an". Ziemlich trocken und vielleicht deshalb so wirkungsvoll. Marcos begrüßt den Konvent und bittet um Erlaubnis, eine Militärparade abhalten zu dürfen. Comandante Tacho nimmt die Parada ab – halt doch ziemlich militärisch. Am eindrucksvollsten ist die Parade der ZivilunterstützerInnen. Es marschiert eine Reihe von Menschen in ziviler Kleidung an uns vorbei, Stöcke in der Hand. Einige haben Tücher vor dem Gesicht, es sind viele Frauen, Alte und Kinder. Tacho sagt immer dieselben Worte in der eindringlich leisen, fast singenden Art der Indígenas, die Worte ganz langziehend: „Das ist die zivile Gesellschaft, sie sind wie ihr. Sie haben uns jahrelang unterstützt, ernährt, gekleidet. Sie haben über Jahre ein großes und schweres Geheimnis gewahrt. Das ist unsere Basis, sie sind wie ihr, sie sind die Zivilgesellschaft. Sie haben uns ernährt, gekleidet, sie haben über Jahre ein großes und schweres Geheimnis gewahrt."

Dann wird das Präsidium aufgerufen. Tacho eröffnet den Konvent. Er begrüßt die KonventionistInnen und macht Aguascalientes dem Konvent zum Geschenk. Allerdings mit der Einschränkung, daß es von den Zapatistas verwaltet würde, bis die Convencionistas sich besser organisiert hätten. Mehrmals sagt er, daß sie dieses Haus für sie gebaut hätten, daß sie es mit *cariño*, mit Zärtlichkeit, gebaut hätten, daß sie hoffen, es sei ihnen ganz hübsch gelungen.

Der Unterschied zwischen den Sprachen ist auffallend und schmerzhaft. Tacho und Marcos sprechen leise, ruhig, eindringlich, mit einfachen Worten, mit Zeilen wie Gedichte oder Geschichten, mit vielen Fragen. Wird Aguascalientes zur Geschichte? Bleibt es eine Komödie? Wird der Konvent den Ort in Besitz nehmen, den Ernst der Lage erkennen? Die Differenzen zur Seite legen? Sie sprechen mit Witz und Humor, sich selbst einbeziehend. Die meisten der anderen RednerInnen sprechen nicht: Sie rufen, brüllen – Substantive, Parolen, Gewißheiten, viel Härte und wenig *cariño*.

Auch die Rede von Marcos ist mir oft fremd: Es geht um das Vaterland, um die Fahne, um die bittere Geschichte dieses Landes. In meinen deutschen Ohren klingt alles sehr nationalistisch. Selbst wenn zur gleichen Zeit vom multinationalen, multi-ethnischen Staat die Rede ist, bleibt am Ende Verunsicherung zurück. Bin ich auf dem Konvent noch empört über die Bedeutung der Fahne, die dann noch mit großer Feierlichkeit überreicht wird – wo wir uns doch nie eine bundesdeutsche Fahne irgendwo hinhängen würden -, so bin ich nach wenigen Tagen doppelt irritiert, als in der Zeitung eine Postdatageschichte des alten Antonio erscheint, der am Ende das Fell seines geschossenen Löwen dem Konvent zum Geschenk machen will. Was ist denn nun wichtig, die Fahne, das Fell, das Geschenk an sich? Die Bedeutung, die ein Geschenk für alle haben kann? Was könnte man 6.000 versammelten Deutschen schenken? Wahrscheinlich nichts – es ist nichts Bedeutsames für alle geblieben.

Nach der Rede von Marcos betritt die zapatistische Delegation das Podium und überreicht der verdutzten Rosario Ibarra die Fahne – jedenfalls scheint sie erstaunt, oder sie spielt perfekt. Die Fahne ist das Pfand, daß die Absprache gilt. Der Konvent hat nun das Sagen. Aber es wird auch bestimmt, daß sie zurückgeholt werden wird, wenn der Konvent seine Aufgabe nicht erfüllt.

Rosarios Entgegnung liegt in Ton und Worten auf der anderen Seite der Skala: Schrill, mit heiserer Stimme geht es um Sieg und Sturz, um leuchtende Pfade. Mir ist es fast unangenehm, doch sie hat wohl bei allen Anwesenden einen symbolischen Platz – die Mutter, die seit dem Verschwinden ihres Sohnes nicht müde wird, die politische Repression im Lande anzuklagen, polizeiliche Geheimgefängnisse anzuprangern und Mexiko das Image eines repressiven Polizeistaates zu verpassen. Die Wahl der Fahnenträgerin scheint mir dann doch gelungen (neben mir raunen die ersten, vielleicht wäre Marcos der verschwundene Sohn der Ibarra).

Das Präsidium des Konvents zieht sich zur Beratung zurück, und nach einer kurzen Pause beginnen die Delegierten der verschiedenen Staaten, ihre Resolutionen zu verlesen.

Die Frauen bekommen Zeit für ein Sondervotum: Die kurze Spontanversammlung im Warteraum des Konvents hat tatsächlich ein Papier mit eigenen Forderungen hervorgebracht: Abzug jeglichen Militärs aus allen Indígena-Ländern, Bestrafung militärischer Übergriffe, von Vergewaltigern, Repräsentanz von Frauen in allen Gremien und dann unter tosendem Beifall: keine Invasion in Haiti, Aufhebung der Blockade gegen Kuba.

Trotz meiner Bedenken bezüglich des „Nationalismus" sind sie mit einer solchen Einfachheit Internationalisten, wie es hierzulande nicht vorstellbar wäre. Wer interessiert sich denn bei uns – außer den Soli-Profis – für Haiti oder ein vergleichbares internationales Problem und hat vor allem noch eine Meinung dazu?

Gegen 22.00 Uhr, die Reden sind in vollem Gange, erhebt sich Wind, ein unglaubliches Naturschauspiel beginnt. Der gesamte Hang und das Podium sind von einer riesigen Plane überspannt, die an den Seiten an Bäumen und Felsen hängt und in der Mitte von einem Stahlseil getragen wird, das wohl auf der gegenüberliegenden Seite des Tals befestigt ist. Es beginnt ein Gewitter und ein Sturm, wie ich sie noch nie erlebt habe. Es schüttet kübelweise und die Plane setzt sich in Bewegung. Irgendwann passiert das Unvermeidliche: Die Seile reißen, die Plane reißt, über dem Podium steigen die abgerissenen Teile in die Höhe und bleiben minutenlang wie ein „Y" in der Luft stehen, der Rest fällt, gefüllt mit Wasser, auf die Leute herab. In kürzester Zeit stehen wir alle im Schlamm, das Wasser läuft durch die Hütten, die Medikamente schwimmen, alle schlittern unter etwas Schützendes. In der Mitte des Hangs bleiben Hunderte von Leute unter der Plane sitzen und versuchen, sie mit erhobenen Händen vor dem Absturz zu retten. Sie bleiben unbeirrt, singen und sind guter Laune. Am gegenüberliegenden Hang beginnt eine Bewegung von Lichtern – überdimensionale Glühwürmchen. Von überall kommen bewaffnete, maskierte Zapatistas mit Taschenlampen, um zu schauen, ob jemand Hilfe braucht, ob etwas passiert ist. Sie bewegen sich, trotz des Schlamms, auf sicherem Gelände. Ähnlich seelenruhig gehen die Indígenafrauen barfuß durch Regen und Schlamm. Ihre bestickten Kleider sind am nächsten Tag noch in Ordnung, während an unseren Jeans der Dreck bis zur Taille klebt.

Als der Regen nachläßt, schlittere ich von der Medizinhütte zu meinem Schlafplatz und gelange dank vieler ausgestreckter Hände ohne Schlammbad dort an. Die SchlafplatzsucherInnen haben sich mindestens verdoppelt – mein Platz ist so klein geworden, daß ich mich nicht ausstrekken kann, die Füße liegen trotz allem im Schlamm. In all dem Chaos gibt es nur gute Laune, und schon gegen vier Uhr früh höre ich die ersten singend Kaffee kochen.

Am nächsten Tag antwortet der Subcomandante auf die Frage, was die Schwäche der Konvention sei, ganz einfach: „Die Plane." Es scheint aber, als hätte die Schwäche der Planen-Konstruktion die Stärke der Leute provoziert, eine Stimmung, von der abzusehen ist, daß sie sich unter Alltagsbedingungen nicht halten läßt.

Das Präsidium des Konvents gibt am Morgen unter Protest bekannt, daß noch bei Tageslicht die Abreise beginnen soll, damit die Busse den Weg über die Berge im Hellen zurücklegen können. Der Konvent geht noch einige Stunden weiter: Reden, Abstimmungen, mit Tausenden von Leuten.

Gegen Ende gibt es noch einen Auftritt von Subcomandante Marcos, einen Schlagabtausch mit der internationalen Presse. Die Fragen sind wenig politisch, sehr persönlich, oft peinlich. Die Antworten sind witzig, machistisch, passend? Erwartet? Bühnenreif! Ein paar mir erinnerliche Sprüche lauten ungefähr:

„Wann gedenken Sie die Maske abzunehmen?"

„Jetzt." Großes Gebrüll aus dem Publikum: „NEIN!" Er: „Sehen Sie, stimmen wir ab." Mehrheitlich: „NEIN!" „Na denn..."

„Wie fühlen Sie sich in den letzten Tagen?"

„Un placer – casi un orgasmo. Eine Freude, fast ein Orgasmus."

„Was denkt Ihre Mutter über Ihren Kampf?"

„Man sagt, ich hätte weder eine Mutter noch eine Großmutter."

„Haben die Convencionistas Waffen mitgebracht?"

„Nein, ach doch, 6.000 Kondome, aber wir haben sie noch nicht benutzen können."

„Welche Literatur haben Sie in den letzten Wochen gelesen?"

„Ich weiß auch nicht, warum, aber seit Januar komme ich nicht mehr zum Lesen."

Wann können Sie zu Interviews nach Italien kommen?

„Mit dem Schiff läßt sich Rom von hier aus so schlecht erreichen. Überhaupt sind mir 30.000 Interviews zu viel."

„Wie stellen Sie sich Ihr Privatleben nach dem Kampf vor?"

Er, etwas genervt: „Wann ist die Konferenz zu Ende?"

„Was machen Sie, wenn sie gewinnen?"

Er lacht: „Das ist eine gute Frage, das weiß ich auch nicht."

Vor der Abreise, die sehr diszipliniert abläuft, werden alle gebeten, alles dazulassen, was sie nicht brauchen. Es ist überwältigend. Fast alle mitgebrachten Zelte bleiben stehen, Berge von Schuhen, Schlafsäcken, Wolldekken, Kleidung, Lebensmittel.

Ich höre später, daß am Abend nach unserer Abreise das Dorf Guadalupe de Tepeyac auf dem Gelände noch ein Fest gefeiert hat. Etwas grinsend sagt mir ein Teilnehmer, die Lebensmittel hätten die bourgeoise Zusammensetzung des Konvents gezeigt. Noch nie hätten sie Schweizer Käse und französische Konserven gegessen – aber sie hätten es genossen. Auch die Zelte haben noch eine Geschichte. Sie sollten stehenbleiben, damit die Zapatistas sie beim Abbauen begreifen lernen. Tage später ein kurzes Kommuniqué: Die Zapatistas haben die Zeltplanen von den Schnüren getrennt und so verwahrt. Nun müssen sie feststellen, daß sie sie nicht wieder zusammenbekommen – eine Woche Puzzle und kein Ende. Wie soll auch jemand den konkurrierenden Zeltmarkt verstehen? Ob sie einen alternativen Campingladenfreak brauchen könnten? Oder war die Zeltidee ob unserer individualistischen Kleinstzelte eine schlechte Idee?

Die Heimreise im Bus ist anders – die Leute sind nachdenklich, fühlen sich verantwortlich, in ihrer Gruppe, Stadt, Land über den Konvent zu berichten, den Aufruf zu Gemeinsamkeit ernst zu nehmen, den Aufruf zur Abschaffung dieser Regierung ernst zu nehmen. Allen scheint klar geworden zu sein, daß der Konvent kein Abschluß eines Aufstands, sondern der Anfang eines viel größeren Unterfangens ist. Adressen werden getauscht, der Abschied in San Cristóbal zieht sich noch einen Tag länger hin. Zwei Tage später sind die Cafés wieder leer, es gibt wieder *La Jornada* zu kaufen, und die Gruppen in San Cristóbal fangen mit den Wahlvorbereitungen an.

Meine Zweifel an dem Erlebten darf ich noch lang und breit mit allen möglichen FreundInnen diskutieren – die Hymne, die alle mit Hand über dem Herzen feierlich singen, die Fahne mit Adler und Schlange, in der sie auch ein Indígena-Symbol sehen, die kleinen Erfahrungen von Rassismus zwischen den Leuten.

Es bleibt die Erfahrung, daß anderswo die Schwächen deutlicher zu sehen sind, daß ein Aufstand nicht das Ende, sondern der Anfang von Veränderung ist, und daß den Freunden in Chiapas nicht die Einschätzung des Ganzen wichtig ist, sondern die Debatten um die Arbeit in der Zone, die Abgrenzung von dem, was bislang von Institutionen gemacht wurde. Ich spüre eine Euphorie, einen Optimismus, der mich ganz langsam ergreift und erst wieder von mir abfällt, als ich in Mexiko-Stadt auf die Zweifel, Fragen und all die Grundsätzler treffe, die alles schon kennen, alles schon wissen und meinen, nichts mehr tun zu müssen. Zwischen all den Fragen und all dem Erlebten werden wir uns bewegen müssen.

Die Geschichte von der Nacht und den Sternen

Einige Kommuniqués mit Vorschlägen für die Diskussion auf der nächsten Sitzung des Demokratischen Nationalkonvents (CND) sollen rausgehen. Ich schaue sie gerade durch, als Tacho mir sagt, daß das Problem der CND sei, daß sie nicht kapiert hätten, daß eine neue Art von Organisation geschaffen werden muß. „Eine ‚modern', wie sie heute sagen", meint er. „Alle wollen Befehle geben, aber keiner will sie befolgen. In der CND gibt es nur Comandantes, es sollte aber auch Subcomandantes geben, Majore, Hauptmänner, Oberleutnants, einfache Truppe, Unterstützer. Aber alle wollen nur befehlen, ohne zu gehorchen. Wie wollen sie dem Volk etwas Neues anbieten, wenn sie nur wieder Altes wiederholen?" fragt er mich. Ich versuche eine Antwort zu finden, während ich mir die Pfeife anzünde, die Patronengurte zurechtrücke und niese (alles gleichzeitig). Tacho wartet nicht, bis ich dieses komplizierte Unterfangen beendet habe und gibt sich selbst die Antwort: „Etwas Neues, Modernes ist nötig. So etwas wie wir, aber ohne Waffen und ohne *pasamontañas*." Tacho geht, um den Rest des CCRI zu holen. Sie sind zum Fest gekommen, das wir jeden 8. Oktober zu Ehren von Ernesto Che Guevara und unseren Toten feiern. Ich bin noch ganz aufs Niesen konzentriert, als Heriberto und Eva ankommen, damit ich ihnen eine Ente mit *pasamontañas* zeichne. „Mit *pasamontañas*?" frage ich zwischen zwei Niesern. „Na klar", sagt Eva, die mit ihren vier Jahren meint, daß es keiner weiteren Erklärung bedarf. Heriberto, drei Jahre, also schon im vierten, ist verständnisvoller und schaut mich mitfühlend an, als er sagt: „Zeichne sie mit *pasamontañas*, weil schließlich ist es ja eine zapatistische Ente." „Ach so", sage ich, als wenn ich kapiert hätte. Meine Ente sieht aus wie eine Mützenmaske, und Eva beginnt, eine weinerliche Schnute zu ziehen. Heriberto sagt ihr, sie solle nicht heulen. Der *sup* werde ihr eine Geschichte erzählen, während er, Heriberto, dafür sorgen werde, daß die *pasamontañas* der Ente besser aussehe. Eva setzt sich neben mich, rückt aber weiter fort, als sie merkt, daß meine Nieser so feucht sind wie der Regen über Aguascalientes. Ich mache die Pfeife an, rücke die Patronengurte zurecht und - richtig geraten! - niese, während der alte Antonio mir einflüstert, was ich Euch erzählen soll...

Die Geschichte von der Nacht und den Sternen

Viele Nächte zuvor war alles Nacht. Der Himmel war ein großes dunkles Dach und traurig der Gesang der Männer und Frauen. Die Götter empfanden Mitleid ob des traurigen Gesanges der Männer und Frauen und setzten sich zusammen, um Rat zu halten. Denn die Götter hielten immer

Rat über das, was zu tun sei. So haben es unsere Alten gelernt und wir auch: zu einem gemeinsamen Beschluß zu kommen und dann daran zu arbeiten. Die Götter beschlossen, das Dach der Nacht fortzunehmen, damit das Licht darüber auf die Männer und Frauen scheine und ihr Gesang nicht mehr traurig sei. Und sie nahmen das Dach der Nacht fort, und das ganze Licht schien hernieder - es war sehr viel Licht, da die Nacht groß gewesen war und alles vom Fluß bis zu den Bergen bedeckt hatte. Die Männer und Frauen wurden blind von soviel Licht, und die Augen konnten gar nicht mehr ausruhen und die Körper auch nicht, da es immer hell war. Die Männer und Frauen klagten über das starke Licht, das ihnen so viel Schaden zufügte, denn es waren Fledermaus-Männer und -Frauen. Und die Götter merkten, daß nicht gut war, was sie getan hatten, denn sie waren nicht dumm und wußten zu beurteilen, wenn sie etwas Falsches beschlossen hatten. Und sie setzten sich erneut zusammen und faßten den neuen Beschluß, der Nacht das Dach wieder aufzusetzen, während sie gut über eine bessere Lösung nachdenken wollten. Ihre Beratung dauerte lange, und so dauerte auch die Nacht lange, und deshalb lernten die Fledermaus-Männer und -Frauen sich in der Nacht zu bewegen, ohne Licht, denn die Götter brauchten viel Zeit, um das Problem des großen Daches der Nacht zu lösen. Später, als sie ein Einvernehmen erzielt hatten, gingen sie zu den Männern und Frauen und baten um Freiwillige für die Lösung des Problems. Die Götter sagten, daß die Freiwilligen kleine Lichtstückchen sein sollten, damit die Nacht nicht mehr so dunkel sei. „Sie werden Sterne sein“, sagten die Götter. Alle Männer und Frauen meldeten sich als Freiwillige, denn alle wollten Sterne sein, und keiner wollte länger Fledermaus-Mann und -Frau sein. Und so wurden alle Sterne und durchlöcherten das Dach der großen Nacht, und bald war nicht mehr ein Stückchen Dach der Nacht übrig, und alles war wieder bloßes Licht, und das Problem war nicht nur nicht gelöst, sondern sogar schlimmer, weil das Dach der Nacht zerstört war und nichts das Licht aufhalten konnte, das überallhin strömte. Die Götter merkten es nicht, weil sie sich höchst zufrieden zur Ruhe begeben hatten. In der Annahme, das Problem gelöst zu haben, waren sie zufrieden eingeschlafen.

Also mußten die Fledermaus-Männer und -Frauen das Problem allein lösen, das sie selbst geschaffen hatten. Sie machten es wie die Götter und hielten Rat und merkten, daß es nicht hilft, wenn alle Sterne sein wollen, und daß einige erlöschen müssen, damit andere strahlen können. Eine große Diskussion ging los, denn keiner wollte verlöschen, und alle wollten strahlen und Sterne sein. Aber die wahren Männer und Frauen, die mit dem Herzen in der Farbe der Erde – denn der Mais kommt aus der

Erde – sagten, daß sie zu erlöschen bereit seien. Und so wurde die Nacht eine richtige Nacht, denn es gab Dunkelheit und es gab Licht, und so konnten die Sterne leuchten dank derer, die im Dunklen wirkten. Ohne sie wären wir alle blind geblieben. Die Götter erwachten und sahen, daß Nacht war und Sterne leuchteten und daß die Welt schön war, die sie geschaffen hatten. Sie zogen sich zurück in der Annahme, daß sie das Problem gut gelöst hatten. Aber weit gefehlt – es waren die Männer und Frauen, die einen guten Beschluß gefaßt und ausgeführt hatten. Aber das wußten die Götter nicht, weil sie schläfrig waren. Die Armen! Niemals erfuhren sie, wie die Sterne in Wirklichkeit geboren wurden und die Nacht, die das schützende Dach der wahren Männer und Frauen ist. Und das war die Geschichte: Einige müssen im Dunklen bleiben, damit andere leuchten können. Aber die Leuchtenden sind nur dank derer, die im Dunkeln wirken. Wenn es die nicht gibt, kann gar niemand leuchten...

Heriberto sagt, er sei fertig damit, die *pasamontañas* der Ente zu korrigieren. Das Blatt in seiner Hand ist ein einziger schwarzer Fleck. Eva verzieht das Gesicht wieder zu einem Weinen, denn jetzt ist weder eine Ente noch eine *pasamontañas* noch sonst was zu erkennen. Heriberto versucht sie davon zu überzeugen, daß seine Ente besser als die vom *sup* sei. „Aber es ist doch gar nichts zu sehen", sagt Eva. „Die Zaptatisten-Ente ist in der Nacht unterwegs, deshalb sieht man sie nicht", sagt Heriberto und nimmt sie bei der Hand, um ihr zu zeigen, daß seine Ente in den Pfützen von Aguascalientes schwimmen kann, anders als die vom *sup*, die Eisen auf dem Kopf hatte und bestimmt nicht schwimmen kann. Arme Ente vom *sup*. Eva entscheidet sich dafür, Heriberto zu folgen, und beide machen sich auf den Weg, die aquatischen Argumente von Heriberto zu überprüfen.

Also gut. Bleibt gesund und möge die Nacht sein, wie es sich gehört.
Aus den Bergen des Südostens Mexikos.
Subcomandante Insurgente Marcos.
Mexiko, Oktober 1994

P.S. (modernes): Bevor ich dies ausdrucke, kommt Tacho und sagt mir: „Sag' denen von der CND, daß wir ihnen einen Kurs geben, wenn sie wollen, einen Kurs in politischer Bildung - eben darüber, wie man eine neue, moderne Organisation aufbaut." Er wird nachdenklich und fragt mich: „Glaubst du, daß diese großen Köpfe eine Lektion von uns akzeptieren würden?" Ich antworte mit einem Nieser. „Egal, schreib' einen Zusatz, daß sie zu einem Kurs zu uns kommen sollen." Tacho ging wieder fort, um mit einem Abgesandten des Roten Kreuzes zu reden. Ich verstecke mich, denn Heriberto kommt zurück und will, daß ich ihm einen Truthahn mit *pasamontañas* zeichne. Ein Nieser verrät mich...

P.P.S: Aus vergangenen Irrtümern lernen: Der zapatistische Truthahn geriet mir seeehr hübsch. Ich gab ihm dieses Mal eine *pasamontañas* aus Wolle, zeichnete ihm eine Schwimmweste und stattete ihn mit zwei Sauerstoffgeräten zum Tauchen aus, falls Heriberto einen erneuten Vorwand finden sollte, mein Bild zu versenken. Es heißt, daß Aguascalientes am 12., 13., 14. und 15. Oktober erneut in See stechen soll. Wir haben vor, in Spanien einzufallen. Der Mist ist, daß der Linienstreit in der **EZ**etae**L**ee**N**e weitergeht: Einige wollen im Hafen von Palos landen, andere auf den Kanarischen Inseln. Ich habe ihnen gesagt, daß Haiti viel näher liegt und jetzt die „friedlichen“ Invasionen in Mode sind. Wie auch immer, wir werden zu diesem Termin die Anker lichten. Ihr seid eingeladen. Bringt Taschentücher mit, denn ...haaatschi! Danke (erleichtertes Aufatmen).

P.P.P.S: Die Niederlage wiederholt sich: Heriberto schaut den Truthahn an, den ich ihm gemalt habe, und sagt: „Du glaubst wirklich, dein Truthahn funktioniert? Hast du etwa nicht gesehen, daß das Wasser schon ziemlich flach ist? Mit so viel Zeugs wird der Truthahn im Schlamm steckenbleiben und sterben, weil er nichts essen kann, und Eva wird weinen und ...“ Dann flüstert er mir ins Ohr, daß ich mir keine Sorgen machen soll, denn Eva wäre gerade nicht da, und er werde das mit dem Truthahn in Ordnung bringen, damit Eva nicht weine. Ich niese. Heriberto ist mit dieser Antwort zufrieden und zieht los, um das mit dem Truthahn zu regeln. Tacho kommt, um mir zu sagen, daß ab dem 8. Oktober das „Solidaritäts“-Krankenhaus, „Campesino-Krankenhaus General Emiliano Zapata-Che Guevara“ heißen soll. Ein Name so groß wie die Last, die wir auf unseren Rücken tragen...

(Übersetzung: Danuta Sacher)

Kapitel IX

Mexiko GmbH

Die Wahlen

Dritte Lesart (muß noch begonnen werden): Im Keller des Landes liest man nicht. Der Analphabetismus hier sucht seine Lektüre an anderen Orten, liest sich selbst, man unterhält sich nach dem Gesetz der Ahnen, mit den Bildern von früher, mit Tönen voller Gestern, man kommuniziert über unterirdische Kanäle. Der Wechsel beginnt unten, sagen und wiederholen sie. Die Skepsis verschränkt nicht die Arme. Sie feilt, geduldig, die zarte Spitze der Hoffnung.

Der Löwe, der Maulwurf und andere Märchen

Das Märchen von den 50% und den „glatten Wahlen" schlucken nur die Gringos. (Darum ergeht es ihnen so in der internationalen Politik.) Hört! Grämt euch nicht! Ihre Taktik ist es, eine große Lüge so oft zu wiederholen, bis sie sich in Wahrheit verwandelt. Sie werden sich noch einmal irren, es wird ihnen alles unter den Füßen wegbrechen, wie im Januar. Es braucht nur einen kleinen Windstoß.

Gut. Gesundheit und ein Paar gute Lungen.

Aus den Bergen des Südostens Mexikos.

Subcomandante Insurgente Marcos

P.S.: Für Kandidaten mit beinahe 50% der Wählerstimmen. In dem kleinen Cassettenrecorder hört man: „Was das Leben bereithält, Mariana. Was das Leben bereithält. Je höher wir fliegen, Mariana, desto mehr schmerzt der Fall." (...)

P.P.S.: Ich soll einer Toñita eine Geschichte erzählen, die mit ihrem Plüschkaninchen, das die Vertreter des Demokratischen Nationalkonvents geschickt haben, angibt, und von dem sie mir sagt, „es piekt nicht".

Und ich tue so, als verstünde ich nicht, und beginne einfach eine Geschichte von 1985 zu erzählen, dem Jahr der Erdbeben und gesellschaftlichen Auf- und Umbrüche (die, die zum Vorschein kommen und die anderen):

Der alte Antonio jagte einen Berglöwen (der dem amerikanischen Puma sehr ähnlich ist) mit seiner alten Chimba, einer funkensprühenden Schrotflinte. Ich hatte mich ein paar Tage zuvor über seine Waffe lustig gemacht. „Diese Waffen haben sie benutzt, als Hernán Cortés Mexiko eroberte", sagte ich ihm. Er verteidigte sich. „Ja, aber sieh doch, in wessen Händen sie heute ist." Jetzt löste er die letzten Stücke des Fleisches vom Fell, um es zu gerben. Er zeigt mir das Fell voller Stolz. Es hat nicht ein einziges Loch. „Mitten ins Auge", belehrt er mich. „Das ist die einzige Art, damit das Fell keine Zeichen von Verletzung aufweist", fügt er hinzu. „Und was werden Sie jetzt mit dem Fell machen?" frage ich. Der alte Antonio antwortet mir nicht, er fährt schweigend fort, das Fell des Löwen mit seiner Machete abzuschaben. Ich setze mich neben ihn, und nachdem ich die Pfeife gestopft habe, versuche ich, ihm eine Zigarette zu drehen. Ich reiche sie ihm wortlos, er begutachtet sie und macht sie wieder auf. „Du mußt noch lernen", sagt er mir, während er sie erneut dreht. Wir setzen uns, um gemeinsam diese Rauchzeremonie abzuhalten.

Zwischen den Zügen beginnt der alte Antonio die Geschichte zu spinnen:

„Der Löwe ist stark, weil die anderen Tiere schwach sind. Der Löwe frißt das Fleisch der anderen, weil die anderen sich fressen lassen. Der Löwe tötet nicht mit den Krallen oder mit den Reißzähnen. Der Löwe tötet mit seinem Blick. Erst nähert er sich langsam ... lautlos, denn er hat Wolken in den Pfoten, die seine Laute dämpfen. Dann springt er und versetzt seinem Opfer einen Hieb, der es lähmt, mehr vor Überraschung als wegen der Heftigkeit.

Dann blickt er sie an. Er blickt seine Beute an. So - der alte Antonio runzelt die Stirn und nagelt mich mit seinen schwarzen Augen fest. Das arme Tier, das sterben wird, schaut einfach nur zurück. Es blickt den Löwen an, der es anblickt. Das Tier sieht nicht mehr sich selbst, es sieht das, was der Löwe sieht, es sieht das Bild des Tieres im Blick des Löwen, es sieht, daß es im Blick des Löwen klein und schwach ist. Das Tier hatte nie darüber nachgedacht, ob es klein und schwach war. Es war einfach ein Tier, weder groß noch klein, weder stark noch schwach. Aber jetzt sieht es in dem Blick, mit dem der Löwe es anstarrt, die eigene Angst. Und indem es sieht, wie es gesehen wird, überzeugt sich das Tier, ganz von allein, daß es klein ist und schwach. Und in der Angst, von der es sieht, daß der Löwe sie sieht, hat es Angst. Und dann sieht das Tier nichts mehr, ihm erstarren die Knochen, so wie wenn uns in den Bergen des Nachts, wenn es kalt ist, das Wasser erwischt. Und dann ergibt sich das Tier einfach so, es gibt sich auf, und der Löwe verschlingt es ohne Mitleid. So tötet der Löwe. Er tötet mit dem Blick. Aber es gibt ein Tier, das sich nicht so verhält, das den Löwen ignoriert, wenn er sich ihm in den Weg stellt, und das so fortfährt, als sei nichts geschehen und wenn der Löwe es schlägt, antwortet es mit einem Prankenhieb seiner Pfötchen, die klein sind, aber das Blut, das fließt, schmerzt. Und dieses Tier überläßt sich nicht dem Löwen, weil es nicht sieht, daß es angesehen wird - es ist blind. ‚Maulwürfe' werden diese Tiere genannt."

Es scheint, als habe der alte Antonio seine Erzählung beendet. Ich wage ein „Ja, aber...". Der alte Antonio läßt mich nicht fortfahren, er erzählt die Geschichte weiter, während er eine neue Zigarette dreht. Er tut es langsam, unterbricht immer wieder, um mich anzusehen und zu prüfen, ob ich zuhöre.

„Der Maulwurf wurde blind, weil er, statt nach außen zu sehen, begann, sein Herz zu betrachten. Er ist einfach dabei geblieben, in sich hineinzuschauen. Und niemand weiß, wie der Maulwurf darauf gekommen ist, in sich hineinzuschauen. Und da ist, einfach aus Sturheit, dieser

Maulwurf dabei, sein Herz zu betrachten, und dann kümmert er sich nicht um Starke oder Schwache, um Große oder Kleine, denn das Herz ist das Herz, und es wird nicht so gemessen, wie die Dinge und die Tiere gemessen werden. Und diese Fähigkeit, in sich hineinzublicken, hatten nur die Götter, und deshalb haben die Götter den Maulwurf bestraft und haben ihn nicht mehr nach außen sehen lassen. Außerdem verurteilten sie ihn dazu, unter der Erde zu leben und zu laufen. Darum lebt der Maulwurf unter der Erde, weil die Götter ihn bestraften. Und dem Maulwurf tat es nicht einmal leid, denn er blickte weiterhin in sich hinein. Und darum hat der Maulwurf keine Angst vor dem Löwen. Und auch jener Mensch hat keine Angst vor dem Löwen, der es vermag, sein Herz zu betrachten.

Denn der Mensch, der es vermag, sein Herz zu betrachten, sieht die Kraft des Löwen nicht. Er sieht die Kraft seines Herzens, und dann blickt er den Löwen an, und der Löwe sieht, daß der Mensch ihn ansieht, und der Löwe sieht in dem Blick des Menschen, daß er nur ein Löwe ist, und der Löwe sieht sich, wie er gesehen wird, und hat Angst und rennt fort."

„Und, haben Sie Ihr Herz betrachtet, um diesen Löwen zu töten?" unterbreche ich. Er antwortet: „Ich? Nein, Mann, ich habe das Visier meiner Chimba im Auge gehabt und das Auge des Löwen, und dann habe ich schon gedrückt - an das Herz habe ich nicht einmal gedacht." Ich kratze mich am Kopf, wie - so habe ich es gelernt - diejenigen es hier tun, die etwas nicht verstehen.

Der alte Antonio richtet sich langsam auf, nimmt das Fell und untersucht es sorgfältig. Dann rollt er es ein und reicht es mir. „Nimm", sagt er. „Ich schenke es dir, damit du nie vergißt, daß man den Löwen und die Angst tötet, wenn man weiß, wohin man schauen muß..." Der alte Antonio dreht sich um und geht in seine Hütte. In der Sprache des alten Antonio heißt das. „Das war alles. Auf Wiedersehen." Ich packte das Fell des Löwen in eine Plastiktüte und ging...

Toñita macht dasselbe und geht mit dem besagten Plüschkaninchen, „das nicht piekt".

Das war die Geschichte vom alten Antonio und dem Löwen. Ich habe das Fell des Löwen fortan bei mir getragen, darin war die Fahne eingewickelt, die wir dem Demokratischen Nationalkonvent übergeben haben. Wollt ihr auch das Fell?

Noch einmal. Gesundheit und ein Spiegel von denen, die dazu dienen, nach innen zu blicken...

Subcomandante Insurgente Marcos

Mexiko, August 1994

(Übersetzung: Annette von Schönfeld)

Die letzten Wahlen in diesem Jahrtausend

Ulrich Mercker

Am 21. August 1994 gab eine Mehrheit wahlberechtigter MexikanerInnen dem wohlvertrauten Schlechten, der seit 65 Jahren ununterbrochen regierenden Revolutionären Institutionellen Partei (PRI), und derem Präsidentschaftskandidaten Ernesto Zedillo Ponce de León ihre Stimme. Sie folgte damit einem Sicherheitsbedürfnis, das sie am ehesten in den Händen des altbekannten Staatsapparates aufgehoben wähnte. Die Bereitschaft, sich auf unbekanntes Neues einzulassen, reichte nicht aus, um der bestens geschmierten Regierungsmaschinerie einen Wahlsieg abtrotzen zu können. Zu viele WählerInnen ließen sich im stillen, alleingelassenen Moment des Kreuzchenmachens in der Kabine von der diffusen Angst leiten, daß eine Abwahl der PRI einem Votum für Chaos und Bürgerkrieg gleichkommen würde. Weder der Kandidat des äußerst heterogenen Wahlvereins PRD, Cuauhtémoc Cárdenas, noch jener der neoliberal-klerikalen PAN, Diego de Cevallos, konnten eine Gewähr dafür bieten, daß sie die jahrzehntealte eingespielte PRI-Struktur des mexikanischen Staates und seiner Gliederungen bis auf die Dorfebene reibungslos in eine neue, bessere Struktur überführen könnten. Schließlich haben sich nicht nur die Mächtigen, sondern auch die Ohnmächtigen an den Umgang mit diesem Staatsapparat gewöhnt. Man glaubt zu wissen, woran man ist, kennt potentielle Bündnispartner innerhalb des Apparates, kann über persönliche Beziehungen Einfluß geltend machen und auch eventuelle Schwachstellen ausnutzen.

Der mexikanische Politologe Jorge Castañeda hat das Dilemma dieser Wahlen mit einfachen Worten benannt: „Es gibt keinen Weg, die PRI vom Staat zu trennen, solange sie nicht verliert - es erscheint ein Ding der Unmöglichkeit, daß sie verliert, solange sie sich nicht vom Staat trennt." Eine Lösung dieses fest geknüpften gordischen Knotens - die spanische Sprache legt auch noch die Assoziation von dick (gordo) nahe - zwischen Partei und Staat ist nur vorstellbar, wenn die beiden Tauenden einem durch äußere Einflüsse verursachten inneren Fäulnisprozeß ausgesetzt sind, so daß es nur noch eines leichten Hiebs bedarf, um den Knoten zu zerschlagen.

Vieles deutet darauf hin, daß ein solcher Zerfallsprozeß in vollem Gange ist. Um diesen verstehen zu können, rekapitulieren wir noch einmal kurz die Geschichte der Verknotung der beiden Tauenden, um darauf einen flüchtigen Blick auf das Ferment zu werfen, das diesen Fäulnisprozeß beschleunigt: die zivile Gesellschaft mit ihren verschiedenen Organisationen.

Die PRI, von ihrem Ursprung 1928 her ein von oben gebildetes Instrument zur Institutionalisierung der Staatsmacht und zur unverzichtbaren Zivilisierung der Politik nach den endlosen militärischen Konfrontationen in dem Jahrzehnt der Revolution, bildete sich in den dreißiger Jahren zur alle Sektoren der mexikanischen Gesellschaft umfassenden Volkspartei heraus. Ihre korporative Struktur - von Lázaro Cárdenas zur Blüte gebracht - erlaubte es, ein ebenso engmaschiges wie feinfühliges Netz über das ganze Land zu legen, mit dessen Hilfe jede Regung der Zivilgesellschaft wahrgenommen und darauf reagiert werden konnte. Ein sorgfältiges Austarieren der Ämterpatronage zwischen den verschiedenen Klientelgruppen und ideologischen Flügeln der Partei war in den folgenden Jahrzehnten möglich auf der Grundlage eines kontinuierlichen Wirtschaftswachstums, das in der Partei- sprich: Staatskasse stets genügend Reserven entstehen ließ, mit denen auftretende Fraktionen abgefedert werden konnten. Erst in den 80er Jahren, mit dem Manifestwerden der Schuldenkrise, schmolzen die zuletzt während des Ölbooms gewonnenen Reserven dahin, wehte der Partei- und Staatskasse ein neuer Wind aus dem Ausland und aus der eigenen Gesellschaft entgegen. Der sinkende Ölpreis und gestiegene Zinsen führten zu dem Eingeständnis des damaligen Präsidenten López Portillo, daß der Staatshaushalt in unverantwortlicher Weise überzogen worden war, daß man den Forderungen der Gläubiger nicht entsprechen könne. Weder die Abwertung des Peso noch die zum Ende seiner Amtsperiode 1982 erfolgte Bankenverstaatlichung konnten die längst begonnene Absatzbewegung des Kapitals und den verhängnisvollen Inflationsprozeß bremsen, von denen die mexikanische Wirtschaft im „verlorenen Jahrzehnt" der 80er Jahre heimgesucht wurde. Die Nachfolge-Administration von Miguel de la Madrid war gezwungen, auf jeglichen Populismus zu verzichten, und mußte, dem Diktat von IWF und Weltbank folgend, statt dessen fortlaufend unpopuläre Haushaltskürzungen vor allem im öffentlichen und Sozialbereich vornehmen.

In diese Zeit fällt der steile Aufstieg des Carlos Salinas de Gortari. Als Direktor des Think-Tanks der PRI, des IEPES (Instituto de Estudios Políticos, Económicos y Sociales), hatte der Harvard-Absolvent - ironischerweise Autor einer Abhandlung mit dem vielversprechenden Titel „Produktion und politische Partizipation im ländlichen Mexico" - bereits Anfang der 80er Jahre durch brillante Analysen und einen geschliffenen öffentlichen Diskurs auf sich aufmerksam gemacht. Miguel de la Madrid ernannte ihn zum Minister für Planung und Haushalt und bewies damit eine durchaus glückliche Hand. Salinas scharte einen kompetenten Mitarbeiterstab um sich, mit dem es ihm gelang, über die gesamte sechsjährige Amtszeit den schwierigen Balanceakt zwischen protektionistischen Maßnahmen und verlangter Öffnung der Ökonomie, zwischen Haushaltseinsparungen und Dezentralisierungsschritten in der Verwaltung unbeschadet zu überstehen. Ein kluger nationalistischer Diskurs, erfolgversprechende Umschuldungsverhandlungen mit IWF und Weltbank sowie die Einführung eines Stabilitätspaktes (eine konzertierte Selbstverpflichtung von Unternehmern, Staat und Gewerkschaften auf Einfrieren der Preise und Löhne) brachten ihm schließlich den Zuschlag als Nachfolgekandidat für die Wahlen im Juni 1988. Damit setzte sich innerhalb der Staatsklasse eine Gruppe durch, die für grundlegende strukturelle Veränderungen im mexikanischen Staats- und Wirtschaftsgefüge steht.

Zwei Ereignisse in der Regierungszeit Miguel de la Madrids müssen für das Verständnis der tiefen Legitimationskrise, in die die mexikanische Regierung im Verlauf der 80er Jahre geraten war, erwähnt werden: Das Erdbeben von 1985 sowie die Fußballweltmeisterschaft 1986.

Das Erdbeben mit seinen verheerenden Folgen besonders in der Hauptstadt wurde von den MexikanerInnen wie ein Signal der Götter wahrgenommen. Der Glaube in die Fähigkeit der Regierung, mit dieser gewissermaßen übermenschlichen und zugleich allzu irdischen Krise in verantwortlicher Weise umgehen zu können, wurde bis in seine Grundfesten erschüttert. Statt schnelle und effektive Hilfsmaßnahmen anzuordnen, erging sich der Präsident in Beschwörungsformeln über nationale Souveränität und Appellen an die patriotischen Ordnungshüter, während diese ungestraft an Plünderungsaktionen teilnahmen und sich teilweise daran machten, aus dem Ausland eingegangene Hilfslieferungen unter sich aufzuteilen. Mit den einstürzenden Gebäuden wurden staatlich geduldete Korruptionsstrukturen sichtbar, die sowohl unmittelbar die subventionierte Bauwirtschaft betrafen als auch Folter- und Verhörmethoden, die nicht nur sprichwörtliche Leichen im Keller des Innenministeriums ans Tageslicht brachten.

Die Bevölkerung hingegen, und nicht nur die unmittelbar betroffene, reagierte in einem bis dahin ungekannten spontanen Solidaritätsschub, der sich durch sämtliche Bevölkerungsschichten hindurchzog. Selbsthilfe- und Nachbarschaftsorganisationen wuchsen wie Pilze aus dem erschütterten Boden der Hauptstadt, die Kunde von den unmenschlichen Arbeitsbedingungen der Näherinnen machte wie ein Lauffeuer die Runde durch das ganze Land und stellte die Rolle der Gewerkschaftsbewegung insgesamt in Frage. Eine originär mexikanische Symbolfigur des Widerstands gegen den Staat entstand aus den Trümmern der Erdbebenopfer: *Superbarrio*, der Anwalt der BarriobewohnerInnen, der maskierte Rächer der Entrechteten, der auf vielen Demonstrationen vorneweg marschierte, Petitionen an die Stadtverwaltung übergab, flammende Reden gegen Mietwucherer und Spekulanten hielt - in gewisser Weise der urbane, militante, aber nicht-militärische Vorläufer des *Sup* Marcos.

Das Erdbeben wurde zum Symbol für ein neu erwachendes Selbstbewußtsein in den städtischen sozialen Bewegungen und zugleich für ein absterbendes Vertrauen in die Führungsfähigkeit des Staates.

Krasser Ausdruck für diesen geschwundenen Respekt vor der staatlichen, jahrzehntelang unangetasteten Autorität war die Eröffnungsfeier der Fußballweltmeisterschaft im Aztekenstadion im Sommer 1986, während derer Präsident Miguel de la Madrid ein weltweit unüberhörbares Pfeifkonzert über sich ergehen lassen mußte. Das hatte es in der Geschichte Mexikos noch nicht gegeben: Im Bewußtsein der internationalen Dimension dieses Ereignisses wird die höchste nationale Instanz, der Präsident, an seiner belanglosen Eröffnungsrede gehindert. Daß die mexikanische Elf nicht über das Achtelfinale hinauskam, trug gewiß auch nicht zur Hebung der Stimmung in der Gesellschaft bei.

Die Wahlen von 1988 schließlich waren die förmliche Quittung für den tiefen Riß, der sich zwischen Staat und Gesellschaft aufgetan hatte. Gewissermaßen aus dem Stand erzielte das im Verlauf weniger Monate zusammengezimmerte Wahlbündnis FDN (Frente Democrático Nacional) mit dem PRI-Abtrünnigen Cuauhtémoc Cárdenas als Präsidentschaftskandidat ein überwältigend gutes Wahlergebnis, wahrscheinlich sogar die Mehrheit der Stimmen. In der Hauptstadt, dem demographischen, kulturellen, politischen und ökonomischen Zentrum des Landes wurde der linken Opposition sogar offiziell die Mehrheit zuerkannt. Der Bürgermeister allerdings blieb ein PRI-Mann: Manuel Camacho Solís, der es in taktischer Meisterleistung verstand, die oppositionelle Mehrheit über die Jahre hinweg zu neutralisieren.

Die Gesellschaft war durch beschleunigte Industrialisierung und Urbanisierung, andererseits aber auch durch den abrupten Rückschlag nach jahrzehntelang genährter Entwicklungserwartungshaltung eine andere geworden, der Staat und seine „revolutionäre Familie“ hingegen wollten die gleichen bleiben - das konnte nicht einfach hingenommen werden. Und es wurde nicht hingenommen, weder von der zivilen Gesellschaft und ihren Organisationen noch von der macchiavellistisch agierenden Führungsriege Salinas de Gortari. Jene erschöpften sich in lauteren und lauten Protesten gegen den offenkundig monströsen Wahlschwindel, diese begann mit Pauken und Trompeten ihr Modernisierungsprojekt. Politische Reformversprechen gingen einher mit eindrucksvollen Maßnahmen an der Anti-Korruptionsfront. Erfolgreich abgeschlossene Umschuldungsverhandlungen wurden begleitet von Vorgesprächen über die Möglichkeit des Umsetzens der Bush-Initiative einer freien Handelszone. Rege außenpolitische Aktivitäten wurden innenpolitisch gestützt durch den erfolgreichen Kampf gegen die Inflation und eine spürbare Ankurbelung der Wirtschaft, die Aushebelung des Verfassungsparagraphen 27 (Unveräußerlichkeit von Ejido-Land), unnachgiebige Machtpolitik gegenüber der PRD konterkariert mit großzügiger „Concertacesión", d.h. der Gewährung von Teilhabe an der Macht gegenüber der PAN. All dies waren taktisch wichtige Schachzüge, die die Stellung des Präsidenten als unangefochtenes Machtzentrum stärkten. Hinzu kam die Reprivatisierung der Banken, eine rege Investitionstätigkeit einstmals geflohenen nationalen wie internationalen Kapitals, die Privatisierung des größten Teils staatlicher Unternehmen, lauter Maßnahmen, die natürlich nicht einem diffusen Gesamtwohl einer komplexen Gesellschaft zugute kommen, sondern auf personengebundenen Verträgen basieren, die die ökonomische Potenz der Unterzeichner enorm stärken. Und diese gehören zur Gruppe von Salinas.

Die Gruppe hatte ohne Zweifel ihre Hausaufgaben tadellos gemacht: NAFTA ist unter Dach und Fach, Mexiko ist seit April Mitgliedsland der OECD, genießt im Ausland, besonders im europäischen, ein hohes Ansehen, wird als attraktiver Investitionsstandort geschätzt - all dies betrifft aber nur einen Teil der Nation. Alles hätte wie am Schnürchen laufen können, wenn nicht am 1. Januar 1994, am Tag des Inkrafttretens von NAFTA, die Schüsse im äußersten Süden des Landes daran erinnert hätten, daß neben den Erfolg-reichen auch noch ein armes Volk als Teil dieser Nation existiert. Die EZLN brachte mit einem Schlag ins Bewußtsein der Nation, daß die Entwicklung der letzten Jahre diese in eine bedrohliche Schieflage gebracht hat, die bei einem nächsten Erdstoß das ganze Gebäude Mexiko zum Einsturz bringen kann. Niemand beschreibt die lebensgefährliche Architektur dieses Gebäudes und seiner Stockwerke besser als der dichtende Subcomandante in seinem Traktat über „Mexikos langen Übergang vom Schmerz zur Hoffnung".

Mexiko: Der lange Übergang vom Schmerz zur Hoffnung

Subcomandante Insurgente Marcos

Für den Herrn Ik',
Tzeltal-Fürst
Gründer des CCRI-CG der EZLN
gefallen in den Kämpfen von Ocosingo, Chiapas
im Januar 1994
(wo auch immer er sein mag...)

„Geschehe was mag, wir werden leben
und vom Grund des Schlosses der Armen
wo es so viele gab, die uns gleichten
so viele Gefährten, so viele Freunde
entfaltet sich hoch das Segel des Mutes
laßt es uns hissen ohne Zögern
Morgen werden wir wissen, warum,
wenn wir siegen.

Eine lange Kette von Liebenden
hat das Gefängnis verlassen.

Die Dosis an Ungerechtigkeit und die Dosis an Scham
sind wirklich entschieden zu bitter.

Nicht allen bedarf es, um eine Welt zu schaffen
Glücklichsein ist wichtig, sonst nichts.

Um glücklich zu sein, ist es nötig, einfach klar zu sehen
und zu kämpfen
Warten wir nicht einen Augenblick
Heben wir den Kopf
Nehmen wir die Erde im Sturm."

Paul Eluard: „Le Château des Pauvres"

Mexiko: Zwischen Traum, Alptraum und Erwachen

1. Kapitel - das von den neoliberalen Gesängen von 24 Sirenen erzählt, von goldenen Riffen, vom Stranden auf den Sandbänken der Mutlosigkeit und von anderen Gefahren, die den Piraten auf hoher See auflauern.

ES SPRICHT DAS VATERLAND
I.
ES SPRECHEN DAS VATERLAND UND SEINE SCHMERZEN

Sie haben mir so etwas wie ein Stück
schmerzender Erde gegeben,
voller Narben
und Wunden, die nicht heilen,
voller Schläge und Stürze.

Sie haben mir einen Fluch auferlegt,
der nicht endet,
wie ein niedergerissenes Haus und bitter.

Wie schwer die Geschichte wiegt!

Ich bin voller Verrat und Raub,
jede Erniedrigung häuft sich auf und wächst,
jedes Elend kommt hinzu.

Der Reichsadler des Imperiums entreißt mir die Eingeweide
und mächtige Herren teilen sich
meine Meere und Berge,
meine Flüsse und Wüsten,
meine Täler und Schluchten.

Das sind meine Schmerzen
sie sind groß und enden nicht:
der Schmerz meines entehrten Bodens
der Schmerz meiner verarmten Erde
der Schmerz meines verratenen Kindes
der Schmerz meines Kampfes voller Niederlagen...

In dieses Land kann man durchs Obergeschoß oder durch den Keller kommen. In das Mexiko des Kellers kommt man zu Fuß und weinend ... durch Schlamm. 1993 sprachen wir in der Nähe von San Quintín, im Verwaltungsbezirk von Ocosingo, mit einem Guatemalteken, der die lange und unmögliche Reise durch das mexikanische Land in die Vereinigten Staaten antrat. Um das zu schaffen, mußte er Geld, Gesundheit, Leben und Würde riskieren. Er und seine Familie mußten das Land von Chiapas bis in den Norden Baja Californias durchqueren, einen Alptraum von Misere und Tod durchkreuzen. Wir fragten ihn, warum er es auf sich nähme, bis in die Vereinigten Staaten zu gehen, warum er nicht in einem der mexikanischen Staaten, die er auf seiner Reise kreuze, bleibe, um zu arbeiten. Er antwortete lachend und spottete: „Ich bin doch nicht verrückt. Wenn wir in Guatemala im Regen sitzen, sitzt ihr doch in der Traufe.“ Und er wiederholte die Geschichte, die diejenigen erzählten, die es geschafft hatten, bis zur mexikanischen Nordgrenze zu kommen und von der Grenzpolizei zurück deportiert worden waren: ein Mexiko, das ziemlich anders ist als die Tourismuswerbung; Mörderpolizei, korrupte Funktionäre, Bettelei, nordamerikanische Preise und mittelamerikanische Löhne, Weiße Garden, Bevölkerung im Elend, Hoffnungslosigkeit. Eine Geschichte, die wir schon kannten. Der Alptraum, der im Keller dieses Landes wohnt, der Alptraum, der uns dazu gebracht hat, aufzuwachen, im Januar des Jahres ...

1994:
Ins Mexiko des Obergeschosses...

...kommt man mit dem Flugzeug. Ein Flughafen in der Hauptstadt, in Monterrey, Guadalajara oder Acapulco ist der Eingang zu einem Aufzug, der weder hoch- noch runterfährt, sondern der horizontal das Land der 24 reichsten Männer des Landes durchquert, die Korridore des Mexikos der Moderne: die Büros der Regierung, in denen der Neoliberalismus verwaltet wird, die Clubs der Fabrikbesitzer, wo die Nationalfahne jedes Mal mehr verkommt, die Urlaubszentren, deren eigentlicher Sinn darin liegt, der Spiegel einer Klasse zu sein, die nicht sehen will, was unter ihren Füßen ist: eine lange Wendeltreppe und ein Labyrinth, das bis in das Mexiko des Kellers hinabführt, in das der Fußgänger und des Schlamms. Über dem Blut und Morast, die den Keller dieses Landes bewohnen, sind die 24 Allmächtigen damit beschäftigt, die 44,1 Milliarden Dollar zu zählen, das Geschenk der letzten sechsjährigen Regierungsperiode der Moderne. Das Mexiko von oben hat keine Zeit nach unten zu sehen, es ist mit komplizierten makroökonomischen Rechnungen beschäftigt, mit dem Austausch von Versprechungen, Schmeicheleien und Inflationsindexen, Zinsraten und Prozenten ausländischer Investitionen, Import- und Exportkonzessionen, Auflistungen von Gütern, Salden, bei denen das Vaterland und die Würde kein Gewicht haben: Die öffentlich abgesicherte Langzeitverschuldung stieg von 3,196 Mrd. Dollar 1970 auf 76,257 Mrd. Dollar 1989. Die private Verschuldung stieg von 2,77 Mrd. US$ 1970 auf 3,999 Mrd. US$ 1989. 1989 beliefen sich die öffentlichen Kurzzeitschulden auf 10,295 Mrd. Dollar. Zu Beginn der 90er Jahre schuldete Mexiko 95,642 Mrd. Dollar. Jedes Jahr zahlt dieses Land mehr Schulden und schuldet trotzdem jedes Jahr mehr. Die Nutzung von Krediten des Internationalen Währungsfonds stieg von 0.00 $ 1970 auf 5,091 Mrd. Dollar 1989.

Das Wirtschafswachstum in Industrie und Handel geht zu Lasten des ländlichen Mexiko: In der Landwirtschaft ist die Produktion von 1965-1980 jährlich um 3% gestiegen. In der Zeit von 1980-1989 nur um 1%. Währenddessen sprechen im Außenhandel die Importe ihre komplizierte Zahlensprache: 1974 betrugen die Getreideimporte 2,881 tausend Kubiktonnen und stiegen bis 1984 auf 7,054 tausend. 1965 waren 5% der Importe Nahrungsmittel, bis 1989 ist der Prozentsatz von Nahrungsmittelimporten auf 16% angestiegen. Auf der anderen Seite ist im selben Zeitraum der Prozentsatz an Importen von Maschinen oder Transportmitteln gefallen (von 50% 1965 auf 34% 1989). Die Exporte bekräftigen dies: Insgesamt stieg der Verkauf von Treibstoff und Mineralien von 22% 1965 auf 41% 1989. Die Verkäufe von Maschinen und Transportmitteln ins Ausland stiegen von 1% 1965 auf 24% 1989. Der Export von Primärgütern sank von 62% 1965 auf 14% 1989.

Der Herr Carlos Salinas de Gortari ist, im Mexiko von oben, der Präsident... aber der einer Aktionärshauptversammlung. Die Moderne macht in der mexikanischen Neopolitik aus den öffentlichen Funktionären eine Art Immobilienhändler, und aus dem Präsidenten der Republik den Verkaufsleiter einer gigantischen Firma: Mexiko GmbH. Politiker der Staatspartei zu sein ist in Mexiko das beste Geschäft. Ein väterlicher Schatten schützt die Schritte der neuen Generation von mexikanischen Politikern, der des Ex-Präsidenten Miguel Alemán Valdés, „Mr. Amigo".

Der Neo-Gewählte, Ernesto Zedillo, wiederholt den Trug des *american dream* (arme Kinder, die reich, d.h. Politiker werden) und das Wirtschaftsprogramm der Modernisierung... Seit 48 Jahren! Die Sense fehlender Liquidität, fehlender Kredite und fehlenden Marktes wird erneut die Köpfe der kleinen und mittleren Betriebe rollen lassen. Das „Gesetz des Dschungels" des freien Marktes wird dieselbe Dosis noch einmal verabreichen: mehr Monopole, weniger Arbeitsplätze. „Wachsen" heißt für die neoliberale Wirtschaftspolitik „Verkaufen". Um Politik zu machen, muß man Markttechnik beherrschen.

Der „Bürger“ des Mexikos von oben wird früher oder später von irgendeiner ausländischen Institution zum „Mann des Jahres“ gekürt. Um das zu erreichen, muß er sich einlassen auf folgende...

Anweisungen, um zum „Mann des Jahres“ gekürt zu werden:

1. Mische, vorsichtig, einen technokratischen Funktionär, einen reuigen Oppositionellen, einen namengebenden Fabrikanten, einen gewerkschaftlich organisierten Bauern, einen Hausbesitzer, einen Landbesitzer, einen Computer-Alchemisten, einen „brillanten“ Intellektuellen, einen Fernsehsender, eine Radiostation und eine offizielle Partei. Tu alles zusammen in ein Gefäß und beschrifte es mit: „Moderne“.

2. Nimm einen Landarbeiter, einen Bauern ohne Land, einen Arbeitslosen, einen Industriearbeiter, einen Lehrer ohne Stelle, eine unzufriedene Hausfrau, einen Antragsteller auf Wohnraum und Versorgung, das bißchen ehrliche Presse, einen Studenten, einen Homosexuellen, einen Regimegegner. Teile so oft es möglich ist. Tu alles zusammen in ein Gefäß und beschrifte es mit: „Anti-Mexiko“.

3. Nimm einen Indígena. Lege die kunsthandwerklichen Gegenstände zur Seite und mache ein Foto von ihm. Tu die kunsthandwerklichen Gegenstände und das Foto in ein Gefäß und beschrifte es: „Tradition“:

4. Tu den Indígena in ein anderes Gefäß und beschrifte es: „entbehrlich“. Vergiß nicht, dich nach dieser letzten Handlung zu desinfizieren.

5. Gut, jetzt eröffne ein Geschäft mit einem großen Schild, auf dem steht: „Mexiko 94-2000. Großer Ausverkauf zum Ende des Jahrhunderts“.

6. Lächele auf dem Foto. Und achte darauf, daß das Make Up die Augenringe verbirgt, die du von so vielen Alpträumen hast.

Beachte: Habe immer einen Polizisten, einen Soldaten und ein Flugticket ins Ausland bereit. Sie könnten jeden Moment notwendig werden.

Das Mexiko von oben hat keinen Hang zum Ausland. Um einen Hang zum Ausland zu haben, muß man eine Nationalität haben, und das einzige Land, von dem man ernsthaft reden hört im immer enger werdenden oberen Stockwerk, ist das Land des Geldes. Und dieses Land hat kein Vaterland, es hat Verlust- und Gewinnanzeigen. Das historische Geschehen spielt sich in den Börsensälen ab, und die modernen Helden dort oben sind die guten Verkäufer. Aus irgendeinem Grund der anderen Geschichte (der wirklichen) schrumpft dieses Obergeschoß, weit davon entfernt, sich auszudehnen, rasch. Jedes Mal sind es weniger, die dort bleiben können. Entweder sanft oder brutal sind die Unfähigen gezwungen, herabzusteigen ... über die Treppe. Der Aufzug des Mexiko von oben, dessen Tür sich zu den großen internationalen Flughäfen öffnet, fährt weder auf- noch abwärts. Um dort auszusteigen, muß man hinabgehen, hinabgehen bis...

zum Mexiko des Hochparterre...

...kommt man im Auto. Es ist städtisch, und sein Bild ist eine Kopie der Hauptstadt, das in verschiedenen Teilen des Landes wiederholt wird. Ein Bild aus Beton, das die Widersprüche des Zusammenlebens von extremem Reichtum und extremer Armut nicht verleugnen kann. Das Mexiko des Hochparterre stinkt. Irgend etwas verfault dort zur selben Zeit, in der sich das Gemeinschaftsgefühl auflöst. Das Mexiko des Hochparterre hat einen Hang zum Ausland. Irgend etwas sagt ihm, daß der Weg zum Mexiko des Obergeschosses durch ein Land führt, das nicht dieses ist. Um in Mexiko „Erfolg" zu haben, muß man ins Ausland gehen. Nicht unbedingt physisch, aber historisch, mit seinen Sehnsüchten. Dieser Hang zum Exil, als Synonym des Erfolges, hat nichts damit zu tun, tatsächlich eine Landesgrenze zu überschreiten. Es gibt die, die, auch wenn sie weggehen, bleiben. Und es gibt die, die, auch wenn sie bleiben, gehen. Nur drei Bundesstaaten haben einen SEHR GERINGEN Grad an Marginalität: die Hauptstadt, Nuevo León und Baja California Nord. Zehn weitere haben einen NIEDRIGEN Grad an Marginalität: Coahuila, Baja California Süd, Aguascalientes, Chihuahua, Sonora, Jalisco, Colima, Tamaulipas, Staat Mexiko und Morelos; weitere vier haben einen MITTLEREN Grad an Marginalität: Quintana Roo, Sinaloa, Nayarit und Tlaxcala. Das Mexiko des Hochparterre überlebt auf die schrecklichste Art: Es glaubt, es lebe. Es hat alle Nachteile des Mexikos von oben: historische Ignoranz, Zynismus, Opportunismus und eine Leere, die die Importprodukte kaum oder gar nicht füllen. Es hat alle Nachteile des Mexikos von unten: wirtschaftliche Instabilität, Unsicherheit, Zerrüttung, langsamen Verlust der Hoffnung und außerdem das Elend, das an jeder Ecke an die Windschutzscheibe des Autos klopft. Früher oder später muß das Mexiko des Hochparterre aus dem Auto steigen und, wenn ihm etwas geblieben ist, ins Taxi, sonst ins Gemeinschaftstaxi, in die U-Bahn, in einen Bus steigen und weiter nach unten fahren bis ...

zum Mexiko von unten...

...kann man sofort kommen. Es lebt in ständigem Konflikt mit dem Mexiko des Hochparterre zusammen. In den 17 mexikanischen Staaten, die einen MITTLEREN, NIEDRIGEN oder SEHR NIEDRIGEN Grad an Marginalität haben, leben die Hälfte der Bewohner dicht gedrängt (mit mehr als zwei

Personen pro Zimmer), und 50% der Mexikaner in den „mittleren" Staaten verdienen weniger als zwei Mindestlöhne am Tag, d.h. leben in Armut (in Tlaxcala leben 3/4 der Bevölkerung in Armut).

In Aguascalientes, Chihuahua, Jalisco, Colima, Tamaulipas, Morelos, Quintana Roo, Sinaloa und Tlaxcala sind ein Drittel der Einwohner über 15 Jahre ohne Grundschulabschluß, in Nayarit liegt der Prozentsatz bei über 40%. In Tlaxcala hat ein Drittel der Einwohner keine Kanalisation. In Quintana Roo und Sinaloa lebt ein Viertel der Bevölkerung auf Lehmfußboden. Die Staaten Durango, Querétaro, Guanajuato, Michoacán, Yucatán, Campeche, Tabasco, Zacatecas und San Luis Potosí haben den Grad HOHER Marginalität. Hier hat fast die Hälfte der Einwohner über 15 Jahre keinen Grundschulabschluß, ein Drittel keine Kanalisation, nahezu zwei Drittel leben dicht gedrängt, und mehr als 60% verdienen weniger als zwei Mindestlöhne.

Das Mexiko von unten teilt nicht, es streitet um einen städtischen und ländlichen Raum, der nichtsdestotrotz seine inneren Trennlinien, seine Grenzen hat. Fincas, Ländereien und große Agrarfirmen zwingen ihren ländlichen Raum den *ejidos* und bäuerlichen Gemeinden auf. Die Stadtviertel, ihre Namen und Lage, die zur Verfügung stehenden öffentlichen Dienstleistungen, die Art ihrer Bewohner, zu sprechen, sich zu kleiden, ihre Vergnügungen, ihre Bildung, alles begrenzt und klassifiziert, versucht zu ordnen, das Chaos zu regeln, das die mexikanischen Städte regiert. Es ist nicht nötig, das Einkommensniveau, soziale Stellung und politische Meinung anzugeben, es genügt zu sagen, in welchem Viertel welcher Stadt man wohnt. Innerhalb der Stadt gibt es tausend Städte, die sich streiten, überleben, kämpfen. Auf dem Land sind die Transportmittel, die Art sich zu kleiden und die Aufmerksamkeit des Bankdirektors die Zeichen der Klassifizierung. Die Stellung einer Person auf dem mexikanischen Land kann man an der Zeit ermessen, die sie in den Vorzimmern der öffentlichen und finanziellen Macht wartet. Im Mexiko von unten wird das Herrenhaus des porfiristischen Landgutes durch das Büro der Bank ersetzt, mit der die Moderne das mexikanische Land durchdringt.

Das Mexiko von unten hat einen Hang zu Kämpfen, es ist tapfer, es ist solidarisch, ist Bande, Stadtteil, Gesindel, Rasse, Kumpel, Streik, ist Demonstration und Versammlung, ist Landbesetzung, Straßensperren, ist „ich glaube ihnen nicht!", ist „ich lasse mich nicht!", ist „los jetzt!". Das Mexiko von unten ist Lehrer, Maurer, Installateur, Arbeiter, Fahrer, Angestellter, Student der U-Bahn-Bus-Gemeinschaftstaxis, Straßenkehrer, dialektisch-materialistischer Lastwagenfahrer, Hausfrau, kleiner Mieter, Straßenhändler, Agrarist, Klein- und Kleinsthändler, Bergarbeiter, Pächter, Bauer, auf

Gemeindeland Arbeitender, Provinzler auch in der Hauptstadt, Landarbeiter, Packer im Hafen, Fischer und Seemann, Trödler, Fleischer, Kunsthandwerker, ist die undsoweiters die man in jedem Bus, an jeder Ecke findet, in jedem Winkel jedes Ortes jeden Mexikos ... von unten. Das Mexiko von unten ist das Fleisch der Gefängnisse, der Entäußerungen, der Embargos, der Razzien, der Entlassungen, der Räumungen, der Entführungen, der Folter, des Verschwindenlassens, des Zorns, des Todes. Das Mexiko von unten hat nichts – aber es hat es (noch) nicht bemerkt. Das Mexiko von unten hat schon Probleme der Überbevölkerung. Das Mexiko von unten ist Millionär des Elends und der Hoffnungslosigkeit. Das Mexiko von unten teilt städtische und ländliche Räume, Fehltritte und Stürze, Kämpfe und Niederlagen. Das Mexiko von unten ist ganz schön weit unten, so weit unten, daß es scheint, daß es darunter nichts mehr gibt, so weit unten, daß man die kleine Tür fast gar nicht sieht ...

zum Mexiko des Kellers...

...kommt man zu Fuß, barfuß oder mit Gummilatschen. Um dahin zu kommen, muß man durch die Geschichte hinabsteigen und die Tabellen der Marginalität hinaufklettern. Das Mexiko des Kellers war das erste. Als Mexiko noch nicht Mexiko war, als alles anfing, existierte, lebte das Mexiko des Kellers schon. Das Mexiko des Kellers ist „indianisch", denn Kolumbus dachte vor 502 Jahren, daß das Land, in das er gekommen war, Indien sei. „Indios" nannte man von da an die Bewohner dieser Gegend. Das Mexiko des Kellers ist Mazahua, Amuzgo, Tlapaneco, Nahuatlaca, Cora, Huichol, Yaqui, Mayo, Tarahumara, Mixteco, Zapoteco, Maya, Chontal, Seri, Triquis, Kumiai, Cucapá, Paipai, Cochimi, Kiliwa, Tequistlateco, Pame, Chichimeca, Otomi, Mazateco, Matlatzinco, Ocuilteco, Popoloca, Ixcateco, Chocho-Popoloca, Cuicateco, Chatino, Chinanteco, Huave, Pápago, Pima, Tepehuano, Guarijio, Huasteco, Chuij, Jalalteco, Mixe, Zoque, Totonaco, Kikapú, Purépecha, O'odham, Tzotzil, Tzeltal, Tojolabal, Chol, Mam.

Das Mexiko des Kellers ist indianisch - aber für den Rest des Landes zählt es nicht. Es produziert nicht, verkauft nicht, kauft nicht, das heißt, es existiert nicht ... Lesen Sie nach im Text des NAFTA-Vertrages, und Sie werden sehen, daß die Indígenas für diese Regierung nicht existieren. Mehr noch, lesen Sie den Anhang 1001.a-1 im Text des NAFTA-Vertrages, vom 7. Oktober 1992 (ja, fünf Tage vor den „Festlichkeiten" anläßlich 500 Jahre „Entdeckung Amerikas"), und Sie werden finden, daß die Regierung Salinas „vergessen" hat, das Nationale Institut für Indígena-Angelegenheiten (INI) in die Liste der „Körperschaften der Bundesregierung" aufzunehmen. Wir sind schon lange in den Bergen, vielleicht ist das INI schon privatisiert worden, aber es überrascht trotzdem, daß so bekannte Büros wie das „Patronat zur Unterstützung der Sozialen Wiedereingliederung", „Unterstützungen für Dienste zur Vermarktung im land- und viehwirtschaftlichen Sektor" und das „Institut der Menschlichen Kommunikation Dr. Andrés Bustamante Gurría" als „Körperschaften der Regierung" erscheinen. Im Gegensatz dazu gibt es auf kanadischer Seite das „Department of Indian Affairs and Northern Development", das so etwas ist wie die „Abteilung für indianische Angelegenheiten und nördliche Entwicklung".

Das Mexiko des Kellers häuft Traditionen und Elend an, hat die höchsten Raten von Marginalität und die niedrigsten, was die Ernährung betrifft. Von den 32 Staaten haben sechs einen SEHR HOHEN Grad an Verelendung. Alle sechs haben einen hohen Prozentsatz indianischer Bevölkerung:

Puebla
Veracruz
Hidalgo
Guerrero
Oaxaca
Chiapas.

Die Schichtung Mexikos wiederholt sich in den Verwaltungsbezirken. Auf nationaler Ebene gibt es 2.403 Bezirke. Von diesen haben 1.153 einen HOHEN und SEHR HOHEN Grad an Marginalität. 1.118 einen MITTLEREN und NIEDRIGEN Grad an Marginalität und nur 132 Bezirke einen SEHR GERINGEN Grad an Marginalität. In den Staaten mit einem hohen Anteil indianischer Bevölkerung heißt das: Chiapas hat in 94 von 111 Bezirken einen HOHEN und SEHR HOHEN Grad an Marginalität. Guerrero in 59 von 75. Oaxaca in 431 von 570. Puebla in 141 von 217, Querétaro in 10 von 18. San Luis Potosi in 33 von 56. Veracruz in 130 von 207. Yucatán in 70 von 106.

Zwischen Schlamm und Blut lebt und stirbt man im Keller Mexikos. Verborgen, aber in seinem Grund, erlaubt es die Verachtung, die dies Mexiko erfährt, sich zu organisieren und das gesamte System zu erschüttern. Seine Last wird auch die Möglicheit sein, sich von ihr zu befreien. Das Fehlen von Demokratie, Freiheit und Gerechtigkeit für diese Mexikaner hat sich organisiert und ist leuchtend explodiert, um alle zu erhellen.

Im Januar 1994...

...erinnerte sich das gesamte Land an die Existenz dieses Kellers. Tausende mit Wahrheit und Feuer, mit Scham und Würde bewaffnete Indígenas rüttelten das Land aus seinem süßen Traum der Moderne. „Es reicht!" schreit ihre Stimme. Schluß mit den Träumen, Schluß mit den Alpträumen. Seit Stahl und Evangelium dieses Land eroberten, ist diese Stimme dazu verurteilt, sich einem Vernichtungsfeldzug zu widersetzen, der heute alle Fortschritte der intergalaktischen Technologie miteinschließt. Satelliten, Apparate der Telekommunikation und Infrarotstrahlen beobachten ihre Bewegungen, verorten ihr Rebellentum, zeigen auf den Militärkarten die Orte, an denen Bomben und Tod gesät werden sollen. Zehntausende von olivgrünen Masken bereiten einen neuen blühenden Krieg vor. Sie wollen ihren Stolz, den Mächtigen zu dienen, Komplizen zu sein bei dieser ungerechten Verteilung von Schmerz und Armut, mit indianischem Blut waschen.

Die zapatistischen Indígenas werden ihre Sünde mit Blut bezahlen. „Welche?" Die, sich nicht mit Almosen zufriedenzugeben, die, auf ihren Forderungen nach Demokratie, Freiheit und Gerechtigkeit für ganz Mexiko zu bestehen, die ihres Grundsatzes „Für alle alles, für uns nichts".

Die, die den indianischen mexikanischen Landleuten die Möglichkeit verschließen, das Konzept NATION auf sich zu beziehen, und sie statt dessen darauf verpflichten, in die Vergangenheit zu sehen (die sie vom Rest des Landes trennt), und sie daran hindern, in die Zukunft zu blicken (die sie mit der Nation verbindet und ihre EINZIGE Möglichkeit ist, als Indígena zu überleben), bekräftigen nicht die Teilung der sozialen Klassen, sondern (so die versteckte Variante des Vorherigen) die Teilung in verschiedene Kategorien von Bürgern: die Erster Klasse (die regierende Klasse), die Zweiter (die politischen Parteien der Opposition) und die Dritter Klasse (der Rest der Bürger). Die Indígenas wären in der absolut untersten Klasse der „Bürger in Ausbildung". Sie wären der Keller der mexikanischen Nation, die Rumpelkammer, in die man ab und zu einmal geht, um etwas zu suchen, das man oben brauchen kann, oder um irgendeine Unstimmigkeit zu reparieren, die das Gleichgewicht und die Stabilität des Gebäudes gefährdet.

Das Mexiko des Kellers ist das gefährlichste für die Verkaufssaison, die das Mexiko von oben organisiert. Das Mexiko des Kellers hat nichts zu verlieren, aber alles zu gewinnen. Das Mexiko des Kellers ergibt sich nicht, verkauft sich nicht, widersetzt sich.

Aus dem Mexiko des Kellers kam im August eine Stimme, die kein Kriegsruf ist, die die Uhr der Geschichte nicht 502 Jahre zurückdrehen will, die keinen Avantgarde-Anspruch hat, die kein Elend ausschließt. „Für alle alles, für uns nichts", sagt die tausendjährige Stimme. Die Stimme derer ohne Antlitz, derer ohne Namen, ist in dem Demokratischen Nationalkonvent öffentlich geworden. Diese Stimme weiß, zu wem sie spricht. Sie ruft das Mexiko von unten, sie spricht zum Mexiko des Hochparterre. „Das Blut soll nicht unnötig geflossen, der Tod nicht umsonst gewesen sein", sagen die Berge. Das Wort soll die unterschiedlichen Wege vereinen, die Teile der Rebellion sind...

Die Frauen:

Doppelter Traum,
Doppelter Alptraum,
Doppeltes Erwachen.

Wenn bei den Männern die Aufteilung zwischen den Mexikos bis zu einem gewissen Punkt offensichtlich ist, produziert sie bei den Frauen etwas Neues, das Unterwerfung und Rebellion potenziert. Im Mexiko von oben sind die Frauen weiter niedlich, sind Schmuck auf den Chefschreibtischen des Zeitalters der Telekommunikation und sind „effiziente" Verwalterinnen des familiären Wohlergehens (das heißt, sie entscheiden darüber, wie oft man zu McDonald's zum Abendessen geht). Das Mexiko des Hochparterre prägt der alte Zyklus von Tochter-Braut-Ehefrau und/oder Geliebte-Mutter. In den Mexikos von unten und des Kellers verdoppelt sich der Alptraum in den Mikrokosmen, wo der Mann herrscht und bestimmt. Für die Frauen von unten und im Keller verdoppelt sich alles (bis auf den Respekt): Auf die Frauen bezogen wachsen die Prozentsätze von Analphabetismus, schlechten Lebensbedingungen, niedrigen Löhnen, Marginalität so alptraumhaft, daß das System es vorzieht, das zu ignorieren oder im Rahmen der allgemeinen Statistiken zu vertuschen, die über die Geschlechterausbeutung, die die allgemeine Ausbeutung möglich macht, keine Aussage machen. Aber etwas beginnt in dieser doppelten Unterdrückung unruhig zu werden, der doppelte Alptraum verdoppelt das Erwachen. Frauen von unten und noch weiter unten erwachen. Sie kämpfen gegen die Gegenwart und gegen eine Vergangenheit, die ihnen androht, zur möglichen Zukunft zu werden. Das Bewußtsein der Menschlichkeit geht durch das Bewußtsein der Weiblichkeit. Sich als Mensch zu verstehen, beinhaltet, sich als Frau zu verstehen, und zu kämpfen. Sie brauchen niemanden mehr, der für sie spricht, ihre Worte folgen dem doppelten Weg der Rebellion, mit eigenem Motor - dem doppelten Motor der rebellischen Frauen in diesem ...

Raum für Paradoxe der Tourismuswerbung
Mexiko: 24 an jedem Ende: Der Traum und der Alptraum.

Die 24 Reichsten Mexikos (...) besitzen zusammen 44,1 Milliarden US$. Ihr Vermögen ist hundertmal mehr gewachsen als das Gesamtmexikos.

Die „anderen“ 24: die ärmsten Bezirke Mexikos:

Oaxaca hat zwölf Bezirke, Veracruz vier, Guerrero zwei, Chiapas drei und Puebla drei. Zusammen sind sie die anderen 24, die ärmsten Bezirke des Landes. In der Liste der hundert ärmsten Bezirke ist Oaxaco 44mal vertreten, Veracruz 15mal; Puebla 15mal, Guerrero 13mal, Chiapas 11mal, Hidalgo einmal und Nayarit einmal. Die hundert Ärmsten haben drei Dinge gemeinsam: einen SEHR HOHEN Grad an Marginalität, Elend und eine hauptsächlich indianische Bevölkerung.

Die 24 ärmsten Verwaltungsbezirke Mexikos (...) haben eine durchschnittliche Analphabetenrate von 67% bei Personen über 15 Jahren. 90% haben keinen Grundschulabschluß, 87% der Bevölkerung haben keine Kanalisation und keine Toilette, 87% haben keinen Strom. 84% haben kein fließend Wasser, 86% leben dicht gedrängt, 95% haben Häuser mit Lehmfußboden, 91% verdienen weniger als zwei Mindestlöhne, und 100% haben einen SEHR HOHEN Grad an Verelendung. Der einzige Reichtum, den sie besitzen, sind - ihre Menschen.

Sie bilden, zusammen mit anderen, dies ...

Mexiko: Obergeschoß, Erdgeschoß und Keller

2. Kapitel, das von Unwettern, Wirbelstürmen und hohem Seegang erzählt, die das Schiff und den Willen der Seeleute beuteln, von Schiffbrüchen, die nicht wirklich, aber scheinbar existieren, und von anderen unglaublichen (weil niemand sie glaubt) Wahl-Geschichten, die in der feindlichen Flotte erzählt werden.

II.
ES SPRECHEN DAS VATERLAND UND SEINE ÄNGSTE

Arbeiter zu See und zu Land
sind meine Kinder,
Maschinen und Land verschlingen sie,
die arm geboren sind und arm sterben werden.
Reiche Herren trinken ihr Blut
sie sind dick und gesättigt
denn es ruhen die Helden
in den noch feuchten Buchstaben der Schule.

Ich fürchte jeden Morgen zu erwachen
ohne Männer und Frauen
am Ende allein und zerschlagen.

Ich fürchte, daß niemand den Kopf hebt
ich fürchte, daß niemand mich erneuert
und daß in einem Winkel der Museen,
meine Menschen und die Geschichte mich verlassen ...

Wahlen August 1994
Drei Lesarten der Wahlergebnisse:

Erste Lesart (in der Reihenfolge der Veröffentlichungen und Ressourcen): Das obere Stockwerk dieses Landes liest, daß die Hälfte der Mexikaner entzückt und glücklich sind über die Verwaltung der Moderne (d.h. über die Existenz der 24 Persönlichkeiten des Vaterlandes des Geldes), daß sie stolz sind auf die nationale Geschichte (d.h. auf die 65 Jahre der Geschichte der PRI) und daß sie die Zukunft optimistisch sehen (das heißt, es erfreut sie, das Jahr 2000 unter der weisen Führung der PRI zu erreichen). Diese Lesart hat die Empfehlung des unverdächtigen Regierungssekretariats, der Beobachtergruppen der PRI und der Privatinitiativen, der nordamerikanischen Regierung und des Internationalen Währungsfonds. Das heißt, die Empfehlung der wahren Herren dieses Landes. Jeder Einwand, jeder Zweifel, jeder Protest ist der Versuch, die „Sauberkeit" des Prozesses zu beschmutzen und sich gegen den Willen der mexikanischen Bürger zu stellen (sogar gegen den Willen derjenigen, die nicht gewählt haben, und gegen den derjenigen, die gegen die PRI gewählt haben).

Die ersten, die diese patriotische Nachricht verstehen, sind die großen Medien: Radio und Fernsehen. Um neue Konzessionen zu bekommen oder um die derzeitigen nicht zu verlieren, schließen die Meinungsmacher, die Medienhaie des Bildes und des Tons die Reihen mit der PRI (d.h. mit Mexiko, denn Patriot zu sein bedeutet, das anzuerkennen, was niemand anerkennt, die Legitimität des Sieges der PRI). Bundessoldaten und Polizei beobachten die Haupt-Ungläubigen dieser großen Freude, die für uns die Gewißheit bedeutet, dieses Jahrhundert so zu beenden, wie wir es begonnen haben: mit einer Diktatur. Verdächtig, daß sie nicht an die neoliberalen Tugenden der PRI, von Salinas und den 24 Ehrwürdigen glauben, sind die folgenden: Cuauhtémoc Cárdenas, die PRD, die authentischen PAN-Anhänger, der Demokratische Nationalkonvent, die EZLN und die 30 Millionen Bürger, die nicht für „das Wohlergehen der Familie" – der PRI – gewählt haben.

Zweite Lesart (zusammengedrängt in den wenigen ehrlichen Medien, die es noch gibt): Das Erdgeschoß Mexikos ist sich nicht einig, wie man den vergangenen Wahlprozeß lesen soll. Die Schwächsten (in Moral und

Theorie) lesen Niederlage und suchen die Schuldigen aus dem Augenwinkel, an ihrer Seite, unter Ihresgleichen. Die aus den Verhandlungen Ausgeschlossenen (die darauf gewartet haben, die Sieger zu beraten, die sich jetzt als Verlierer kritisiert sehen und ohne jede Zurückhaltung Etiketten zur Klassifizierung des Unklassifizierbaren verteilen: „bewaffnete Reformisten", „entwaffnete Revolution") lesen die Niederlage in Strategien, Taktiken, Bewertungen, Konjunkturen, Allianzen, Abkommen, Lügen. Letztlich ist es zur Niederlage gekommen, weil man ihren Ratschlägen nicht gefolgt ist. Die Wankelmütigsten lesen Enttäuschung. Die Niederlage besteht darin, sagen sie, dem mexikanischen Volk vertraut zu haben. Die Frustriertesten lesen die Nutzlosigkeit des Kampfes. Sie verzweifeln angesichts eines Volkes, das sich weigert, so sagen sie, von so brillanten Erlösern erlöst zu werden. Sie schreiben für die Nachwelt ihre Losung an eine Mauer der Stadt: „Hurenvolk". In einem Großteil des mexikanischen Erdgeschosses liest man das folgende Wahlergebnis:

Zedillo	17,336,325	48,77%
Fernández Cevallos	9,222,899	25,94%
Cárdenas	5,901,557	16,60%
Soto	975,356	2,74%
Andere und Nicht-Registrierte	1,113,364	3,13%

Das heißt, dieselben Ergebnisse, die die Medien und die Regierung ständig wiederholen, seit ... Mai 1994!

Nichtsdestotrotz gibt man sich an anderen Orten des Erdgeschosses nicht mit dieser leichten Lektüre, mit der Faulheit zu suchen, zufrieden. Zweifel prägt ihr Verständnis, der einfache Wunsch zu verstehen, um den Kampf zu verstehen, zu erklären, um den Kampf zu erklären, zu wissen, um zu wissen, wie man kämpft. In diesem anderen Teil liest man nicht nur den 21. August, man schließt die ganze Bibliographie seit mindestens 1988 ein. Man liest Ungerechtigkeiten in den Kampagnen, im Zur-Verfügung-Stellen von Ressourcen, im Zugang zu den Medien (d.h. zur öffentlichen Meinung), in der ständischen Struktur, in dem Ausradieren von Kandidaten auf den Stimmzetteln, (...) in den Urnen, die sich in ein paar Stunden füllen und eine zwei- oder dreimal so hohe Zahl an Stimmzetteln auszuspucken, wie darin sein dürften, in den Drohungen, den Gerüchten, der Ignoranz, der Repression. Wenn die Lähmung des öffentlichen „Coup d' état" verfliegt, beginnt dieser Teil Mexikos, Unregelmäßigkeiten nachzuspüren, Mini- und Mikro-Betrügereien, mittleren Betrügereien und großen Betrügereien, Makro-Betrügereien. Nach und nach beginnt sich der Zweifel zu bestätigen: Der Sieg ist nicht rechtmäßig. (...)

Aber in dieser Lesart sind die Stimmen für die PRI das Ergebnis einer langen Kette von Betrügereien jeder Größenordnung, jedes Geschmacks und jeder Farbe. Es ist keine rechtmäßige Wahl, es ist notwendig, sie zu säubern und zu wiederholen. Es gibt keine sauberen Gewinner in einem von Anfang an schmutzigen Prozeß. Innerhalb dieser Lesart erwacht ganz allmählich eine zivile Widerstandsbewegung, organisiert sich, läuft los. Zuerst versucht sie, die verstreuten Informationen zu bekommen, die Unterlagen zu vergleichen, die Leute zu befragen. Die Unregelmäßigkeiten beginnen wie die Stimmen am 21. August zu fließen: Fälschung der Ziffern in den Unterlagen, geschwindelte Zählungen, mehr Stimmzettel in der Urne als abgegebene Stimmen, Blanko-Wahlzettel, Wahlscheine ohne Unterschrift, Fehlen von Vertretern der Oppositionsparteien und Beobachtern in den Wahllokalen, Verletzung des Wahlgeheimnisses, Druck während des Wahlkampfes, die PRI zu bevorzugen, zu viele Stimmzettel in den Urnen, Wähler mit mehreren Wahlscheinen, tote Wähler, Militärpräsenz in den Wahllokalen, PRI-Anhänger, die noch am Wahltag Wahlkampf machen, Drohungen, Annullierung von Stimmzetteln, die für die Opposition abgegeben wurden, Ausradieren auf den Listen der Kandidaten, Weitergabe der Listen, um die Stimmen für die PRI zu prüfen, Stromausfälle während der Auszählung und all die Unstimmigkeiten, die noch herauskommen. All das führt zu ein- und demselben Ergebnis: Diese Wahlen sind die schmutzigsten in der Geschichte Mexikos. Das aufzuzeigen, es offenzulegen, bekanntzugeben und danach zu handeln ist ein Schritt. Es ist ein weiterer notweniger Schritt auf dem langen Weg des Kampfes für den demokratischen Übergang. (...)

Dritte Lesart (muß noch begonnen werden): Im Keller des Landes liest man nicht. Der Analphabetismus hier sucht seine Lektüre an anderen Orten, liest sich selbst, man unterhält sich nach dem Gesetz der Ahnen, mit den Bildern von früher, mit Tönen voller Gestern, man kommuniziert über unterirdische Kanäle. Der Wechsel beginnt unten, sagen und wiederholen sie. Die Skepsis verschränkt nicht die Arme. Sie feilt, geduldig, die zarte Spitze der Hoffnung. (...)

Das Mexiko des Kellers kennt eine Wahrheit, die seit Jahren in den Tiefen des Landes von Mund zu Mund geht: Es ist nicht möglich, das System der Staatspartei mit denselben Mitteln zu beenden, die es erhalten und der öffentlichen Meinung empfehlen. Solange die Organisation der Wahlen in den Händen der Staatspartei bleibt, wird jedweder Versuch zu kämpfen in Frustration und politischer Unbeweglichkeit enden oder im zynischen Sich-Fügen. Eine Regierung des Übergangs, des Wechsels ist für die Demokratie nötig. Deswegen werden die Rufe zur Bildung einer breiten oppositionellen Front, die alle diese Millionen von Mexikanern, die gegen das System der Staatspartei sind, eint, voller Hoffnung gehört. Diese Rufe sind unter anderem zu hören in verschiedenen..

Klammern

(Klammer: Cárdenas und die PRD: Obwohl er von allen Medien, die im Dienste der Staatspartei stehen - was nicht wenige sind - angegriffen und verleumdet wurde, bleibt der Ingenieur Cuauhtémoc Cárdenas die unangefochtene Leitfigur der demokratischen Kräfte Mexikos. Obwohl ihn derzeit sogar Mitglieder seiner eigenen Partei der Unnachgiebigkeit und des Voluntarismus bezichtigen, ist der Sohn des Generals lediglich konsequent in seinem 1988 begonnenen Kampf. Schon früher wurde er in der öffentlichen Meinung als Fürsprecher von Gewalt und radikaler Opposition, von Chaos, Unordnung und Anarchie dargestellt und kritisiert. Aber genau das Gegenteil entspricht der Wahrheit: Bei den vergangenen Wahlen bedeutete Cárdenas für Millionen Mexikaner von unten und des Kellers die Hoffnung auf einen friedlichen, gerechten und demokratischen Wechsel. Nicht nur für die Besitzlosen, auch für mittlere und gutsituierte Sektoren repräsentierte Cárdenas die Gelegenheit, einem schon erstickenden, nicht atembaren politischen Leben Sauerstoff zuzuführen, bedeutete die Möglichkeit, die brutale Hinwendung zur Moderne zu wandeln, die die salinistische Wirtschaftspolitik der Mittelklasse und den Armen des Landes aufzwingt. (...)

Trotzdem wird in seiner Partei von führenden Persönlichkeiten auf unterschiedlichen Ebenen ein süßer Schwanengesang angestimmt auf eine der während der letzten Jahrzehnte wichtigsten Figuren im demokratischen Kampf. Fehler und noch mehr Fehler werden der Strategie, die dieser Mann verfolgt hat, zugeschrieben, der das Risiko einer enormen Verleumdungskampagne eingegangen ist, als er sich bemühte, was auch immer das Resultat der Gespräche sein würde, mit einer bewaffneten, vermummten, hauptsächlich indianischen und rebellischen Kraft zu verhandeln. Er wird dafür kritisiert, auf dem Foto zu erscheinen, auf dem Salinas, Camacho und Zedillo gerne abgebildet wären: den Aufständischen, die Beispiel für Würde und Widerstand sind, die Hand schüttelnd. Er wird kritisiert, daß er sich für den direkten Kontakt zum Volk entschieden hat, statt für die Verkleidung des Fernsehens. Er wird dafür kritisiert, sich verpflichtet zu haben, die Unzufriedenheit der Allerärmsten des Landes auf friedlichem und legalem Weg anzuführen, statt sich der Mittelschicht anzunähern und sich um die Mitte zu bemühen, die sich schon die PRI und die PAN streitig machen. Er wird dafür kritisiert, nicht konform zu sein. Und er wird schließlich auch dafür kritisiert, daß er Cuauhtémoc Cárdenas ist.

Jetzt wird in der PRD diskutiert: Soll die Partei einen entschiedenen Kurs zur Mitte fahren? Soll sie ihren Ruf der legalen Linken bestätigen?)

(*Noch eine Klammer:* der Demokratische Nationalkonvent. Im Vorfeld der Wahlen formierte sich eine neue politische Kraft. Eine ihrer Tugenden ist es, national zu sein. Der Demokratische Nationalkonvent ist jung in der mexikanischen Politik, aber er hat seinen Volksfrontcharakter und die Frische der Jugend, die seine hauptsächliche Basis ist, auf seiner Seite. Mit Repräsentanten in allen Staaten ist die CND dazu aufgefordert, die Leere einer Linken in Mexiko zu füllen. Etwas ist aufgebrochen in diesem Jahr, nicht nur das falsche Bild der Moderne, das der Neoliberalismus uns verkauft hat, nicht nur die Falschheit der Regierungsprojekte, der institutionellen Almosen, nicht nur das ungerechte Vergessen des Vaterlandes gegenüber seinen ursprünglichen Bewohnern, auch das rigide Schema einer Linken, die darin verhaftet ist, von und in der Vergangenheit zu leben. Inmitten dieser langen Reise vom Schmerz zur Hoffnung sieht sich der politische Kampf selbst der stockfleckigen Amtstracht entkleidet, die ihm der Schmerz vererbt hat, die Hoffnung zwingt ihn, neue Kampfformen zu suchen, das heißt, neue Formen Politiker zu sein, Politik zu machen. Eine neue Politik, eine neue politische Moral, eine neue politische Ethik sind nicht nur ein Wunsch, sie sind die einzige Möglichkeit, voranzukommen und das andere Ufer zu erreichen. Am 21. August endete ein langer Zyklus des Kampfes für Demokratie, Freiheit und Gerechtigkeit, ein Zyklus voller Heldentum und Aufopferung, voller Opfer und Konsequenz. Seine Ergebnisse sind in Sichtweite, der augenblickliche Nebel läßt sie nicht klar erkennen, aber es sind weder wenige, noch sind sie übernatürlich. Der Wind von unten wird sie am Ende deutlich sichtbar machen und jedem von ihnen die höchste Auszeichnung zuteil werden lassen: die Befriedigung, etwas erfüllt zu haben. Aber der Weg ist noch lang, Dummheit und Hochmut regieren weiter dieses Land. Ein neuer Wind kommt auf, er kommt mit Lüften aus der Vergangenheit und mit einer Brise, die unverwechselbar nach Zukunft riecht. Dieser neue Wind ist jung an Leuten und an Ideen, er sucht eine bessere Erde, um sein Gewitter abzuregnen und mit dem überheblichen Wind zusammenzustoßen, der seine Zukunft feiert, während er seine letzten Schritte geht. Dieser Wind hat sich eingeschifft. Da es kein Schiff gab, hat er sich eins gebaut, das unwahrscheinlichste, das absurdeste, das wunderschönste, das beste. Wie es das Gesetz vorschreibt, lichtete das Schiff die Anker mitten in einem Unwetter, das Augen und Herzen wusch, Ketten sprengte und die mächtigste Waffe entfesselte: die Phantasie. Das Schiff hat Mannschaft und Steuermann, eine Fahne und ein weites Meer, um das zu tun, was ein Schiff zu tun hat: fahren, den langen Weg vom Schmerz zur Hoffnung fahren. Dieses Absurdum mit Segeln, das das Meer unserer Geschichte durchsegelt, wurde im Dschungel geboren und hat ein gutes Ziel. Diese zarte Verrücktheit gab sich den Namen, der sie bestimmt und ihr Projekt beschreibt: Demokratischer Nationalkonvent. Der Konvent sammelt in seinem Schoß auf der einen Seite eine wichtige Gruppe von Intellektuellen, Wissenschaftlern und führenden Persönlichkeiten aus dem Volk und auf der anderen Seite das beste der zivilen Gesellschaft aus Provinz und Hauptstadt: einen Fächer, der sich zusammensetzt aus Hausfrauen, Pächtern, Landleuten, Indígenas, Presseleuten, Arbeitern, Angestellten, Lehrern, Künstlern, Religiösen und Frauenorganisationen. Das Beste des mexikanischen Volkes ist schon unter der Fahne der CND versammelt. Das ist die Wirklichkeit, die in den schwierigsten Momenten unserer Zeitgeschichte deutlich wird: Männer und Frauen mit und ohne Partei, mit Namen und Gesichtern, die in den historischen Jahrbüchern keiner politischen Organisation auftauchen, die verachtet und für nichtig gehalten werden von den Avantgarden, die so weit vorne gehen, daß sie allein sind, eingeschlossen und schlecht umschrieben mit Vokabeln wie „Massen" und „Volk".

Männer und Frauen erobern ihren Platz in der Geschichte zurück, ihr Handeln, das sie als gemeinsam und kollektiv entdecken. Sie sind nicht mehr anonyme Zuschauer, sondern werden so mutige Akteure, daß es nicht einmal ihnen selbst gelingt, ihren Mut zu sehen, sich zu sehen, sich zu erkennen, jeder hinter der Mützenmaske, hinter dem schwarzen Gesicht, das der alte Antonio als Ursprung von Licht und Wärme bezeichnet. Der Demokratische Nationalkonvent kann der Ort für diese große Oppositionskraft werden, die den Wind fordert, den das Vaterland ersehnt, den wir erwarten, die Kleinsten, die verschwinden sollen. In dem Momenent, in dem Zehntausende von Mexikanern die Nase voll haben von dem Immergleichen und ihre Waffen bewachen, hat der Demokratische Nationalkonvent das Wort. Die Möglichkeit des friedlichen Übergangs zu Demokratie, Freiheit und Gerechtigkeit liegt in seinen Händen. In der CND könnten alle ehrlichen und oppositionellen Kräfte gegen die Lüge, die dieses Land regiert, zusammengeführt werden. In dem Demokratischen Nationalkonvent liegt jetzt die Hoffung einer nationalen, revolutionären Bewegung, die die schmachvolle Seite umschlägt, auf der die heutige Geschichte Mexikos geschrieben steht ...

(*Die letzte – glaube ich – Klammer.* Und Zedillo? Er erbt von Salinas nicht nur das Wirtschaftsprojekt und die Berufung zum Marktologen, sondern auch die Ungültigkeit und den Betrug. Er wird der letzte Regierende der PRI sein, der *fade out* dieses tragikomischen Films, der vor 65 Jahren begann - und der, unheilbar, mit dem Jahrhundert zu Ende gehen wird. So wie der Nachmittag zu Ende geht und es zu regnen beginnt, hier in ...)

Chiapas: Ganz Mexiko?

Raum für kommerzielle Anzeigen: In Chiapas gibt es keinen Großgrundbesitz, nur kleine ausgedehnte Besitztümer. Wenn in der Mexiko GmbH der Präsident Verkaufsleiter ist und die Regierenden Immobilienhändler sind, ist auf der Finca „Chiapas" der Gouverneur Aufseher. Robledo Rincón, das entsprechende Produkt der Wahlalchemie, die den Sieg Zedillos ermöglicht, ist brillanter Schüler von Absalón Castellanos und Komplize von Patrocinio González Garrido. Er erhebt Anspruch auf das Amt des Gouverneurs von Chiapas. Regierungstreue Zeitungen und diensteifrige Radiosender wiederholen die Lügen, die sich erneut durchsetzen werden. Und dies sind die „Wahrheiten" der Absurdität von Chiapas:

Die noble Abstammung werde zum väterlichen Erbe. Es lebe Gott! Immer unerreichbar für die Demokratie. Er soll woanders von absurden Komplizenschaften und Allianzen erzählen, von Hierarchien, die unterdrücken und weiter existieren und von der unbestreitbaren Grenze, die die Allgemeine Erklärung der Menschenrechte immer auf der anderen Seite des Stacheldrahtes sein läßt, der diese große Weide, die einige Verwirrte „Bundestaat" nennen, einzäunt. Das, was in anderen Ländern unerklärlich ist, ist hier vollkommen logisch.

Eins: Die Zehntausenden von Bundessoldaten, die aus anderen Teilen der Republik stammen und Gebiete in Chiapas besetzen, erhielten vier Karten, um ihre Stimme am vergangenen 21. August abzugeben: eine für den Präsidenten der Republik, eine für den Senator, eine für Abgeordnete und eine für den Gouverneur. Obwohl sie nicht aus Chiapas sind, wählten die Bundessoldaten die chiapanekischen Senatoren und Abgeordneten und den Gouverneur dieses Landes, das nicht ihres ist.

Zwei: Das Weiße der Weißen Garden dringt in die Haut. („Gott schuf uns unterschiedlich, um uns nicht zu verwechseln.") Die grundlegenden Ideen, die diese so kultivierten Personen in ihrer friedensfördernden Arbeit bewegen, lassen sich in der frommen Hand der Gutsbesitzer zusammenfassen, die - Stahl und Blei bricht - (endlich!) die kulturelle Barriere brechen, die zwischen Ladinos und Indígenas besteht. Der Vorsitzende der Viehzüchter, Constantino Kanter, erklärt, man müsse das Wahlergebnis der Gouverneurswahlen respektieren, d.h. den „Sieg" Robledo Rincóns (der Monate zuvor Constantino Kanter angeboten hatte, mit ihm ein Abkommen bezüglich des bundesstaatlichen PRI-Mandats einzugehen). Die Viehzüchter erkären, daß sie es „satt" haben, auf die Lösung ihrer Probleme zu warten und drohen damit, selbst Maßnahmen zu ergreifen. Eine davon ist, Weiße Garden zu bilden, zur Verteidigung - des „Sieges" Robledo Rincóns. Der Hilfsfonds zur Entschädigung von Witwen und Waisen in Konfliktgebieten (FAPIAC) hat jedem der 817 Herbeigebrachten, die Constantino Kanter als ständige Wachposten in Tuxtla Gutierrez unterhält, 500 Neue Pesos bezahlt. 408.500 Neue Pesos, das sind 408 Millionen Alte Pesos staatlicher Finanzierung für den Unterhalt der Weißen Garden der Viehzüchter. Ein Viehzüchter aus Chiapas erklärt ohne jede Scham, daß der Kampf der Indígenas gegen das Gesetz Gottes verstoße. „Gott machte einige von uns reich und andere arm, das war sein Wille und den gilt es zu befolgen."

Wenn sie hier verkatert erwachen, fragen die großen Herren nicht: „Was für ein Tag ist heute?", sondern: „In welchem Jahrhundert frühstükken wir?" Irgendeiner dieser Naiven, die es im Labyrinth der Zentralmacht im Überfluß gibt, dachte, daß ein so vernünftiges „Friedensabkommen" haltbar sei, ohne diesen Teil des Vaterlandes dem sanften Zerfallszustand der Kolonie zu entziehen.

Es gibt keinen Zweifel, ganz Chiapas ist ...

Mexiko:
Zwischen Schmerz und Hoffnung

Kapitel 3, das von der Zärtlichkeit spricht, die dieses Schiff bewegt, von der Hoffnung, die man, so heißt es, am Horizont erkennen kann, von Gedichten, die aufmerksam machen und von anderen wunderbaren Dingen, die schon geschehen und zeigen, daß auf hoher See der Tod bloß ein kurzes Untertauchen ist. ...

III.
ES SPRECHEN DAS VATERLAND UND SEINE ZUKUNFT

Aber nicht alles ist vom traurigen Grau meiner Schmerzen.

Es gibt zumindest einige Gründe
sich zu freuen und zu hoffen
jeden Morgen, an jedem Abend
bei jedem Schritt
unter den hohen Segeln meines Ceibabaumes.

Meine Soldaten wiegen sich
in meinem Traum
aus Staub und Nelken
mit ihren Schritten gehe ich erneut
neu schaffen die Aufständischen mein Haus
meine Nacht deckt sie zu und schützt sie
sie schaffen meinen Morgen.

Rot wird der Morgen sein und rein.

Hier bin ich, sucht gut nach mir.

Mit seinen Händen verwandelt mich der Arbeiter,
der Landmann sät meine Früchte
und meine Soldaten sterben mir mit dem Tod der Großen.
Mit ihren weiten Herzen
werden sie das Brot des Mondes machen,
waschen meine Kleider und meine Klagen.
Und über dieses Meer, das so sehr schmerzt,
fahren Seeleute in meine Häfen.

Bald werden wir uns sehen.

Hier sind die Zutaten:
Salz von Schweiß
Salz des Meeres
Salz von Tränen.

Der Bäcker schürt den Ofen der Geschichte
unter den hohen Segeln meiner Ceibas.

Der Kampf für Demokratie, Freiheit und Gerechtigkeit begann weder am 1. Januar noch wurde er am 21. August beendet. Die Ergebnisse des Wahlkampfes spiegeln die wichtigste Wahrheit nicht wider: Das „Es reicht!“, das den Schritt von Männern und Frauen im ganzen Land bewegte. Der zivile und friedliche Kampf für den demokratischen Übergang beschränkt sich nicht auf die Wahlen, er geht weit darüber hinaus. Die zentralen Forderungen, die den Demokratischen Nationalkonvent begründeten und seine Segelroute bestimmen, sind weiter gültig. Die CND repräsentiert weiterhin ein mutiges, ziviles und friedliches Bemühen Tausender Männer und

Frauen um den Übergang zur Demokratie. Trotzdem produzieren die erdrückenden, wiederholten Schläge der Medien Mutlosigkeit und Zersplitterung. Auf dem Schiff ..

...gibt es an Deck einen Aufruhr von Männern und Frauen. „Es geht nicht!", schreien sie. Die Verzweifeltesten verfluchen den Kapitän und die Seeleute und stürzen sich über die Reling ins Meer der Mutlosigkeit und der Verzweiflung. Andere streiten miteinander, suchen nach einem Schuldigen für die Widrigkeiten dieser Seefahrt zuschieben kann, für ihre Seekrankheit, den Kater eines voreiligen Besäufnisses auf einen Sieg. Sie sehen da schon einen Schiffbruch, wo gerade mal ein Schaukeln der mit dem Wind von oben befreundeten Wellen war, der herrscht und befiehlt – noch. Es gibt Passagiere an Bord, die eine baldige Ankunft im Hafen, das Ende der Reise und die Erfüllung der Hoffnungen ersehnt hatten. Jetzt steigen sie aus, sie verlassen das Schiff und die Lust zu kämpfen. Aber das Schiff fährt weiter, setzt seine lange Reise vom Schmerz zur Hoffnung fort.

Unten, im Bug dieses großen Schiffes, rudern die besten Ruderer weiter. Durch das Tuch, das ihre Gesichter verhüllt, kann man ihr Lächeln erkennen, sie wissen, daß ihr Schmerz jetzt ein Ziel hat, das andere teilen. Sie haben von der Mutlosigkeit, die auf Deck herrscht, nichts vernommen. Sie wissen, daß die Überfahrt gerade erst begonnen hat, daß kein Schiff, das sich ernst nimmt, gleich nach dem Lichten der Anker einen guten Hafen erreicht. Es sind Seeleute vieler Meere, ihre Haut und ihr Herz wurden in den schrecklichsten Unwettern gegerbt. Sie wissen, daß nach der Nacht der Morgen kommt. Auch weiterhin ist der Motor dieses Schiffes indianisch. Der Kampf geht weiter. Wir werden weitersegeln. Und werden ankommen ...

Unter den Ruderern ertönt murmelnd ein Ton, der kaum auszumachen ist:

„Man sieht schon den Horizont,
zapatistischer Kämpfer... „

Die Fahne liegt weiter in den Händen des Demokratischen Nationalkonvents. Die EZLN hat ihre Unterstützung für die CND nicht an ein Wahlergebnis zu Gunsten einer Oppostitionspartei geknüpft. Die EZLN hat nicht auf eine Wahlkonjunktur gesetzt. Die EZLN setzte auf das Volk, an das wir glauben. Für dieses Volk leben wir, für dieses Volk kämpfen wir, für dieses Volk sterben wir. Die EZLN kämpft weiter, hofft weiter... geht... segelt... mit dem Demokratischen Nationalkonvent.

Die lange Kielspur aus Schaum und Salz, die das mächtige Schiff hinterläßt, entfernt sich. „He Wachen!" „Zeigt das Ziel!", ertönt erneut eine zärtliche und harte Stimme. „Hoffnung voraus!", antwortet sofort rauh die Wache. Sie schreit weiter: „Also dann! Weiter ohne Pause. Verdoppelt die gesetzten Segel! Alle an die Ruder! Sterbe derjenige, der versagt! Wunsch und Wille sollen uns leiten! Überlaßt das Steuer dem Wind! So sei es! Los!."

Unser kleines Heer von Verrückten der Hoffnung grüßt in meinen Zeilen die, die mit uns den Wahnsinn teilen, die das „Ich" in die Ecke stellen und die Fahne des „Wir" hochhalten. Wir sind, obwohl so klein, groß, weil wir wissen, daß es euch gibt. Seemannsgarn, werden einige sagen. Das ist nicht wichtig, wir fahren weiter ... immer.

Aus der Truhe der Erinnerungen, der Schatzkiste des Subpiraten, fällt wie unbeabsichtigt ein altes Blatt: Im Regen und im Schlamm verwischen die Buchstaben, verschwinden und kehren zur Erde zurück:

Gedicht in zwei Zeiten und ein subversives Ende

I. ZEIT

Ich bin durch
das
Lächeln
eines
durchschauten
Wortes
herabgeglitten.

Das ist meine Herkunft...

Aber
ich
erinnere
nicht,
ob ich
ausgestoßen
wurde
oder
meine Sachen nahm
und
verschwand,
denkend...

II. ZEIT

Es waren
Worte,
die
uns
schufen

Sie
formten
uns
und entfalteten
ihre
Netze,
um
uns zu kontrollieren.

SUBVERSIVES ENDE

Aber
ich
weiß,
daß
einige
Menschen
sich
in Höhlen
versammeln
und
SCHWEIGEN...

Wir Zapatistas werden nie mehr allein sein...

...in diesem Land schmerzlicher Geschichte, das Mexiko genannt wird, vom Meer umarmt und, bald, von günstigen Winden.

September 1994, der Monat, in dem die Geschichte dieses Land daran erinnert, daß Chiapas ganz Mexiko ist.

P.S. Toñita kommt, um für jemanden eine Geschichte zu erbitten.

Toñita hat sich entschieden, einen Olote zu adoptieren (einen entkörnten Maiskolben) und das unglückselige Kaninchen wegzuwerfen, das im Schlamm nicht leben kann. Toñita kommt und fragt nach einer Geschichte. Wie ich sehe, kümmert sie es überhaupt nicht, daß ich gerade schreibe, und sie setzt sich, mit ihrem Olote, Entschuldigung, ihrer Puppe im Arm. Ich beginne über eine Ausflucht nachzudenken, aber Toñita macht keine Anstalten, etwas anderes zu akzeptieren als eine Geschichte. Ich seufze und zünde die Pfeife an, um Zeit zu gewinnen. Zwischen Rauchwolken beginne ich zu erzählen:

Nacht, Regen, Kälte. Dezember 1984. Der alte Antonio betrachtet das Licht. Auf der Feuerstelle wartet das Feuer umsonst auf das Fleisch der „weißschwänzigen" Hirschkuh, die wir ohne Erfolg gejagt hatten. Im Feuer tanzen und sprechen die Farben. Der alte Antonio schaut ins Feuer und lauscht. Vom Zirpen der Grille und dem Knistern des Feuers kaum zu unterscheiden, weben die Worte des alten Antonio eine sehr alte Geschichte aus der Zeit, unsere Ältesten und die Alten von heute noch nicht geboren waren, und das Feuer still war, wie in dieser Nacht, aber zehn, hundert, tausend, eine Million Nächte vor dieser, ohne Hirschkuh, kalt und regnerisch, ohne irgend jemanden, der uns gestört hätte:

Am Anfang war das Wasser der Nacht. Alles war Wasser, Nacht war alles. Wie Verrückte gingen die Götter und die Menschen, stießen sich und stürzten wie alte Trinker. Es gab kein Licht, um den Weg zu sehen, es gab kein Land, um die Müdigkeit und die Liebe zu betten. Es gab kein Land und kein Licht, nicht gut war die Welt.

Und so stießen die Götter in der Nacht, im Wasser gegeneinander, wurden wütend und begannen zu fluchen. Gewaltig war der Zorn der Götter, denn gewaltig waren die Götter. Und die Männer und Frauen, reines Ohr, reine Tzots', Fledermaus-Männer und -Frauen, versteckten sich vor dem Lärm des gewaltigen Zorns der Götter. So blieben die Götter allein, und als ihr Zorn verrauchte, bemerkten sie, daß sie allein waren, und groß war ihr Schmerz darüber, allein zu sein, und so traurig, wie sie waren, begannen die Götter zu weinen. Enorm waren ihre Tränen, denn ohne die Männer und Frauen waren die Götter allein. Und Träne um Träne, Schluchzer um Schluchzer floß mehr Wasser ins Wasser, es gab kein Entrinnen, denn die Nacht und das Wasser dauerten an und füllten sich mit immer mehr Wasser und Nacht aus dem geweinten Schmerz der Götter. Und den Göttern wurde kalt, denn wenn man allein ist, spürt man die Kälte und mehr noch, wenn alles Wasser der Nacht ist. Und so dachten die Götter darüber nach, wie sie zu einer Übereinkunft kommen könnten, damit sie nicht mehr allein wären, damit die Fledermaus-Männer und -Frauen aus ihren Höhlen kommen würden, damit das Licht käme, den Weg zu erleuchten, und die Erde, um die Liebe und die Müdigkeit zu betten. So kamen die Götter überein, gemeinsam zu träumen, und so kamen sie in ihren Herzen überein, das Licht und die Erde zu träumen. Sie begannen, das Feuer zu träumen, und ergriffen die Stille, die vorbeizog, und träumten ein Feuer, und inmitten der Stille des Wassers der Nacht, das alles füllte, im Kreis der Götter, erschien eine Wunde, ein kleiner Kratzer über dem Wasser der Nacht, ein kleines Wort, das sich groß tanzte und klein machte und lang streckte und sich dick und dünn machte und sich in die Mitte der Götter tanzte, derer sieben waren. Jetzt sahen sie, daß sie sieben waren, sie sahen sich, und sie machten sich daran, sich zu zählen und kamen bis sieben, denn sieben waren die größten Götter, die ersten. Dann begannen die Götter schnell, diesem Wörtchen, das da in ihrer Mitte tanzte, schweigend tanzte, ein Haus zu bauen. Und sie begannen ihm weitere Wörtchen hinzuzureimen, die in ihren Träumen erschienen, und „Feuer“ nannten sie diese Wörter, die tanzten und jetzt schon gemeinsam sprachen, und sie brachten die Erde herbei und das Licht um das Feuer, und die Fledermaus-Männer und -Frauen kamen aus ihren Höhlen und wunderten sich, sahen sich, berührten sich, liebten sich, und es gab Licht und Erde. Man konnte den Weg sehen, und die Liebe und die Müdigkeit betteten sich... im Licht... auf der Erde. Die Götter sahen sie nicht, denn die hatten sich alle zur Versammlung zurückgezogen, waren in ihrer Hütte und kamen nicht heraus, und niemand durfte hinein, denn die Götter waren dabei, sich zu einigen. Und in der Hütte der Götter einigten sie sich, daß das Feuer nicht ausgehen solle, denn das Wasser der Nacht sei viel und wenig das Licht und die Erde.

Man einigte sich, das Feuer nach oben zu bringen, zum Himmel, damit das Wasser der Nacht nicht herankäme. Und sie ließen den Fledermaus-Männern und -Frauen sagen, daß sie sich in ihren Höhlen aufhalten sollten, denn sie würden das Feuer nach oben bringen, zum Himmel, sagten sie. Die Götter saßen im Kreis um das Feuer herum und diskutierten, wer das Feuer zum Himmel bringen und unten sterben müsse, um oben zu leben, und die Götter konnten sich nicht einigen, denn sie wollten unten nicht sterben. So sagten die Götter, es solle der weißeste Gott gehen, denn er sei der schönste, und so würde das Feuer dort oben wunderschön sein, aber der weiße Gott war feige, er wollte nicht sterben, um zu leben, und so sagte der schwärzeste und häßlichste der Götter namens Ik', daß er das Feuer nach oben bringe. Er nahm das Feuer und verbrannte sich mit dem Feuer und wurde schwarz, dann grau und weiß und gelb und orange, später rot, wurde dann Feuer und erhob sich knisternd bis zum Himmel. Dort blieb er, rund, manchmal gelb, manchmal orange, rot, grau, weiß und schwarz. „Sonne“ nannten ihn die Götter, und es gab mehr Licht, um mehr

Wege zu sehen, und mehr Erde kam. Das Wasser der Nacht rückte zur Seite, und der Berg kam. Der weiße Gott blieb voller Reue, er weinte viel, und da er so viel weinte, sah er seinen Weg nicht, stieß sich und fiel ins Feuer und stieg auch zum Himmel, aber sein Licht war trauriger, weil er so viel über seine Feigheit weinte, und ein trauriger Feuerball, blaß wie die Farbe des weißen Gottes, blieb an der Seite der Sonne, und die Götter nannten diesen weißen Ball „Mond". Aber Sonne und Mond waren einfach nur da, sie bewegten sich nicht. Die Götter sahen sich traurig an, ihre Scham war groß, und so warfen sie sich alle ins Feuer. Da begann die Sonne zu gehen, und der Mond folgte ihr, um sie um Verzeihung zu bitten, sagt man. Und es gab Tag und Nacht und die Fledermaus-Männer und -Frauen kamen aus ihren Höhlen und bauten ihre Hütte nahe beim Feuer und waren immer mit den Göttern, Tag und Nacht, am Tag mit der Sonne und mit dem Mond bei Nacht. Was dann kam, war nicht mehr der Wille der Götter, denn sie waren gestorben - um zu leben...

Der alte Antonio zieht mit seinen Händen einen Zweig aus der Feuerstelle. Er legt ihn auf den Boden. „Sieh dir das an", sagt er zu mir. Von rot nimmt der Zweig den umgekehrten Weg des schwarzen Herren der Geschichte: orange, gelb, weiß, grau, schwarz. Noch warm, heben ihn die schwieligen Hände des alten Antonio auf, und er überreicht ihn mir. Ich versuche so zu tun, als verbrenne er mich nicht, aber ich lasse ihn fast augenblicklich fallen. Der alte Antonio lächelt und hustet, hebt ihn erneut vom Boden auf und taucht ihn in einem Krug voll Regenwasser, voll Wasser der Nacht. Schon kalt, gibt er ihn mir erneut.

„Nimm, und denk daran, daß das schwarzverdeckte Gesicht das Licht und die Wärme versteckt, die dieser Welt fehlen", sagt er und sieht mich weiter an.

„Gehen wir", fügt er hinzu, während er aufsteht, und sagt: „in dieser Nacht wird der ‚Weißschwanz' nicht kommen, am Futterplatz sind keine Hufspuren."

Ich mache mich daran, das Feuer zu löschen, der alte Antonio sagt mir, seinen kleinen Rucksack schon über der Schulter und die Flinte in der Hand: „Laß nur. Bei dieser Kälte ist sogar die Nacht für ein bißchen Wärme dankbar..."

Wir gingen beide schweigend. Es regnete und wirklich, es war kalt...

Eine andere Nacht, ein anderer Regen, eine andere Kälte. Der 17. November 1993. Der zehnte Jahrestag der Gründung der EZLN. Der Generalstab der Zapatistas schart sich ums Feuer. Die allgemeinen Pläne sind fertig und taktische Details ausgearbeitet. Die Truppe hat sich schlafen gelegt, nur die Offiziere mit Majorsgrad sind wachgeblieben. Auch der alte

Antonio ist da, er ist der einzige, der alle zapatistischen Posten passieren und überall hindurch kann, ohne daß irgend jemand es wagen würde, ihn aufzuhalten. Die offizielle Sitzung ist zu Ende, jetzt werden zwischen Scherzen und Anekdoten Pläne und Träume entworfen. Das Thema der verdeckten Gesichter kommt auf, ob Halstücher, ob Augenmasken, ob Karnevalsmasken. Sie sehen mich an.

„Mützenmasken", sage ich ihnen.

„Und wie machen wir Frauen das mit den langen Haaren?" fragt und protestiert Ana Maria.

„Sollen sie die Haare abschneiden", sagt Alfredo.

„Kommt überhaupt nicht in Frage. Was denkst du? Ich finde, sie sollen sogar Röcke tragen", sagt Josué.

„Soll doch deine Großmutter Röcke tragen", antwortet Ana Maria.

Moisés sieht schweigend zum Dach hinaus und unterbricht die Diskussion mit einem: „Und welche Farbe sollen die Mützenmasken haben?"

„Braun - wie die Militärmütze", sagt Rolando. Jemand anders sagt: „Grün." Der alte Antonio macht mir ein Zeichen, ich entferne mich von der Gruppe. „Hast du den Zweig von neulich nachts?" fragt er. „Ja, im Rucksack", antworte ich. „Hol ihn", sagt er und geht zur Gruppe ans Feuer. Als ich mit dem Zweig zurückkomme, sitzen alle schweigend, und der alte Antonio sieht starr ins Feuer, wie in der anderen Nacht der Hirschkuh. „Hier ist er", sage ich und gebe ihm den schwarzen Zweig in die Hand. Der alte Antonio sieht mich fest an und fragt: „Erinnerst du dich?" Ich nicke schweigend. Der alte Antonio legt den Zweig mitten ins Feuer. Erst grau, weiß, gelb, orange, rot, Feuer. Der Zweig ist schon Feuer und Licht. Der alte Antonio sieht mich an und entschwindet wieder durch den Nebel.

Wir sitzen weiter da und sehen den Zweig an, das Feuer, das Licht.

„Schwarz", sage ich.

„Was?" fragt Ana Maria.

Ich wiederhole, ohne meinen Blick vom Feuer zu wenden: „Schwarz, die Mützenmasken werden schwarz sein..."

Niemand widersetzt sich...

Eine andere Nacht, ein anderer Regen, eine andere Kälte. 30. Dezember 1993. Die letzten Truppen beginnen ihren Marsch, um ihre Positionen einzunehmen. Ein Lastwagen bleibt im Schlamm stecken, die Kämpfer schieben, um ihn herauszuholen. Der alte Antonio nähert sich mir mit einer kalten Zigarette im Mund. Ich gebe ihm Feuer und zünde die Pfeife mit dem Kopf nach unten an, eine Technik, die ich, vom Regen gezwungen, entwickelt habe. „Wann?" fragt der alte Antonio. „Morgen", antworte ich und füge hinzu: „Wenn wir rechtzeitig ankommen ..." „Es ist kalt ...", sagt er und schließt die alte Wolljacke. „Mmmmh", antworte ich. Er dreht sich noch eine Zigarette und sagt mir: „Ich brauche etwas Licht und Feuer diese Nacht." Ich lächele, während ich ihm die schwarze Mützenmaske zeige. Er nimmt sie in seine Hände, untersucht sie und gibt sie mir zurück. „Und der Zweig?" fragt er. „Ist Feuer geworden in jener Nacht – nichts ist geblieben", sage ich ihm traurig. „So ist es", sagt der alte Antonio mit zitternder Stimme. „Sterben, um zu leben", sagt er und umarmt mich. Er wischt sich mit dem Ärmel über das Gesicht und murmelt: „Es regnet viel, mir sind sogar die Augen feucht geworden." Der Lastwagen ist losgekommen, und sie rufen mich, ich drehe mich um, um mich vom alten Antonio zu verabschieden. Er war schon nicht mehr da...

Toñita steht auf, um zu gehen. „Der Kuß fehlt", sage ich. Sie nähert sich schnell, drückt mir den Olote an die Wange und rennt fort. „Und was war das?" protestiere ich. Sie antwortet lachend: „Das ist der Kuß für dich. Die Geschichte war für die Puppe, also hat sie dir den Kuß gegeben." Sie rennt davon...

P.P.S., das den anfänglichen Gruß wiederholt.

Menschen, die fähig sind, unter der Erde zu fliegen,
für die es keine Räume gibt, weder große noch kleine.
Mit starrem Blick brechen sie aus dem Flug aus,
furchtbare Gladiatoren.
Miguel Hernández

Hugo, der Abstammung nach Tzeltal und Mexikaner dem Recht und der Geschichte nach, stammte aus der ersten Generation der politisch Verantwortlichen der EZLN. Er gehörte zu den ersten Gründern dessen, was heute Geheimes Revolutionäres Indígena-Komitee (CCRI) heißt, und bildete eine ganze Generation unserer Chefs aus: Raúl, Juan, Ganino, Gustavo, Ramón, Simón, Fernando, Maxo und andere, die jetzt Mitglieder des CCRI sind, haben von Hugo gelernt, wie man die Kriegsvorbereitungen organisiert und leitet. Hugo, Kriegsname dieses Tzeltalfürsten in Haltung und Adel, wählte den Familiennamen „Señor Ik'" („Herr Schwarz"), um sich bei den Funksprüchen zu melden. Nach und nach ging das „Hugo" verloren, und man kannte ihn nur noch als den „Señor IK'". Und so durchstreifte er die Wege und Bezirke und erklärte die Bedeutung der vier Zeichen, die - später - die Welt auf den Kopf stellen würden. Als Chef des Geheimen Revolutionären Indígena-Tzeltal-Komitees und Mitglied der CCRI, Generalkommandantur der EZLN, marschierte Señor Ik' an der Spitze eines Teils der Truppen, die die Bezirkshauptstadt von Ocosingo am ersten Tag des Jahres 1994 einnahmen. Als am 2. Januar die Bundestruppen den Hauptplatz angriffen, blieb Señor Ik' dort und kämpfte, um den Rückzug seiner Compañeros zu decken. In der Konfusion des Rückzugs der letzten Truppen blieb Señor Ik' auf der Liste der Verschwundenen. Später hörten wir verschiedene Versionen: daß er noch am 4. kämpfend gesehen wurde auf dem Weg nach IMSS-Coplamar, daß er schon am 3. tot gesehen wurde, mit einer feindlichen Waffe in der Hand vor einem toten Bundessoldaten, daß er lebendig und festgenommen sei, daß er geflohen sei. Wir haben nie herausgefunden, ob sein Körper in einem der geheimen Massengräber ruht, die die Bundestruppen gegraben haben, um ihre Brutalität und das Fehlen ihrer militärischen Ehre zu verstecken. Oder ob, wie man jetzt in den Bergen erzählt, der Señor Ik' nicht gestorben ist, sondern als ein Licht lebt, das ab und zu zwischen den Hügeln und in den Hohlwegen auftaucht, mit dem Hut und dem Pferd Zapatas. Wie der schwarze Gott in der Geschichte des alten Antonio, gab der Señor Ik' mit seinem Tod dieser Erde Licht und Wärme und dem Kampf, der trotz allem wiedererwacht, Leben. Am 10. April 1994, zum Takt der zapatistischen Hymne, die bei der Militärzeremonie gespielt wurde, gebar die Frau des Herrn Ik', die weiter auf ihn wartet (wie wir alle) ein Kind. Dinge dieser Erde, dieser Meere ...

P.P.P.S., daß sich mit einem „Vergiß mich nicht" verabschiedet. Aus dem kleinen Kassettenrecorder hört man, während die vorherige Rolle gedruckt wird, León Felipe sagen ...

„Alle fahren wir zur See,
wissen gut, wie man das macht.
Alle sind wir Kapitäne
Kapitäne auf dem Meer.

Alle sind wir Kapitäne
und der Unterschied liegt nur
in dem Schiff mit dem wir fahren
über dieses tiefe Meer

Seemann, Seemann
Seemann Kapitän,
ein bescheidenes Schiff fährst du
über dieses tiefe Meer.

Seemann, Kapitän
dich erschreckt kein Untergehn
denn der Schatz, den wir suchen,
Kapitän,
liegt nicht oben im Hafen
sondern auf dem Grund des Meeres."

(Übersetzung: Annette von Schönfeld)

Anmerkungen:

zu Kapitel I:

1 Porfirio Díaz: Mexikanischer Diktator von 1876 bis 1911, mit kurzer Unterbrechung von 1880 bis 1884; 1911 von der mexikanischen Revolution gestürzt.

2 Sozialrevolutionäre, Führer im Unabhängigkeitskampf gegen Spanien 1810 bis 1821.

3 Es handelt sich um Maximilian III. von Habsburg, der 1864 von Napoleon III. als Kaiser von Mexiko eingesetzt wurde; 1876 wurde er von republikanischen Truppen abgesetzt und erschossen.

4 Galio und Nexos: zwei mexikanische Zeitschriften

5 Colonos: organisierte BewohnerInnen der Stadtviertel

6 Carabina 30-30: ein bekanntes Volkslied aus der mexikanischen Revolution.

7 Seit Mitte der 60er Jahre werden aus verschiedenen Tzotzil- und Tzeltal-Gemeinden Familien vertrieben, die zu einer der vielen evangelischen Kirchen konvertierten. Meistens ist die Religion nur der Vorwand, um unliebsame Kritiker der Dorf-Kaziken loszuwerden.

8 ‚Solidaridad' heißt ein millionenschweres soziales Kompensationsprogramm der Regierung, das die negativen Effekte der neoliberalen Wirtschaftspolitik abfedern soll und aus den Verkaufserlösen vormaliger Staatsbetriebe finanziert wird.

9 Am 2. Oktober 1968 schossen mexikanische Sicherheitskräfte eine Massenkundgebung auf dem Tlatelolco-Platz in Mexiko-Stadt zusammen und setzten damit der Studentenbewegung am Vorabend der Olympischen Spiele in Mexiko ein blutiges Ende. Am Jahrestag dieses Massakers, bei dem mehrere tausend Menschen ermordet wurden, führte die Opposition über lange Zeit große Demonstrationen durch.

zu Gustavo Esteva:

1 Die vielen verschiedenen Talente und die beeindruckende Persönlichkeit des Subcomandante Marcos machten ihn zu einem Volkshelden. Ohne Zweifel handelt es sich bei ihm nicht um den Anführer der Bewegung. Über seine Funktionen hinaus, die er bei der Vorbereitung und militärischen Führung sowie der politischen Ausbildung übernahm, schien seine Bestimmung zum Sprecher unausweichlich: Er ist einer der wenigen, der des Spanischen mächtig ist und der das Vokabular der Medien und Politiker gut kennt. Seine Bedeutung für die Vermittlung mit der Gesellschaft und der Regierung ist nicht in Frage zu stellen. Aber dasselbe gilt in bezug auf seine Fähigkeit und seinen Wunsch, sich dem Willen der kollektiven Führung der Indígenas zu unterstellen, was vielleicht sein herausragendstes Verdienst ist.

zu Kapitel II:

1 Die Guatemaltekin Alaíde Foppa, die lange im mexikanischen Exil lebte, wurde 1980 während einer Reise nach Guatemala von der guatemaltekischen Armee ermordet. Sie war in Lateinamerika eine der Pionierinnen des Feminismus.

zu Kapitel V:

1 Subcomandante Marcos: Chiapas: Der Südosten in zwei Winden, einem Sturm und einer Prophezeiung. In: Andreas Simmen (Hrsg.): Mexico. Aufstand in Chiapas. Ein Woz-Buch. Berlin, Amsterdam 1994, S.18.

2 Zitiert nach: J.A. Llorente: Vida de Fray Bartolomé de las Casas, obispo de Chiapa, en América (1822). In: Fray Bartolomé de las Casas: Brevísima Relación de la Destrucción de las Indias (1552), ed. por Olga Camps, México 1984, S. 172.

3 A.a.O., S.171.

4 Arturo de Jesús Urbina Nandayapa: Las Razones de Chiapas. México D.F. 1994, S.151.

5 Übertragung von Hans Magnus Enzensberger in: César Vallejo: Gedichte. Spanisch und Deutsch. Frankfurt 1963., S.35.

zu Veronika Bennholdt-Thomsen:

1 Mexiko kenne ich seit meiner Studienzeit an der Escuela Nacional de Antropología e Historia, wo ich die Studentenbewegung von 1968 miterlebte.

2 Viele Dörfer in Chiapas wurden durch die staatlichen Lebensmittelgeschäfte CONASUPO (Programm für Volksernährung) für diese Art von Handel überhaupt erst erschlossen. Was ursprünglich hilfreich gewesen sein mag (billiger Mais für die Armen durch Subventionierung der Aufkaufspreise), verkehrt sich durch die Privatisierung in sein Gegenteil. Die ehemaligen CONASUPO-Läden schlagen die Bresche für monopolistische, industrialisierte Nahrungsmittel und insgesamt für diese Art von Geld- und Tauschorientierung.

3 Siehe die miserable Bezahlung und das zwangsarbeitsähnliche System der *enganchadores*: saisonalen Arbeitsmigranten wird der gesamte Lohn oder der größte Teil davon abgenommen. Sie werden kaserniert und bewacht. „Rekrutiert" werden sie durch Gläubiger, bei denen sie meist durch Notsituationen bedingte Schulden haben. Oder sie werden schlicht mit Gewalt zusammengetrieben, was aufgrund von Machtverhältnissen in der eigenen Umgebung möglich ist. Es gibt durchaus auch indianische Kaziken, d.h. lokale Machthaber. Seit der Krise von 1982 haben sich zudem die Lohnarbeitsmöglichkeiten reduziert.

4 Parallelen zur Politik in Deutschland, deren Wortführer z.Zt. Rexrodt und Waigel sind, sind nicht zufällig.

5 Daimler Benz erhielt 300 Millionen Dollar an Steuerbegünstigungen, ein Fabrikgelände unter Marktpreis und kostenlose Seviceleistungen. M.a.W. die Steuerzahler von Alabama zahlen, damit Daimler Benz dort investiert und

anschließend die Gewinne abzieht. – Seit der Abwicklung der ostdeutschen Unternehmen durch die Treuhand, vermögen derartige Geschichten in Deutschland allerdings nicht mehr zu überraschen.

6 Übers. V. B.-Th., Noam Chomsky, Time bombs, in: In These Times, 21.2.94, S. 14-17 und La Jornada vom 14.1.94

7 Der Kapitalismus ist patriarchalisch, aber deshalb ist nicht jedes Patriarchat kapitalistisch. Auch subsistenzproduzierende Gesellschaften sind patriarchalisch, allerdings scheint ihnen mit dem Kapitalismus gemeinsam zu sein, daß sie der Fruchtbarkeit das Weiblich-Mütterliche absprechen und allein der männlichen Zeugung Fruchtbarkeit zusprechen. Außerdem sind sie alle gewalttätig-kriegerisch.

Fotoessay

II. 1. Januar 1994 - Während der Besetzung von San Cristóbal de las Casas/ Chiapas durch die Zapatistas (EZLN) - Foto: Herby Sachs/transparent

III. 1. Januar 1994 - Subcomandante Marcos während der Besetzung San Cristóbals - Foto: Herby Sachs/transparent

IV. 1. Januar 1994 - Medikamente und Lebensmittel, die von den Zapatistas während der frühen Morgenstunden bei der Besetzung San Cristóbals requiriert worden sind. - Foto: Herby Sachs/transparent

V. 1. Januar 1994 - Unter den Arkaden des Rathauses von San Cristóbal - Foto: Herby Sachs/transparent

VI. 1. Januar 1994 - Zapatistakämpferin in San Cristóbal - Foto: Herby Sachs/ transparent

VII. 1. Januar 1994, San Cristóbal - In der EZLN kämpfen viele Indígena-Frauen - Foto: Herby Sachs/transparent

VIII. Dezember 1993 - Indígena-Gemeinde in Chiapas - Foto: David Rosales

IX. 1. Januar 1994 - In Morgengrauen beginnt die Besetzung San Cristóbals durch die Zapatistas - Foto: David Rosales

X. Juni 1994 - Zeitungsjunge verkauft die oppositionelle Tageszeitung „Tiempo“ in San Cristóbal - Foto: Herby Sachs/transparent

XI. März 1994 - Subcomandante Marcos während des Dialogs zwischen Regierung und Zapatistas in der Kathedrale von San Cristóbal - Foto: José Santos Velázquez

XII. April 1994 - Im befreiten Gebiet der Selva Lacandona - Foto: Danuta Sacher

XIII. 10. April 1994 - Im befreiten Gebiet der Selva Lacandona während der Feierlichkeiten der Zapatistas zum Todestag Emiliano Zapatas - Foto: Danuta Sacher

XIV. 10. April 1994 - Die Kavallerie der Zapatistas während der Feierlichkeiten zum Todestag Emiliano Zapatas in der Selva Lacandona - Foto: Danuta Sacher

XV. 10. April 1994 - Geheimes Komitee und Subcommandante Marcos während der Feierlichkeiten zum Todestag von Emiliano Zapata in der Selva Lacandona - Foto: Danuta Sacher

XVI. 10. April 1994 - Frauen und Kinder aus einer indianischen Gemeinde in den befreiten Gebieten der Selva Lacandona - Foto: Danuta Sacher

XVII. 10. April - Kämpferinnen der EZLN im befreiten Gebiet der Selva Lacandona - Foto: Danuta Sacher

XVIII. Juli 1994 - Ein alter Chamula-Indígena im Hochland von Chiapas - Foto: Herby Sachs/transparent

XIX. Juni 1994 - Landbesetzer in der Nähe von Comitán/Chiapas - Foto: Herby Sachs/transparent

XX. Juni 1994 - Landbesetzer bewacht in Simojovel eine besetzte Finca - Foto: Herby Sachs/transparent

XXI. Juni 1994 - Landbesetzerfamilie in der Nähe von Comitán/Chiapas - Foto: Herby Sachs/transparent

XXII. Juni 1994 - Demonstration von CEOIC zur Unterstützung von Landbesetzungen in Tuxtla Gutierrez, der Landeshauptstadt von Chiapas - Foto: Herby Sachs/transparent

XXIII. Juni 1994 - Fincabesitzer verbrennt symbolisch eine *pasamontaña* der Zapatistas vor dem Gouverneurspalast in Tuxtla Gutiérrez, um gegen den Aufstand zu protestieren. - Foto: Herby Sachs/transparent

XXIV. Sept. 1994 - LandbesetzerInnen auf der Kaffeeplantage „Liquidámbar", deren deutschstämmige Besitzerfamilie Schimpf auf den gezeigten Fotos zusammen mit einem ehemaligen Gouverneur von Chiapas abgebildet ist - Foto: Victor Gayol

XXV. Juni 1994 - Zapatistas während der militärischen Begrüßungszeremonie für die Unterstützungskarawane in den befreiten Gebieten der Selva Lacandona - Foto: Dorothea Schütze/transparent

XXVI. Juni 1994 - Subcomandante Marcos begrüßt die Ankommenden der ersten Unterstützungskarawane, die den Militärgürtel gesprengt hat - Foto: Dorothea Schütze

XXVII. Juni 1994 - Schuhtausch zwischen Zapatistas und Unterstützern der Karawane - Foto: Dorothea Schütze

XXVIII. Juni 1994 - La Garucha/Selva Lacandona - Foto: Dorothea Schütze

XXIX. Juli 1994 - PRI-Wahlwerbung in Playa del Carmen/Quintana Roo - Foto: Herby Sachs/transparent

XXX. 8. August 94 - In Aguascalientes/Selva Lacandona findet ein Konvent mit mehr als 6.000 Delegierten aus ganz Mexiko statt - Foto: Onessimo Hidalgo

XXXI. 8. August 94 - Begrüßung der TeilnehmerInnen des Konvents in Aguascalientes durch die Zapatistas - Foto: José Santos Velázquez

Zu den AutorInnen:

Veronika Bennholdt-Thomsen: Ethnologin und Soziologin. Seit 1966 zahlreiche Aufenthalte in Mexiko. Nach 13 Jahren Hochschultätigkeit heute freiberuflich tätig.
Hermann Bellinghausen: Mexikanischer Journalist, Herausgeber der Zeitschrift „Ojarasca"
Guillermo Bonfil Batalla: Herausragender mexikanischer Anthropologe, verfaßte das Standardwerk: México Profundo, 1988 tödlich verunglückt.
Wolfgang Dietrich: Gastprofessor am Institut für Politikwissenschaft der Universität Innsbruck
Gustavo Esteva: bezeichnet sich als „deprofessionalisierten Intellektuellen". In den 70er Jahren war er in Mexiko im Ministerium für Planung tätig, gab später seine Karriere auf und engagiert sich heute in verschiedenen Netzwerkorganisationen und Basisinitiativen.
Antonio García de León: Mexikanischer Historiker, Chiapas-Spezialist, Autor des Klassikers „Utopía y Resistencia"
Juan González Esponda: Historiker, lebt in San Cristóbal de las Casas/ Chiapas
Elio Henríquez: Korrespondent der mexikanischen
Zeitung „La Jornada"
Marcos: Subcomandante (vgl.: Editorial)
Ulrich Mercker: Soziologe, Mitarbeiter der Informationsstelle Lateinamerika (ila), Mexikoaufenhalt von 1978 - 1984
Blanche Petrich: Korrespondentin der mexikanischen
Zeitung „La Jornada"
Elisabeth Pólito Barrios: Historikerin, lebt in San Cristóbal de las Casas/ Chiapas
Manuela Rimmek: Mitarbeiterin der Informationsstelle Lateinamerika (ila)
Danuta Sacher: Mitarbeiterin der Informationsstelle Lateinamerika (ila)
Celia Loría Saviñon: Mitarbeiterin der Grupo de Educación Popular para la Mujer (GEM), lebt in Mexiko-Stadt
Herby Sachs: freier Journalist, Fotograf der Agentur *transparent*
Dorothea Schütze: freie Journalistin und Übersetzerin
Luis Sepúlveda: chilenischer Schriftsteller
Peter Stegemann: freier Journalist, lebt z.Zt. in Mexiko
Ralf Syring: Arzt und Journalist

Spendenaufruf
für den Medienfond
der EZLN

Die Kommunikation und Kommunikationsmittel spielen im Konflikt in Chiapas eine Schlüsselrolle. Wer Nachrichten und Bilddokumente produzieren und verbreiten kann, nimmt entscheidenden Einfluß auf den Gang der Dinge. Das gilt umso mehr, seitdem die Waffen erfreulicherweise weitgehend schweigen.

Ein Forderung der EZLN gegenüber der Regierung ist die Einrichtung einer unabhängigen Radiostation der Indígenas. Sie soll von ihnen selbst betrieben werden, um das Recht auf wahrheitsgetreue Information über lokale, regionale, nationale und internationale Ereignisse verwirklichen zu können. Die Regierung hat eine Lizenzvergabe in Aussicht gestellt. Damit diese mögliche Radiostation eines Tages wirklich unabhängig funktionieren kann, bedarf es vieler Dinge:

- Tonabandkassetten und natürlich Ausbildung der künftigen Reporterinnen Reporter,
- Radiogeräte in den Dörfern, damit die Sendungen gehört werden können.

Außerdem hat die EZLN den legitimen Wunsch, ihre eigene Geschichte selbst in Bildern festzuhalten. Eine Videoausrüstung wird gebraucht, um Ereignisse jenseits pressekonjunkturellen Interesses festhalten zu können.

Auch die meisten kulturellen Aktivitäten bedürfen eines Kommunikationsmittels, seien es Tonbandgeräte oder Plattenspieler, die wiederum Generatoren brauchen, da es in weiten Teilen der von der EZLN kontrollierten Gebiete keinen Strom gibt.

Die ila ruft dazu auf, kräftig für einen „Medienfond" der EZLN zu spenden, mit dem solche Anschaffungen getätigt werden können.

Spenden bitte an
Informationsstelle Lateinamerika
Konto 583 99-501, Postgiroamt Köln, BLZ 370 100 50
Stichwort „Medienfond der EZLN"
(Stichwort unbedingt angeben!)